本书配套资源

读者资源

◎ **中外文学故事、文史知识54篇（阅读文本+音频）**

  本部分资源为本书作者团队精心编写的54篇课外拓展短文，内容大多为古今中外文学家们一些鲜为人知的逸闻轶事，其他或为与所选作品相关的文化知识，或为中外经典作品的赏析介绍。这些短文有的故事生动，形象鲜明；有的富含哲理，发人深思；有的补充知识，开拓视野。它们既有知识性，又有趣味性；既是历史的，也是现代的。这些短文配合朗诵专家声情并茂的演绎，希望给读者和听众带来文学上的熏陶和听觉上的享受，从而获得耳目一新的大学语文学习体验！

◎ **文学爱好者阅读书单**

  本书主编刘洪仁教授根据30多年的教学经验，精心挑选出一份帮助非中文专业的同学及语文爱好者提高语文素养和写作能力的阅读书单。

读者扫描右侧二维码，即可获取上述资源。
一书一码，相关资源仅供一人使用。

教师教学资源

  任课老师可加入"北大社教学资源共享群"（QQ群号：279806670），申请本书的教学课件。

21世纪高等院校教材　　北大版普通高等教育
公 共 课 系 列　　　"十三五"规划教材

大学语文精编
（第二版）

主　编　刘洪仁

副主编　孟成华　吕建军

参　编　（按姓氏音序排列）
　　　　陈　远　杜婕欣　付晓丽　高　睿
　　　　郭　宇　李　舫　苏　静　唐中杰
　　　　王　军　王　密　杨　昱　袁　丽
　　　　张　晶

北京大学出版社
PEKING UNIVERSITY PRESS

图书在版编目(CIP)数据

大学语文精编/刘洪仁主编. —2 版. —北京：北京大学出版社，2020.6
21 世纪高等院校教材·公共课系列
ISBN 978-7-301-30646-8

Ⅰ.①大… Ⅱ.①刘… Ⅲ.①大学语文课—高等学校—教材　Ⅳ.①H193.9

中国版本图书馆CIP数据核字（2019）第 167669 号

书　　　名	大学语文精编（第二版）
	DAXUE YUWEN JINGBIAN（DI-ER BAN）
著作责任者	刘洪仁　主编
策 划 编 辑	李 玥
责 任 编 辑	李 玥
标 准 书 号	ISBN 978-7-301-30646-8
出 版 发 行	北京大学出版社
地　　　址	北京市海淀区成府路 205 号　100871
网　　　址	http://www.pup.cn　新浪微博：@北京大学出版社
电 子 信 箱	zyjy@pup.cn
电　　　话	邮购部 010-62752015　发行部 010-62750672　编辑部 010-62704142
印 刷 者	天津中印联印务有限公司
经 销 者	新华书店
	787 毫米 ×1092 毫米　16 开本　21 印张　514 千字
	2015 年 7 月第 1 版
	2020 年 6 月第 2 版　2020 年 6 月第 1 次印刷（总第 7 次印刷）
定　　　价	54.00 元

未经许可，不得以任何方式复制或抄袭本书之部分或全部内容。
版权所有，侵权必究
举报电话：010-62752024　电子信箱：fd@pup.pku.edu.cn
图书如有印装质量问题，请与出版部联系，电话：010-62756370

第二版前言

《大学语文精编》自 2015 年 7 月出版后，受到广大学生和教师的充分肯定，已被多所高校选用为教材。经过四年多的课堂实践，我们发现书中也还有些不尽如人意的地方，如有个别篇目与中学语文教材重复，而另外一些传世的经典名篇却没有选入，等等。本着精益求精的精神，经与本书责任编辑协商，我们自 2018 年暑假开始对教材进行修订。

本次修订，除订正第一版中的个别错误外，主要做了如下几项改动：

一、为了补充同学们的文学知识，开拓同学们的视野，增加"大学语文"课程学习的趣味性，我们精心编写了 54 篇短文，内容大多为古今中外文学家们一些鲜为人知的逸闻轶事，其他或为所选作品相关的文化知识，或为中外经典作品的赏析介绍。这 54 篇短文以音频和文本两种形式供同学们在课外进行学习，大家扫描本书衬页的二维码即可获取。

二、为了帮助非中文专业的同学和语文爱好者提高语文素养和写作能力，本书主编刘洪仁教授根据 30 多年的教学经验，精心制作了一份"推荐阅读书目"，并进行了专业层次分级，希望对大家有所帮助。书目内容大家扫描本书衬页的二维码即可获取。

三、更换了几篇课文，如撤下与人教版中学语文教材重复的《诗经·小雅·采薇》和《三国演义·三顾茅庐》，而代之以《诗经·邶风·静女》《诗经·鄘风·柏舟》和宋话本《错斩崔宁》；换上几篇思想性和艺术性更高也更具有代表性的作品，如以《杜十娘怒沉百宝箱》取代《金玉奴棒打薄情郎》，以《婴宁》取代《青凤》等。

四、增补了几篇经典的诗文，如姜夔《扬州慢》、蔡元培《就任北京大学校长之演说》、梁实秋《我的一位国文老师》、斯蒂芬·茨威格《从罗丹得到的启示》等。

五、删去了附在课文后面的"拓展阅读"作品，而以书目代之。

六、对词的排版格式作了调整，由原来的接排改为在韵脚处提行，这样更能体现韵文、歌词的特点。

七、对个别作品的注释做了一些删改。

我们力求在保留传统的"大学语文"课程学习框架的基础上，将本书打造成一本既可以听故事、又有书海导航的立体化教材！虽然我们的工作还称得上认真仔细，但书中难免还会有一些瑕疵，殷切希望使用本书的广大老师和同学们不吝赐教，以使本书精益求精。

编　者
2020 年 4 月

第一版前言

"大学语文"课程自20世纪70年代末期恢复开设到现在,已经30多年了。尽管近些年来不断听到对这门课程批评的声音,更不好的消息是有些高校将这门课从公共必修课调整为公共选修课,有的甚至取消了这门课程。这事情还引起《光明日报》、中央电视台等主流媒体的关注。一时间"大学语文"受到教育界乃至国人前所未有的关注,似乎它的生存危机已经到了十分令人忧心的地步。但我们始终坚信,"大学语文"作为一门提高大学生综合人文素质、培养大学生规范得体地使用本国语言能力的公共基础课,始终应该是高等教育课程体系中不可或缺的一部分。习近平总书记多次指出,要重视对祖国传统文化的学习与继承。他说:"中国传统文化博大精深,学习和掌握其中的各种思想精华,对树立正确的世界观、人生观、价值观很有益处。学史可以看成败、鉴得失、知兴替;学诗可以情飞扬、志高昂、人灵秀;学伦理可以知廉耻、懂荣辱、辨是非。""大学语文"课程,就承担着弘扬中国传统文化、让进入专业学习阶段的大学生同时也"学史""学诗""学伦理",成为有较高综合人文素质的合格人才的任务。对于这样的课程,相信有远见的教育管理者是不会将其排除在教学计划之外的,也不会改变其"必修"的正确地位。目前,新的高考改革方案已经公布,其中最引人注目的一点,就是将语文考试的分值大幅度提高,而将外语考试的分值大大降低。这一重大改变表明,提高母语学习的地位,让年轻学子扎扎实实地掌握好母语、更多地了解祖国优秀的传统文化遗产,已经成为教育界的共识。因此我们相信,在高等学校持续了几十年的"大学英语"连续开设两年,而只开一学期的"大学语文"却正逐渐被边缘化的反常现象,应该不会长久。

由于教育部并没有制定统一的"大学语文"课程教学大纲,没有规定统一的教学内容,这就给高校自编教材提供了契机。成都师范学院大学语文教研室根据多年的教学实践和对社会语文需求的调查以及对中小学语文教材教学的研究,本着与时俱进的原则,集体编写了这部《大学语文精编》,庶几能给繁花似锦的"大学语文"教材园地再添一片绿叶,共襄"大学语文"教材建设的繁荣盛事。

本书由上、下两编组成。上编"经典阅读",下分"儒学精义""诗歌精品""散文精华""小说精粹"4个单元,精选儒学经典著作《论语》《孟子》《礼记》《大学》《中庸》中的核心章节或片断6篇(节),中外诗歌、散文、小说的传世名篇共50余篇;第一单元后附"儒学简介",第二、三、四单元分别后附"诗歌的特点与鉴赏""中外诗歌简史""散文的特点与鉴赏""中外散文简史""小说的特点与鉴赏""中外小说简史"共7个单元知识,便于学生在阅读较多的文学作品之后,对相关的文体知识和文学史知识有一个较为粗略、宏观的了解,并从对文学作品的感性认识上升为理性认识,以期达到提高学生人文综合素养的目的。下编"应用写作",下分"应用写作概述""党政机关公文写作""事务文书写作""毕业论文写作"和"申论写作"5章,简要介绍几种常用应用文书的写作知识并附适量例文。

本书认为,"大学语文"不是"高四"语文,并不是简单地在高中语文的基础上增选一些中学阶段学生没学习过的课文，让学生多学几篇课文了事。"大学语文"固然也还需要巩固和提高学生听、说、读、写的能力，但更重要的任务应该是通过加深阅读文学作品，拓展视野，丰富知识，从而提高大学生（尤其是理工科学生）的文化素养和综合素质。因此本书上编在四个单元之后，分别附了相关的单元知识，让学生了解和熟悉中学阶段没有接触过的知识。同时，考虑到学生参加各种入职考试和适应社会实际工作能力的需要，"大学语文"还承担了应用写作的任务，本书的下编即为此而设。

虽然同类教材已有不少，但本书作为后来者仍有其可以居上的特色。

1. 内容高度精要。上编部分所选诗文作品，既考虑了避免与中学语文教材重复，又要求必须是文学史上传世的名篇或某作家的代表作；既要求作品思想内容积极健康，能传递正能量，又要求具有较高的艺术性，能给人以阅读的美感和快感。几经衡量斟酌，并广泛征求各方同人意见，最后确定入选的作品，均为最具代表性的经典作品，无愧于"精义""精品""精华""精粹"之名。下编"应用写作"部分，考虑到教材的篇幅及教学课时有限的实际，着重介绍了党政机关公文、简报、计划、总结、述职报告、调查报告、专用书信、自荐书、毕业论文等几种最常用文体的写作，也可谓是应用写作的精中之精。

2. 体例精简而知识丰富。无论是作者介绍、课文注释、内容分析、艺术鉴赏，还是文体知识、文学史知识的介绍，都要求文字精简，简明扼要，言简意赅，词约意丰。

3. 儒学内容和儒学知识的专章设定。为了弘扬传统文化，激励学生学习国学的兴趣和热情，本书上编部分专辟了"儒学精义"单元，选入最能体现儒家学说核心思想的篇章或片断，并简要介绍了儒学思想的主要内容、历代儒学发展简史以及历代儒学大家等基本知识，庶几能与弘扬社会主义核心价值观的时代精神相适应。这一部分，是以往所有同类教材所没有的，最能体现本书与时俱进的时代特点。

4. 课内知识的适当延伸。为了扩大学生的阅读量，本书在每篇课文之后增设了"拓展阅读"栏目，另选一篇与课文内容相关的作品或作者的其他代表作品，以拓宽学生的阅读面，加深对教材内容的理解，增加教材的信息含量。

5. 习题设计的精当。为了提高学生的思辨、鉴赏能力，巩固所学知识，每篇课文后都精心设计了4~5道思考与练习题。这些习题围绕课文或课内知识点着重提高学生的理解能力、写作能力、文学审美能力以及口语交际的能力，充分体现听说读写能力的训练。

本书编写人员都是长期从事大学语文教学的一线教师，有着丰富的教学实践经验。主编刘洪仁教授组织策划全书体例并选篇定目、组织分工，重点负责古代文学部分的审稿。副主编吕建军博士、孟成华副教授分别负责现当代文学、外国文学部分和应用写作部分的审稿。全书最后由刘洪仁统稿。

书中参考、吸取了一些同行、专家的成果，借鉴、引用了相关文献，谨在此一并致谢。

尽管我们坚持严谨求精的原则，但由于教材涉及面比较广，加之我们水平和能力有限，疏漏错误在所难免；另外，这部书稿由于是集体劳动的成果，多人执笔，文字风格难免不尽一致。我们诚恳地期望专家、同人以及使用这本教材的老师和同学多提宝贵意见，我们将不断探索，不断改进。

编　者

2015年4月

目 录

上编 经典阅读

第一单元 儒学精义 2
  《论语》二十章 2
  《孟子》八章 6
  大学之道 10
  《中庸》五章 12
  大同 15
  单元知识：儒学简介 17

第二单元 诗歌精品 20
  《诗经》二首 20
  湘夫人 23
  杂诗（其五） 27
  咏史（其二） 29
  终南山 31
  行路难（其二） 33
  丽人行 36
  长恨歌 39
  无题 43
  踏莎行 45
  八声甘州 47
  蝶恋花·春景 49
  踏莎行 51
  鹧鸪天 53
  渔家傲 55
  钗头凤 57
  青玉案·元夕 59
  扬州慢 61
  双调·夜行船·秋思 63
  中吕·卖花声·怀古 65
  蝶恋花 67

"我不知道风是在哪一个方向吹" ………………………………………… 69
　　死水 ……………………………………………………………………… 72
　　狱中题壁 ………………………………………………………………… 75
　　西风颂 …………………………………………………………………… 77
　　哦，船长，我的船长！ ………………………………………………… 81
　　当你老了 ………………………………………………………………… 83
　　单元知识一：诗歌的特点与鉴赏 ……………………………………… 85
　　单元知识二：中外诗歌简史 …………………………………………… 89

第三单元　散文精华 ……………………………………………………… 93
　　郑伯克段于鄢 …………………………………………………………… 93
　　苏秦始将连横说秦惠王 ………………………………………………… 96
　　秋水（节选） …………………………………………………………… 100
　　对楚王问 ………………………………………………………………… 102
　　项羽本纪（节选） ……………………………………………………… 104
　　进学解 …………………………………………………………………… 108
　　钴𬭁潭西小丘记 ………………………………………………………… 112
　　后赤壁赋 ………………………………………………………………… 114
　　卖柑者言 ………………………………………………………………… 116
　　就任北京大学校长之演说 ……………………………………………… 118
　　秋夜 ……………………………………………………………………… 121
　　桨声灯影里的秦淮河 …………………………………………………… 124
　　我的一位国文老师 ……………………………………………………… 130
　　我们只能靠自己的智慧 ………………………………………………… 134
　　论美 ……………………………………………………………………… 136
　　从罗丹得到的启示 ……………………………………………………… 138
　　笑与泪 …………………………………………………………………… 141
　　单元知识一：散文的特点与鉴赏 ……………………………………… 144
　　单元知识二：中外散文简史 …………………………………………… 148

第四单元　小说精粹 ……………………………………………………… 152
　　李娃传 …………………………………………………………………… 152
　　错斩崔宁 ………………………………………………………………… 158
　　武松打虎 ………………………………………………………………… 168
　　杜十娘怒沉百宝箱 ……………………………………………………… 175
　　婴宁 ……………………………………………………………………… 186
　　宝玉挨打 ………………………………………………………………… 191
　　伤逝 ……………………………………………………………………… 199
　　绳子的故事 ……………………………………………………………… 210
　　舞会以后 ………………………………………………………………… 215
　　单元知识一：小说的特点与鉴赏 ……………………………………… 222

单元知识二：中外小说简史 226

下编　应用写作

第一章　应用写作概述 232
　第一节　应用文的含义、发展历史与意义 232
　第二节　应用文的特点与种类 234
　第三节　应用文的表达方式及语言特点 236

第二章　党政机关公文写作 241
　第一节　党政机关公文概述 241
　第二节　几种常用党政机关公文的写作 247

第三章　事务文书写作 271
　第一节　概述 271
　第二节　计划　总结　述职报告 272
　第三节　简报 279
　第四节　调查报告 282
　第五节　专用书信 287
　第六节　自荐书 294

第四章　毕业论文写作 298
　第一节　毕业论文的含义和特点 298
　第二节　毕业论文的写法 298
　第三节　毕业论文的构成形式 300

第五章　申论写作 304
　第一节　申论的概念、考试特点和试题结构 304
　第二节　申论考试测评要素及应试环节 306
　第三节　申论写作的方法和注意事项 307

附录　党政机关公文处理工作条例 315

参考文献 321

上编　经典阅读

第一单元　儒学精义／2

第二单元　诗歌精品／20

第三单元　散文精华／93

第四单元　小说精粹／152

第一单元 儒学精义

《论语》二十章

1. 子曰:"君子食无求饱,居无求安,敏于事而慎于言①,就有道而正焉②,可谓好学也已。"(《学而》)

2. 子贡曰:"贫而无谄③,富而无骄,何如?"子曰:"可也;未若贫而乐,富而好礼者也。"(《学而》)

3. 子曰:"为政以德,譬如北辰④,居其所而众星共之⑤。"(《为政》)

4. 子曰:"道之以政⑥,齐之以刑⑦,民免而无耻⑧;道之以德,齐之以礼,有耻且格⑨。"(《为政》)

5. 子曰:"人而无信,不知其可也。大车无輗,小车无軏,⑩ 其何以行之哉?"(《为政》)

6. 子曰:"富与贵,是人之所欲也,不以其道⑪得之,不处也。贫与贱,是人之所恶也,不以其道得之⑫,不去也。君子去仁,恶⑬乎成名?君子无终食之间违⑭仁,造次⑮必于是,颠沛必于是。"(《里仁》)

7. 子曰:"朝闻道⑯,夕死可矣。"(《里仁》)

8. 子曰:"士志于道,而耻恶衣恶⑰食者,未足与议也。"(《里仁》)

9. 子曰:"放⑱于利而行,多怨。"(《里仁》)

10. 子贡问曰:"孔文子⑲何以谓之'文'也?"子曰:"敏而好学,不耻下问,是以谓之'文'也。"(《公冶长》)

11. 子贡曰:"如有博施于民而能济众,何如?可谓仁乎?"子曰:"何事⑳于仁!必也圣乎!尧舜其犹病诸㉑!夫仁者,己欲立而立人,己欲达而达人。能近取譬㉒,可谓仁之方也已。"(《雍也》)

12. 子曰:"默而识㉓之,学而不厌,诲人不倦,何有于我㉔哉?"(《述而》)

---

①敏于事:行事机敏。慎于言:言语谨慎。②就有道而正焉:请教有道行的人来判断是非曲直。③无谄:不谄媚于人。④北辰:即北极星。⑤共:同"拱",拱卫,环绕。古人认为天上的星辰都围绕北极星旋转。⑥道之以政:用行政命令来引导。道:通"导"。⑦齐之以刑:用刑罚法规来整治规范。⑧民免而无耻:民众能避免刑罚但没有羞耻心。⑨格:亲近,顺从。⑩"大车"二句:大车,指牛车。小车,指马车。輗(ní)、軏(yuè),都是固定车前横木与车辕的关键(活销)。车子没有輗、軏便无法套牢牲口,自然无法行驶。⑪道:指符合法律和道德规范的途径、方法。⑫得之:对这句的理解历来多有歧义。朱熹释为"不当得而得之"。杨伯峻《论语译注》说:"'富与贵'可以说'得之','贫与贱'却不是人人想'得之'的。这里也讲'不以其道得之','得之'应该改为'去之'……这里为什么也讲'得之',可能是古人的不经意处。"⑬恶(wū):如何,怎样。⑭违:离开。⑮造次:匆忙之间,仓促之间。⑯朝:早晨。道:指儒家崇尚的人生观、世界观和政治理想,引申可指真理。⑰恶:粗糙,简陋。⑱放:通"仿",依据,按照。⑲孔文子:春秋时卫国大夫孔圉,死后谥"文"。⑳何事:何止。㉑病:有所不足,感觉为难。诸:兼词,兼"之于"二词。㉒能近取譬:能够就近从自身取例并进而推己及人。㉓识(zhì):记住。㉔何有于我:即于我何有,意谓"我做到了哪些"。

13. 子曰："不愤不启，不悱不发。①举一隅不以三隅反，则不复也。②"（《述而》）

14. 子曰："饭疏食饮水③，曲肱④而枕之，乐亦在其中矣。不义而富且贵，于我如浮云。"（《述而》）

15. 子曰："岁寒，然后知松柏之后凋⑤也。"（《子罕》）

16. 子曰："君子和而不同⑥，小人同而不和。"（《子路》）

17. 子曰："躬自厚⑦而薄责于人，则远怨矣。"（《卫灵公》）

18. 子贡问曰："有一言而可以终身行之者乎？"子曰："其恕⑧乎！己所不欲，勿施于人。"（《卫灵公》）

19. 子曰："君子谋道不谋食。耕也，馁在其中矣；学也，禄在其中矣。君子忧道不忧贫。"（《卫灵公》）

20. 孔子曰："益者三友，损者三友。⑨友直，友谅⑩，友多闻，益矣。友便辟⑪，友善柔⑫，友便佞⑬，损矣。"（《季氏》）

【文献档案】

《论语》是一部记述孔子及其弟子言论与行事的语录体著作，今传本共20篇。其作者是孔子的弟子及再传弟子。《论语》之"论"要读 lún，是论纂、编撰之意。其成书年代，当在春秋末、战国初。《论语》在东汉时与《公羊传》一起被列入儒家的"七经"，成为儒家的重要经典。南宋时，理学家朱熹把《论语》与《孟子》《大学》《中庸》合为"四书"，并作《四书章句集注》，成为士人和参加科举考试的学子必读的教科书。

孔子（前551—前479），名丘，字仲尼，春秋末期鲁国陬邑（今山东曲阜）人，我国古代杰出的思想家、教育家，儒家学派的创始人，被后人誉为"圣人""至圣先师"。孔子幼年丧父，生活贫困，曾做过委吏（掌管粮仓）、乘田（管理牛羊畜牧）等小官。50岁左右做过鲁国的司空（掌管工程）、司寇（主管司法），但不久去职。他长期从事教育活动，晚年率领弟子周游卫、陈、宋、蔡、楚等国，宣传他的政治主张，但都未被采纳。68岁时又回到鲁国，继续办学，整理并传授《诗》《书》《易》《礼》《春秋》等儒家经典。73岁病卒。

《论语》集中体现了孔子的政治思想、哲学思想、伦理思想、教育思想与文艺美学思想，是研究孔子思想、生平最主要的材料。孔子思想的核心是"仁"。"仁"被他解释为一种含义极广的道德范畴，包括忠、恕、孝、悌、智、勇、恭、信等。而"仁"的本质内容则是"克己复礼"（《论语·颜渊》）。"礼"泛指贵族等级制度的社会规范或道德规范。"克己复礼"就是用"礼"这个规范来约束自己，做到"君君，臣臣，父父，子子"（《论语·

---

①"不愤"二句：这是孔子自述其教学方法的经验之谈，必须让受教育者自己先感觉到困难，有求知的欲望，然后再去启发开导他。愤：心求通而未得的样子。启：开启。悱（fěi）：想说又说不出的样子。②"举一"二句：这是个比喻句，意谓举出某一个方面的例子，他却不能由此推知其他的方面，便不再重复了。隅：角落。反：同"返"，响应，回应。③饭：用作动词，吃。疏食：指粗糙的食物。水：与"汤"（热水）对言，指冷水。④肱（gōng）：胳膊。⑤凋：同"凋"，凋零，零落。⑥和：调和，和谐。同：曲意阿附。⑦躬自厚：是"躬自厚责"的省略，"责"字因下文"薄责"而省。躬自厚责，即严格要求自己。⑧恕：宽容，推己及人。⑨"益者"二句：有益的朋友有三种，有害的朋友也有三种。⑩友谅：与守信的人交朋友。友：动词，与……交友。谅：诚实，守信。⑪便（pián）辟：逢迎谄媚的人。⑫善柔：善于奉承的人。⑬便（pián）佞：夸夸其谈、花言巧语的人。

颜渊》)。《论语》中也体现了孔子的教育思想。孔子首先提出"有教无类"(《卫灵公》)的口号，打破了"学在官府"的传统教育格局，开创了私人办学的先河。此外，《论语》还记录了孔子很多关于如何读书治学、发奋励志、立身行事、修身养性等方面的言论，这些言论至今仍然是教导我们读书成才、修养人格的格言警句，值得我们铭记终身。

  从散文的角度看，《论语》的文学价值，首先表现在它高超的语言艺术上。它以当时通俗平易、明白晓畅的口头语言为基础，又吸收了古代书面语言精粹洗练、典雅严谨的长处，形成了言简意赅、深入浅出、朴素无华、隽永有味的独特风格。其次，《论语》还往往能用简短的语言描绘出性格鲜明的人物形象。如孔子的思想深沉和举止从容，子路的直率、刚正和勇敢果决，颜渊的沉静好学和安贫乐道，其他如子贡、曾参、冉有、子夏等，也都写得各具特征。《论语》的注本很多，现在通行的有杨伯峻著、中华书局出版的《论语译注》。

【含英咀华】

  《论语》不仅是一部哲学和教育学著作，同时也是一部人生教科书。这里所选的二十章，比较集中地体现了孔子关于如何治国施政的政治思想、如何教书育人的教育思想，以及如何读书治学、立身处世的人生哲学和人格理想。在政治思想方面，孔子首先要求统治者"为政以德"。他不主张用行政命令来治理人民，也反对用刑罚法规来约束人的行为，而要求国君实行"德治"。"德治"的一个方面是统治者自身的品行正直合乎君德，用自身正直的品行来教化人、引导人，所谓"其身正，不令而行；其身不正，虽令不从"；另一方面是用礼仪制度来规范人的行为，所谓"道之以德，齐之以礼"，这样，百姓既有羞耻心而且能亲近顺从，国君也就能像群星围绕北极星一样得到人民的拥戴。孔子的这种"德治"思想，对封建社会的政治制度产生了深远影响。在哲学思想方面，这里主要体现了孔子的"仁"的思想。对于"仁"，孔子做过多次解释。这里所选的章节，主要阐述了"仁"的一个方面，即仁者的最高道德境界："己欲立而立人，己欲达而达人。""己所不欲，勿施于人。"这两条原则，既是仁者的理想境界，也是实现人与人之间和谐关系必不可少的处世原则。在教育思想方面，孔子重视因材施教，注意启发学生学习的自觉性，循循善诱，引导学生积极思考；还要求学生学习要虚心踏实，持之以恒，等等。这些做法和经验，符合人的认识规律，直到今天仍有其借鉴意义。至于如何读书治学，如何为人处世，如何提高个人的人格修养等，孔子的经验之谈就更丰富、更深刻、更有价值了，这里就不赘述了。

  《论语》还是一部优美的散文作品。孔子的语录，能用精练的语言将丰富的人生哲理概括出来，这表明孔子既是思想家，也是文学家和语言学家。更难能可贵的是，孔子还善于把深邃的哲理凝聚于具体的形象之中，使抽象的说理文字同时具有盎然的诗意。如："岁寒，然后知松柏之后凋也。"(《论语·子罕》)通过赞扬耐寒的松柏，来歌颂坚贞不屈的人格，形象鲜明，意境高远，启迪了后世无数文人的诗情画意。又如："子在川上曰：'逝者如斯夫！不舍昼夜。'"(《论语·子罕》)借流水而感慨时光流逝，勉励自强不息。又如："饭疏食饮水，曲肱而枕之，乐亦在其中矣。不义而富且贵，于我如浮云。"(《论语·述而》)用朴素的笔调，勾画出安贫乐道者的心境，平凡而又高雅。还有如："为政以德，譬如北辰，居其所而众星共之"(《论语·为政》)，"人而无信，不知其可也。大车无輗，小车无軏，其何以行之哉？"(《论语·为政》)分别运用生动的比喻来阐明"为政以德"的重要性和"人而无信"的危害性，化抽象为具体，化深奥为浅显，既增强了说理的力度，又增加了语言的形象性。

【思考练习】

一、结合课文所选章节，谈谈孔子哲学中"仁"的具体内涵。

二、简要阐述孔子的政治思想。

三、结合课文所选章节并阅读《论语》其他相关章节，谈谈孔子关于读书学习的方法和经验。

四、结合课文所选章节并阅读《论语》其他相关章节，谈谈孔子的人格理想以及关于如何提高人格修养的论述。

五、试以所选章节为例，说说《论语》的语言特点。

六、背诵课文所选《论语》章节。

【拓展阅读】

杨伯峻译注《论语译注》，中华书局出版

朱熹撰《四书章句集注》，中华书局出版

（刘洪仁）

《孟子》八章

1. 梁惠王①曰："寡人愿安②承教。"孟子对曰："杀人以梃③与刃,有以异乎?"曰:"无以异也。""以刃与政,有以异乎?"曰:"无以异也。"曰:"庖有肥肉,厩有肥马,民有饥色,野有饿莩④,此率⑤兽而食人也。兽相食,且人恶之;为民父母,行政,不免于率兽而食人,恶在其为民父母也⑥?仲尼曰:'始作俑者,其无后乎!'⑦为其象⑧人而用之也。如之何其使斯民饥而死也?"(《梁惠王上》)

2. 孟子谓齐宣王⑨曰:"王之臣有托其妻子于其友而之楚游者⑩,比其反也⑪,则冻馁其妻子,则如之何?"王曰:"弃之。"曰:"士师⑫不能治士,则如之何?"王曰:"已之⑬。"曰:"四境之内⑭不治,则如之何?"王顾左右而言他。(《梁惠王下》)

3. 齐宣王问曰:"汤放桀⑮、武王伐纣⑯,有诸?"孟子对曰:"于传⑰有之。"曰:"臣弑其君,可乎?"曰:"贼仁者谓之贼⑱,贼义者谓之残,残贼之人,谓之一夫⑲。闻诛⑳一夫纣矣,未闻弑君也。"(《梁惠王下》)

4. 景春㉑曰:"公孙衍、张仪岂不诚大丈夫哉㉒?一怒而诸侯惧,安居而天下熄。"孟子曰:"是焉得为大丈夫乎?子未学礼乎?丈夫之冠也㉓,父命之;女子之嫁也,母命之,往送之门,戒之曰:'往之女㉔家,必敬必戒,无违夫子㉕。'以顺为正㉖者,妾妇之道也。居天下之广居,立天下之正位,行天下之大道;㉗得志,与民由㉘之;不得志,独行其

---

①梁惠王:即魏惠王,名䓨,"惠"是他死后的谥号。魏国因畏惧秦国,于公元前362年将都城从安邑(今山西夏县西北)迁到大梁(今河南开封),故魏国亦称梁国。②安:乐意。③梃(tǐng):木棍,棍棒。④饿莩(piǎo):饿死的人。⑤率:放任。一说作"率领"讲,亦通。⑥"恶在"句:为民父母的意义何在呢?恶(wū):何。⑦"始作"二句:这是孔子骂人的话,等于说断子绝孙。孔子认为,第一个发明用偶人殉葬的人是不仁的,它开了后来用活人殉葬的坏先例,故有此愤恨谴责之语。其实上古时代是先有活人殉葬,后来才逐渐以俑来代替。看来孔子是把这一情况弄颠倒了。俑(yǒng):古代用于殉葬的土偶或木偶。后:后裔。⑧象:同"像",效法,模仿。⑨齐宣王:齐威王之子,名辟疆,公元前319—公元前301年在位。⑩"王之臣"句:这是一个定语后置的倒装句,中心词是"臣","托其妻子于其友而之楚游者"为修饰它的定语。之:动词,去,往。⑪比(bì):及至,等到。反:通"返"。⑫士师:古代的司法官之长,其下有乡士、遂士等属官。士:指士师的属官。⑬已之:罢免他。⑭四境之内:指全国各地。⑮汤:成汤,商朝的开国国君。放:流放。桀:夏桀,夏朝的末代之君。传说成汤灭夏后,把桀流放到南巢(今安徽巢县附近)。⑯武王:即周武王。纣:即商纣王,商朝的末代之君,跟夏桀都是历史上著名的暴君。⑰传(zhuàn):解释经义的书。这里泛指古书。⑱"贼仁"句:损害仁的人叫作贼人。前一个"贼"为动词,指破坏,损害;后一个"贼"为名词。⑲一夫:犹独夫,指不得人心的独裁者。⑳诛:杀死有罪的人。㉑景春:孟子同时代人,纵横家。㉒公孙衍:战国时纵横家,魏国人。主张连横的张仪为秦相时,他力主合纵,联合五国攻秦。张仪死后,他到秦国,做过秦国宰相。张仪:战国时纵横家,魏国人,秦惠文王十年(前328)任秦相。他主张连横,曾游说东方六国,瓦解其合纵,使之服从秦国。㉓丈夫:男子。冠:举行冠礼。古代男子到了二十岁要行冠礼,表示已经成年。㉔女:同"汝",你。㉕夫子:指丈夫。㉖以顺为正:以顺从为正道。这是古代对出嫁女子的基本道德规范。㉗"居天下"三句:朱熹《四书章句集注》云:"广居,仁也;正位,礼也;大道,义也。"这三句即居于仁、立于礼、行于义之意。㉘由:循此行走。

道。富贵不能淫①,贫贱不能移,威武不能屈,此之谓大丈夫。"(《滕文公下》)

5. 戴盈之曰:"什一②,去关市之征③,今兹④未能,请轻之,以待来年,然后已⑤,何如?"孟子曰:"今有人日攘⑥其邻之鸡者,或告之曰:'是非君子之道。'曰:'请损⑦之,月攘一鸡,以待来年,然后已。'——如知其非义,斯速已矣,何待来年?"(《滕文公下》)

6. 孟子曰:"不仁者可与言哉?安其危而利其灾,乐其所以亡者⑧。不仁而可与言,则何亡国败家之有?有孺子⑨歌曰:'沧浪⑩之水清兮,可以濯我缨⑪;沧浪之水浊兮,可以濯我足。'孔子曰:'小子听之!清斯濯缨,浊斯濯足矣。自取之也。'夫人必自侮,然后人侮之;家必自毁,而后人毁之;国必自伐,而后人伐之。《太甲》⑫曰:'天作孽⑬,犹可违⑭;自作孽,不可活。'此之谓也。"(《离娄上》)

7. 孟子曰:"鱼,我所欲也;熊掌,亦我所欲也。二者不可得兼,舍鱼而取熊掌者也。生,亦我所欲也;义,亦我所欲也。二者不可得兼,舍生而取义者也。生亦我所欲,所欲有甚于⑮生者,故不为苟得⑯也;死亦我所恶,所恶有甚于死者,故患有所不辟也⑰。如使人之所欲莫甚于生,则凡可以得生者,何不用也⑱?使人之所恶莫甚于死者,则凡可以辟患者,何不为也?由是则生,而有不用也;由是则可以辟患,而有不为也。是故所欲有甚于生者,所恶有甚于死者。非独贤者有是心也,人皆有之,贤者能勿丧⑲耳。一箪⑳食,一豆㉑羹,得之则生,弗得则死;嘑尔㉒而与之,行道之人弗受;蹴㉓尔而与之,乞人不屑也。万钟则不辩礼义而受之㉔,万钟于我何加㉕焉?为宫室之美、妻妾之奉、所识穷乏者得我㉖与?乡㉗为身死而不受,今为宫室之美为之;乡为身死而不受,今为妻妾之奉为之;乡为身死而不受,今为所识穷乏者得我而为之,是亦不可以已㉘乎?此之谓失其本心㉙。"(《告子上》)

8. 孟子曰:"民为贵,社稷㉚次之,君为轻。是故得乎丘民㉛而为天子,得乎天子为诸侯,得乎诸侯为大夫㉜。诸侯危社稷,则变置。牺牲㉝既成,粢盛既絜㉞,祭祀以时,然而旱干水溢,则变置社稷。"(《尽心下》)

---

①淫:乱。指乱其心志。②什一:十分取一的税率(指农业税)。什:十分。③去关市之征:取消官府在交通要道或集市上所征的商业税。④今兹:今年。《吕氏春秋·任地》:"今兹美禾,来兹美麦。"高诱注:"兹,年也。"⑤已:停止,废除。⑥攘(rǎng):顺手牵羊,窃为己有。赵岐注:"攘,取也,取自来之物也。"《淮南子·氾论训》:"直躬,其父攘羊而子证之。"高诱注:"凡六畜自来而取之曰攘也。"⑦损:减少。⑧所以亡者:指导致亡国败家的行为。⑨孺子:小孩子。⑩沧浪(láng):青苍色。一说水名。⑪缨:系帽的丝带。⑫《太甲》:《尚书》篇名,原文已佚。古文《尚书》中的《太甲》篇是后人伪托,不可信。⑬孽:灾祸。⑭违:避开。⑮甚于:超出于,重于。⑯苟得:苟且获得,即苟且偷生。⑰患:祸患。辟:同"避"。⑱何不用也:什么(手段)不可用呢?⑲丧:丧失。此指丧失人的本性,即孟子所谓"失其本心"。⑳箪(dān):盛食物的竹篓。㉑豆:盛羹或肉的木制器具。㉒嘑(hū)尔:呵斥声。嘑:同"呼"。尔:语助词。㉓蹴(cù):踢,践踏。㉔万钟:指优厚的俸禄。钟:古量器名,六斛四斗为一钟。则:如果。㉕加:有益,益处。㉖得我:感激我。得:通"德"。一说"得"即用作本字,即得到我的好处。㉗乡:通"向",过去,以前。㉘已:止,停止。㉙本心:最基本的羞恶之心。孟子认为人的本性是善良的,人皆有羞恶之心。这里的"本心",即指人善良的本性。㉚社稷:指祭祀土地神和五谷神的神坛。社:土地神。稷:五谷神。社稷坛是古代非常神圣的地方,平时不可轻易移动,国家破灭,方可变置改立,因此人们往往以社稷坛作为国家和政权的象征。㉛丘民:民众,广大百姓。丘:众。㉜大夫:古代官名。西周以后的诸侯国中,国君下有卿、大夫等十三级,大夫可以世袭,且有封地。㉝牺牲:供祭祀用的猪、牛、羊。㉞粢盛(zīchéng):古代盛在祭器内以供祭祀的谷物。絜:通"洁",洁净。

【作者档案】

孟子（前372—前289），名轲，字子舆，战国中期邹国（今山东邹县）人。我国古代思想家、教育家和文学家，孔子之后儒家学派的代表人物，被后世尊称为"亚圣"，与孔子并称"孔孟"。孟子曾受业于孔子的孙子子思的门下。孟子继承了孔子的仁爱学说，主张效法先王，实行"仁政"，宣扬性善，反对功利，反对战争，要求统治者从自身品德做起，施德行善，使民心归附，从而实现统一天下的大业。怀抱着这种复兴儒学、法先王之礼和"平治天下"的理想，他先后到过鲁、齐、宋、邹、滕、魏等国游说。尽管梁惠王、齐宣王和滕文公等国君都很尊重他，对他十分优待，但因其学说、理想与战国时"力征争权，胜者为右"的社会现实格格不入，故梁惠王、齐宣王等人都没有采纳他的主张。孟子的理想，终究不能推行，更不能实现。因此孟子晚年也与孔子一样，回到故乡著书立说，"退而与万章之徒，序《诗》《书》，述仲尼之意，作《孟子》七篇"（《史记·孟子荀卿列传》）。

《孟子》是孟子与其弟子共同完成的著作，它既是儒家学派的经典著作之一，也是先秦诸子散文中文学性较强的一部。其特色有：一是说理透彻，长于论辩。他在与论敌论辩时，"善设机巧"，经常采用"引人入彀"的论辩方法。二是高屋建瓴，富于气势。三是善于运用比喻和寓言故事帮助说理。

【含英咀华】

孟子思想的精华，首先是他最可宝贵的"民贵君轻"思想。孟子是我国古代一位真正认识到在政治生活中人民的重要性的思想家，他继承自《尚书》《左传》《国语》以来的民本思想，并把这一思想发展到一个新的高度。他把"民"的地位置于"社稷（国）"和"君"之上，认为君可变置，社稷也可变置。这是一种前人不曾说、后人也不大敢说的新的提法。孟子还认为，像商纣王那种损害仁义残暴无道的国君不配称之为君，只能叫作"一夫"（独裁者），对这种独夫民贼，人民自然可以将其推翻。他甚至把杀掉桀纣之类暴君说成是"救民于水火之中""为匹夫匹妇复仇"（《孟子·滕文公下》）的正义之举。这样的言论，不但与坚持"君君臣臣"的孔子不同，也与主张绝对君权的法家不同。无论他站在怎样的立场上，他的这种民本思想都是值得肯定的。孟子的民本思想表现在政治主张上，就是所谓"保民而王"的"仁政"。他说："行仁政而王，莫之能御也。"（《孟子·公孙丑下》）所谓"仁政"，就是仁民爱物的政治，其具体内容，就是要统治者从人民的生活出发来考虑政治问题，认识到人民是国家的基础，只有人民丰衣足食，不饥不寒，政治才能安定，百姓才能归附，天下才能统一。仁政的具体措施，就是要"省刑罚，薄税敛"，减轻对人民的压迫、剥削，并且规定、保证老百姓有一定的产业，即孟子所谓"恒产"。只有这样，才会得到老百姓的衷心拥护；否则，老百姓就会铤而走险，做出有违礼法的事情来。在人格修养方面，孟子最看重的是人的气节操守，他所说的"吾善养吾浩然之气"，就是培养人的一身正气和刚直不阿的品格。只有这样，才能做到"富贵不能淫，贫贱不能移，威武不能屈"，在面临"义"与"利"的冲突时，宁可杀身以成仁、舍生以取义，而决不能苟且偷生、苟合取容。孟子的这些言论，对后世产生了深远影响，历史上无数面临利益诱惑或死亡威胁而威武不屈、大义凛然的仁人志士，都是孟子思想的践行者。

孟子不仅是思想家，也是文学家。他的文章最突出的特点，就是善于论辩，富于气势。孟子的善辩，主要表现为成功地运用了"善设机巧""引人入彀"的论辩方法。他在与论敌交锋时，开始时往往不动声色地从对方感兴趣的一些问题或一些显而易见的道理入手，与对方进行拉家常似的谈话、交流，接着便暗暗地按自己预定的思路进行引导，等对方不知不觉地暴露出逻辑上的破绽或漏洞而坠入自己预设的陷阱时，孟子便抓住其破绽进行攻击，使对方无从应对，处于被动挨打的尴尬境地。"王之臣"章，就颇能体现孟子的这一论辩技巧。作者采用层层递进、步步逼近主题的类比推理方式，先让齐宣王承认两个貌似平和又显而易见的道理，然后出其不意地抛出"四境之内不治，则如之何"的反问，使对方猝不及防，没有任何回旋的余地，不得不"顾左右而言他"。"寡人愿安承教"章，也同样体现了这一特点。其次，孟子的文章还富于形象性。孟子擅长用比喻，也善于用形象化的故事或寓言来说理。如"什一，去关市之征"章，就是一篇绝妙的讽刺小品。孟子一眼看出宋国大夫戴盈之没有革除弊政的诚意，而是虚与委蛇，敷衍应付。孟子于是虚构一个"盗鸡者"的故事，用这个"盗鸡者"荒唐可笑的言论，来对戴盈之进行辛辣而尖刻的嘲讽，既具有讽刺性，又富于幽默感，令人忍俊不禁。那些已认识到自己的错误或缺点而又不能痛下决心痛改前非的人们，应该从这篇小品中受到触动和启迪。

【思考练习】

一、孟子"仁政"思想的主要内容是什么？实现"仁政"的具体措施有哪些？

二、孟子的"民本"思想达到了怎样的高度？应该如何评价？

三、在人格修养方面，孟子有哪些著名言论？试谈谈你对这些名言的看法。

四、孟子说："夫人必自侮，然后人侮之；家必自毁，而后人毁之；国必自伐，而后人伐之。"试结合自己的体会，写一篇学习心得。

五、结合中学时学过的"齐桓晋文之事"章及本教材所选相关章节，体会孟子文章善于论辩、富于形象的特点。

【拓展阅读】

杨伯峻译注《孟子译注》，中华书局出版

朱熹撰《四书章句集注》，中华书局出版

（刘洪仁）

大学之道

《大学》

　　大学之道①，在明明德②，在亲民③，在止于至善④。知止而后有定⑤，定而后能静⑥，静而后能安，安而后能虑，虑而后能得⑦。物有本末，事有终始，知所先后，则近道矣。

　　古之欲明明德于天下者，先治其国；欲治其国者，先齐其家⑧；欲齐其家者，先修其身⑨；欲修其身者，先正其心；欲正其心者，先诚其意；欲诚其意者，先致其知⑩。致知在格物⑪。物格而后知至，知至而后意诚，意诚而后心正，心正而后身修，身修而后家齐，家齐而后国治，国治而后天下平。自天子以至于庶人，壹是⑫皆以修身为本。其本乱而末治⑬者，否矣。其所厚者⑭薄，而其所薄者⑮厚，未之有也。

【文献档案】

　　《大学》原是《礼记》中的一篇。南宋时，著名思想家和教育家朱熹将《大学》和《礼记》中的另一篇《中庸》从原书中抽出来，并与《论语》《孟子》并列，合称"四书"，并为这四部书做了注释，即《四书章句集注》，简称《四书集注》。"四书"在当时就被立为官学，此后元、明、清三代，都被当作科举考试的教科书，也是读书人的必读书，对中国封建社会的思想文化影响深远。

　　朱熹在《大学章句》开篇说："子程子曰：'《大学》，孔氏之遗书，而初学入德之门也。'于今可见古人为学次第者，独赖此篇之存，而《论》《孟》次之。学者必由是而学焉，则庶乎其不差矣。"这就是说，《大学》在《四书》中是首先必读的一部入门书。《大学》中提出了"三纲领"（明明德、亲民、止于至善）和"八条目"（格物、致知、诚意、正心、修身、齐家、治国、平天下）的主张，强调修己是治人的前提，修己的目的是为了治国平天下，说明治国平天下的基础是个人的道德修养。这些思想，对于生活在物欲横流的当今社会的读者，尤其是青少年读者来说，具有宝贵的认识价值和借鉴意义。近代民主政治的先驱者梁启超说："《礼记》为青年不可不读之书，而又为万不能全读之书。"（《要籍解题及其读法》）《礼记》中的《大学》《中庸》，正是梁氏所谓"不可不读之书"。

---

①大学：朱熹《四书集注》："大学者，大人之学也。"即成人之学，与"小学"相对而言。道：方法，这里做目的讲。②明明德：彰显先天固有的德性。第一个"明"是形容词用作动词，使动用法，使……明亮。明德：指人与生俱来的美好德性，亦即所谓"人之初，性本善"的善性。儒家认为，人的德性本来是良善的，但由于受后天的欲望及环境影响，这种良善的德性昏而不明，所以要通过学习加以发明。③亲民：使人自新。亲：当作"新"，使人改过自新。④止于至善：以至善作为最终目标。⑤止：这里指上文所言"至善"的境界。定：立定志向。⑥静：沉静，心不妄动。⑦得：指有所收获。⑧齐：整治、整顿。⑨修其身：提高个人的德行。⑩致其知：曾参述曰："致知云者，非若后儒所谓克广其知识之谓也，致吾心之良知焉耳。良知者，孟子所谓'是非之心人皆有之'者也。"则所谓"致知"，即找回良知之意。也有人解作获得知识。⑪格物：穷究事物的原理。格：推究、穷究。物：事物的原理、规律。一说："格，去也。格去物欲之蔽。"（杨亶骅《古本大学辑解》）⑫壹是：一切，一概。⑬末治：指修身之外的齐家、治国、平天下。⑭所厚者：指应该重视的事情。厚：重视，注重。⑮所薄者：指应该忽略的事情。薄：轻视，忽略。

【含英咀华】

本文是《大学》篇的第一章。朱熹认为，本章为"经"，"盖孔子之言，而曾子述之"，后面的十章则为"传"（解释"经"的文字），"盖曾子之意而门人记之也"。本章主要阐述了儒家学派为学的宗旨以及为学途径。宗旨即明明德、亲民、止于至善；途径则是格物、致知、诚意、正心、修身、齐家、治国、平天下。

首段开宗明义，指出成人学习的目的，就是追求完善的道德境界。这是全篇的总纲，《大学》以下各节都是围绕这个总纲来加以阐述和发挥的。朱熹认为"大学"是"为学纲目"，是"大人之学"，即成为圣贤之人的大道，故曰"大学之道"。"至善"是儒家在道德修养方面的最高境界。在朱熹看来，时代变迁，教化不再，完善道德也不可一蹴而就，需要经过明明德—新民—止于至善的过程，方可到达读书学习的终极目的。而实现这个目的，则依次要经过格物、致知、诚意、正心、修身、齐家、治国、平天下八种途径。这是儒家理想人生的进修阶梯，不可本末倒置，秩序颠倒。其中前四级为内修，后三级为外治，中间环节是"修身"。"修身"是联结"内修"和"外治"的枢纽。孔子在这里提出的修身、齐家、治国、平天下的理念，后来一直被儒家奉为安身立命的人生准则。这段至理名言告诉我们：一个人要做治国、平天下的大事，必须首先从修身、齐家这样基本的小事做起，一步一个脚印，才能逐渐实现自己的远大目标；否则，终将一事无成。

"三纲领"和"八条目"是儒家教育观中教育目标和教育途径的纲领，其中最核心的是"修身"。《大学》阐释了教育的宗旨与途径，以及各条目之间的关系，推理严密，逻辑清楚，是研习儒学的经典。

【思考练习】

一、分析儒家"三纲""八目"的具体内容。

二、结合个人的学习体会，谈谈"三纲""八目"之间的关系。

三、熟读并背诵这段话。

四、阅读《大学》全文，结合现实，谈谈儒家教育观中关于道德修养的观念对后世有什么影响。

【拓展阅读】

朱熹撰《四书章句集注》，中华书局出版

王文锦译注《大学中庸译注》，中华书局出版

（杜婕欣　刘洪仁）

《中庸》五章

1. 天命之谓性①，率性之谓道②，修道之谓教③。道也者，不可须臾离也，可离非道也。是故君子戒慎乎其所不睹④，恐惧乎其所不闻，莫见乎隐⑤，莫显乎微⑥，故君子慎其独⑦也。喜怒哀乐之未发谓之中⑧，发而皆中节谓之和⑨。中也者，天下之大本⑩也；和也者，天下之达道⑪也。致⑫中和，天地位⑬焉，万物育⑭焉。（第一章）

2. 仲尼曰："君子中庸⑮，小人反中庸。君子之中庸也，君子而时中⑯。小人之中庸也，小人而无忌惮也。"（第二章）

3. 子曰："中庸其至矣乎！民鲜⑰能久矣！"（第三章）

4. 子曰："道之不行也，我知之矣：知⑱者过之，愚者不及也。道之不明也，我知之矣：贤者过之，不肖⑲者不及也。人莫不饮食也，鲜能知味也。"（第四章）

5. 哀公⑳问政。子曰："文武㉑之政，布在方策㉒，其人存则其政举㉓，其人亡则其政息㉔。人道敏政㉕，地道敏树㉖。夫政也者，蒲卢㉗也。故为政在人，取人以身，修身以道，修道以仁。仁者，人也，亲亲为大；义者，宜也，尊贤为大。亲亲之杀㉘，尊贤之等，礼所生也。（在下位，不获乎上，民不可得而治矣㉙）故君子不可以不修身，思修身不可以不事亲，思事亲不可以不知人，思知人不可以不知天。天下之达道㉚五，所以行之者三。曰君臣也，父子也，夫妇也，昆弟㉛也，朋友之交也，五者天下之达道也。知、仁、勇三者，天下之达德也。所以行之者一也。或生而知之，或学而知之，或困而知之。及其知之，一㉜也。或安而行之，或利而行之，或勉强㉝而行之，及其成功，一也。"

子曰："好学近乎知，力行近乎仁，知耻近乎勇。知斯三者，则知所以修身；知所以修身，则知所以治人；知所以治人，则知所以治天下国家矣。"

---

①天命之谓性：天赋予人的禀赋叫作性。天命：天赋予的禀赋。性：天生的本性，如仁义、向善等善性。②率性之谓道：一切顺应本性叫作道。率：顺应，遵循。道：规范、人道，即"性"的外在表现。③修道之谓教：修明道的方法叫作教。教：教化，教育。④"是故"句：意思是品德高尚的君子在没有人看见的地方也很谨慎。戒慎：警惕、谨慎。睹：看见。⑤莫见乎隐：意思是说越是隐蔽的越容易显露。莫：没有什么更……。见（xiàn）：同"现"，显露。隐：隐蔽。⑥莫显乎微：意思是说越是细微的越容易显现。⑦慎其独：在一人独处时也小心谨慎。独：指独处。⑧发：表现出来。中：不偏不倚，恰到好处，心情平和。⑨中（zhòng）节：符合节度，不违背法度。和：调和，和谐。⑩大本：根本，基础。⑪达道：四通八达之大道，引申为天下人共同遵守的准则。⑫致：达到。⑬位：占据其应有的位置，即各得其所。⑭育：生长，生育。⑮中庸：不偏不倚，既不过分也无不足。庸：常也。⑯而：通"能"，能够。时中：应时而处中，即言行处处符合道的规范。⑰鲜：少，不多。⑱知：同"智"，与下句"愚"相对。⑲不肖：不贤，指道德品行低下。⑳哀公：鲁哀公，春秋时鲁国国君。姬姓，名将。㉑文、武：指周文王和周武王。㉒布：陈列，记载。方策：指典籍。方：书写用的木板。策：书写用的竹简。㉓举：推行。㉔息：消失。㉕人道敏政：治理人的道理就是努力行政。敏：努力，勤勉。㉖地道敏树：治理土地的道理就是辛勤耕种。树：种植。㉗蒲卢：沈括以为是蒲苇（即芦苇）。芦苇容易生长，比喻国家政事得到君子治理，则容易做好。郑玄以为是螺蠃（即土蜂）。古人认为土蜂自己不能生子，必取桑虫之子变化后成为己子。比喻执政在于如何用人。二说皆可通。㉘亲亲：亲近亲人。杀（shài）：等级、差别。这里指因亲属的远近亲疏不同，礼制也有所差异。㉙"在下位"三句：此十四字后章亦见，郑玄云："误重在此。"㉚达道：通行的道路。㉛昆弟：兄弟。昆：兄，哥哥。㉜一：一样，相同。㉝勉强：努力，尽力而为。

凡为天下国家有九经①：曰修身也，尊贤也，亲亲也，敬大臣也，体群臣也，子庶民也，来百工也②，柔③远人也，怀④诸侯也。修身则道立，尊贤则不惑，亲亲则诸父⑤昆弟不怨，敬大臣则不眩⑥，体群臣则士之报礼重⑦，子庶民则百姓劝⑧，来百工则财用足，柔远人则四方归之，怀诸侯则天下畏之。齐明盛服⑨，非礼不动，所以修身也。去谗远色，贱货而贵德，所以劝贤也。尊其位，重其禄，同其好恶，所以劝亲亲也。官盛任使⑩，所以劝大臣也。忠信重禄，所以劝士也。时使薄敛⑪，所以劝百姓也。日省月试⑫，既禀称事⑬，所以劝百工也。送往迎来，嘉善而矜不能⑭，所以柔远人也。继绝世⑮，举废国⑯，治乱持危⑰，朝聘以时⑱，厚往而薄来⑲，所以怀诸侯也。

凡为天下国家有九经，所以行之者一也。凡事豫则立⑳，不豫则废。言前定则不跲㉑，事前定则不困，行前定则不疚㉒，道前定则不穷㉓。

在下位不获㉔乎上，民不可得而治矣。获乎上有道，不信乎朋友，不获乎上矣。信乎朋友有道，不顺乎亲㉕，不信乎朋友矣。顺乎亲有道，反诸身不诚㉖，不顺乎亲矣。诚身㉗有道，不明乎善，不诚乎身矣。

诚者，天之道也。诚之者㉘，人之道也。诚者，不勉而中㉙，不思而得，从容中道㉚，圣人也。诚之者，择善而固执㉛之者也。博学之，审㉜问之，慎思之，明辨之，笃㉝行之。有弗学㉞，学之弗能，弗措㉟也；有弗问，问之弗知，弗措也；有弗思，思之弗得，弗措也；有弗辨，辨之弗明，弗措也；有弗行，行之弗笃，弗措也。人一能之，己百之；人十能之，己千之。果能此道矣，虽愚必明，虽柔必强。（第二十章）

【文献档案】

《中庸》也是《礼记》中的一篇，位于原书第三十一篇。旧说《中庸》是子思所作，现多认为是秦汉时的儒家作品。《中庸》主要论述儒家为人处世不偏不倚、持之以恒的基本方法，它既是处理外界纷争的原则，又是保持内心平和的秘诀。朱熹在《中庸章句》卷首说："子程子曰：'不偏之谓中，不易之谓庸。中者，天下之正道；庸者，天下之定理。'此篇乃孔门传授心法，子思恐其久而差也，故笔之于书，以授孟子。其书始言一理，中散为万事，末复合为一理。'放之则弥六合，卷之则退藏于密'，其味无穷，皆实学也。善读者玩索而有得焉，则终身用之，有不能尽者矣。"这段话指明了《中庸》所阐明的理论具

---

①为：治理。九经：九条准则。经：原来指织布机上的纵线，引申指常道、准则、原则。②来：招致，使……来归。百工：各类工匠。③柔：怀柔，安抚。④怀：安抚。⑤诸父：父亲的兄弟，指伯父、叔父。⑥眩：迷乱，紊乱。⑦报：回报。礼：礼数。⑧劝：劝勉，努力。⑨齐：通"斋"，斋戒。明：洁净。盛服：整洁的礼服。⑩官盛：官属众多。任使：任用，使用。⑪时使：按照季节使用。薄敛：减少赋税。⑫省：检查，察看。试：考核。⑬既禀称事：授予的俸禄与所得的粮食相符合。既：通"饩"（xì），赠送别人粮食或饲料，这里指俸禄。禀：粮食。称：相符合。事：工作，劳动。⑭嘉：嘉奖。矜：怜惜，同情。⑮继：继续，延续。绝世：失去世袭权位的贵族世家。⑯举：恢复。废国：已经灭亡的国家。⑰治乱持危：平治内乱，扶持危弱。⑱朝聘以时：诸侯按照一定的时间来朝拜聘问（天子）。⑲厚往：厚礼相送。薄来：薄收贡品。⑳豫：预先准备。立：成功。㉑跲（jiá）：绊倒。这里指言辞不当，失言。㉒疚：出错。㉓穷：困厄，走投无路。㉔获：获得信任。㉕顺：孝顺，顺从。亲：指父母。㉖反：通"返"。身：自身。诚：真诚。㉗诚身：使自身真诚。㉘诚之者：使自己达到诚的境界。㉙不勉而中（zhòng）：不需费劲就能做到。中：符合。㉚从容中道：悠闲从容中都能符合善道。从容：不费力气，自然而然。㉛固执：牢固把握，坚守不渝。㉜审：详细。㉝笃：踏实。㉞有弗学：不学则已（依朱熹说）。㉟措：放置，放弃。

有普遍性，思想深刻，分析透彻。我们仔细体会其中有关慎独、致中和、道不远人、好学、力行、知耻、至诚立本等道理，确实会受到启发，大有收获。

【含英咀华】

《中庸》是儒家的教育理论著作，其中蕴含着儒家政治哲学思想。"中"是恪守中道，不偏不倚；"庸"是恒常不变。"中庸"就是常守中道。第一章是全篇的总纲，强调了中庸之道是重要而普遍的，是人们片刻也不能离开的，因而要自觉地、慎独地、真诚地尊重天赋本性，按照道的原则来提高修养。作者提出，情感的表露要不偏不倚，有所节制，即"中""和"的境界，那么天下万物就可秩序井然，和谐共生。第二、第三、第四章进一步阐释中庸之道的实现途径。中庸之道的实现要恰到好处，过分和不及都不符合中庸的要求。此过程中最关键的是个体自觉性方面的修养。

第二十章是《中庸》全篇的核心。本章从哀公问政引入，提出了为政与个体修养的关系，提出五种人伦关系（君臣、父子、夫妇、兄弟、朋友）和三种德行（智、仁、勇）。文中记叙了孔子论述修身的方法，指出了人生修养的方法和途径，即从好学、力行、知耻入手。人都具有善良之性，但须经过后天学习，因此"好学近乎知"；通过学习彰显出善良本性，但并非都能成为仁者，还必须付诸行动，因此"力行近乎仁"；一个人有了羞耻之心，才能辨明是非，知所为知所不为，谦和退让，取舍有度，因此，"知耻近乎勇"。能做到"好学""力行""知耻"，也只是接近于智、仁、勇。再进入到智、仁、勇这一通行的道德准则（即"达德"），再由"修身"扩展到"治人"，直至"治理天下国家"。全篇语言凝练，说理严密。很多名言警句，至今仍可作为我们为人处世、读书学习的座右铭，耐人寻味，影响深远。

【思考练习】

一、简述"中庸"的内涵。
二、简述儒家主张实现"中庸之道"的途径。
三、熟读《中庸》第一、第二、第三章与第二十章，将其中的名言警句摘抄于小纸片上，贴于床头或桌案右侧，经常默诵熟读，以期终身铭记。
四、阅读《中庸》其余章节，领会其中关于修身、做人、读书的深刻道理。

【拓展阅读】

朱熹撰《四书章句集注》，中华书局出版
王文锦译注《大学中庸译注》，中华书局出版

（杜婕欣　刘洪仁）

大 同

《礼记》

昔者仲尼与于蜡宾①，事毕，出游于观②之上，喟然而叹。仲尼之叹，盖叹鲁③也。言偃④在侧，曰："君子何叹？"孔子曰："大道⑤之行也，与三代之英⑥，丘未之逮⑦也，而有志焉⑧。大道之行也，天下为公。选贤与能⑨，讲信修睦⑩。故人不独亲其亲⑪，不独子其子，使老有所终，壮有所用，幼有所长，矜寡孤独废疾者皆有所养⑫。男有分⑬，女有归⑭。货恶其弃于地也⑮，不必藏于己；力恶其不出于身也，不必为己。是故谋闭而不兴⑯，盗窃乱贼而不作⑰，故外户而不闭⑱，是谓大同。"

"今大道既隐⑲，天下为家，各亲其亲，各子其子，货力为己，大人世及以为礼⑳，城郭沟池以为固㉑，礼义以为纪㉒，以正㉓君臣，以笃㉔父子，以睦兄弟，以和夫妇，以设制度，以立田里㉕，以贤勇知㉖，以功为己㉗。故谋用是作㉘，而兵㉙由此起。禹、汤、文、武、成王、周公，由此其选也㉚。此六君子者，未有不谨于礼者也。以著其义㉛，以考其信㉜，著有过㉝，刑仁讲让㉞，示民有常㉟。如有不由此者，在埶者去㊱，众以为殃，是谓小康㊲。"

【文献档案】

《礼记》是一部关于儒家各种礼仪的论著、杂说汇编。相传西汉经学家戴德和其侄儿戴圣各自辑录了《礼记》，戴德所辑称《大戴礼记》，原有85篇，今存39篇。戴圣所辑称

---

①与（yù）：参与。蜡（zhà）宾：古代年终合祭百神，称蜡祭。蜡宾就是蜡祭的助祭者。②观（guàn）：又叫阙，宗庙或宫廷大门外两旁相对的高大建筑物。③叹鲁：叹息鲁国礼乐的衰败。鲁国是姬姓宗邦，比其他诸侯国的礼制完善。西周东迁之后，周礼尽在鲁国。而以鲁国为代表的周礼的崩溃，引发孔子对上古理想社会的向往。④言偃：字子游，孔子弟子。⑤大道：太平盛世的治国之道。⑥三代之英：夏、商、周三代的开创者，即禹、汤、文王和武王。英：英杰。⑦丘未之逮：我都没有赶上。逮：及，赶上。⑧有志焉：有志于此，即内心向往之。一说，志，识也，指文献记载。亦通。⑨与能：推举能干的人。与：繁体作"與"，同"舉"，推荐。⑩讲信修睦：讲求诚信，谐调和睦。⑪不独亲其亲：不仅仅是把自己的亲人当作亲人。⑫矜：通"鳏"，老而无妻。寡：老而无夫。孤：幼而无父。独：老而无子。废疾者：身体残疾和有疾病的人。⑬分：职分，职业。⑭归：本义是指女子出嫁。这里指归属、夫家。⑮货恶其弃于地：憎恶财物被糟蹋浪费。货：指财物。⑯谋闭而不兴：奸谋被扼制而不得施展。谋：阴谋诡计。⑰乱贼：乱臣贼子。作：产生，发生。⑱外户而不闭：外出不用关门。户：单扇的门，这里泛指门。⑲隐：消失不见。⑳大人：国君诸侯等。世及：世袭。父传于子为"世"，兄传于弟为"及"。㉑城郭：泛指城池，城邑。城：内城墙。郭：外城墙。沟池：护城河。㉒纪：纲纪，法则。㉓以：以后面省略宾语"之"，即"礼"，后面用法相同。下文"正""笃""睦"和"和"都是形容词作动词。㉔笃：忠诚，厚道。㉕立田里：指设立田地住宅制度。田里：田地与住宅。㉖以贤勇知：按照礼义把有勇有谋的人视为贤者。知：同"智"。㉗以功为己：把为自己谋私利的人当作有功之人。㉘故谋用是作：阴谋诡计因此兴起。谋：阴谋。用是：因此。㉙兵：指战争。㉚由此其选：就是用礼义治国的英杰人物。由：用。选：杰出。㉛著：表彰。其：指臣子和百姓。义：指合理的事情。㉜以考其信：用礼来成就合乎信义的事情。考：成也。㉝著有过：用礼来揭露过错。㉞刑仁讲让：把仁义当作规范，提倡礼让。刑：通"型"，规范，楷模。㉟常：常规，长久不变的制度法令。㊱在埶者去：有权势者将被罢黜。埶（shì）：同"势"，指权位。㊲小康：小安。康：安定。

《小戴礼记》，共49篇。今通行的是《小戴礼记》。《礼记》是"十三经"中的一种，跟《仪礼》《周礼》合称为"三礼"。《礼记》的作者不止一人，也非一时所作。其内容主要是以儒家的思想观点来记载、解释先秦和秦汉时期的各种礼仪制度和规范，记录孔子及其后学的言论，论述道德修养准则等，涉及哲学、历史、政治制度、伦理道德、人际礼仪与礼乐器物等。全书保存了大量先秦时期的社会史料，对于研究先秦以至秦汉时代的婚丧嫁娶制度、家族制度、家庭结构、社会风俗等具有重要的史料价值。《礼记》中有些篇章讲修身、做人的道理、准则，如《大学》《中庸》《儒行》等，是研究儒家人生哲学的重要资料。此外还有专讲教育理论的《学记》，专讲音乐理论的《乐记》，其中的精辟言论，至今仍有可资借鉴的价值。《礼记》全书多为散文，内容多样，其中一些篇章颇有文学价值，一些经典语句如"苛政猛于虎""天下为公"等，是历久不衰的传世名言。

【含英咀华】

本文选自《礼记》的第九篇《礼运》，标题是编者另加的。《礼运》是论述关于礼制的文章，这里节选的是其中第一段。

文章开篇记录孔子与弟子言偃关于鲁国祭礼的讨论，从而引出孔子关于社会政治形态的论述。"大同"社会是儒家倡导的一种完美的、太平和睦的社会形态的构想，与"小康"社会相对。在"大同"社会中，政治民主，选贤举能，讲诚信，重和谐，社会富足安稳，人民安居乐业。"天下为公"的"大同"社会是儒家在社会政治上追求倡导的最高境界。而"小康"社会则是社会私有，权位世袭，以礼法治国，赏罚分明，物质相对富足的社会形态。"小康"相对"大同"是较为低级的社会发展形态。"大同"社会是物质水平和道德水平极高的条件下形成的自觉有序的社会形态，"小康"社会是以利益分配和礼法制约条件下形成的有序的社会形态。在儒家的"大同"思想中，贯穿着一种道德递衰的历史观，即三代以前为"大同"，三代以后为"小康"。在孔子看来，三代以前的尧舜时代，道德自觉运行，不需要礼义的制约，而三代以后的"小康"则是时时、处处都要靠礼义来制约、维护的社会。

"大同""小康"的概念，贯穿中国古代社会始终，对中国古代政治理想以及近现代的民主共和思想产生了深远影响，成为中国社会进步思想的主要动力。19世纪末20世纪初，近现代民主革命的先行者正是借用了"大同"的概念来唤醒民众，如康有为撰写《大同书》，孙中山提倡"天下为公"。

【思考练习】

一、孔子所论述的"大同""小康"两种社会形态的本质区别是什么？

二、孔子所论述的"大同"和"小康"社会有什么现实意义？在当今全球化的时代，"大同"思想还有没有价值？

三、试结合有关科学社会主义原理，谈谈你理想中的社会形态。

四、背诵本文。

【拓展阅读】

杨天宇译注《礼记译注》，上海古籍出版社出版

（杜婕欣　刘洪仁）

单元知识：儒学简介

儒学是儒家学说的简称，有时也称"儒教"，与道教、佛教并称"三教"。儒家是春秋时期孔子创立的一个重要学派，与墨家同为当时的"显学"，被列为先秦至汉初"九流十家"之首，其思想在后世成为主宰中国封建社会上层建筑及其意识形态的正统思想和主流意识。儒家学派对中国乃至全世界都产生过深远的影响，在海外，"儒学"几乎成为中国传统文化的代名词。

一、形成与发展

"儒"在古代本是一般学者的通称，同时也指那些设馆传授知识的学者，所谓"乡里教人以道义者"（《周礼·大司徒》注）。孔子是中国历史上第一位举办私学授徒讲学的伟大教育家，他把古代为贵族所专有的礼仪和其他各种知识传播到民间。在他的学生中，又有一部分人相继设馆讲学，逐渐形成一个学派，后人即称之为"儒学"。为了教学的需要，孔子整理了《诗》《书》《易》《礼》《乐》《春秋》等六部古代文化典籍，后人称之为"六经"，成为后世学者必读的经典。

春秋时期，面对"礼崩乐坏"的社会动乱局面，孔子提出了一整套政治思想和道德伦理思想。孔子的政治思想，就是希望恢复到唐虞三代那种等级分明、礼制完善的清明社会。在孔子看来，西周是历史上礼乐制度最完善的一个时期，他的理想，就是让社会恢复到西周那种状态。他的政治主张，就是"克己复礼"，即克服自己不正当的感情欲念，使思想行为符合礼的要求。他说："克己复礼为仁。一日克己复礼，天下归仁焉。"（《论语·颜渊》）他希望当今的统治者能从自身品行修养做起，完善人格，以德治国，以仁治国，以礼治国。

孔子之后，儒学得到进一步完善和发展。战国时期，儒学分为八家，其中最重要的是孟子和荀子两家。"孟子道性善，言必称尧舜"（《孟子·滕文公上》），孟子主张"法先王（指尧舜禹汤等古代圣君）"，提倡"王道""仁政"，要求统治者从关心民生问题出发，爱民重民，使破产的农民重新获得土地，让他们有安定的生产环境和基本的生存产业，以此来赢得民心，进而成就王业。荀子虽出于儒家，但他对孔子的某些观点作了修正，集中表现在他已认识到不能完全抛弃法治手段。与孟子主张"人性善"相反，荀子主张"人性恶"，认为"人之性恶，其善者伪也"（《荀子·性恶》）。荀子在政治上提倡"法后王（近代君王）"，主张礼法兼治，王霸并用。这种思想，与孔子视法治为"苛政"的观念已有根本不同。

秦始皇统一中国后，接受丞相李斯的建议，禁止儒家学派的传播，儒家学派遭到严重打击。

西汉初期，统治者采取与民休息、恢复生产的政策，推崇黄老道家之术，儒家学说仍未被重视。到汉武帝时代，封建经济高度发展，形成了空前强大的中央集权的封建帝国。"王者功成作乐，治定制礼。"（《史记·乐书》）在这种情况下，以维系尊卑贵贱的宗法等级制为宗旨、长于制礼作乐的儒家学派的地位便显著上升了。经学大师董仲舒将道家思想和阴阳五行思想融入儒学，通过注解儒家经典来阐述他的"三纲五常"理论，宣扬"君权神授",并劝汉武帝"罢黜百家,独尊儒术"。董仲舒的这一套理论,客观上有利于封建中央集权的加强,也有利于社会的稳定,自然受到汉武帝的欢迎。从此,儒家学说被捧上独尊的地位,成为中国封建社会占统治地位的正统思想,董仲舒也成为中国历史上对历代封建统治者影响最大的一代儒宗。

魏晋时期,儒学演变成玄学。王弼、何晏以老庄思想解释儒家经典,尊《周易》《老子》《庄子》为"三玄",主张"名教"出于"自然",企图调和儒、道两家的思想以适应当时封建统治者的需要。

唐代是中国封建社会思想相对解放的时期,统治者虽然基本上仍以儒家思想为主导,但也渗透了道教和佛教,尤其是道教,据称是李唐王朝的祖先所开创,所以特别受到重视。到中唐时,韩愈力排佛教而倡导儒家"道统"说,把儒家的"道统"上溯到尧舜,认为从尧舜禹汤文武以至孔子、孟子,儒家的思想是一脉相承的,而把荀子至唐以前的儒家代表人物均排除在儒家"道统"之外,并以上接孟子自居。

宋代,儒学发展为理学。理学是以儒家思想为基础,吸收佛教和道教思想形成的新儒学,是宋代主要的哲学思想,后发展为官方的统治思想。朱熹是理学的集大成者。朱熹继承了北宋哲学家程颢、程颐的思想,进一步完善和发展了客观唯心主义的理学体系,后人称之为程朱理学。程朱理学把人的自我完善放在最重要的位置,强调"存天理,灭人欲",对人与人之间的相互关系作了深入的研究,并提出了一系列重要的道德规范和修养方法。

与朱熹同一时期,又有象山先生陆九渊始创"心学",认为"心"是构成宇宙万物的本源,断言"宇宙便是吾心,吾心即是宇宙",提出"心即理"的命题,将客观规律(理)主观化。陆九渊的这套思想,到明中叶时得到王守仁(阳明)继承并发扬光大,形成哲学史上与"程朱理学"相抗衡的"陆王心学"。陆王心学反对朱熹把"心"与"理"视为对立的两种事物的观点,倡导"致良知"和"知行合一"说,提出"心外无物""心外无理"的命题。

理学和心学的出现,确立了儒学发展的最终形态。后代儒者虽然仍对儒学各有增补,但并未改变它的基本趋向。近代,"新文化运动"的倡导者们一提出"打倒孔家店"的口号,儒学便很快成为封建主义的殉葬品。

二、核心思想

由孔子创立的儒家学派,其基本特征,是以"崇仁厉义"(《史记·太史公自序》)为核心思想,重视道德伦理教育和自我修养,认为"德之不修,学之不讲,闻义不能徙,不善不能改,是吾忧也"(《论语·述而》),主张培养"仁且智"的理想人格。儒学的基本概念是"仁"与"礼"。这既是道德概念,也是政治概念。孔子对"仁"的基本解释是"仁者爱人"(《论语·学而》),"己欲立而立人,己欲达而达人"(《论语·雍也》),"己所不欲,勿施于人"(《论语·颜渊》)。可见,儒家的基本追求,就是塑造具有忠恕之德的高尚人格与和谐的理想社会。而"仁"和"礼"这些伦理范畴的实质,正是调解社会关系、协调人际关系,以达到社会的稳定。因此,儒家在道德伦理思想上提倡"礼乐""仁义""忠恕"及不偏不倚、无过无不及的中庸之道,认为"中庸之为德也,其至矣乎"(《论语·雍也》)。儒家政治上倡导"亲亲""尊尊"的立法原则,维护"礼治",主张"德治""仁政""王道"。儒家的这套思想,其宗旨是维护封建宗法制度,因此长期被封建统治者奉为正统思想。

三、历史贡献与当代意义

儒家学说在中国源远流长，内容极其丰富，是中国传统思想文化的主干，对中华民族的文化发展和民族精神的陶冶产生过深刻的影响，起过积极的作用。儒家的"五经""七经""九经""十三经"，不仅是思想的宝库，也是文学、史学和人生哲学的宝库，具有极高的价值。儒家的政治主张、伦理道德思想以及人生哲学，不但能为当时的封建社会统治者所利用，也能被统治者所接受。儒家的纲常名教思想，既可以成为历代封建社会统治阶级维护自己统治的工具，而它的民本思想，对人民疾苦的关心，又在某种程度上可以起到限制封建社会统治者过分盘剥的作用。儒家提倡的"仁政"，不但被历代封建社会统治者奉为施政的目标，而且也成为广大人民群众要求摆脱贫穷苦难的幻想与精神寄托。儒家把道德培养看作人生价值的追求，对理想人格的塑造与提倡，成为几千年来炎黄子孙勇于进取、追求真理的精神力量。儒学的这些思想，早已成为中华民族共同的心理和习性，对于中华民族的团结和融合起到过非常重要的向心力与凝聚力的作用。

儒学也给现代人提供了很丰富的思想资源。儒学虽然有其弊端，有其糟粕，但其中的精华，仍然值得我们继承并发扬光大。

（刘洪仁）

第二单元　诗歌精品

《诗经》二首

国风·邶风·静女

静女其姝①，俟我于城隅②。爱而不见③，搔首踟蹰④。
静女其娈⑤，贻我彤管⑥。彤管有炜⑦，说怿女美⑧。
自牧归荑⑨，洵美且异⑩。匪女之为美⑪，美人之贻。

国风·鄘风·柏舟

泛⑫彼柏舟，在彼中河⑬。髧彼两髦⑭，实维我仪⑮。
之死矢靡它⑯。母也天只⑰！不谅⑱人只！

泛彼柏舟，在彼河侧。髧彼两髦，实维我特⑲。
之死矢靡慝⑳。母也天只！不谅人只！

【文献档案】

《诗经》是我国第一部诗歌总集，收录从西周初年至春秋中叶的诗歌311篇（其中6篇为只有标题、没有内容的笙诗）。汉代以前称其为《诗》或《诗三百》，到西汉时，朝廷在太学设立《诗》《书》《易》《礼》《春秋》五经博士，《诗》与《尚书》《周易》等均被奉为儒家经典，始称《诗经》。

《诗经》中的诗歌，分编为《风》《雅》《颂》三部分。其分类的标准，现在一般认为

---

①静女：贞静娴雅之女。静：贞静，文静。姝：美好。②城隅：城墙的角落。朱熹《诗集传》："城隅，幽僻之处。"③爱而不见：女孩故意躲起来不肯见我。爱：隐蔽，躲藏。④踟蹰（chíchú）：走来走去，徘徊不进。⑤娈（luán）：美丽，美好。⑥贻：赠送。彤管：一说是赤管的笔，一说是一种像笛的乐器，一说是红茎的草，均可通。从下节"自牧归荑"句看，作红茎的草解似更合理。欧阳修《诗本义》："古者针笔皆有管，乐器亦有管，不知此彤管是何物也。但彤是色之美者，盖男女相悦，用此美色之管相遗，以通情结好耳。"彤：红色。⑦有炜（wěi）：红亮光鲜的样子。《说文解字》："炜，盛明貌也。"⑧说（yuè）怿：喜爱，喜欢。说：通"悦"。女：通"汝"。⑨牧：郊外。归（kuì）：通"馈"，赠送。荑（tí）：白茅的嫩芽。《毛传》："荑，茅之始生也。"姚际恒《诗经通论》："荑即'手如柔荑'之荑，细茅也。"⑩洵：诚然，确实。异：可爱。王先谦《诗三家义集疏》："'洵美且异'者，言信美而可爱悦也。"⑪匪：通"非"。女：指荑草。⑫泛（fàn）：漂浮、漂流的样子。⑬中河：即河中。⑭髧（dàn）：头发下垂的样子。髦：古代未成年男子垂在前额的齐眉发。⑮实维我仪：就是我追求的好配偶。实：同"寔"，是。维：为。仪：《毛传》："仪，匹也。"⑯之：至，到。矢：发誓。靡它：无二心，即不嫁他人的意思。靡：无。它：借作"佗"，同"他"。⑰天：指父亲。也、只：都是语气词。⑱谅：体谅，理解。⑲特：配偶。闻一多《风诗类钞》："仪、特，皆配偶也。"⑳慝（tè）：通"忒"，更改，改变。闻一多《风诗类钞》："靡它、靡慝，都是不变的意思。"

是按音乐性质的不同。《风》，即土风歌谣，是不同地区的地方乐歌。《诗经》中共有十五国风，存诗160篇。《风》诗大多是民歌，感情真挚，风格朴素，文学成就最高，是《诗经》中思想价值和艺术价值最高的精华部分。《雅》是"正"的意思，雅乐就是周朝王畿地区的音乐。《雅》又分《大雅》《小雅》，共存诗105首，其作者多为公卿、士大夫，《小雅》中也有部分民歌。《颂》是周天子在举行宗庙祭祀时的乐歌舞曲，分《周颂》《鲁颂》《商颂》三部分，共存诗40篇。

《诗经》的表现手法有"赋""比""兴"三种。朱熹说："赋者，敷陈其事而直言之者也。""比者，以彼物比此物也。""兴者，先言他物以引起所咏之词也。"（《诗集传》卷一）所谓"赋"，就是直接铺陈叙述，比就是比喻，兴就是起兴，即借景物或其他事物起头，以引起联想或烘托渲染气氛。《诗经》的句式以四言为主，兼用杂言（三、五、六、七言），语言上多用重言叠字、双声叠韵，章法回环复沓，词汇丰富多彩，韵律和谐自然。

【含英咀华】

爱情是文学艺术永恒的主题。《诗经》中描写爱情、婚姻问题的作品，是《诗经》中最生动活泼、艺术成就最高的。我们中学学过的《关雎》《蒹葭》，都是歌唱爱情的经典作品。《国风·邶风·静女》一诗，描写了一对情侣幽会的情景，充满欢快而幽默的情趣。诗以男子的口吻来叙述，第一章写他的恋人约他到城墙的角落相会，他兴冲冲前去赴约，却见不到人。原来恋人和他开了个玩笑，故意躲藏起来不肯露面，急得他"搔首踟蹰"，抓耳挠腮，走来走去地东张西望。"爱而不见"一句，把女孩子活泼顽皮的情态惟妙惟肖地描绘出来；男子的"搔首踟蹰"，也把赴约者期待而不见的焦灼不安神情活灵活现地再现于纸上。第二章写恋人不仅来了，而且情意深长地赠给他一根"彤管"。"彤管"尽管可能只是一棵小草，但因为是恋人所赠，便觉得分外美丽可爱，于是他语带双关地赞美道："彤管多么鲜艳呀，真喜欢你的美丽啊！"这样把对赠礼者的一片喜爱之情，通过对所赠之物的歌咏表现出来，曲折含蓄，隽永有味。第三章写得更加跌宕多姿。先是以双关的方式称赞"彤管"的美丽可爱，接下来便直抒胸臆，由赞美荑草的"洵美且异"进而赞美送荑草给他的人，这样便充分满足了姑娘对爱情的期待心理。这首小诗，把一对热恋中的青年男女幽会时那种天真顽皮、互相逗趣的情景描写得活灵活现，形象逼真。姑娘虽然没有露面，但我们从"爱而不见"的描写中，不难看出她性格的开朗活泼，天真顽皮。她故意"爱而不见"的举动，既是为逗趣好玩，想看看她的恋人焦急不安的情态，同时也可能含有考验情郎对爱情是否真诚的意味。而男主角也十分知趣凑趣，他"搔首踟蹰"的样子，一定让女孩偷偷地抿嘴而笑，而他对女孩所赠礼物以及爱屋及乌由荑到人的赞美，既有双关暗示，又有直言表白，也让女孩的心理得到了充分的满足。一首仅50字的小诗，不仅生动地再现了青年男女约会的开心场景，而且写活了两个人物形象，写出了人物的心理和感情，其开朗的性格，愉快的心情，深长的情意，都跃然纸上。

《诗经》时代，青年男女的恋爱和婚姻已经受到礼教的束缚和干预了。《齐风·南山》诗中说："取妻如之何？必告父母。""取妻如之何？匪媒不得。"但礼教的束缚和干预，阻碍不了青年男女对自由爱情的向往和追求，于是就产生了冲突。《国风·鄘风·柏舟》就是一首反抗家长干预、争取婚姻自主的诗篇。这是一名少女所唱的歌。她钟情于一个青年，但她的父母却强加干涉，从而激起了她的不满和反抗。全诗两章，先以行驶在河中的船只起兴，便有东流滚滚、势不可返的象征意味。然后直言表白，说那个垂着鬓发的青年才是自己看中的好对象，至死也决不改变。"之死矢靡它"五个字，所表现的感情是那么坚定执着，令人动容。她的爱情受到父母的阻挠，但她并不屈服，她呼母叫父，对他们的不体谅表示强烈不满，表现出大胆的反抗精神。诗中连用三个"彼"字，紧接一个"维"字，语气急促，表现出一种急于表白的感情和坦率果敢的性格。全诗采用直抒胸臆的抒情方式，将郁积于胸中的感情毫无隐瞒地倾泻出来，语言一泻无余，有如大河奔流，滔滔滚滚，动人心魄。

【思考练习】

一、《国风·邶风·静女》一诗中描写男女主人公情态最为逼真传神的句子是哪两句？试作简要分析。

二、"彤管有炜，说怿女美"跟"匪女之为美，美人之贻"在抒情方式上有何不同？各有什么表达效果？

三、《国风·邶风·静女》一诗中表现了男女主人公怎样的性格和心理？试作简要分析。

四、《国风·鄘风·柏舟》主要表现了主人公怎样的思想和情感？有什么深刻的思想价值？

五、查找资料，试举出与《国风·鄘风·柏舟》同一主题思想的文学作品三至五篇（部），并简述其要旨。

六、背诵《国风·邶风·静女》和《国风·鄘风·柏舟》。

【拓展阅读】

余冠英选注《诗经选》，中华书局出版

程俊英、蒋见元著《诗经注析》，中华书局出版

（刘洪仁）

湘夫人①

屈 原

帝子降兮北渚②,目眇眇兮愁予③。
嫋嫋④兮秋风,洞庭波兮木叶下⑤。

登白薠兮骋望⑥,与佳期兮夕张⑦。
鸟何萃兮蘋中,罾何为兮木上⑧?
沅有芷兮澧有兰⑨,思公子⑩兮未敢言。
荒忽⑪兮远望,观流水兮潺湲⑫。
麋何食兮庭中,蛟何为兮水裔⑬?
朝驰余马兮江皋⑭,夕济兮西澨⑮。
闻佳人兮召予,将腾驾兮偕逝⑯。

筑室兮水中,葺之兮荷盖⑰。
荪壁兮紫坛⑱,播芳椒兮成堂⑲。
桂栋兮兰橑⑳,辛夷楣兮药房㉑。
罔薜荔兮为帷㉒,擗蕙櫋兮既张㉓。
白玉兮为镇㉔,疏石兰兮为芳㉕。

---

①本诗选自《楚辞·九歌》。《九歌》是屈原根据战国时期楚地民间流传的祭神乐曲改写加工而成的一组诗歌,共有11首歌曲。"九"为虚数,意为"多",并非实际篇数。湘夫人:据顾炎武《日知录》,在楚地传说中,湘夫人与湘君是一对湘水配偶神。又据王逸《楚辞章句》及《礼记·檀弓》郑玄注,湘君指舜,湘夫人指尧的两个女儿,即舜的二位妃子娥皇、女英。②帝子:指湘夫人,即舜之妃。娥皇、女英皆为尧之女,故称帝子。降:降临。渚(zhǔ):水中的小块陆地,小洲。③眇眇(miǎo):远望而不见之貌。愁予:使我感到愁苦。④嫋嫋(niǎo):微风吹拂的样子。⑤洞庭:指洞庭湖。波:兴起水波。木叶:落叶。⑥白薠(fán):水草名,此指长满白薠的草地。骋望:极目远望。⑦佳:佳人。期:约会。夕张:为晚间的约会准备、张罗。夕:傍晚,夕阳西下。⑧"鸟何"二句:意谓鸟儿本来该栖息在树上,却聚集在水中;罾本应该放在水中,却放到了树上。意指事与愿违。萃:集中,聚集。蘋(pín):一种水草。罾(zēng):渔网。⑨沅:沅水,在今湖南境内。芷(zhǐ):白芷,一种香草。一本作"茝",音义同"芷"。澧(lǐ):澧水,也在湖南境内。⑩公子:犹公主,即前文所说的"帝子",指湘夫人。⑪荒忽:通"恍惚",迷茫、不分明的样子。一说指心情恍惚、迷茫。⑫潺湲(chányuán):水流缓慢流淌的样子。⑬"麋何"二句:意谓麋鹿不在山林而到庭院中吃食,蛟龙不在海底而在水边出现。亦指情况反常,不如所愿。麋:麋鹿。食:吃。庭:庭院。蛟:蛟龙。水裔:水边。⑭江皋(gāo):江边。⑮济:渡过。澨(shì):水边,水岸。⑯腾驾:驾着马车飞驰。偕逝:同去。⑰葺(qì):用草盖房顶。荷盖:用荷叶盖的屋顶。⑱荪壁:用荪草为屋壁。荪:一种香草。紫坛:以紫贝修饰庭院。坛:庭院。⑲"播芳椒"句:用芳椒涂壁,香气满堂。播:散发,散布。芳椒:花椒,一种香料。成:一说作"整"讲,一说借作"盛"。⑳桂栋:以桂树为房梁。兰橑(lǎo):以木兰为屋椽。㉑辛夷楣:以辛夷木为门楣。辛夷:香木名。药房:以白芷装饰房子。药:指白芷。㉒罔:通"网",编织。薜荔(bìlì):一种香草。帷:帷帐。㉓擗(pǐ):分开,剖开。蕙櫋(mián):以蕙草装饰的隔扇。櫋:檐间木,这里指隔扇。㉔镇:镇席之物。㉕疏:分散陈列。石兰:一种香草。

芷葺兮荷屋①，缭之兮杜衡②。
合百草兮实庭③，建芳馨兮庑门④。
九嶷缤兮并迎⑤，灵之来兮如云⑥。
捐余袂兮江中⑦，遗余褋兮醴浦⑧。
搴汀洲兮杜若⑨，将以遗兮远者⑩。
时不可兮骤得⑪，聊逍遥兮容与⑫。

【作者档案】

屈原（约前340—前278）名平，字原，战国后期楚国人。出身楚国贵族，与楚王同姓，祖上封于屈，于是以屈为氏。一生经历了楚威王、楚怀王、楚顷襄王三个时期，主要活动于楚怀王时期。屈原博学多才，见多识广，擅长文章辞令，深得楚怀王信任，曾任左徒。屈原在政治上对内主张任贤举能，立法治国，对外主张联齐抗秦。因触及朝中保守派利益，屡被诋毁、排挤，楚顷襄王时又被流放到沅、湘。秦将白起攻陷郢都后，屈原在悲愤忧郁中自投汨罗江，以身殉国。

屈原在楚地民歌的基础上，创造、发展了"楚辞"这种诗歌体裁。楚辞的总体特点是"书楚语、作楚声、纪楚地、名楚物"（宋黄伯思《校订楚辞序》），即以楚地方言描写、记叙楚国的山川人物、历史风情，具有浓厚的楚国地域文化特色。屈原是我国诗歌史上第一个伟大的爱国诗人，他的诗歌揭露了楚国统治集团的腐朽和罪恶，表现了作者热爱祖国的真挚感情，革新政治的进步理想和为理想英勇献身的精神，不与统治者同流合污的高尚情操，充满强烈的爱国激情。在艺术表现上，屈原的诗歌大量采用神话传说，构思奇特，想象丰富，文采华丽，富有浪漫主义精神，成为我国文学史上第一位伟大的浪漫主义诗人。屈原的诗歌，对后世产生了深远影响，司马迁谓其"虽与日月争光可也"，刘勰称"其衣被词人，非一代也"。屈原的作品，主要有《离骚》、《九歌》（11篇）、《天问》、《九章》（9篇）等。

【含英咀华】

本篇名为"湘夫人"，实际是写湘君对湘夫人的思念期盼与赴约不遇的惆怅之情。《湘夫人》是《九歌》的第四篇，第三篇是《湘君》，写湘夫人对湘君的思念和期待之苦。二篇是表现古老爱情传说故事的姊妹篇。

全诗大致可以分作四节。第一节写湘君来到湘水北面的小洲，赴约不遇，心情万分惆怅而感伤。首句"帝子降兮北渚"，结合《湘君》中湘夫人久等之后离开北渚，以及本诗

---

①"芷葺"句：意谓用芷草加盖在荷叶屋顶上。②缭：缠绕，围绕。杜衡：即杜若，一种香草。③合：汇集。百草：各种香草。实：充满。④建：设置，放置。芳馨：花的芬芳香气。庑（wǔ）：走廊。⑤九嶷（yí）：山名，因九峰相连相似而得名，又名苍梧，相传是舜的葬地。这里指九嶷山众神。缤：众多纷杂的样子。⑥灵：神灵。如云：形容众多。⑦捐：抛弃。袂（mèi）：衣袖。⑧遗（wèi）：赠送。一说读yí，与上句"捐"同义，作"弃"讲。褋（dié）：单衣。一说是女子贴身内衣，古代女子将自己内衣送给情人是一种古老习俗。浦：岸边。⑨搴（qiān）：采摘。汀（tīng）：水中或水边的小洲。⑩远者：指湘夫人，因久未相见所以称之。一说指陌生人。⑪时：指相见的时机。骤：屡次，多次。⑫聊：姑且。逍遥：优游自得的样子。容与：安逸闲暇的样子。

湘君最后未遇湘夫人的情节来看,这句应是湘君在惆怅迷惘中产生了幻觉,仿佛看见湘夫人降临一般。也有人把此句理解为湘君对湘夫人的邀请语(如詹安泰的《屈原》)。"嫋嫋兮秋风"二句,是写景的千古名句。二句写景如画,秋风本不可形容描摹,但作者以洞庭湖的嫋嫋秋波和湖边树木的萧萧落叶来侧面描写秋风瑟瑟之情状,明是写景,实是对环境气氛的烘托、渲染,"是写景之妙"(林云铭《楚辞灯》)。第二节写湘君对湘夫人的焦急期待和反复追寻。他极目远望,苦苦追寻。因错过了期约,内心沮丧懊恼,以致神思恍惚。作者依情设景,虚设了几组违背逻辑的幻象,来渲染湘君的极度悔恨与绝望。"沅有芷兮"二句,"是写情之妙",与第一节"嫋嫋兮秋风"二句"皆有情景相生,意中会得、口中说不得之妙"(林云铭《楚辞灯》)。第三节写湘君水中筑室以迎接湘夫人的情景。作者极写宫室之豪华富丽,寝饰之芳香奢华,既表现了湘君对湘夫人的无比宠爱,也象征他们爱情的高洁美好。第四节写湘君与湘夫人会合无缘,无奈离开时的一系列心理活动。弃袂、遗褋等行为,表面看似决绝,而实际是湘君对湘夫人深情厚谊的寄托与表达;而赠以芳草杜若的行为,则进一步表明湘君内心对湘夫人无法抑制的思念和依恋。尤其可贵的是,最后这种真挚情感升华成为一种对于爱情生活的殷切希望和不懈追求,从而表现出一种源于男女爱情又高于儿女情长的旷达、自解的境界。

  诗人运用了多种抒情方法,细致入微地表现了主人公的情感世界和内心活动。有时借举止神态描写来抒情,如"登白薠兮骋望""捐余袂兮江中"等;有时融情入景,亦景亦情,如"嫋嫋兮秋风,洞庭波兮木叶下"二句,那萧瑟的秋风,凋零的落叶,与湘君此时此刻期待佳人而一再失望的忧伤之情水乳交融,既是景语,更是情语。有时因情造景,通过描写事理颠倒的假想景象来表现人物内心的焦灼不安,如"鸟何萃兮蘋中,罾何为兮木上""麋何食兮庭中,蛟何为兮水裔";有时则直抒胸臆,如"目眇眇兮愁予""思公子兮未敢言"等。

【思考练习】

一、诗中写湘君对湘夫人的思念之情大致有几个层次?

二、试举例分析本诗的多种抒情方法。

三、"嫋嫋兮秋风,洞庭波兮木叶下"是写秋景的名句,试分析此句为何成为千古名句?

四、作为祭神歌曲,《湘君》和《湘夫人》是前后相连的一个整体,或者说是同一乐章的两个部分,其中不少情节和语意都十分相似。阅读下面这首《湘君》,并与《湘夫人》内容情节对比赏析。

湘 君

  君不行兮夷犹,蹇谁留兮中洲?美要眇兮宜修,沛吾乘兮桂舟。令沅湘兮无波,使江水兮安流。望夫君兮未来,吹参差兮谁思?

  驾飞龙兮北征,邅吾道兮洞庭。薜荔柏兮蕙绸,荪桡兮兰旌。望涔阳兮极浦,横大江兮扬灵。扬灵兮未极,女婵媛兮为余太息。横流涕兮潺湲,隐思君兮陫侧。

  桂櫂兮兰枻,斲冰兮积雪。采薜荔兮水中,搴芙蓉兮木末。心不同兮媒劳,恩不甚兮轻绝。石濑兮浅浅，飞龙兮翩翩。交不忠兮怨长，期不信兮告余以不闲。

鼂骋骛兮江皋，夕弭节兮北渚。鸟次兮屋上，水周兮堂下。

捐余玦兮江中，遗余佩兮澧浦。采芳洲兮杜若，将以遗兮下女。时不可兮再得，聊逍遥兮容与。

【拓展阅读】

洪兴祖撰《楚辞补注》，中华书局出版

马茂元选注《楚辞选》，人民文学出版社出版

（杜婕欣　刘洪仁）

杂诗（其五）

陶渊明

忆我少壮时，无乐自欣豫①。
猛志逸四海②，骞翮思远翥③。
荏苒岁月颓④，此心⑤稍已去。
值欢无复娱⑥，每每多忧虑。
气力渐衰损，转觉日不如⑦。
壑舟无须臾⑧，引我不得住。
前涂⑨当几许，未知止泊处⑩。
古人惜寸阴，念此使人惧。

【作者档案】

陶渊明（365—427），名潜，字渊明，或名渊明，字元亮，世称靖节先生，别号五柳先生。浔阳柴桑（今江西九江）人。东晋名将陶侃的后代，祖父、父亲做过太守、县令一类的官，但他幼年便失去父亲，家道中落。陶渊明自幼受儒学思想浸染，年轻时胸怀建功用世之心，从29岁到41岁这13年间，断断续续做过江州祭酒、建威参军、镇军参军、彭泽县令等官。陶渊明身处晋宋易代之际，官场黑暗腐败，政治环境险恶，而他志趣高洁，崇尚自然，不愿阿谀迎合，因而在其41岁时辞去彭泽县令，并作《归去来兮辞》以明志，从此归隐田园，"躬耕自资"，直至生命结束。

陶渊明是东晋时期重要的诗人、辞赋家，留存下来的作品大多创作于归隐田园之后，作品的题材主要是描写田园山水风光，记录隐逸生活意趣，钟嵘称之为"隐逸诗人之宗"。其代表作有《归园田居》《移居》《饮酒》等。但陶诗也不乏豪迈侠义、"金刚怒目"之作，如《咏荆轲》《杂诗》《读山海经》等。陶渊明的诗歌语言质朴，意境飘逸，格调高淳。

【含英咀华】

陶渊明今存诗歌多为五言诗，内容上大致分为饮酒诗、咏怀诗、田园诗三类。《杂诗》共12首，是一组咏怀言志的五言组诗，此为第五首，作于陶渊明50岁左右，这时离他解官归隐已有10年。

这首诗充满着强烈的生命忧患意识。诗歌由追忆无忧无虑、快乐常伴的少壮时期开头。"猛志逸四海"句，抒写了青年时期的作者充满积极入世的雄心壮志，其意气风发之

---

①"无乐"句：意思是没有令人高兴的事情，心情也是快乐的。欣豫：欣喜，快乐。②猛志：雄心壮志。逸：超越，飞越。③骞翮（qiānhé）：展翅高飞。骞：飞举。翮：指鸟的翅膀。翥（zhù）：（鸟）向上飞。④荏苒：时光渐渐流逝。颓：逝去。⑤此心：指"无乐自欣豫"和"猛志逸四海"之心。⑥值欢：遇到欢乐的事情。复：再次。⑦日不如：一日不如一日。⑧壑舟：语出《庄子·大宗师》："夫藏舟于壑，藏山于泽，谓之固矣，然而夜半有力者负之而走，昧者不知也。"这里用以比喻不断流逝的时间和生命的变化无常。壑：山沟，山谷。须臾：片刻。⑨涂：通"途"。⑩止泊处：借指人生的归宿。

貌，犹如飞鸟展翅。"猛志"二字，陶渊明诗歌中屡次出现，如"刑天舞干戚，猛志固常在"（《读山海经》之十），这既是他少年时代济世怀抱的体现，又是欲抑先扬的表达手法，为后面抒发感慨叹息作了铺垫。随着岁月荏苒，青春不再，近忧远虑常常萦绕心头，欢娱亦变得十分有限。尤其是在诗人年岁渐老、气力渐衰、身形渐弱之时，面对时光流逝，内心便平添了一种时不我待的隐忧。但诗人也并非一味消沉抑郁，他以古人对时光的珍惜来警示、勉诫自己要更加珍惜光阴。情感的上扬，也使诗歌境界得到升华，同时也是作者生命忧患意识的升华。

陶渊明的很多诗文给人以冲淡平和、自由宁静之感。虽然他素有"田园诗人"的美誉，但他并非"浑身静穆"（鲁迅《且介亭杂文二集》），一些作品风格豪放，不乏悲愤和反抗精神，诚如沈德潜所评："晋人多尚放达，独渊明有忧勤语，有自任语，有知足语，有悲愤语，有乐天安命语，有物我同得语。"（《说诗晬语》）《杂诗》在平淡的语句中见出警策，也恰好印证了这一点。

【思考练习】

一、试分析这首诗情感的曲折变化。

二、这首诗的语言有什么特点？

三、陶渊明的诗歌既有"少无适俗韵，性本爱丘山"的冲淡，也有"猛志逸四海"的豪迈。阅读下面这首陶渊明的《咏荆轲》，并联系陶渊明《归园田居》等诗，比较、分析这两类诗歌的不同特点。

咏荆轲

燕丹善养士，志在报强嬴。招集百夫良，岁暮得荆卿。
君子死知己，提剑出燕京。素骥鸣广陌，慷慨送我行。
雄发指危冠，猛气冲长缨。饮饯易水上，四座列群英。
渐离击悲筑，宋意唱高声。萧萧哀风逝，淡淡寒波生。
商音更流涕，羽奏壮士惊。心知去不归，且有后世名。
登车何时顾？飞盖入秦庭。凌厉越万里，逶迤过千城。
图穷事自至，豪主正怔营。惜哉剑术疏，奇功遂不成！
其人虽已没，千载有余情。

【拓展阅读】

逯钦立校注《陶渊明集》，中华书局出版

袁行霈撰《陶渊明集笺注》，中华书局出版

（杜婕欣　刘洪仁）

咏史（其二）

左 思

郁郁涧底松①，离离山上苗②。
以彼径寸茎③，荫此百尺条④。
世胄蹑高位⑤，英俊沉下僚⑥。
地势使之然，由来非一朝⑦。
金张藉旧业⑧，七叶珥汉貂⑨。
冯公岂不伟⑩，白首不见招。

【作者档案】

左思（250？—305？），字太冲，齐国临淄（今山东淄博东北）人。西晋文学家。出生寒微，因妹妹左棻被选入宫中，全家移居京师洛阳，官秘书郎。左思生活在门阀制度已经形成的西晋时期，"上品无寒门，下品无势族"，仕进之路被世家大族所垄断，出身寒微的人不得不屈居下位。左思身受这种政治压抑，对此愤愤不平。他用《咏史》诗的形式咏怀，表现了对门阀制度的不满与抗争。左思博学能文，曾构思10年，撰成《三都赋》，一时竞相传写，有"洛阳纸贵"之誉。其诗今存14首，8首《咏史》是他的代表作，诗风豪迈刚健，语言质朴，具有浪漫精神。有《左太冲集》。

【含英咀华】

以"咏史"为题作诗，始于东汉班固。但自班固以来，"咏史"诗大都是叙述史实，一首诗专写历史上的一个人或一件事。而左思的《咏史》却不是专写古人、古事，而是借史事来抒写自己的怀抱和不平，使咏史更密切结合现实，名为"咏史"，实乃抒怀，是"咏史诗"的新发展，为咏史诗奠定了优良传统，在咏史诗的发展中占有重要地位。"创成一体，垂式千秋。"（陈祚明《采菽堂古诗选》）左思的《咏史》诗共8首，这组诗都是借古人古事来抒发自己的怀抱，表达怀才不遇的抑郁不平，抒发建功立业的热切渴望，以及对门阀制度的批判揭露。正如清代沈德潜在《古诗源》中所评："咏古人而己之性情俱见。"

本诗是8首《咏史》诗中的第二首，揭露了世族门阀垄断官场的不合理现象，表达寒

---

①郁郁：生长茂盛的样子。涧：夹在两山间的水沟。②离离：低垂貌。苗：初生的草木。山上苗即指生长在山顶之上的小树苗。③彼：指"山上苗"。径寸茎：一寸粗的茎干。④荫：遮蔽。此：指"涧底松"。百尺条：指茂密粗壮的松树。⑤世胄：世家子弟。胄：贵族子孙。蹑（niè）：履，登。⑥英俊：指出身寒门的贤士。下僚：低级官吏。⑦"地势"二句：意谓世胄和英俊所处的情况，正与涧底松、山上苗相似，是地势使它们如此，并非一朝一夕变成这样。然：这样。⑧金：指西汉的金日磾（mìdī），字翁叔，匈奴休屠部太子，兵败为霍去病所降，汉武帝因获休屠王祭天金人故赐其金姓。金日磾后受到汉武帝重用，从汉武帝到汉平帝，七代为内侍。张：指西汉的张汤，自汉宣帝之后，张氏家族有十余人为侍中、中常侍。藉：凭借。旧业：指先辈的功业。⑨七叶：七代。珥（ěr）：插。貂：貂尾。汉代内侍贵族官员均以貂尾为头饰。⑩冯公：指冯唐，汉文帝时任中郎署长，为人正直，敢于进谏。伟：奇伟。

门贤士怀才不遇的苦闷，批判了当时不公平的政治制度，为古今受压抑的文人士子鸣不平。诗歌前四句运用比兴手法，选取涧底之松和山顶之苗为喻体，分别喻指寒门贤士和世家子弟。涧底松树虽然挺拔高大，但是生于卑微之所，总被山顶小苗遮蔽。寓意寒门子弟虽然博学多才贤能忠贞，却总是被官位世袭的贵族子弟所压抑排挤，没有出头之日。中间四句则直指现象：寒门出身的英俊贤士，无所凭依，无奈沉沦下僚；而重权高位都被贵族世胄所占据，并指出这种情况由来已久。西晋时期，世族门阀把持朝政，一般庶族寒士难以进入政权中心。正所谓："上品无寒门，下品无势族。"最后四句紧扣"咏史"主题，借古人古事来证实此种现象"由来非一朝"。"世胄"即"金张"，"英俊"即"冯公"。诗由一般到具体，由当前到汉代，批判更具体，主题更深刻。

全诗运用对比手法，松与苗、世胄与英俊、金张与冯公，鲜明的对比，将主题思想表达得异常深刻而生动。比喻象征手法的运用，使诗显得形象鲜明。语言自然苍劲，不重辞采，不事雕琢，矫健深沉，境界浑厚，颇有魏晋风骨之遗风。左思《咏史》的这种风格被钟嵘称为"左思风力"，对东晋陶渊明产生过一定影响。"涧底松"这一意象，也被后世屡屡借用以抒发壮志难酬、生不逢时的苦闷。

【思考练习】

一、这首诗歌揭露了一种怎样的社会现象？抒发了诗人怎样的感情？

二、谈谈这首诗对比手法和比兴手法的运用及其表达效果。

三、左思的诗歌被称为"左思风力"，试分析本诗的语言风格。

四、背诵本诗。

五、简析左思《咏史》（其一）的思想和情感内涵。

咏史（其一）

弱冠弄柔翰，卓荦观群书。著论准过秦，作赋拟子虚。
边城苦鸣镝，羽檄飞京都。虽非甲胄士，畴昔览穰苴。
长啸激清风，志若无东吴。铅刀贵一割，梦想骋良图。
左眄澄江湘，右盼定羌胡。功成不受爵，长揖归田庐。

【拓展阅读】

余冠英选注《汉魏六朝诗选》，人民文学出版社出版

吴小如、王运熙等撰《汉魏六朝诗鉴赏辞典》，上海辞书出版社出版

（杜婕欣　刘洪仁）

终南山①

王 维

太乙近天都②，连山到海隅③。
白云回望合，青霭入看无④。
分野中峰变⑤，阴晴众壑殊⑥。
欲投人处宿，隔水⑦问樵夫。

【作者档案】

王维（701—761），字摩诘，祖籍祁州（今山西祁县），后移居蒲州（今山西永济）。唐开元九年（721）中进士，步入仕途。官至尚书右丞，世称王右丞。年轻时的王维满怀建功立业的热情，积极进取，乐观豪迈。唐开元二十四年（736），李林甫拜相，张九龄失势，王维遭贬。"安史之乱"中，王维被叛军所俘并被迫担任伪职。叛乱平息后以罪降职，从此淡泊世事，追求精神上的超脱。王维晚年在蓝田辋川别墅长斋奉佛，潜心佛理，创作了许多富于禅趣的诗，故有"诗佛"之称。

王维是中国文化史上一个难得的文艺通才，除诗文外，还精通音乐、书法、绘画。他与孟浩然同为盛唐山水田园诗派的代表作家，并称"王孟"。他的山水田园诗融陶渊明田园诗和谢灵运山水诗之长，并以音乐、绘画之理融通于诗，艺术造诣极高。苏轼曾说："味摩诘之诗，诗中有画；观摩诘之画，画中有诗。"《终南别业》《山居秋暝》《终南山》《渭川田家》等是其山水田园诗的代表作。有《王右丞集》。

【含英咀华】

这首五言律诗是王维山水诗的代表作之一，全诗生动、逼真地写出了终南山的高大、雄峻、幽深，笔力雄健，气势磅礴。首联用极其夸张的手法大笔勾勒出终南山的总轮廓：在远眺中，终南山上入云霄，远接海边。这是写远景，重在展现其高大绵亘的宏伟气势，给人以强烈的印象。颔联写近景。人进入山中，景色令人目不暇接，可是作者依然"以不全求全"，只写云海一景，却写尽山间云雾瞬息变幻之状。颈联写登上"中峰"后的鸟瞰景象：放眼四望，千山万壑，远近高低，因阳光的或浓或淡，或有或无，而呈现出千姿百态的奇异景观。高度概括，尺幅千里。尾联写欲投宿山中，以尽情漫游。而回荡在山间的

---

①终南山：又名中南山、南山，是秦岭山脉的一段，山脉很长。千峰叠翠，景色优美。②太乙：是终南山的主峰，也是终南山的别名，在今陕西武功县。天都：天帝所居之处。一说指唐代帝都长安。二说皆可通，但解作天帝居处为佳，极言其山峰巍峨高峻。③"连山"句：意谓终南山脉接连不断，一直延伸到海边。海隅：海角，海边。到：一作"接"。④"白云"二句：意谓山上云雾瞬息万变，人步入山中，白云分开，似乎消失；走过之后，回头一望，分开的白云又聚合拢来，依然汇成一片云海。青霭：指雾气、云气。⑤"分野"句：极言终南山区域广阔，站在中峰上看，四周竟属于不同的分野。分野：古人将天上星宿和地上的区域相联系，称为分野。地上每一区域都划归星空某一分野之内。⑥"阴晴"句：指在同一时间内，各个山谷的阴晴不一。壑：山谷。⑦隔水：隔着深沟大涧。

问答声,更见出山之深远空寂,人迹罕至,暗示诗人陶醉山中、流连忘返的闲淡情怀。

王维既是杰出的山水诗人,又是山水画的一代宗师。他深谙诗画"以少总多""以不全求全"、虚实结合的奥秘。在《终南山》一诗中,他凭借其如椽的诗笔、画笔,以凝练概括的语言,寥寥几笔勾勒,写尽了终南山的壮美,而且壮阔中含细腻,收到了"意余于象""诗中有画"的艺术效果,非大手笔不能为也不敢为。沈德潜说:"'近天都',言其高,'到海隅',言其远,'分野'二句,言其大,四十字中,无所不包,手笔不在杜陵下。""四十字中无一字可易",是前人对此诗最好的评价。

【思考练习】

一、本诗中作者选取了哪些图景来表现终南山的宏伟气势、变化万千的韵致和诗人的恬淡情怀?

二、请以颔联、颈联为例,说说本诗的语言特色。

三、背诵本诗。

四、王维归心佛法,诗中常常表现个人内心的纯粹意识转化为直觉状态,产生万物一体的感受,进而达到物我冥合的"无我"境界。试阅读其《终南别业》一诗,体会这一特点。

终南别业

中岁颇好道,晚家南山陲。
兴来每独往,胜事空自知。
行到水穷处,坐看云起时。
偶然值林叟,谈笑无还期。

【拓展阅读】

陈铁民选注《王维诗选》,人民文学出版社出版
王达津选注《王维孟浩然选集》,上海古籍出版社出版

(付晓丽)

行路难① (其二)

李 白

大道如青天，我独不得出②！
羞逐长安社中儿，赤鸡白狗赌梨栗③。
弹剑作歌④奏苦声，曳裾王门不称情⑤。
淮阴市井笑韩信⑥，汉朝公卿忌贾生⑦。
君不见昔时燕家重郭隗，拥篲折节无嫌猜。
剧辛乐毅感恩分，输肝剖胆效英才⑧。
昭王白骨萦蔓草，谁人更扫黄金台⑨？
行路难，归去来！

【作者档案】

李白（701—762），字太白，号青莲居士，祖籍陇西成纪（今甘肃秦安），其先人隋末迁徙到中亚碎叶城（今吉尔吉斯共和国境内），李白即诞生于此。5岁时，随父迁入绵州昌隆县（今四川江油）青莲乡。25岁时"仗剑去国，辞亲远游"，饱览了祖国名山大川，结交了不少名流，创作了大量优秀作品，诗名誉满天下。唐天宝初年应召入京，供奉翰林。不久，遭权贵谗毁，被排挤出京。从此又漫游各地，曾与杜甫、高适一起畅游梁园

---

①行路难：古乐府《杂曲歌辞》旧题，多写世路艰难和别离的悲伤。②"大道"二句：人间大路如同青天一样开阔，而我却偏偏找不到出路。③"羞逐"二句：指自己羞于追随长安里巷中的一般小人，去斗鸡走狗、以梨栗作赌注的游戏。社中儿：指市井小人或富家子弟。社：古代基层的行政单位，二十五家为一社。此处泛指里巷。赤鸡白狗：指当时斗鸡走狗之类的赌博活动。梨栗：赌注筹码，此代指蝇头小利。④弹剑作歌：指战国时策士冯谖在孟尝君门下为食客事。据《战国策·齐策》记载，战国时孟尝君门下食客冯谖，觉得孟尝君对自己礼遇不周，曾屡次弹剑作歌埋怨自己的生活不如意。后以"弹剑"或"弹铗"喻怀才不遇。⑤曳裾王门：语出邹阳《上吴王书》："饰固陋之心，则何王之门不可曳长裾乎？"后遂以曳裾王门比喻在显贵者门下作食客。曳裾：牵起衣服的前襟。此处形容受到多种限制，不能自由自在。不称情：不能称心如意。⑥"淮阴"句：据《史记·淮阴侯列传》记载，韩信是淮阴人，韩信在青年时，"淮阴屠中少年有侮信者，曰：'若虽长大，好带刀剑，中情怯耳。'众辱之曰：'信能死，刺我；不能死，出我胯下。'于是信孰视之，俛出胯下，蒲伏。一市人皆笑信，以为怯"。市井：古代群聚买卖之所。⑦"汉朝"句：据《史记·屈原贾生列传》记载：天子欲使贾生任公卿之位，受到当时大臣灌婴、冯敬等人的反对谗害，纷纷向汉文帝进谗说："洛阳之人，年少初学，专欲擅权，纷乱诸事。"于是天子后亦疏远贾谊，将其贬为长沙王太傅。按：以上二句说自己受到轻侮和排挤。⑧"君不见"四句：用战国时燕昭王礼遇郭隗的故事，感叹世无明君。据《史记·燕召公世家》记载，战国时燕昭王即位后，"卑身厚币以招贤者，谓郭隗曰：'……诚得贤士以共国，孤之愿也。先生视可者，得身事之。'郭隗曰：'王必欲致士，先从隗始。况贤于隗者，岂远千里哉？'于是昭王为隗改筑宫而师事之。乐毅自魏往，邹衍自齐往，剧辛自赵往，士争趋燕"。拥篲：指燕昭王亲自扫路，恐灰尘飞扬，用衣袖挡帚以礼迎贤士。后指拿着扫帚在人前扫地引路，以示对人的尊重。篲：同"彗"，扫帚。折节：一作"折腰"，屈己下人。输肝剖胆：献出肝胆，喻竭诚尽力。效英才：以英才报效。英：一作"俊"。⑨黄金台：相传为燕昭王所筑，因曾置千金延请天下英才，故名。

（在今河南开封）。"安史之乱"爆发，适逢永王李璘以抗敌平乱为名邀请李白入幕。李白将其作为杀敌报国、施展抱负的大好机会，欣然应允。后来李璘与肃宗争权被杀，李白受到牵连，被判长流夜郎（今贵州桐梓一带）。中途遇赦放还，往来于岳阳、浔阳、金陵、宣城等地。

李白生活在唐代极盛时期，青少年时代就怀有"使寰区大定，海县清一"的崇高理想，且毕生都在为实现这一理想而奋斗。他的诗篇抒发了对美好理想的执着追求，表达了对祖国壮丽山河的无限热爱，揭露和批判了统治集团的腐朽，表现出愤激抗争、鄙夷世俗、蔑视权贵、反抗传统束缚、追求自由的奔放激情以及诗人洒脱不羁的豪气和积极用世的精神。

在艺术上，李白的诗善于从民间文学吸取营养，想象丰富，夸张奇特，感情强烈，意境宏伟，色调瑰玮绚丽，语言清新明快，形成了飘逸、奔放、雄奇、壮丽的独特风格。李白不愧是继屈原之后我国最伟大的浪漫主义诗人，世号"诗仙"，与杜甫齐名，并称"李杜"。其独特的人格魅力，惊天地、泣鬼神的不朽诗篇对后世影响极其深远。

【含英咀华】

李白用《行路难》一题共作诗三首，此为第二首，作于唐天宝三年（744）李白被迫离开长安之时。这首诗一开篇，就陡然高喊出："大道如青天，我独不得出！"其长期郁积在内心的压抑之感喷薄而出，亦赋亦比。接下来把"独不得出"的各种原因一一剖析出来："羞逐"是写自己不愿追随长安里巷中的小人，同时也暗讽唐玄宗只知宠爱那些斗鸡小儿，不知重视人才。"弹剑"二句，是说自己在长安作翰林供奉的生活很不如意，经常不得不在权贵面前低声下气，卑躬屈膝。"淮阴"二句借韩信、贾谊的典故，写出在长安时一般人对他的嘲笑、轻侮，而当权者则是忌妒和打击，让我们看到一个不得志而又孤傲不群的李白形象。"君不见昔时燕家重郭隗，拥篲折节无嫌猜。剧辛乐毅感恩分，输肝剖胆效英才。"此四句流露李白对建功立业的渴望，表现了他对理想的君臣关系的追求。可现在呢？昭王已死，再没有人洒扫黄金台了，表达了诗人对唐玄宗的极度失望。最后，诗人在感慨沉痛之余，自然发出"行路难，归去来"的呐喊，表现了诗人因对现实政治极度失望而归隐山林的消极情绪。全诗表现了李白对建功立业的渴望，流露出他在困顿中仍想有所作为的积极入世的热情。他向往像燕昭王和乐毅等人那样的风云际会，希望有"输肝剖胆效英才"的机缘。

这首诗抒情直抒胸臆，兼用比兴。首二句破空而出，高声呐喊："大道如青天，我独不得出！"用"大道"之宽与"我"的行路之难形成鲜明对比，喷发出诗人压抑已久的郁闷愤激之情，如奇峰突起，令人震撼。其后连用冯谖客孟尝君、邹阳上书梁王语、韩信少时受侮辱、贾谊遭谗被忌等典故，反复咏叹自己备受压抑、壮志难酬的苦闷。再用战国时燕昭王尊贤纳贤的故事，反衬自己生不逢时，不遇明君。全诗用典虽然较多，但这些典故寓意明显，并不难理解。

【思考练习】

一、这首诗主要表现了诗人怎样的思想感情？

二、这首诗运用了哪些典故？这些典故各有什么寓意？

三、"大道如青天，我独不得出"二句用的是何种抒情手法？有什么表达效果？

四、对照阅读李白的《行路难》（其一），比较其思想情感和表现手法的异同。

行路难（其一）

金樽清酒斗十千，玉盘珍羞直万钱。
停杯投箸不能食，拔剑四顾心茫然。
欲渡黄河冰塞川，将登太行雪满山。
闲来垂钓碧溪上，忽复乘舟梦日边。
行路难！行路难！多歧路，今安在？
长风破浪会有时，直挂云帆济沧海。

五、背诵李白的两首《行路难》。

【拓展阅读】

复旦大学中文系古典文学教研组选注《李白诗选》，人民文学出版社出版

郁贤皓选注《李白选集》，上海古籍出版社出版

（付晓丽　刘洪仁）

丽人行

杜 甫

三月三日①天气新,长安水边②多丽人。
态浓意远淑且真③,肌理细腻骨肉匀④。
绣罗衣裳照莫春,蹙金孔雀银麒麟⑤。
头上何所有?翠微匐叶垂鬓唇⑥。
背后何所见?珠压腰衱稳称身⑦。

就中云幕椒房亲⑧,赐名大国虢与秦⑨。
紫驼之峰出翠釜⑩,水精之盘行素鳞⑪。
犀箸厌饫久未下⑫,鸾刀缕切空纷纶⑬。
黄门飞鞚不动尘⑭,御厨络绎送八珍⑮。
箫管哀吟感鬼神,宾从杂遝实要津⑯。

后来鞍马何逡巡⑰,当轩下马入锦茵⑱。

---

①三月三日:即上巳节。古代风俗,这一天要到水边祓除不祥,后来演变成在水边宴饮、游春的一个节日。②长安水边:指曲江。③态浓意远:姿色浓艳,神情高雅。淑且真:贤淑而不做作。④肌理细腻:皮肤细嫩柔滑。骨肉匀:胖瘦适度。⑤"绣罗"二句:是说绣有金、银线孔雀和麒麟的罗衣,在暮春的阳光中闪耀着炫目的光彩。莫:"暮"的古字。蹙:一种刺绣的方法。⑥翠微匐(è)叶:用翡翠做的发饰匐彩上的花叶。微:一作"为"。匐叶:古代妇女的发饰匐彩上的花叶。《玉篇》:"匐彩,妇人头花髻饰也。"鬓唇:鬓边,鬓角。⑦"珠压"句:是说裙带上缀以珠饰,压而下垂,十分合体。腰衱(jié):裙带。⑧就中:唐代口语,其中。云幕椒房亲:指杨贵妃之姐韩、虢、秦诸夫人。云幕:云雾似的帐幕。椒房:汉代皇后居室,以椒和泥涂壁的房间,后世因此称后妃寝宫为椒房,皇后亲属为椒房亲。⑨赐名大国虢与秦:指唐玄宗天宝七年(748)封赐杨玉环的三个姐姐为国夫人事。《旧唐书·杨贵妃传》:"有姊三人,皆有才貌,玄宗并封国夫人之号:长曰大姨,封韩国;三姨,封虢国;八姨,封秦国。并承恩泽,出入宫掖,势倾天下。"⑩紫驼之峰:即驼峰,骆驼背上的肉峰是极珍贵的食品。翠釜:以翠玉作装饰的锅。釜:锅。⑪水精:即水晶。行:传递,端送。素鳞:银白色的鱼。⑫犀箸:用犀牛角做的筷子。厌饫(yù):饱足。久未下:是说因为吃多了山珍海味,面对精美的食品,没有胃口,无以下箸。⑬鸾刀:环上装有鸾铃的小刀。鸾:铃,声如鸾鸣。缕切:细切,谓切脍如丝缕之细。空纷纶:白忙活一阵。纷纶:忙乱的样子。以上二句极写杨氏兄妹饮食的骄奢挥霍。⑭黄门:指宦官、太监。东汉时,黄门令、中黄门等官均由宦官担任。飞鞚(kòng):马快如飞。鞚:马勒。不动尘:尘土不扬,形容骑术高超,马行快速而平稳。⑮御厨:皇帝的厨房。八珍:八种珍异的食品,具体所指说法不一。这里泛指各色精美菜肴。⑯杂遝(tà):杂乱而众多。实要津:填满了交通要道。⑰后来鞍马:最后骑马来的人,指杨国忠。逡巡:欲进不进的样子。这里形容杨国忠大模大样、旁若无人的模样。⑱轩:敞厅。锦茵:锦制的地毯。

杨花雪落覆白蘋，青鸟飞去衔红巾①。

炙手可热势绝伦②，慎莫近前丞相嗔③。

【作者档案】

杜甫（712—770），字子美。祖籍襄阳（今湖北襄樊），生于巩县（今河南巩义）。"安史之乱"初，被唐肃宗任命为左拾遗，故世称杜拾遗。不久被贬，后弃官入蜀，寓居成都草堂。曾入西川节度使严武幕府，任检校工部员外郎，故又称杜工部。严武死后，携家出蜀，沿江东下，后病死于湖南湘江中一条破船上。杜甫出身于一个世代"奉儒守官"的家庭，自幼受到儒家思想的教育与熏陶，这使他对国家命运与民生疾苦非常关注。"穷年忧黎元""济时敢爱死"，忧国忧民，兴国救弊，是他一生始终坚持的情怀与理想。他的最高理想是"致君尧舜上，再使风俗淳"，即希望能帮助皇帝改良政治，使天下太平，人民安居乐业。

杜甫是我国古代最伟大的现实主义诗人。他生活在唐王朝由盛转衰的历史转折时期，身经丧乱，蒿目时艰，有着丰富的社会阅历和人生体验，故其诗多关注国家命运，涉笔社会动荡、政治黑暗和人民疾苦。这些有着丰富社会政治内容和浓郁时代气息的优秀诗篇，被誉为"诗史"。杜诗以其内容的博大精深，表现手法的蕴藉沉着，尤其是诗人忧国忧民的情怀和"沉郁顿挫"的独特风格，垂范后世，被尊称为"诗圣"。杜甫一生创作诗歌1400余首，其中很多名篇传诵千古。有《杜少陵集》传世。

【含英咀华】

这是一首即事名篇的新题乐府诗，作于唐天宝十二年（753）春末。天宝末年，唐玄宗昏庸无道，朝政日非，奸佞当道，忠臣远斥。玄宗因宠爱杨贵妃，爱屋及乌，对杨氏家人尽皆封官加爵，"姊妹弟兄皆列（裂）土，可怜光彩生门户"（白居易《长恨歌》）。杨贵妃的大姐封韩国夫人，三姐封虢国夫人，八姐封秦国夫人，族兄杨铦官拜鸿胪卿，杨锜官拜侍御史，杨钊赐名国忠，后任右丞相兼吏部尚书。杨家势焰熏天，宠幸无比。尤其杨国忠，他倚仗贵妃之宠，擅权乱政，横行无忌，使唐朝政治黑暗到极点。这首诗即通过对杨玉环兄妹在三月三日上巳节一次曲江游宴的描写，揭露与讽刺了杨氏兄妹的骄奢淫逸与骄横跋扈，从侧面揭露了天宝末年政治的黑暗腐朽。

全诗大致可分三层：从"三月三日天气新"到"珠压腰衱稳称身"为第一层，极写丽人的体态之美与服饰的华丽，从侧面烘托杨氏姐妹极度奢侈的生活。从"就中云幕椒房亲"到"宾从杂遝实要津"为第二层，从众多丽人中引出主角杨氏姐妹，极写其饮食的精美豪华，排场的高端大气，生活的穷奢极欲。从"后来鞍马何逡巡"到篇末为第三层，写

---

①"杨花"二句：就眼前景托物起兴，影射杨国忠与虢国夫人之间的暧昧关系。曲江两岸多垂杨，杨花像雪一样飘落水中。古人认为，浮萍是杨花的化身。杨花和白萍是一本同源的植物。这里以杨花暗指杨姓，以杨花覆蘋隐指杨国忠兄妹的淫乱行为。又，北魏胡太后和杨白花私通，后白花惧罪南逃，改名杨华。太后思念他，作《杨白花歌》，有"杨花飘荡落南家"之句。这里暗用其事，以加强语言的暗示作用。青鸟：神话中西王母的使者。后来借指男女之间传递信息的人。红巾：红手帕，古代妇女的定情之物。②炙手可热：形容气焰灼人。势绝伦：权势无人能比。③丞相：指杨国忠，杨贵妃的从兄，唐玄宗天宝十一年（752）任右丞相。嗔：发怒。一作"嗔"。

杨国忠的嚣张气焰，并讽刺其与虢国夫人的淫乱行径。诗人虽着墨不多，却将一个荒淫无耻、骄横跋扈的国舅爷的形象刻画得栩栩如生。

这首诗的讽刺之意异常鲜明，但诗人并不直接发议论，下断语，他只是客观地描写、叙事。诗人摄取三月三日杨氏姊妹在曲江水边游春这一典型场面，对她们体态的优美、服饰的华丽、肴馔的奢侈以及他们兄妹间的暧昧关系等，都做了极为形象生动的描绘与刻画。从诗人所描绘的这一幅幅生动逼真的画面中，我们不难看出，他对杨氏兄妹的讽刺是异常深刻的。但妙在全诗不着一句讽刺之语，全靠形象说话，让读者自己从这真实的艺术形象中去把握诗人的意旨。"绝不作一断语，使人于言外得之"（施补华《岘佣说诗》），"无一刺讥语，描摹处，语语刺讥；无一慨叹声，点逗处，声声慨叹。"（浦起龙《读杜心解》）这些话都准确地道出了此诗讽刺手法的特点。

【思考练习】

一、这首诗的主题是什么？在当时有何现实意义？

二、这首诗大致可分几个层次？各写了什么内容？

三、这首诗对杨氏兄妹的讽刺极为尖刻，而手法却极高明，试作简要分析。

四、杜甫的《虢国夫人》也是一首著名的讽刺诗，试与本诗参照阅读。

虢国夫人

虢国夫人承主恩，平明上马入金门。

却嫌脂粉污颜色，淡扫蛾眉朝至尊。

【拓展阅读】

萧涤非选注《杜甫诗选注》，人民文学出版社出版

邓魁英、聂石樵选注《杜甫选集》，上海古籍出版社出版

（唐中杰　刘洪仁）

长恨歌

白居易

汉皇重色思倾国①，御宇②多年求不得。
杨家有女③初长成，养在深闺人未识。
天生丽质难自弃，一朝选在君王侧。
回眸一笑百媚生，六宫粉黛无颜色④。
春寒赐浴华清池⑤，温泉水滑洗凝脂⑥。
侍儿扶起娇无力，始是新承恩泽时。
云鬓花颜金步摇⑦，芙蓉帐暖度春宵。
春宵苦短日高起，从此君王不早朝。
承欢侍宴无闲暇，春从春游夜专夜。
后宫佳丽三千人，三千宠爱在一身。
金屋妆成娇侍夜⑧，玉楼宴罢醉和春⑨。
姊妹弟兄皆列土⑩，可怜光彩生门户⑪。
遂令天下父母心，不重生男重生女。

骊宫⑫高处入青云，仙乐风飘处处闻。
缓歌慢舞凝丝竹⑬，尽日君王看不足。
渔阳鼙鼓动地来⑭，惊破霓裳羽衣曲⑮。
九重城阙烟尘生⑯，千乘万骑西南行⑰。

---

①汉皇：唐人多借汉言唐，这里实指唐玄宗。倾国：绝色美女。语出《汉书·外戚传》李延年歌："北方有佳人，绝世而独立。一顾倾人城，再顾倾人国。宁不知倾城与倾国，佳人难再得。"②御宇：犹君临天下，即做皇帝。③杨家有女：指杨玉环。她是蜀州司户杨琰的女儿，其父早死，由叔父抚养成人。唐开元二十三年（735），她被册封为玄宗之子寿王李瑁的妃子，后被唐玄宗看中，出家为女道士，道号太真，后还俗，被册封为贵妃。这里所写与史实不符，是有意为尊者讳的表现。④六宫粉黛：指后宫佳丽。粉黛：本为妇女的化妆品，这里借指妃嫔。颜色：容貌（多指妇女）。⑤华清池：即今陕西西安临潼区骊山上的温泉。⑥凝脂：喻指妇女白嫩柔软的皮肤。语出《诗经·卫风·硕人》："肤如凝脂。"⑦金步摇：古代妇女的一种首饰，也叫步摇钗，上有金花，下有垂珠，步行则摇，故名。⑧"金屋"句：暗用汉武帝"金屋藏娇"的故事。娇：汉武帝的皇后陈阿娇，这里指杨贵妃。⑨醉和（huò）春：指唐玄宗带着醉意搂着佳人入寝。⑩"姊妹"句：杨玉环被封为贵妃后，杨氏一家皆受恩宠。列土：割土而封，指封官加爵。列：同"裂"。⑪可怜：可美。光彩生门户：即门户生光彩。⑫骊宫：即建在骊山上的华清宫。⑬凝丝竹：形容管弦乐器奏出的音乐异常美妙动听，表演技巧极高。丝：指弦乐。竹：指管乐。⑭渔阳鼙（pí）鼓：指安禄山发动的叛乱。渔阳：郡名，治所在今天津市蓟州区，唐时为范阳节度使所辖八郡之一。此指安禄山起兵之地。⑮霓裳羽衣曲：唐代著名舞曲。本名《婆罗门》，是印度舞曲，唐开元年间经中亚传入，据称唐玄宗曾修改润色。⑯九重城阙：指京城长安。九重：极言其深。《楚辞·九辩》："君之门以九重。"烟尘：指战火。⑰西南行：天宝十五年（756）六月，安禄山攻陷潼关，唐玄宗带着杨氏姐妹仓皇逃往蜀中避难。

翠华①摇摇行复止,西出都门百余里②。
六军③不发无奈何,宛转蛾眉马前死④。
花钿委地无人收⑤,翠翘金雀玉搔头⑥。
君王掩面救不得,回看血泪相和流。

黄埃散漫风萧索,云栈萦纡登剑阁⑦。
峨嵋山下少人行,旌旗无光日色薄。
蜀江水碧蜀山青,圣主朝朝暮暮情。
行宫⑧见月伤心色,夜雨闻铃⑨肠断声。
天旋日转回龙驭⑩,到此踌躇不能去。
马嵬坡下泥土中,不见玉颜空死处。
君臣相顾尽沾衣,东望都门信马归⑪。
归来池苑皆依旧,太液芙蓉未央柳⑫。
芙蓉如面柳如眉,对此如何不泪垂。
春风桃李花开日,秋雨梧桐叶落时。
西宫南内多秋草⑬,落叶满阶红不扫。
梨园弟子⑭白发新,椒房阿监青娥老⑮。
夕殿萤飞思悄然⑯,孤灯挑尽未成眠。
迟迟钟鼓⑰初长夜,耿耿星河欲曙天⑱。
鸳鸯瓦冷霜华重,翡翠衾寒谁与共⑲?
悠悠生死别经年,魂魄不曾来入梦。

临邛道士鸿都客⑳,能以精诚致魂魄。
为感君王辗转思,遂教方士殷勤觅㉑。
排空驭气奔如电㉒,升天入地求之遍。

---

①翠华:用翠羽作装饰的旗帜,是皇帝出行所用的仪仗。②百余里:此指马嵬驿,在今陕西兴平,今称马嵬镇。③六军:古代天子的军队。这里指皇帝的禁卫军。④宛转:缠绵凄楚的样子。蛾眉:美女的眉毛。语本《诗经·卫风·硕人》:"螓首蛾眉。"后常用作美女的代称,这里指杨妃。据陈鸿《长恨歌传》记载,唐玄宗逃至马嵬坡时,"六军徘徊,持戟不进",请求诛杀杨国忠、杨玉环兄妹。玄宗无奈,只得先后让杨氏兄妹自尽。⑤花钿(diàn):一种镶嵌珠宝的花朵形状的首饰。委:弃。⑥翠翘、金雀、玉搔头:均为妇女的首饰。翠翘:状如翠鸟翅尾的金钗。金雀:雀形金钗。玉搔头:即玉簪。⑦云栈:高入云霄的栈道。萦纡:盘旋曲折。剑阁:即剑门关。⑧行宫:天子出行时的临时住所。⑨夜雨闻铃:据《明皇杂录》载:"明皇既幸蜀,西南行,初入斜谷,霖雨涉旬,于栈道雨中闻铃音,与山相应。上既悼念贵妃,采其声为《雨霖铃》曲以寄恨焉。"此暗用其事。⑩天旋日转:喻指唐朝军队收复长安。龙驭:指皇帝的车驾。唐肃宗至德二载(757)十月,郭子仪等收复长安,同年十二月,玄宗还京。⑪信马:任马自行。信:任凭。⑫太液:汉代宫池名。未央:汉代宫殿名。这里指唐代的池苑、宫殿。⑬西宫:指太极宫。南内:指兴庆宫。二者都是唐玄宗自蜀返京后的住所。⑭梨园弟子:唐玄宗曾选乐工宫女数百人在梨园教习歌舞伎艺,这些人被称为梨园弟子。后借指艺人。⑮椒房:后妃的居室,以花椒和泥涂壁,取其芳香,并象征多子。阿监:唐代宫中女官名。青娥:青年女子。⑯悄(qiǎo)然:忧伤愁闷的样子。⑰钟鼓:即更鼓,古代报时的钟鼓声。⑱耿耿:明亮的样子。星河:银河。⑲翡翠衾(qīn):绣有翡翠鸟图案的被子。翡翠:鸟名,雌雄双栖,形影不离。⑳临邛(qióng):今四川邛崃。鸿都:东汉都城洛阳宫门名。这里指唐都长安。㉑方士:法术之士,即道士。㉒排空驭气:腾云驾雾。

上穷碧落下黄泉①，两处茫茫皆不见。
忽闻海上有仙山，山在虚无缥渺间。
楼阁玲珑五云起②，其中绰约多仙子。
中有一人字太真，雪肤花貌参差③是。
金阙西厢叩玉扃④，转教小玉报双成⑤。
闻道汉家天子使，九华帐⑥里梦魂惊。
揽衣推枕起徘徊，珠箔银屏迤逦开⑦。
云鬓半偏新睡觉⑧，花冠不整下堂来。
风吹仙袂飘飖举，犹似霓裳羽衣舞。
玉容寂寞泪阑干⑨，梨花一枝春带雨。
含情凝睇谢君王⑩，一别音容两眇茫。
昭阳殿⑪里恩爱绝，蓬莱宫中日月长。
回头下望人寰处，不见长安见尘雾。
唯将旧物表深情，钿合⑫金钗寄将去。
钗留一股合一扇⑬，钗擘黄金合分钿⑭。
但教心似金钿坚，天上人间会相见。
临别殷勤重寄词，词中有誓两心知。
七月七日长生殿⑮，夜半无人私语时。
在天愿作比翼鸟，在地愿为连理枝。
天长地久有时尽，此恨绵绵无绝期。

【作者档案】

白居易（772—846），字乐天。祖籍太原，后迁居陕西下邽（今陕西渭南）。出生于河南新郑。晚年居住在洛阳香山，自号香山居士。又曾做过太子少傅，故人们又称他白太傅、白傅。贞元十六年（800）进士，历任秘书省校书郎、翰林学士、左拾遗等官。元和十年（815）因越职言事得罪权贵，被贬为江州司马。后历任忠州、杭州、苏州刺史，官终刑部尚书。

白居易是中唐时期"新乐府运动"的领袖，他的诗歌主张，是新乐府运动的指导思想和理论纲领，其内容主要有三个方面：一是主张诗歌应该为现实政治服务，他提出了"文章合为时而著，歌诗合为事而作"的著名观点。二是主张形式为内容服务。他说："诗者，根情、苗言、华声、实义。"也就是说，诗歌应以情感和思想为根底和旨归，语言声律只

---

①穷：尽，遍。碧落：犹碧空，天空。②玲珑：明晰的样子。五云：五色祥云。③参差：仿佛。④金阙西厢：指杨太真在仙山的住处。扃（jiōng）：关闭门户的门闩，此处指门户。⑤小玉、双成：指杨太真在仙山的侍女。小玉：相传是春秋时吴王夫差的女儿，殉情而死后成仙。双成：即董双成，传说中西王母的侍女。⑥九华帐：华丽的帐幔。⑦珠箔（bó）：珠帘。银屏：镶嵌银丝花纹的屏风。迤逦（yǐlǐ）：依次，一个接一个。⑧觉（jué）：睡醒。《庄子·齐物论》："觉而后知其梦也。"⑨阑干：纵横的样子。⑩凝睇：凝视。谢：告，告诉。⑪昭阳殿：汉宫名。汉成帝皇后赵飞燕曾居此。这里指杨妃生前居住的宫殿。⑫钿合：用珠宝镶嵌的首饰盒。合：通"盒"。⑬"钗留"句：钗掰去一股，留下一股。盒掰去一半，留下一半。扇：半只。盒有盖有底，分之则成两扇。⑭钗擘（bò）黄金：即黄金钗擘，把黄金钗一分为二。擘：分开。合分钿：即钿合（盒）分。⑮长生殿：唐代宫殿名。又唐代的寝殿都叫作长生殿。《资治通鉴》卷二〇七："太后（武后）寝疾，居长生院。"元胡三省注："盖唐寝殿皆谓之长生殿。"这里指杨玉环生前居住的宫殿。

是表情达意的手段，是从属于情感和思想的。三是主张诗歌语言应该通俗浅显、平易质朴。白居易一生共作诗3600多首，是唐代诗人中最多产的诗人。白居易曾将自己的诗歌分为讽喻诗、闲适诗、感伤诗、杂律诗四类。其中，成就最高的是属于讽喻诗的《新乐府》50首、《秦中吟》10首和属于感伤诗的《琵琶行》《长恨歌》等。

【含英咀华】

《长恨歌》是一首著名的长篇叙事诗。诗歌前半部分着重对唐玄宗的荒淫腐朽进行批判、讽刺，想通过描写他骄奢淫逸而招来祸患的事实，垂戒将来，作为历史鉴戒。诗歌前半部分，以"汉皇重色思倾国"一句总领，然后详细描写唐玄宗"重色"误国、招来祸患的过程。但在马嵬兵变之后，即诗歌的后半部分，作者又以同情的笔调描写李、杨爱情悲剧，并着力歌颂他们坚贞专一、生死不渝的爱情。这样，作品前后的思想感情就出现了矛盾，因而也导致了关于本诗的主题思想的分歧：有的说为讽喻玄宗，有的说为歌颂爱情，也有人持双重主题说。我们认为，此诗对李、杨爱情悲剧的描述，虽然依据了一定的史实与传说，但已融进了作者许多艺术想象和加工创造，因而呈现于读者面前的，是一出被美化了的宫廷爱情悲剧，作者的旨意，显然是对悲剧的同情与对真爱的歌颂。

《长恨歌》在艺术上取得了很高成就，堪称古代爱情诗的经典。其成就主要表现在四个方面：第一，叙事情节生动曲折，引人入胜。它以李、杨爱情的离合悲欢为线索，完整地描写了他们从相见、欢爱到死别、招魂的过程。变生不测，乐极悲来，整个故事大起大落，有曲折，有波澜，扣人心弦。第二，叙事、抒情、写景紧密结合。本篇虽属叙事诗，但它是一首抒情色彩很浓的叙事诗，作者注意叙事与抒情相结合，在叙事中带有强烈的感情。同时，诗中写景，或触景生情，情景分写；或寓情于景，亦景亦情；再加上直接抒情，这就使本诗的抒情色彩更浓。第三，塑造了两个性格鲜明的人物形象。作者将笔触深入到人物内心深处，充分发挥艺术想象，精致地刻画出人物的心理活动，从而使笔下的人物形象显得真实、丰满、生动感人。第四，语言优美，音节和谐，朗朗上口，具有流畅婉转的特点。

【思考练习】

一、本诗前后两部分各抒发了怎样的思想感情？你认为本诗的主题思想是什么？

二、试举例分析本诗熔叙事、写景、抒情于一炉的特点。

三、试分析"夕殿萤飞思悄然"以下五句描写唐玄宗和"闻道汉家天子使"以下五句描写杨玉环的心理和情感活动诗句的特点。

四、阅读清袁枚《马嵬》一诗，简析其思想内容和艺术特色。

马　嵬

莫唱当年长恨歌，人间亦自有银河。
石壕村里夫妻别，泪比长生殿上多。

【拓展阅读】

顾学颉、周汝昌选注《白居易诗选》，人民文学出版社出版
王汝弼选注《白居易选集》，上海古籍出版社出版

（刘洪仁）

无 题

李商隐

昨夜星辰昨夜风,画楼①西畔桂堂东。
身无彩凤双飞翼,心有灵犀②一点通。
隔座送钩③春酒暖,分曹射覆蜡灯红④。
嗟余听鼓应官去⑤,走马兰台类转蓬⑥。

【作者档案】

李商隐(813—858),字义山,别号玉溪生、樊南生,怀州河内(今河南沁阳)人。李商隐的一生,是悲剧的一生。当时,朝廷中牛(僧儒)李(德裕)党争异常激烈,李商隐早年受知于"牛党"的令狐楚,入其幕府,得到令狐楚的赏识、举荐,考取了进士,做了官。后来,属于"李党"的泾原节度使王茂元又很欣赏李商隐的才华,将他召入自己的幕府,并将自己的女儿嫁给他为妻。从此,李商隐便被"牛党"的人视为"背恩",无意中卷入牛李党争的旋涡,成为政治斗争的牺牲品。他长期受到排挤压抑,一生郁郁不得志,只做过弘农尉、剑南东川节度使判官、检校工部尚书员外郎等小官,大半生过的是寄人篱下的幕僚生活。终于在46岁的壮年客死于荥阳。

李商隐是晚唐成就最大的诗人,与杜牧齐名,并称"小李杜"。他的诗歌独具一格,自成一家。现存诗约600首,内容丰富。早年胸怀大志,关注现实,代表作是咏史诗《有感》《哭刘蕡》和政治诗《贾生》《隋宫》等。对后世影响最大的是他的爱情诗,其中一类以"无题"为名的组诗最有特色。这些"无题"诗大多以男女情爱为题材,寄托深远,精工绮丽,工于用典,巧于比兴,广为传诵。代表作有《锦瑟》、《嫦娥》、《无题》(相见时难别亦难)、《无题》(来是空言去绝踪)、《无题》(凤尾香罗薄几重)等。

【含英咀华】

以"无题"作为诗歌的题目是李商隐的独创。此类作品非成于一时一地,往往因作者不愿或者不便表明诗歌的旨意,而以寄托或暗喻的方式曲折隐晦地抒发和寄托自己的心志。这也使得后世读者对"无题"诗的意旨各抒己见,莫衷一是。

此诗描述"昨夜"一场聚会的热闹场景,细诉了诗人复杂微妙的情感。首联以"昨夜"点明时间,追忆诗人昨夜于画楼之西、桂堂之东与佳人偶遇的情景。彼时星辰满天,和风习习,画面温馨。但这也只是一场美好的回忆而已,让读者感受到了作者的一丝怅惘和失落。颔联巧用比喻和对偶,把恋人间心心相印、无比默契的微妙感受表现得无比深

---

①画楼:女子所居的有华丽雕饰彩绘的高楼。②灵犀:犀牛角。传说犀牛角中有白纹,像线一样连通两端,此借以比喻两人心灵相通。③送钩:又称藏钩,将钩藏在手中让人猜,是古代行酒时的一种游戏。④分曹:分组,通常为两组。射覆:也是古代一种游戏,将物件藏在覆器下让人猜。射:猜。⑤听鼓:听到更鼓声,指天亮。应官:上班点卯。古时衙门卯时(今5—7点)击鼓,官员应到衙听候点名。⑥兰台:指秘书省。汉代藏图书秘籍的宫观叫兰台。唐高宗时曾改秘书省为兰台。转蓬:随风飘荡的蓬草。

刻,以身之"无"和心之"有"的对比,出神入化地把原本抽象的感受形象化,是脍炙人口的名句。颈联描写宴会实景,在灯红酒暖、觥筹交错间,两人虽然"隔座",却因"藏钩""射覆"的游戏而拉近了距离。这也许是诗人昨夜和佳人最近距离的接触了吧,此情此景让诗人记忆犹新。尾联笔锋一转,嗟叹自己在这无比欢乐、令人留恋的时刻却不得不走马从官,诗从温情中拉入现实,让人感到诗人对恋人的依依不舍和对自己身如蓬蒿般飘零身世的无奈之情,深化了诗歌的意蕴。

全诗情景交融,情调缠绵真挚,文笔精致绮丽,具有"韵外之致""味外之旨",既让人感受到情人间的温情脉脉,又让人觉得神秘朦胧,留下很大的空间供读者对诗境进行主观的审美创造,这正是李商隐"无题"诗能历久弥新的原因之所在。

【思考练习】

一、本诗微妙地表现了诗人的心理变化,试作简要分析。
二、简要说明诗歌中环境描写的作用。
三、颔联是脍炙人口的名句,试说说你对这两句诗内容和艺术特点的理解。
四、背诵本诗。
五、阅读并欣赏下面这首李商隐的《无题》诗,并联系中学时学过的李商隐的《锦瑟》等诗,体会李商隐此类诗歌意境朦胧、含蕴丰富的特点。

无 题

来是空言去绝踪,月斜楼上五更钟。
梦为远别啼难唤,书被催成墨未浓。
蜡照半笼金翡翠,麝熏微度绣芙蓉。
刘郎已恨蓬山远,更隔蓬山一万重。

【拓展阅读】

安徽师范大学中文系古代文学教研组选注《李商隐诗选》,人民文学出版社出版
周振甫选注《李商隐选集》,上海古籍出版社出版

(张 晶 刘洪仁)

踏莎行①

欧阳修

候馆②梅残，溪桥柳细，
草薰风暖摇征辔③。
离愁渐远渐无穷，迢迢不断如春水。

寸寸柔肠④，盈盈粉泪⑤。
楼高莫近危栏⑥倚。
平芜⑦尽处是春山，行人更在春山外。

【作者档案】

欧阳修（1007—1072），字永叔，号醉翁，晚年又号六一居士，吉州吉水（今属江西）人。宋仁宗天圣八年（1030）进士。任谏官时，敢犯颜直言，与韩琦、范仲淹等人，主张政治革新，受到保守派政敌打击，屡遭贬谪。后累官至翰林学士、枢密副使、参知政事（副宰相）。卒谥文忠。

欧阳修是宋代诗文革新运动的领袖，无论理论建树还是创作实践都取得了巨大成就，诗、词、散文各体咸备，且数量丰富，佳作迭出，是宋代文学的一代宗师，对宋代文学的发展有杰出贡献。苏轼在《六一居士集叙》称他"论大道似韩愈，论事似陆贽，记事似司马迁，诗赋似李白"。著有《欧阳文忠公全集》《六一词》等。欧阳修还是史学家，与宋祁合作编撰了《新唐书》，又独自编撰了《新五代史》。

欧阳修的词，还没有突破"诗庄词媚"的传统观念束缚，他用诗文来写现实政治等比较严肃的题材，而词则大多写男欢女爱、离愁别绪或其他闲情逸致。词风受南唐词特别是冯延巳的影响较深，婉曲情深，蕴藉风流，与晏殊同为宋初词坛的代表。

【含英咀华】

这首词写一对夫妻或情侣分别时的痛苦之情。上片写离家远行者在早春时节离家远去及旅途中的所见所感。客馆短墙旁的梅花已经凋残，溪桥边的柳叶刚刚绽出新芽，但和风已暖，芳草散香，在这样的时候远行人骑马而去了，愈行愈远；因与心上人别离，故觉"春水"亦带"离愁"，而且"迢迢不断"，无穷无尽。下片递进一层，写游子想象中情人对自己的思念，采用了透过一层、从对面写来的手法。当行人远行之日，正是闺中人愁苦之时。"柔肠"而说"寸寸"，"粉泪"而说"盈盈"，可见女子思念之情的缠绵深切。结尾二句，深入到女子心灵深处，真实细腻地刻画出她一往情深、望穿秋水而又怅然若失的

---

①踏莎（suō）行：词牌名。杨慎《词品》卷一："韩翃诗：'踏莎行草过春豀。'词名《踏莎行》，本此。"②候馆：迎候宾客的馆舍，即旅馆。③草薰风暖：语出江淹《别赋》："闺中风暖，陌上草薰。"薰：香草，引申指香气。征辔（pèi）：远行的马的缰绳，也指远行的马。征：远行。辔：驾驭牲口用的缰绳。④寸寸柔肠：意谓伤心至极，有如肝肠寸断。⑤盈盈：充溢的样子。粉泪：指女子的眼泪。⑥危栏：高楼上的栏杆。⑦平芜：平旷的原野草地。

神态。

　　在写作上，本词有三个特点：一是比喻贴切自然。词中以春水比愁，用春山况远，都贴近人物的具体心境，而且妙在都是即景设喻、触物生情，是眼前所见与心中所感的悠然神会，使人感到词中所展示的画面虽然有限，而情景却是无限的，具有蕴藉深婉、余味无穷的艺术效果。二是采用了以乐景写哀情、先扬后抑的手法。《诗经·小雅·采薇》中"昔我往矣，杨柳依依；今我来思，雨雪霏霏"四句，被晋代谢玄视为《诗经》中最佳之句，原因就在于它以乐景写哀，以哀景写乐，以情景的失去平衡震撼人的心灵。本词也采用了这一手法，先写春色之美，然后通过"摇征辔"一转，由春色之美转出离愁无穷，先扬后抑，再以"迢迢不断如春水"作重笔渲染，增强了表达效果。三是以递进层深之笔，加深感情的表达。结句"平芜尽处是春山，行人更在春山外"是典型例句。与之相近的，有范仲淹《苏幕遮》："山映斜阳天接水，芳草无情，更在斜阳外。"它们的共同特征，是将情景融为一体，在想象中让景与情都更进一层，从而增强表达效果。

【思考练习】

一、这首词的上、下片的抒情主人公各是什么人？试作简要分析。
二、这首词在艺术表现上有哪些特点？
三、你认为本词写得最好的是哪两句？为什么？
四、背诵本词。
五、欧阳修的《生查子》《蝶恋花》都是脍炙人口的名作，请欣赏并背诵这两首词。

生查子

去年元夜时，花市灯如昼。
月上柳梢头，人约黄昏后。

今年元夜时，月与灯依旧。
不见去年人，泪满春衫袖。

蝶恋花

庭院深深深几许？
杨柳堆烟，帘幕无重数。
玉勒雕鞍游冶处，楼高不见章台路。

雨横风狂三月暮，
门掩黄昏，无计留春住。
泪眼问花花不语，乱红飞过秋千去。

【拓展阅读】

陈新、杜维沫选注《欧阳修选集》，上海古籍出版社出版

（刘洪仁）

八声甘州①

柳 永

对潇潇②暮雨洒江天,一番洗清秋。
渐霜风凄紧,关河冷落,残照当楼。
是处红衰翠减③,苒苒物华休④。
惟有长江水,无语东流。

不忍登高临远,望故乡渺邈⑤,归思难收。
叹年来踪迹,何事苦淹留⑥!
想佳人、妆楼颙望⑦,误几回、天际识归舟⑧。
争知我、倚阑干处⑨,正恁凝愁⑩。

【作者档案】

柳永(约984—约1053),原名三变,字耆卿,因排行第七,世称柳七。福建崇安人。早年热心功名事业,但仕途坎坷。曾以词作拜谒宰相晏殊,因内容、风格俚俗,不为晏殊所喜。失意无聊,乃混迹于市井,出入青楼酒肆,冶游放荡。乐工歌妓每得新腔,必求柳永填词,其词始行于世。景祐元年(1034)中进士,历任余杭令、盐场大使,终于屯田员外郎,世称柳屯田。

柳永毕生从事词的创作,是北宋第一个专业词人。柳永也是对宋词发展做出重要贡献的词人,他的词标志着北宋词发展的一个转折,在词史上占有重要地位。他创制了以篇幅较长、句子错综不齐为特色的长调慢词,为扩大词的内容提供了相应的表现形式,为宋词的繁荣奠定了基础。内容上,柳永的词多写都市生活及自己的羁旅行役之苦,扩大了词的题材。艺术上,柳永的词以铺叙见长,善于用通俗的语言传情状物,雅俗共赏,风格婉约,在当时流传广泛,连西夏人都说:"凡有井水饮处,即能歌柳词。"著有词集《乐章集》。

【含英咀华】

这是柳永写羁旅行役之苦的名作。词人倾吐了萍踪漂泊的苦况,表现了因事业无成而产生的内心苦闷,从一个侧面反映了封建时代中下层知识分子典型的生活遭遇和思想感情。

全词以"登高临远"为线索,通篇贯穿一个"望"字。上片以层层铺叙的手法,描绘

---

①八声甘州:词牌名,又名《甘州》。本为唐玄宗时教坊大曲名,后用为词调。②潇潇:雨势急骤的样子。③是处:到处。红衰翠减:指花叶凋零。红:指花。翠:指叶。④苒苒:义同"荏苒",形容时光(渐渐)消逝。物华:美好的景物。休:衰残。⑤渺邈(miǎo):渺茫遥远。⑥淹留:滞留,久留。⑦颙(yóng)望:凝望,抬头呆望。⑧误几回、天际识归舟:语意出谢朓《之宣城郡出新林浦向板桥》诗:"天际识归舟,云中辨江树。"温庭筠《望江南》词:"过尽千帆皆不是,斜晖脉脉水悠悠,肠断白蘋洲。"⑨争:怎。阑干:栏杆。处:这里表示时间。⑩恁:如此。凝愁:凝伫忧愁。

登高所见之景，并以景寓情，情景交融。先总写清秋江天之寂寥，继以霜风、关河、残照和"是处红衰翠减"之景作气氛渲染，终以"江水无语"烘托词人的孤独和伤感。下片写登高临远所生的思归之情。起句"不忍登高临远"与上片首句"对潇潇暮雨"相呼应，承上启下，一连五句直抒乡愁，用正面直陈手法，写出游子思归而不得的愁闷。"想"字领起两句，转换角度，驰骋想象，由己之思彼转写彼之思己，设想出"佳人妆楼颙望"的相思苦况，从侧面突出游子思乡怀人的心情，比正面陈述更深一层。"误几回、天际识归舟"一语，从温庭筠《望江南》词化出，但情感更见曲折蕴藉。结尾三句由"佳人颙望"进一步设想，仿佛她近在眼前，故向她诉说欲归不能的"凝愁"。

词的上、下片虽有写景、抒情之别，但内容却不可分割。开头一个"对"字总领上片；结尾的"倚阑干"三字，回应全篇，首尾照应，使全词浑然成为一个整体。本词写景，由暮雨而至残照，由江天而至关河，由物候而至长江，处处从大处落笔，于肃杀的秋景中，别显出一种空阔之美。本词抒情，或直写自己的乡思，或设想佳人的盼归，虚实相生，委婉曲折，真实地表现了主人公旅途漂泊、失意苦闷的心情。全词语言浅显，但并不俚俗，能采撷、融化前人诗句的语言、意境，格调高雅。苏轼说："人皆言柳耆卿词俗，然如'霜风凄紧，关河冷落，残照当楼'，唐人佳处，不过如此。"

【思考练习】

一、本词主要表现了词人怎样的思想感情？有什么典型意义？

二、分析本词上片寓情于景的特点。

三、试分析"惟有长江水，无语东流"的情感内涵。

四、贯穿本词的线索是什么？

五、背诵本词。

六、阅读温庭筠的《望江南》，并与柳永此词比较，写一篇赏析文。

望江南

梳洗罢，独倚望江楼。过尽千帆皆不是，斜晖脉脉水悠悠。肠断白蘋洲。

【拓展阅读】

张惠民、张进选注《柳永词选注》，人民文学出版社出版

刘乃昌、朱德才选注《宋词选》，人民文学出版社出版

（刘洪仁）

蝶恋花①·春景

苏　轼

花褪②残红青杏小。
燕子飞时，绿水人家绕。
枝上柳绵③吹又少。
天涯何处无芳草④。

墙里秋千墙外道。
墙外行人，墙里佳人笑。
笑渐不闻声渐悄。
多情却被无情恼⑤。

【作者档案】

苏轼（1037—1101），字子瞻，号东坡居士，眉州眉山（今属四川）人。宋仁宗嘉祐二年（1057）进士。神宗熙宁年间，苏轼因与主张新法的王安石政见不合，自请外任，在杭州、密州（今山东诸城）、徐州、湖州等地任地方官达8年之久。元丰二年（1079），御史府官员（监察官）弹劾他"作诗讪谤朝廷"，被捕下狱，出狱后贬为黄州（今湖北黄冈）团练副使，此即著名的"乌台诗案"。神宗病逝后，哲宗继位，元祐年间，反对新法的司马光执政，苏轼被召回京，累迁翰林学士。但他对司马光尽废新法的做法也不赞成，因而再次出知杭州、颍州（今安徽阜阳）、扬州等地。哲宗绍圣初年，新党再度执政，又因"为文讥斥朝廷"之罪被贬惠州（今广东惠阳）、儋州（今属海南）。徽宗即位，被赦北还，途中病逝于常州。后追谥文忠。

苏轼是中国历史上罕见的文艺全才，诗、词、文、书法、绘画都有杰出成就。其散文与欧阳修并称"欧苏"，为"唐宋八大家"之一；其诗内容广阔，风格多样，与黄庭坚并称"苏黄"；其词冲破了专写男女恋情和离愁别绪的传统题材，风格上开豪放一派，与辛弃疾并称"苏辛"；书法擅长行书、楷书，能自创新意，用笔丰腴跌宕，有天真烂漫之趣，与黄庭坚、米芾、蔡襄并称"宋四家"，且均对当时与后世产生了深远影响。著有《东坡七集》《东坡乐府》等。

【含英咀华】

这首词是苏轼目睹暮春景色，抒发伤春之情的感怀之作，通过对残红褪尽、春意阑珊的暮春景色的描写，隐约透出了作者的失意情怀。

---

①蝶恋花：词牌名，又名《鹊踏枝》《凤栖梧》，原为唐教坊曲，调名取义于梁简文帝"翻阶蛱蝶恋花情"句。此词牌多抒写缠绵悱恻之情。②褪：本义为褪色，形容花色枯黄，凋谢。③柳绵：柳絮。④"天涯"句：语出屈原《离骚》："何所独无芳草兮，尔何怀乎故宇。"是卜者灵氛劝屈原的话。⑤多情：指墙外行人。无情：指墙里佳人。墙里佳人之笑本出于无心，墙外行人却枉自多情，故而烦恼。

词的上片写暮春自然风光，以"花褪残红""柳绵吹少"点明时令，揭示出春花殆尽、青杏始生的自然界新陈代谢的规律。作者由此感悟到时光易逝，韶华易老。苏轼一生漂泊，数次被贬，此时，他遥望故乡，感叹自己沦落天涯，境遇和随风飘飞的柳絮何其相似！但作者尽管伤春却不悲春，明白有繁华就有衰落、有凋谢就有新生的道理。"燕子"二句一扫起句的伤春，燕子飞，绿水绕，画面春意盎然，令人遐想。"人家"二字，又为下片"墙里佳人"的出现作了暗示和铺垫。"枝上"二句，既有春光将逝的感伤，又有芳草不绝的信心，这又何尝不是苏轼虽屡遭贬谪打击，却始终豁达乐观、绝不消沉的人生态度的象征。下片写作者春游途中的见闻和感想。一道短墙将少年与佳人隔开，佳人的笑声搅动了少年的春心，也引起了少年的烦恼。"多情却被无情恼"，既是眼前事，又极富暗示意义。佳人洒下一片笑声，杳然而去；行人墙外凝望，空自多情。词人虽然写的是情，但其中也渗透着人生哲理。自作"多情"，难免面对"无情"。其实人生无不如是，何苦自寻烦恼！自己虽有拳拳报国之心，却始终不被宫中"佳人"所赏识重用，数度被贬而无力施展抱负。

这首词的艺术特点，在于"寄深于浅，寄厚于轻，寄劲于婉，寄直于曲，寄实于虚，寄正于余"（刘熙载《艺概·词曲概》），深入浅出，虚实相生，格调典雅，感情细腻，风格清新。全词风光美、场景美、人物美、情思美，众美合一，美不胜收。作者有意运用顶真的修辞手法，读起来错落有致，有一唱三叹之妙。据《林下词谈》记载，苏轼在惠州时，曾命爱妾朝云唱这首词。朝云还没开唱，便已"泪满衣襟"。苏轼问是为何？朝云回答说："奴所不能歌，是'枝上柳绵吹又少，天涯何处无芳草'也！"可见这两句词的感人之深。

【思考练习】

一、这首词上、下片分别表现了怎样的思想情感？

二、联系苏轼的人生经历，领悟"枝上柳绵吹又少，天涯何处无芳草""多情却被无情恼"等句的暗示意义。

三、试说明作者是如何将伤春和旷达两种心境合二为一的。

四、背诵本词。

五、阅读苏轼的《定风波》词，领悟其所蕴含的人生哲理。

定风波

三月七日，沙湖道中遇雨，雨具先去，同行皆狼狈，余独不觉。已而遂晴，故作此词。

莫听穿林打叶声，何妨吟啸且徐行。竹杖芒鞋轻胜马，谁怕？一蓑烟雨任平生。

料峭春风吹酒醒，微冷，山头斜照却相迎。回首向来萧瑟处，归去，也无风雨也无晴。

【拓展阅读】

陈迩冬选注《苏轼词选》，人民文学出版社出版

王水照选注《苏轼选集》，上海古籍出版社出版

（张　晶　刘洪仁）

踏莎行①

秦 观

雾失楼台,月迷津渡②,
桃源③望断无寻处。
可堪孤馆闭春寒④,杜鹃声里⑤斜阳暮。

驿寄梅花⑥,鱼传尺素⑦,
砌成此恨无重数。
郴江幸自绕郴山⑧,为谁流下潇湘去⑨?

【作者档案】

秦观(1049—1100),字太虚,后改字少游,号淮海居士,高邮(今属江苏)人。宋神宗元丰八年(1085)进士。哲宗时历任太学博士、秘书省正字、国史院编修官。绍圣元年(1094),因党争之祸被贬郴州(今湖南郴县)、横州(今广西横县)和雷州(今广东海康)。他以文学受知于苏轼,与黄庭坚、晁补之、张耒并称"苏门四学士"。

秦观善诗词,尤以词的成就最高。其词多写别恨离愁,并将身世之感融注其中,妙在辞情兼胜,意境深婉,语言淡雅却饶有余味,是北宋后期婉约词的代表作家。清人陈廷焯说:"秦少游自是作手,近开美成(周邦彦),导其先路。"(《白雨斋词话》卷一)足见其在词史上的地位和影响。

【含英咀华】

北宋中期,朝廷新旧党争不断。宋绍圣元年(1094),革新派再起,作为旧党的苏轼兄弟遭到贬谪,秦观也未能幸免,先后由京师贬往杭州、处州(今浙江丽水),继而又再贬郴州。此词即作于绍圣四年(1097)秦观被贬郴州时。词人以凄婉的笔调,描述了贬居之地的荒凉凄清和贬居生活的孤寂落寞,流露出淡淡的哀怨之情。

秦观曾被后人称为"古之伤心人"(冯煦《蒿庵论词》)。他的词泪水盈盈,浸透着人生的坎坷。同样被贬谪居,较之苏轼,秦观的内心少了几分豁达而多了几分脆弱。远离江南故乡,孤居贬所,作者多愁善感之心尤难承受,他将彼时彼地的情感诉诸笔墨。上片起以"雾失""月迷",作者向往的理想之境,缥缈难寻,起调低沉。而春寒料峭,独处一室,此情何堪?一个"闭"字,形象贴切地道出了作者境遇的孤寂、寥落。"杜鹃声里斜

---

①此词一题"郴州旅舍"。②津渡:渡口。③桃源:陶渊明《桃花源记》中虚构的世外乐土,假称其在武陵(今湖南桃源县)。④可堪:哪堪,何堪。孤馆:指词人自己所住的客馆。⑤杜鹃声里:杜鹃鸟啼声凄切,易引起离人愁思。⑥驿寄梅花:指朋友的寄赠之物。陆凯《赠范晔》诗:"折花逢驿使,寄与陇头人。江南无所有,聊赠一枝春。"⑦鱼传尺素:指亲友的书信。古人书写用素绢,通常为一尺,称尺素。古乐府诗《饮马长城窟行》:"客从远方来,遗我双鲤鱼。呼儿烹鲤鱼,中有尺素书。"⑧郴江:水名,源出郴州东面的黄岑山,北流至郴口,入湘江的支流耒水。幸自:本是。⑨为谁:为什么。潇湘:湖南二水名,合流后称湘江。

阳暮"一句，以杜鹃啼声、斜阳余晖的意象进一步渲染凄苦之情。下片申足上文，言远方书信不断，虽有慰藉，却徒增伤感。一"砌"字，将难以言传的愁绪具体化，用语精警。末两句宕开一笔，以反诘句式抒写心中怨意。江水本为无情之物，而作者却以问句出之，以表明人的离别是被逼无奈而非出于自愿。常情常意，一经妙手点染，便极具神韵，与戴叔伦"沅湘日夜东流去，不为愁人住少时"（《湘南即事》）有异曲同工之妙，堪称痴语。相传此句曾为苏轼所激赏，曾自书于扇云："少游已矣，虽万人何赎！"（惠洪《冷斋夜话》）

该词以比兴手法贯穿全篇，情景互融，词情凄婉哀艳，格调苍凉低沉，读之令人动容。

【思考练习】

一、简析此词比兴手法的运用。

二、"可堪孤馆闭春寒，杜鹃声里斜阳暮"二句在表现手法上有什么特点？

三、末二句"郴江幸自绕郴山，为谁流下潇湘去"为什么会得到苏轼的赞赏？

四、背诵本词。

五、阅读秦观《浣溪沙》词，简要分析其思想内容和艺术特色，写一篇500字左右的赏析文。

浣溪沙

漠漠轻寒上小楼，晓阴无赖似穷秋，淡烟流水画屏幽。

自在飞花轻似梦，无边丝雨细如愁。宝帘闲挂小银钩。

【拓展阅读】

周义敢、程自信、周雷编注《秦观集编年校注》，人民文学出版社出版

（苏　静）

鹧鸪天

贺　铸

重过阊门①万事非，同来何事不同归？
梧桐半死清霜后②，头白鸳鸯失伴飞。

原上草，露初晞③，旧栖新垄两依依④。
空床卧听南窗雨，谁复挑灯夜补衣？

【作者档案】

　　贺铸（1052—1125），字方回，号庆湖遗老。祖籍山阴（今浙江绍兴），生于卫州（今河南汲县），北宋著名词人。贺铸是宋太祖贺皇后五世族孙，出身名门，为人豪侠尚气，渴望建功立业。青年时辗转各地任低级武职，抑郁不得志。48岁后改任文职，曾任泗州通判等职，晚年定居苏州。贺铸才兼文武，但秉性刚直，不肯逢迎权贵，因而一生沉沦下僚，才不获展。贺铸的词内容较丰富，风格兼有豪放、婉约二派之长，长于锤炼语言并善融化前人成句。贺词用韵特严，富有节奏感和音乐美，部分描绘春花秋月之作，意境高旷，语言浓丽哀婉，近秦观、晏几道；其爱国忧时之作，悲壮激昂，又近苏轼。黄庭坚推崇贺铸曰："解道江南断肠句，只今唯有贺方回"；张耒称赞贺铸的词说："贺铸《东山乐府》妙绝一世，盛丽如游金、张之堂，妖冶如揽嫱、施之袪，幽索如屈、宋，悲壮如苏、李。"南宋爱国词人辛弃疾等对其词均有续作，足见其影响。贺铸的代表作有《青玉案》（凌波不过横塘路）、《鹧鸪天》（重过阊门万事非）、《生查子》（西津海鹘舟）等。其《青玉案》词："试问闲愁都几许？一川烟草，满城风絮，梅子黄时雨。"因连用三个比喻形容"闲愁"而备受人称道，词人因此而赢得"贺梅子"的雅号。有《东山词》（别本一名《东山乐府》），存词280余首，数量仅次于苏轼。

【含英咀华】

　　这是一首悼亡词，是词人从北方回到苏州时悼念亡妻之作。贺铸妻赵氏，是宋宗室济国公赵克彰之女。贺铸年近五十时闲居苏州三年，其间，与他长期相濡以沫、甘苦共尝的妻子亡故。今他重游故地，想起死去的妻子，痛定思痛，写下这首情真意切、哀伤动人的悼亡词。词人踽踽独行于繁华金阊的街衢窄巷，眼前景物依稀，人事变迁，感怀往事，不禁哀思难抑。曾经双栖双飞，如今阴阳悬隔；卧听窗外雨声渐沥，床头却再无挑灯补衣人。全词气氛深婉凄切，用语朴挚情深，感情沉痛，感人至深，是文学史上与潘岳《悼亡》、元稹《遣悲怀》、苏轼《江城子·乙卯正月二十日夜记梦》等同题材作品并传不朽的

---

　　①阊门：苏州城西门，词人旧居，此借指苏州。②梧桐半死：指丧偶之痛。枚乘《七发》中说："龙门有桐，其根半死半生，斫以制琴，声音为天下之至悲。"清霜后：秋天，喻指年老。③"原上草"二句：以草上露水易干为喻，感叹人生短促。古乐府丧歌《薤露》："薤（xiè）上露，何易晞！露晞明朝更复落，人死一去何时归？"晞（xī）：干。④旧栖：旧居，指过去同居的寓所。新垄：指亡妻的新坟。

名篇。

　　这首词在艺术构思上的突出特点，是将生者与死者合写，词笔始终关合自己与妻子双方。首二句说自己故地重游，即想到妻子已经长眠于此，因而发出"同来何事不同归"的反问，将物是人非的伤痛表现得淋漓尽致。次二句说到妻子新亡，又想到自己晚景的孤寂。"旧栖新垅两依依"，更表现出夫妻感情已超越时空、超越生死，两颗心已融成了难以分割的整体。自己在淫雨连绵之夜孤寂地听雨打梧桐，长夜难眠，脑际又浮现出从前妻子挑灯补衣的情景，痛定思痛，让人情何以堪！在表现手法上，此词综合运用赋、比、兴的表现手法。所谓赋，在这里就是指直抒胸臆、尽情倾吐，如开头"重过阊门"二句，问虽无理，心却有情，一叙事，一反问，将故地重游、物是人非的丧偶之痛尽情抒发出来；结尾二句，将往昔爱妻挑灯补衣的细节，与如今自己空床辗转的情景相映照，这是借举止、细节抒情，倾吐了深切的哀思。词中用"清霜""头白"喻年老，以"梧桐半死""鸳鸯失伴"喻丧偶，既形象，又贴切。"原上草"二句，亦比亦兴，既是以草上露干比喻妻子新亡，又是以青草离离的荒郊景象引发下面的"旧栖""新垅"，渲染思念亡妻的凄凉气氛。赋比兴手法的运用，丰富了情感表现的手段，增强了词的艺术感染力。此外，词中两次运用反诘句："同来何事不同归？""谁复挑灯夜补衣？"如奇峰突起，把情感推向高潮，是全篇最痛彻心扉之处。

【思考练习】

一、这首词抒发了词人怎样的情感？请对全词各句作简要分析。
二、这首词是如何关合生者与死者双方来抒情的？
三、你认为这首词最感动人的句子是哪两句？为什么？
四、这首词综合运用了哪些抒情手法？有什么效果？
五、背诵本词。
六、吴文英的《风入松》也是一首悼亡词，试与贺铸此词比较阅读，对比二词所抒发情感和表现手法的异同，写一篇赏析文。

风入松

　　听风听雨过清明，愁草瘗花铭。楼前绿暗分携路，一丝柳、一寸柔情。料峭春寒中酒，交加晓梦啼莺。

　　西园日日扫林亭，依旧赏新晴。黄蜂频扑秋千索，有当时、纤手香凝。惆怅双鸳不到，幽阶一夜苔生。

【拓展阅读】

胡云翼选注《宋词选》，上海古籍出版社出版

（陈　远　刘洪仁）

渔家傲①

李清照

天接云涛连晓雾,
星河②欲转千帆舞。
仿佛梦魂归帝所③,
闻天语,殷勤问我归何处?

我报路长嗟日暮④,
学诗谩有惊人句⑤。
九万里风鹏正举⑥。
风休住,蓬舟吹取三山去⑦。

【作者档案】

李清照(1084—1155),号易安居士,济南(今山东济南)章丘人。她出身于书香门第,工诗能文,通晓金石,而以词的成就为最高。父亲李格非是当时著名的学者。丈夫赵明诚,为宰相赵挺之子。他们结婚后生活优裕,家庭幸福。但好景不长,南渡不久,金兵南下之际,丈夫病死,她辗转逃难,生活颠沛流离,在孤寂中度过晚年。李清照是宋代杰出的女词人,她的词风格婉约,情调低沉,感情真挚,称"易安体"。早期作品曲调优美,主要写闺情相思,如《如梦令》《醉花阴》等;南渡后,词的内容和风格突变,多抒发其凄苦的身世之感和家国之恨,格调低沉,催人泪下,如《声声慢》等。有《漱玉词》辑本。

【含英咀华】

这首词是李清照唯一的一首豪放词,也是她的词中较少见的具有浪漫主义情调的作品。作者以浪漫主义的构思,以现实寓梦境,以梦境托现实,与天帝对话,倾诉心中寂寥,寄托无限情思,抒发对现实社会和自身处境的不满、失望,对自己理想的追求和向往。

词一开头便展现出一幅辽阔壮美的海天一色画卷:夜色将尽晓雾渐起之时,满天云雾中,微露曙光,天河渐转,意想中如千帆飞舞。星河的翻转和风帆的舞动是词人在船上受大风影响舟船颠簸前行所看到的实景,但同时也是词人南渡后生活颠沛流离、飘摇孤寂的

---

①渔家傲:词牌名。《词谱》卷十四:"此调始自晏殊,因词有'神仙一曲渔家傲'句,取以为名。"②星河:银河。转:一本作"曙"。③帝所:天帝居住的地方,指天宫。下句"天"字亦作天帝讲。④"我报"句:隐栝屈原《楚辞·离骚》"路曼曼其修远兮,吾将上下而求索""欲少留此灵琐兮,日忽忽其将暮"之意。嗟:慨叹。⑤"学诗"句:隐栝杜甫"语不惊人死不休"句意。谩有:空有。⑥九万里:《庄子·逍遥游》中说大鹏乘风飞上九万里高空。鹏:古代神话传说中的大鸟。举:鸟飞翔。⑦蓬舟:像蓬草似的轻舟。吹取:吹得。三山:《史记·封禅书》记载,渤海中有蓬莱、方丈、瀛洲三座仙山,相传为神仙所居住,可以望见,但乘船前往,临近时就被风吹开,终无人能到。

写照。"星"和"船"天地相遥，融为一体，翻转舞动，是梦境？是现实？虚实结合，梦由此生，为全篇的浪漫主义和豪放风格定下了基调。接下来，在梦境中，词人看到了天帝，与天帝对话。天帝的温情、关心，与词人漂泊江南现实的苦况形成鲜明对照。"我报"一句檃栝了屈原《离骚》中"路曼曼其修远兮""日忽忽其将暮"之意，写词人在天帝面前倾诉自己空有才华而遭遇不幸，奋力挣扎的苦闷，慨叹身世：日暮穷途，孤独无依，出路难觅。一个"谩"字，更流露出对现实的强烈不满，同时也体现了中国传统文人怀才不遇的命运。但尽管如此，词人似乎并不安于这种庸俗的生活现状，她幻想自己正像大鹏一样高飞远举，借"九天"的风力将自己的"蓬舟"吹到"三山"，去实现自己的理想。胆气之豪，境界之高，实属罕见。

这首词在艺术上成就很高，主要表现为想象奇特，构思大胆，具有浓郁的浪漫主义色彩和豪放风格，在易安词中实属别调。词的开篇写景，意境宏大，气势磅礴，为接下来写梦游天界、抒发豪情作了很好的铺垫。接下来写梦境，虚实结合，并巧用前人诗句文句、神话传说入词，既表现了词人豪情万丈的气概，也体现出豪放刚健的风格。正如黄苏在《蓼园词选》中所评："浑成大雅，无一毫钗粉气。"

【思考练习】

一、这首词主要描写了什么情景？词人借此表现了怎样的思想感情？

二、第一、二句写景，作者用了哪几个动词展现出一幅辽阔、壮美的画卷？

三、虚实结合是本词的典型特点，试分析由实转虚体现在哪些地方。

四、这首词的浪漫主义手法和豪放风格主要体现在什么地方？

五、背诵本词。

六、阅读下面李清照这首《醉花阴》词，体会其与《渔家傲》的不同风格和特点。

醉花阴

薄雾浓云愁永昼，瑞脑销金兽。佳节又重阳，玉枕纱厨，半夜凉初透。

东篱把酒黄昏后，有暗香盈袖。莫道不销魂，帘卷西风，人比黄花瘦。

【拓展阅读】

刘忆萱选注《李清照诗词选注》，上海古籍出版社出版

徐培均笺注《李清照集笺注》，上海古籍出版社出版

（郭　宇　刘洪仁）

钗头凤

陆 游

红酥①手，黄縢酒②，
满城春色宫墙柳③。
东风④恶，欢情薄。
一怀愁绪，几年离索⑤。
错，错，错！

春如旧，人空瘦。
泪痕红浥鲛绡透⑥。
桃花落，闲池阁。
山盟虽在，锦书⑦难托。
莫，莫，莫⑧！

【作者档案】

陆游（1125—1210），字务观，号放翁，越州山阴（今浙江绍兴）人。曾历官镇江、隆兴、夔州通判。宋孝宗乾道八年（1172），陆游应四川宣抚使王炎邀请，到抗金前线南郑襄理军务，后又到四川、江西、福建、浙江等地为官。光宗时被劾去职，晚年归隐故乡山阴。陆游是南宋爱国士大夫的典型，也是中国诗歌史上最著名的爱国诗人。著有《渭南文集》《剑南诗稿》，存诗9300余首。又有《放翁词》，存词140余首。在文学史上，陆游主要以诗闻名，但其词作的成就也并不逊色，宋末刘克庄说："放翁长短句，其激昂感慨者，稼轩不能过；飘逸高妙者，与陈简斋（与义）、朱希真（淑真）相颉颃；流丽绵密者，欲出晏叔原（几道）、贺方回（铸）之上。"（《后村诗话续集》卷四）其词或写恢复之志，或抒压抑之感，风格以沉郁雄放为主，但也不失柔婉清逸之美。

【含英咀华】

这首词相传是陆游31岁时，为怀念他被迫离婚的前妻唐琬（一作婉）而作。它反映了一出封建礼教压迫下的爱情悲剧，表现了作者因爱情遭到破坏而产生的痛苦、怨愤和无可奈何的心情，是一首传诵不衰的爱情名作。

据说，陆游原娶同郡的一位大家闺秀唐琬，夫妻恩爱，相敬如宾。但陆游的母亲却极不喜欢唐氏，遂被迫离婚，唐琬改嫁同郡赵士程。在一次春游中，二人偶遇于禹迹寺之沈

---

①红酥：红润、白嫩。②黄縢（téng）酒：即黄封酒。当时官酿的酒均以黄纸封口，故名。③宫墙柳：喻指唐琬。唐琬此时已改嫁他人，有如宫禁中的杨柳，可望而不可即。④东风：喻指陆游之母。⑤离索：离散、孤单。⑥红：指泪痕染胭脂而红。浥（yì）：沾湿。鲛绡：古代神话中人鱼（鲛人）所织的纱绢，这里指手绢。⑦锦书：情书。前秦窦滔妻苏氏曾织锦为回文诗寄赠其出征在外的丈夫，后人遂以锦书指夫妻间表达爱情的书信。⑧莫，莫，莫：罢、罢、罢。

氏园（今浙江绍兴）。唐琬遣人送酒肴致意，陆游"怅然久之"，伤感不已，就题了这首词在园壁上，落款为绍兴乙亥（1155），一说辛未（1151）三月。

词的上片通过追忆往昔美满的爱情生活，感叹被迫离异的痛苦。"红酥手"四句，追忆昔日夫妻间和谐美满生活的一个场面：妻子以红润美丽的纤手端着酒杯劝酒，夫妻共赏春色。"东风恶"四句，写词人被迫与唐氏离异后的痛苦。下片由感慨往事回到现实，进一步抒写夫妻被迫离异的深哀剧痛。"春如旧"三句，写沈园重逢时唐氏给自己留下的深刻印象：在与往常一样的春光中，前妻却面容消瘦，粉泪湿透了绢帕。"桃花落"二句，写重逢时所看到的景色，并反衬词人凄凉冷清的心情。"山盟"二句，写有情人不能相爱、音讯难通的痛苦。上、下片的结句"错，错，错""莫，莫，莫"，一为悔恨的呼喊，一为绝望的叹息，均为遗憾终身却无法补救的深悲剧痛而发，沉痛真挚，凄恻动人。

这是一首著名的爱情词，其抒情有两个特点，一是多用对比手法。如上片"红酥手，黄縢酒，满城春色宫墙柳"的昔日夫妻和谐美满生活情景，与下片"桃花落，闲池阁"的眼下凄凉景象构成对比；昔日唐氏的"红酥手"与如今唐氏的"人空瘦"构成对比，从而充分展示出"几年离索"给唐氏带来的巨大的精神折磨和痛苦。二是以景衬情，情景交融。如上片夫妻恩爱、幸福美满的生活场景，是"满城春色宫墙柳"，一派生机盎然的景象，充满生命的活力。下片写眼前夫妻分离、备尝离索之苦，景物也变得衰残、凄冷：桃花凋落，池阁空旷。景物的色彩与人物的心情恰相融合。

【思考练习】

一、这首词的上、下片各写了什么内容？
二、指出上、下片的叠词"错，错，错""莫，莫，莫"所表达的情感内涵。
三、试分析本词运用对比手法抒情的特点。
四、背诵本词。
五、陆游75岁时，又作《沈园》诗二首怀念唐琬，可看作是诗人自己对《钗头凤》一词所作的注解。试比较阅读，并写一篇赏析文章。

沈 园

其 一

城上斜阳画角哀，沈园无复旧亭台。伤心桥下春波绿，曾是惊鸿照影来。

其 二

梦断香消四十年，沈园柳老不吹绵。此身行作稽山土，犹吊遗踪一泫然。

【拓展阅读】

游国恩、李易选注《陆游诗选》，人民文学出版社出版
朱东润选注《陆游选集》，上海古籍出版社出版

（刘洪仁）

青玉案·元夕①

辛弃疾

东风夜放花千树②,
更吹落,星如雨③。
宝马雕车④香满路。
凤箫⑤声动,玉壶⑥光转,一夜鱼龙舞⑦。

蛾儿雪柳黄金缕⑧,
笑语盈盈暗香去⑨。
众里寻他千百度,
蓦然⑩回首,那人却在,灯火阑珊⑪处。

【作者档案】

辛弃疾(1140—1207),字幼安,号稼轩居士,历城(今山东济南)人。出生前山东已经被金兵占领,他从小就受到抗金复宋、收复中原的爱国思想教育。22岁时,他率两千民众参加北方抗金义军,次年为实现收复中原的壮志率余部归附南宋。他曾任建康、滁州、江西、湖北、湖南等地方官。在任期间,他重视生产,训练军队,为伐金积极准备,凸显出其政治和军事才能。他曾进奏《美芹十论》,分析敌我形势,规划强兵复国之策;又上奏《九议》,进一步阐发收复大计。但他始终不被以投降派为主的南宋朝廷重用,一生郁郁不得志。淳熙八年(1181)被劾落职,退居江西上饶、铅山等地20余年,终以报国无路,忧愤而卒。著有《稼轩长短句》(一本称《稼轩词》),存词600余首。

辛弃疾文武兼擅,他的一生是坚持抗金、反对投降的一生。虽然屡遭投降派排挤打击,但他收复中原、统一祖国的信念从来没有动摇过。他把爱国热情和满腔悲愤都倾注进他的词里,成为宋代最杰出的爱国词人。他的作品题材广阔,内容丰富,以抗金救国、收复中原的爱国思想为中心主题。词或抒发统一中原的雄心壮志,或表现壮志难酬、英雄失路的悲慨,或抨击南宋王朝的投降妥协政策等,都洋溢着抗金御敌的爱国激情和战斗精神。此外,辛弃疾还有一部分作品描写了农村生活和田园风光,反映了自己的村居生活。吴衡照《莲子居词话》说:"辛稼轩别开天地,横绝古今《论》、《孟》、《诗小序》、《左氏春秋》、《南华》、《离骚》、《史》、《汉》、《世说》、选学、李杜诗,拉杂运用,弥见其笔力之峭。"辛词风格多样,既有豪放悲壮之作,也有细腻妩媚之篇,但以慷慨悲壮、豪放沉雄的风格为主。《四库全书总目提要》说:"其词慷慨纵横,有不可一世之概,于倚声家为

---

①青玉案:词牌名,取义于张衡《四愁诗》"何以报之青玉案"句,又名《横塘路》《西湖路》等。元夕:农历正月十五夜晚,又称上元或元宵节。②花千树:这里用满树开花比喻元宵节的灯火之多。③星如雨:形容焰火缤纷,乱落如雨。星:指焰火。④雕车:装饰华丽的马车。⑤凤箫:又叫排箫,一种乐器,类似竹笙,有长短不等的木管或竹管连接。⑥玉壶:喻指月亮。⑦鱼龙舞:指舞鱼灯、龙灯之类民间元宵表演节目。⑧蛾儿、雪柳、黄金缕:都是古代女子头上戴的装饰品。⑨盈盈:举止仪态美好的样子。暗香:清幽的香气。此借指观灯的妇女。⑩蓦(mò)然:突然,陡然。⑪阑珊:零落稀少。

变调，而异军突起，能于剪红刻翠之外，屹然别立一宗。"辛弃疾和苏轼同属豪放派词人，文学史上并称"苏辛"。辛词以豪放为主，但又不拘一格，沉郁、明快、激昂、妩媚，兼而有之。辛词继承了苏轼豪放词风和南宋初期爱国词人的战斗传统，进一步开拓了词的境界，扩大了词的题材，几乎达到无事不可入的地步，又创造性地融汇了诗歌、散文、辞赋等各种文学形式的优点，丰富了词的表现手法，形成了辛词的独特风格。

【含英咀华】

这是豪放派词人辛弃疾的一首婉约词，也是众多写元宵节的诗词中一篇绝世妙作。

词的上片主要写元宵节之灯景。作者运用东风吹拂巧妙比喻，东风不仅吹来新春气息、新年气象，还带来元宵节的绚烂彩灯和漫天烟火。用宝马、雕车、凤箫、鱼龙舞等渲染出节日的狂欢气氛，精心为后文埋下伏笔。下片写观灯之人。通过描写盛装打扮、精心装饰的妇女把元宵的热闹烘托到极致。然而任它"蛾儿雪柳黄金缕"，不论"盈盈"与"暗香"，心中期待之人始终没有出现。这节日的欢娱气氛和千回百转的苦苦寻觅形成鲜明对比，让读者的情感也不禁随之焦急和失落。可是寻找了千万遍，期待了日日夜夜的那个"他（她）"，忽然在不经意地回首之间映入眼帘。这个"他（她）"原来一直静静等待在灯火零落之处，没有丝毫张扬与迂回曲折的情节，而正当读者为之惊喜、欣慰之时，作者却戛然而止，言有尽而意无穷。

本篇巧用对比反衬。大众的狂欢与个体的失落形成对比，众女悉心装扮高调出场与"他（她）"灯火阑珊处低调静待形成对比。以此反衬"他（她）"的超然脱俗与幽洁孤高，也表现了词人自己的高远理想追求和不随流俗的高洁情操。梁启超在《艺蘅馆词选》中评论说："自怜幽独，伤心人自有怀抱。"最后一句成为千古名句，被广泛运用。王国维在《人间词话》中就将"众里寻他千百度，蓦然回首，那人却在，灯火阑珊处"视为人生的最高境界。

【思考练习】

一、这首词表现了词人怎样的情怀？词末那位在"灯火阑珊处"的佳人有何象征意义？

二、这首词在艺术表现上的主要特点是什么？

三、试以学过的作品为例，比较苏轼和辛弃疾豪放词的风格差异。

四、背诵本词。

五、阅读辛弃疾的词《丑奴儿·书博山道中壁》，写一篇赏析文。

丑奴儿·书博山道中壁

少年不识愁滋味，爱上层楼。爱上层楼，为赋新词强说愁。

而今识尽愁滋味，欲说还休。欲说还休，却道天凉好个秋。

【拓展阅读】

朱德才选注《辛弃疾词选》，人民文学出版社出版

吴则虞选注《辛弃疾选集》，上海古籍出版社出版

（孟成华　刘洪仁）

扬州慢

姜 夔

　　淳熙丙申至日①，予过维扬②。夜雪初霁，荠麦弥望③。入其城，则四顾萧条，寒水自碧。暮色渐起，戍角④悲吟。予怀怆然，感慨今昔，因自度此曲⑤。千岩老人以为有黍离之悲也⑥。

　　　　淮左名都⑦，竹西⑧佳处，解鞍少驻初程⑨。
　　　　过春风十里⑩，尽荠麦青青。
　　　　自胡马窥江⑪去后，废池乔木，犹厌言兵。
　　　　渐黄昏，清角吹寒，都在空城⑫。

　　　　杜郎俊赏⑬，算而今、重到须惊。
　　　　纵豆蔻词工，青楼梦好，难赋深情⑭。
　　　　二十四桥⑮仍在，波心荡、冷月无声。
　　　　念桥边红药⑯，年年知为谁生？

【作者档案】

　　姜夔（1154—1221），字尧章，号白石道人，饶州鄱阳（今江西鄱阳）人。南宋文学家、音乐家。少年时随父宦游，往来汉阳近20年。父死，流寓湘、鄂间，诗人萧德藻赏其才，以侄女妻之。此后，姜夔便寄寓浙江湖州、杭州。姜夔一生屡试不第，以布衣终老。但他有潇洒不羁的性格和清高雅洁的人品，虽无功名，但他以文学艺术与当时的名公巨卿交往，辛弃疾、范成大、杨万里等著名诗人词人都与之交游唱和，对其诗文人品多有称赞。

　　姜夔长于音律，能自度曲，他的《白石道人歌曲》中有17首词旁边注明工尺乐谱，是研究宋词乐谱的宝贵资料。姜夔是南宋中后期清雅词派的创始人和典型代表，他的词

---

① 淳熙丙申至日：指宋孝宗淳熙三年（1176）冬至日。淳熙：宋孝宗年号。②维扬：即扬州。③荠（jì）麦：荠菜和麦子。一说荠麦就是野生的麦子。弥望：满眼。④戍角：守城军士所吹的号角。⑤自度此曲：自创曲谱，指《扬州慢》词调。度：谱曲。⑥千岩老人：指南宋诗人萧德藻，字东夫，号千岩老人。黍离之悲：国破家亡的悲痛。《诗经·王风·黍离》："彼黍离离，彼稷之苗。行迈靡靡，中心摇摇。知我者，谓我心忧；不知我者，谓我何求。"⑦淮左名都：指扬州。宋代在淮扬一带设置淮南东路和淮南西路，淮南东路称淮左。扬州是淮左地区的著名都会，故称"淮左名都"。⑧竹西：指竹西亭，在扬州城东禅智寺侧，此处环境幽美。⑨初程：旅程开始的一段。⑩春风十里：指扬州旧时的繁华景象。杜牧《赠别》诗："娉娉袅袅十三余，豆蔻梢头二月初。春风十里扬州路，卷上珠帘总不如。"⑪胡马窥江：指金兵南侵至长江一带。宋高宗时期，金兵两度南侵，扬州均遭受惨重破坏。江：指长江。⑫"清角"二句：凄清的号角声在寒冷、空寂的古城中回荡。⑬杜郎俊赏：指杜牧英俊聪颖，善于欣赏。⑭"纵豆蔻"三句：纵然他有写出"豆蔻词""青楼梦"那样优美诗句的才华，恐怕也难以抒发见到此情此景所引发的悲怆之情。豆蔻词：指上引杜牧《赠别》诗。青楼梦：指杜牧《遣怀》诗："落魄江湖载酒行，楚腰纤细掌中轻。十年一觉扬州梦，赢得青楼薄幸名。"以上二诗都是写扬州情事，是后世传诵的名篇。⑮二十四桥：一说桥名，旧址在今扬州西郊，相传古时有二十四位美女在此吹箫，故名。一说唐时扬州确有二十四座桥。⑯红药：指芍药。扬州曾以芍药驰名天下，见吴曾《能改斋漫录·芍药谱》。二十四桥一名红药桥，以桥边盛产芍药而得名。

以格律谨严著称。在内容上，姜词多抒写襟怀，啸傲山水，也有一些感叹时事之作。在风格上，姜词主要继承周邦彦的传统，同时也受了辛弃疾的影响，以健笔写柔情，神韵俱到，气体超妙，兼具婉约与豪放两派之长，形成了清峻峭拔的独特风格，卓然成为南宋词坛一大家，并产生了深远的影响。清代的浙西词派，即奉姜夔词为圭臬。

【含英咀华】

《扬州慢》是姜夔的代表作。扬州是一座历史文化名城，唐时尤为繁盛。但南宋时，金人数度逾淮南侵，扬州屡遭蹂躏，市井萧条，田园荒芜。本篇即写作者路经扬州，抚今思昔，悲叹今日的荒凉，追忆昔日的繁华，寄寓了深沉的"黍离之悲"。词中以目睹的扬州萧条景象与唐代诗人杜牧所吟咏的扬州繁华盛况相对照，抚今追昔，抒发了家国沦丧的深沉悲痛和感慨。

本词的艺术特点，主要表现在如下几个方面：第一，通篇运用白描和对比手法，以黍离之悲、山河改色之痛贯串始末，情感真切，感人至深。上片是对当时扬州的实景描绘，极写遭敌人洗劫后屋宇荡然、满目荒凉的"空城"境况。下片则多对史事的虚拟，设想如果杜牧重到，也会惊于山河之异；纵使他才华横溢，也难以表达此时此刻的复杂心情。上片侧重写景，下片侧重抒情，写今中寓昔，写昔中寓今，今昔对照，曲折见意。第二，词中黍离之悲、今昔之感，主要运用寓情于景、化景物为情思的手法加以表现。上片所写景物，均为表达"黍离之悲"而精心选择的特定镜头，"废池乔木"二句，主观感情色彩更加鲜明，陈廷焯评曰："写兵燹后情景逼真。'犹厌言兵'四字，包括无限伤乱语，他人累千百言，亦无此韵味。"（《白雨斋词话》卷二）下片抒情，主要借助于虚拟的景象，传达出作者的伤乱情怀，如"念桥边红药"二句，感慨花开依旧，人事全非。第三，化用前人诗境入词而不露痕迹，贴切自然。唐代诗人杜牧与扬州有密切关系，作者年轻时也以杜牧自许，故词中多处化用杜牧咏扬州的诗句，构成历史意象，用这类诗中意象所蕴含的风月繁华与风流俊赏之意，来与今日扬州的现实见闻感受形成比照，丰富了词的境界和意蕴。第四，章法严密，布局谨严。词由"少驻"写到观景；由景的荒芜追溯原因（"胡马窥江"）；由眼中所见，到耳中所闻，再到心中所思所想。依次写来，有声有色，有景有情，情景交融。

【思考练习】

一、这首词上、下片的内容各有什么侧重？试作简要分析。

二、"废池乔木，犹厌言兵"在修辞上运用了什么手法？有什么表达效果？

三、"二十四桥仍在，波心荡、冷月无声。念桥边红药，年年知为谁生？"四句运用了怎样的抒情手法？其表达效果如何？

四、词中共有几处化用了唐代诗人杜牧的诗句？诗人借此表达了怎样的感情？

五、背诵这首词。

【拓展阅读】

刘斯奋选注《姜夔张炎词选》，广东人民出版社出版

陈书良校注《姜白石词笺注》，中华书局出版

（刘洪仁）

双调·夜行船·秋思

马致远

【夜行船】百岁光阴一梦蝶①，重回首往事堪嗟。今日春来，明朝花谢，急罚盏夜阑灯灭。

【乔木查】想秦宫汉阙，都做了衰草牛羊野。不恁么渔樵没话说。纵荒坟横断碑，不辨龙蛇②。

【庆宣和】投至③狐踪与兔穴，多少豪杰！鼎足④虽坚半腰里折，魏耶？晋耶？

【落梅风】天教你富，莫太奢，没多时好天良夜。富家儿更做道你心似铁，争辜负了锦堂风月⑤。

【风入松】眼前红日又西斜，疾似下坡车。不争镜里添白雪，上床与鞋履相别。休笑巢鸠计拙⑥，葫芦提⑦一向装呆。

【拨不断】利名竭，是非绝。红尘不向门前惹，绿树偏宜屋角遮，青山正补墙头缺，更那堪竹篱茅舍。

【离亭宴煞】蛩吟罢一觉才宁贴⑧，鸡鸣时万事无休歇，何年是彻！看密匝匝蚁排兵，乱纷纷蜂酿蜜，急攘攘蝇争血。裴公绿野堂⑨，陶令白莲社⑩。爱秋来时那些：和露摘黄花，带霜分紫蟹，煮酒烧红叶。想人生有限杯，浑⑪几个重阳节。人问我顽童记者⑫：便北海⑬探吾来，道东篱醉了也！

【作者档案】

马致远（约 1250—约 1321），号东篱，大都（今北京市）人。元代著名散曲家。早年曾参加过大都的"元贞书会"，从事杂剧创作；成宗大德年间曾任江浙行省务官，住在杭州；晚年隐居江南，过着"红尘不向门前惹"的闲适生活。马致远在当时有"曲状元"之称，与关汉卿、白朴、郑光祖并称"元曲四大家"。著有杂剧 15 种，今存《破幽梦孤雁汉宫秋》《江州司马青衫泪》《半夜雷轰荐福碑》等 7 种。散曲尤负盛名，其《天净沙·秋思》被誉为"秋思之祖"，受到后人高度评价。他的散曲曲词"典雅清丽"（朱权《太和正音谱》），是元前期散曲创作文采派的代表。有辑本《东篱乐府》1 卷。

---

①"百岁"句：意谓光阴易逝，人生如梦。典出《庄子·齐物论》："昔者庄周梦为胡蝶，栩栩然胡蝶也，自喻适志与！不知周也。俄然觉，则蘧蘧然周也。不知周之梦为胡蝶与？胡蝶之梦为周与？周与胡蝶，则必有分矣。此之谓物化。"②"纵荒坟"二句：意谓帝王的坟墓如今久已荒芜，虽然残碑还在，可碑上的文字早已辨认不清了。龙蛇：指字迹。③投至：等到，到得，到头来。④鼎足：指三国鼎立。⑤争：怎。锦堂风月：指富贵的人家的生活享受。⑥巢鸠计拙：相传鸠是拙鸟，不会筑巢，常借鹊窝栖息产卵。这里指生性笨拙，不会营生。⑦葫芦提：糊里糊涂。⑧蛩（qióng）：蟋蟀。宁贴：舒服，安适。⑨裴公绿野堂：唐代裴度，是唐代中期著名的宰相。后因宦官专权，于洛阳筑绿野草堂，退出官场，不问世事。⑩陶令：即陶潜，他曾做过彭泽令，故称。白莲社：晋庐山东林寺慧远法师发起的宗教组织，陶渊明并未参加，但与白莲社人交往甚多。⑪浑：全，满，总共。⑫记者：记着。⑬北海：指东汉末年北海太守孔融。他乐于结交宾客，曾说："坐上客恒满，尊中酒不空，吾无忧矣。"（《后汉书·孔融传》）

【含英咀华】

  本曲是马致远散曲的代表作,最能代表马致远散曲的思想和艺术风格。全曲前半重在叹世。首曲【夜行船】先抒发人生如梦、往事不堪回首的感叹,点明及时行乐之意,总领全篇。继之,【乔木查】【庆宣和】二曲,一说帝王,一说辅助帝王的豪杰,两曲都在否定一个"贵"字。【落梅风】则重在否定一个"富"字,后半重在说己。【风入松】【拨不断】二曲,主要表达自己的处世态度。【离亭宴煞】比较了两种不同的处世态度,表达自己对于恬适生活的向往之情和饮酒遣兴的生活态度。从表面看,本曲主要表现了作者超然绝世的生活情趣,歌颂与世无争、及时行乐的处世哲学。在马致远看来,像秦皇、汉武那样建有显赫功业的历史人物,留下的也不过是"荒坟""断碑";曹操、孙权、刘备、诸葛亮等三国风云人物,一生征战,疲于奔命,可都没有成就千古功业;司马氏父子篡权,建立了西晋王朝,最后也免不了覆灭的命运。历史的经验教训,启示他不要"辜负了锦堂风月",而要及时饮酒行乐,"花中消遣,酒内忘忧"。这种思想的确有消极因素。但作品否定了帝王将相和功名利禄,否定了"蚁排兵""蝇争血"那种争名夺利的丑恶人生。这在元代那个特定历史条件下,明显地反映了作者对黑暗现实的强烈不满,抒发了作者内心愤世嫉俗的情绪;作品流露出的消极厌世思想,也反映了元代特定历史条件下受压抑的知识分子的精神创伤和内心痛苦,因而是有代表性的。

  这个套数在艺术上取得了很高成就,元代人称之为"万中无一""绝调",对它的评价异常之高。具体来看,其艺术成就主要表现在:第一,以景寓情,用形象来表达思想。它宣扬及时行乐,讴歌退隐生活,抨击现实人生,都是通过一幅幅鲜明的图景显示出来的。第二,曲词生动形象,色彩鲜明,加上一系列比喻、对偶、排比手法的运用,直言快语,一气呵成,畅快淋漓,节奏鲜明,音韵和谐,显出质朴率直、豪迈奔放的风格,具有很强的艺术感染力。

【思考练习】

一、本曲主要表现了怎样的思想情趣和处世态度?我们应该怎样评价?

二、划分本曲的结构层次,并归纳各层层意。

三、试举例说明本曲以景寓情、语言形象生动的特点。

四、马致远的《天净沙·秋思》为我们中学熟读并背诵过的名篇,试写一篇赏析文章,从思想意义和艺术表现方面分析其经典价值。

【拓展阅读】

王起主编,洪柏昭、谢伯阳选注《元明清散曲选》,人民文学出版社出版

(刘洪仁)

中吕·卖花声·怀古①

张可久

美人自刎乌江岸②，
战火曾烧赤壁山③，
将军空老玉门关④。
伤心秦汉，
生民涂炭⑤，
读书人一声长叹。

【作者档案】

张可久（约1280—约1352），字小山，庆元（今浙江宁波鄞州区）人。一生仕途不甚得意，只做过路吏、典史、监税等小官。生平好游，足迹遍及江南各地，暮年寓居杭州。张可久是元代后期把全部精力都放在散曲创作上并保存作品最多的散曲家，今存小令850余首，套数9篇，有《苏堤渔唱》《小山乐府》等散曲集。他的散曲取材广泛，多写山水风景、男女恋情、酬唱赠答等，艺术上讲求辞藻、格律、韵味，善于熔铸诗词的意境、句法入曲，风格典雅蕴藉，体现了散曲典雅化的特点。张可久是元代后期最有代表性的散曲家。

【含英咀华】

这是一首怀古伤今之作。作品以三个不同的历史画面切入，将战争的残酷性及其给百姓带来的灾难充分展现出来，饱含着作者的感时伤民之情。

起首三句鼎足对，将三组历史典故平行排列。首句不直说项羽，却以"美人"开篇，四面楚歌、霸王别姬的一幕，仿佛眼前，分外悲壮。接下叙曹操被吴蜀联军大败于赤壁，班超空老玉门关，战争之惨烈，扑面而来。同时，这三句还暗示出作者思想的轨迹："自刎"暗含战争胜败的不可料，"曾烧"意味战争成果的不足恃，"空老"说明战争功业的不足道。下半部分三句抒感，点明了上述历史事件与"长叹"之间的内在关联。秦汉四百余年的历史，战乱不断，演绎着帝王将相的成败得失，然而在时间的长河里他们渐被湮没，而老百姓却成为最终的牺牲品。"伤心"二字承上启下，沟通了现象与本质，使战争悲剧

---

①中吕：散曲的宫调。卖花声：曲牌名，又名《升平乐》《秋云冷》。②"美人"句：指项羽兵败垓下后逃离至乌江时，因愧见江东父老而不肯渡江最终自刎，见《史记·项羽本纪》。美人：品德美好的人，此指项羽。古诗词中多有以"美人"指英雄人物或理想人物或诗人自己，并非实指美女。《诗经·邶风·简兮》："云谁之思？西方美人。"郑玄笺："思周室之贤者。"乌江：在今安徽和县东北乌江镇。③"战火"句：指汉末曹操与孙权、刘备联军鏖战于赤壁。赤壁山：在长江中游南岸。④将军：指东汉大将班超。玉门关：在今甘肃敦煌西北，汉时既是中土与西域的交通要道，也是与匈奴交战的要隘。《后汉书·班超传》载，班超曾通西域（今新疆一带），封定远侯，驻守西域31年，晚年向皇帝上疏请还，有"臣不敢望到酒泉郡，但愿生入玉门关"之语。⑤涂炭：烂泥和炭火，比喻极度困苦的境遇。

的主角,从"美人""将军"转向了真正的受害者——千千万万的普通百姓。最后以"读书人一声长叹"作结,含蕴深厚,发人深思。"读书人"是包含作者在内的古今文人士子,面对战争风云,朝代更迭,百姓遭难,却无可选择。"一声长叹"里有匹夫之责,国事之悲,更多的则是伤民之难。

作者善于撷取历史长廊中的几个画面,依次铺陈,情感跌宕起伏。全曲言约意丰,给读者以想象驰骋的空间,作者之悲悯情怀亦感染着后世。

【思考练习】

一、如何理解"读书人一声长叹"的内涵?

二、本曲在艺术表现上有什么特点?

三、试对照此前学过的张养浩《山坡羊·潼关怀古》,比较二者在主旨及风格上的异同。

四、背诵本曲。

五、"读书人一声长叹"与清代黄景仁的"百无一用是书生"都是表现知识分子面对现实无可奈何的名句。试阅读、吟诵黄景仁《杂感》诗,领会其思想情感。

杂 感

仙佛茫茫两未成,只知独夜不平鸣。
风蓬飘尽悲歌气,泥絮沾来薄幸名。
十有九人堪白眼,百无一用是书生。
莫因诗卷愁成谶,春鸟秋虫自作声。

【拓展阅读】

羊春秋选注《元人散曲选》,湖南人民出版社出版

(苏 静 刘洪仁)

蝶恋花

纳兰性德

辛苦最怜天上月，
一昔①如环，昔昔都成玦②。
若似月轮终皎洁，
不辞冰雪为卿热③。

无那尘缘④容易绝，
燕子依然，软踏帘钩说⑤。
唱罢秋坟愁未歇⑥，
春丛认取双栖蝶⑦。

【作者档案】

纳兰性德（1655—1685），字容若，号楞伽山人，原名成德，因避太子保成名讳，改名性德。满洲正黄旗人，大学士明珠长子。善骑射，好读书。清康熙十五年（1676）进士，康熙十七年授三等侍卫，后迁一等侍卫，多次随御驾出巡，深得康熙皇帝信任。但随驾扈从的仕途并不合纳兰性德的性格和情志，官场的污浊也令他心倦思退，诗人的秉性与现实处境的矛盾使他的作品颇多哀婉凄恻的情调。

纳兰性德工诗词，尤以词的成就为高。作词主情致，风格清新婉丽，自然天成，近于李煜，有"南唐李重光后身"之称。况周颐《蕙风词话》尊他为"国初第一词手"，王国维《人间词话》赞其"以自然之眼观物，以自然之舌言情""北宋以来，一人而已"。著有《通志堂集》18卷，词集有《侧帽集》，后增补为《饮水词》。

【含英咀华】

清康熙十三年（1674），纳兰性德与两广总督卢兴祖之女卢氏成婚，婚后夫妻二人相亲相爱，相敬如宾。但彼此的相守仅仅3年，康熙十六年（1677），卢氏因产后患病去世。纳兰性德伤痛不已，先后为其填词30余首，可谓"悼亡之吟不少，知己之恨尤多"（叶舒崇《皇清纳腊室卢氏墓志铭》）。

纳兰性德在《沁园春》（瞬息浮生）序中说："丁巳（1677）重阳前三日，梦亡妇淡妆

---

①昔：通"夕"，夜。《庄子·天运》："蚊虻噆肤，通昔不寐矣。"郭庆藩《庄子集释》："昔，犹夕。"②都成：一本作"长如"。玦（jué）：玉佩，环形而有缺口，此喻缺月。③"不辞"句：典出《世说新语·惑溺》："荀奉倩（粲）与妇至笃，冬月妇病热，乃出中庭，自取冷还，以身熨之。"④无那尘缘：一本作"无奈钟情"。无那（nuò）：无奈。尘缘：指生前的缘分。⑤"软踏"句：语出李贺《贾公闾贵婿曲》："燕语踏帘钩，日虹屏中碧。"⑥"唱罢"句：语出李贺《秋来》："秋坟鬼唱鲍家诗，恨血千年土中碧。"⑦"春丛"句：《山堂肆考》载："俗传大蝶必成双，乃梁山伯、祝英台之魂，又韩凭夫妇之魂。"李商隐《偶题二首》之一："春丛定是双栖夜，饮罢莫持红烛行。"此句谓希望死后能与妻子一同化为蝴蝶，在花丛中双栖双飞。

素服，执手哽咽，语多不复能记。但临别有云：'衔恨愿为天上月，年年犹得向郎圆。'"本词开篇即由此发端，亡妻愿为天上圆月，长伴君旁，然世事难圆，"环"与"玦"的对照中写尽二人的尘缘之短、情意之笃。"若似月轮终皎洁，不辞冰雪为卿热"进一步申足上句，意谓月亮若能始终如此皎洁长圆，自己与妻子若能够长相厮守，"我"当与苟奉倩爱他的妻子一样，脱光衣服去冰雪中冻冷自己的身体，来为发烧的妻子降温。此语此情，感人至深。下片由梦境转回现实。现实残酷无情，情深不敌缘悭。梁间的燕子依然轻踏帘钩，细语绵绵，而人去室空，独留"我"孤寂遥望。"唱罢秋坟愁未歇"化用李贺诗"秋坟鬼唱鲍家诗，恨血千年土中碧"，秋坟之鬼，悲歌吟唱，恨血化碧，此愁难消。唯愿死后，与妻化蝶，双栖双飞，结缘来世。言已至此，意犹未尽，我们恍惚听到词人的幽咽之声，声声凄恻。

全词以沉挚凄恻之语，写至死不渝之情，情辞哀美，不忍卒读。

【思考练习】

一、这首词的上、下片各写了什么内容？

二、这首词用了哪些典故？这些典故各表现了词人怎样的思想感情？

三、词的上片紧紧围绕"月"来写，这对抒发词人对亡妻的思念之情起到了什么作用？

四、"燕子依然，软踏帘钩说"二句对抒情起到了什么作用？这是一种什么表现手法？

五、背诵本词。

六、纳兰性德的《长相思》是抒写思乡之情的名篇，大约为作者随康熙至关外时途中所作。试反复吟诵之，并体会其意境与情感。

长相思

山一程，水一程，身向榆关那畔行，夜深千帐灯。

风一更，雪一更，聒碎乡心梦不成，故园无此声。

【拓展阅读】

张草纫笺注《纳兰词笺注》，上海古籍出版社出版

黄天骥著《纳兰性德和他的词》，广东人民出版社出版

（苏　静　刘洪仁）

"我不知道风是在哪一个方向吹"

徐志摩

我不知道风
是在哪一个方向吹——
我是在梦中,
在梦的轻波里依洄①。

我不知道风
是在哪一个方向吹——
我是在梦中,
她的温存,我的迷醉。

我不知道风
是在哪一个方向吹——
我是在梦中,
甜美是梦里的光辉。

我不知道风
是在哪一个方向吹——
我是在梦中,
她的负心,我的伤悲。

我不知道风
是在哪一个方向吹——
我是在梦中,
在梦的悲哀里心碎!

我不知道风
是在哪一个方向吹——
我是在梦中,
黯淡是梦里的光辉。

【作者档案】

徐志摩(1896—1931),原名徐章垿,浙江海宁人。现代诗人、散文家。1918年赴美留学,1920年在英国剑桥大学留学。在剑桥大学的两年深受西方教育的熏陶及欧美浪漫主义和唯美派诗人的影响。1921年开始创作新诗。1922年回国,1923年组建新月社。1926年主编《晨报》副刊《诗镌》,与闻一多、朱湘等诗人开展新格律诗运动,影响新诗艺术的发展。1928年主编《新月》杂志,为"新月派"代表诗人。曾先后任北京大学、

---

①"在梦"句:意为依靠梦的轻波回旋,没有固定的方向,无法自己控制。洄:水流回旋。

光华大学、大夏大学教授。1931年11月19日因飞机失事遇难。徐志摩是一位复杂、矛盾和具有世界性文化性格的杰出诗人。

　　徐志摩是贯穿新月派前后期的中坚。他热烈追求"爱""自由"与"美",追求"人"与"自然"的"和谐",与他那活泼好动、潇洒空灵的个性以及不受羁绊的才华和谐地统一,形成了徐志摩诗歌特有的飞动飘逸的风格。徐志摩的诗歌在内容上大致分为三类:一是对理想的追求,二是对现实的不满,三是对爱情的歌唱。这三者在他的诗歌创作中是相互关联的,对理想的热烈追求是徐志摩诗歌的主要内容,也是他的诗魂;对现实的不满是因为理想得不到实现;而对爱情的歌唱,又多半是借情诗表达自己的理想。著有诗集《志摩的诗》《翡冷翠的一夜》《猛虎集》《云游》,散文集《落叶》《巴黎的鳞爪》《爱眉小札》等。

【含英咀华】

　　这首诗写于1928年年初,发表于1928年3月10日《新月》创刊号,后收入徐志摩的《猛虎集》。

　　关于这首诗歌的主旨,说法不一,有说是写爱情的,有说是写理想的。"爱、自由、美"贯穿了徐志摩的生命。他梦想这三个理想能够会合在一个人的人生里。但在当时的现实社会里,他的梦想不仅难以实现,还常常遭到人世烦扰的摧残和扼制而几近毁灭。理想的碰壁,使他对黑暗的现实社会产生了不满与反抗,却偏又无力承担,致使他一直处于心灵的虚弱病态,并苦苦执着于寻找"药方"。这就是他的许多诗篇夸饰自己痛苦的原因。本诗恰恰是契合诗人内心伤感情绪的作品。诗人将感情精心加以提炼,采用委婉曲折的表达方式,借写爱情失落的悲哀,表达理想破灭的凄迷、彷徨。整首诗围绕"在梦的轻波里依洄",写了由"温存甜美"到"心碎黯然"的五个爱情演变的梦幻历程,抒写出诗人在追求理想过程中经历的情感波澜。

　　这首诗被称为徐志摩的"标签"之作,表现出诗人一贯追求的艺术风格。第一,构思精妙。全诗共六节,每节前三句相同,"我不知道风,是在哪一个方向吹——"主旋律反复出现,余音袅袅,倾诉找不到方向但又渴望找到方向的徘徊与茫然,渲染"梦"的氛围,引起读者共鸣,荡气回肠。重叠的采用,不仅是形式上的反复,更是感情的反复,使得诗人的情感溢满诗行,抒情波澜层层叠起。诗歌大部分相同中的微小变异,制造出既反复又单纯的综合美感,酣畅淋漓地表现了诗人内心的迷惑——"风来四面"的慌乱,难以选择的复杂局面,并最终完成了悲哀的美。第二,意境新颖。全诗以"我是在梦中"作为意象,营造出朦胧的梦幻意境,在朦胧的意境中呈现出诗的内涵的丰富性和深刻性,逼真地写出当诗人追求诗化理想无法实现时,只能从梦幻般的理想的意境中寻求理想的迷醉和甜美。这种瞬间即逝的诗化理想留给诗人更多的是在描写如梦心境的情绪,诗人用这种非现实的意象来暗示自己同现实的游离,他的梦境就是他的现实,他始终生活在梦的世界里。第三,典型地展示了"新月诗派"提出的"三美"理论。整首诗既有梦幻般的意境和典雅色彩的绘画美,又都回旋着"我不知道风是在哪一个方向吹"的主旋律,韵律和谐,节奏鲜明,富有极强的音乐美感。结构上,全诗六节,每节四句,在整齐中又参差有致,形成回环反复的建筑美。

【思考练习】
一、关于这首诗的主旨，人们说法不同，有人说是写爱情的，有人说是写理想的，也有人认为二者都对，你是怎样理解的？
二、这首诗在语言形式上有什么特点？这样写有什么作用？
三、诗人在诗中表达了一种怎样的情绪？
四、结合徐志摩的《雪花的快乐》，谈谈他的诗在语言、感情上的艺术特点。

雪花的快乐

假如我是一朵雪花，
翩翩的在半空里潇洒，
　　我一定认清我的方向——
　　　飞飏，飞飏，飞飏，——
这地面上有我的方向。

不去那冷寞的幽谷，
不去那凄清的山麓，
　　也不上荒街去惆怅——
　　　飞飏，飞飏，飞飏，——
你看，我有我的方向！

在半空里娟娟的飞舞，
认明了那清幽的住处，
　　等着她来花园里探望——
　　　飞飏，飞飏，飞飏，——
啊，她身上有朱砂梅的清香！

那时我凭借我的身轻，
盈盈的，沾住了她的衣襟，
　　贴近她柔波似的心胸——
　　　消溶，消溶，消溶——
溶入了她柔波似的心胸！

【拓展阅读】
邵华强、应国靖编选《徐志摩选集》，人民文学出版社出版
梁仁编《徐志摩诗全编》，浙江文艺出版社出版

（吕建军）

死 水

闻一多

这是一沟绝望的死水，
清风吹不起半点漪沦。
不如多扔些破铜烂铁，
爽性泼你的剩菜残羹。

也许铜的要绿成翡翠，
铁罐上锈出几瓣桃花；
再让油腻织一层罗绮，
霉菌给他蒸出些云霞。

让死水酵成一沟绿酒，
飘满了珍珠似的白沫；
小珠笑一声变成大珠，
又被偷酒的花蚊咬破。

那么一沟绝望的死水，
也就夸得上几分鲜明。
如果青蛙耐不住寂寞，
又算死水叫出了歌声。

这是一沟绝望的死水，
这里断不是美的所在，
不如让给丑恶来开垦，
看他造出个什么世界。

【作者档案】

闻一多（1899—1946），原名闻家骅，湖北浠水人，现代著名诗人、学者。早年就读于武昌两湖师范学校附属高等小学、北京清华学校（清华大学前身）。1922年赴美国留学，1923年出版第一部诗集《红烛》。1925年回国，任北京艺术专科学校教务长。曾参与创办《大江》杂志，同时与徐志摩等主编《晨报》副刊《诗镌》，致力于新诗格律化的理论研究。1926年发表论文《诗的格律》，提出新格律诗的主张，认为新诗在形式上要有音乐的美、绘画的美和建筑的美。1928年参加新月社，与徐志摩等创办《新月》杂志，同年出版代表作《死水》，成为新月派的代表诗人。抗日战争爆发后，积极投身于爱国民主运动，成为著名的反法西斯战士。1944年加入中国民主同盟，曾任民盟中央执行委员、民盟云南省支部宣传委员等。抗日战争胜利后，坚决反对国民党发动内战和压迫人民。1946年7月15日，在昆明李公朴先生遇难经过报告会上发表演讲，强烈谴责国民党当局的反动行径，当晚即被国民党特务暗杀。

闻一多既是才华横溢的诗人，又是卓越的古典文学研究家。著有诗集《红烛》《死水》等。他的诗歌风格沉郁凝重，语言瑰丽精练，形式上整齐中有错落，具有新月派诗歌共有的绘画美、建筑美和音乐美，为新诗的格律化做出了有益的贡献。在中国古典文学研究方面，他的代表作有《唐诗杂论》《神话与诗》《楚辞校补》等，考证精细，多有创见。

【含英咀华】

《死水》最初发表于1926年4月15日《晨报》副刊《诗镌》第3号。据诗人的朋友饶孟侃说，这首诗是闻一多见到一条臭水沟后有感而作的。刚刚留学归来不久的诗人，看到在北洋军阀统治下的中国仍是满目疮痍黑暗沉沉，与自己的理想形成巨大的反差。于是诗人见一沟死水而触发灵感。这一沟"清风吹不起半点漪沦"的"死水"，与黑暗腐败的旧中国、丑恶肮脏的现实社会何其相似！诗人在诗中极力表现"死水"的凝滞，"死水"的肮脏，"死水"的腐臭，"死水"的沉寂。最后，诗人抑制不住自己感情的激流，直抒胸臆地表达对"死水"的诅咒。"不如让给丑恶来开垦，看他造出个什么世界"是愤激的反语，"这不是'恶之花'的赞颂，而是索性让'丑恶'早些'恶贯满盈'，'绝望'里才有希望。"（朱自清《闻一多全集·序》）在绝望中饱含着希望，在冷峻里灌注着一腔热爱祖国的激情之火，是这首诗的思想特色所在。

《死水》不仅是中国新诗史上的杰出作品，也是新格律体诗的代表作。沈从文指出：它"在文字和组织上所达到的纯粹处，那摆脱《草莽集》为词所支配的气息，而另外为中国建立一种新诗完整风格的成就处，实较之国内任何诗人皆多"（《论闻一多的〈死水〉》）。具体来看，本诗在艺术表现上有两个显著的特点。首先，句式整齐，格律谨严。《死水》是闻一多实验他的新体格律诗"三美"主张的代表作品，作者自己也认为"这首诗是我第一次在音节上最满意的试验"（《诗的格律》）。全诗共五节，每节四行，每行九字，由三个"二字（音）尺"和一个"三字（音）尺"组成，节奏相同，字数也相同，各节大体都押二四韵脚，从内在节奏到外在形式都十分严整，彰显出音乐美；另外，这首诗也体现出绘画美（形象鲜明）和建筑美（章节匀称、句式整齐）。其次，诗人学习和借鉴了西方现代诗歌的反讽方法和"以丑为美"的艺术原则。诗的中间三节，诗人把死水沟内丑恶肮脏的东西涂饰以美丽的外形，以鲜明的色彩和响亮的声音，反讽死水的肮脏、霉烂、黯淡、沉寂。如用"翡翠"形容绿铜，用"桃花"形容铁锈，用"绮罗"形容油腻，用"云霞"形容霉菌等。美与丑的交织反差，造成了一种令人耳目一新的艺术效果。

【思考练习】

一、"死水"的形象有什么象征意义？
二、这首诗从哪些方面表现出了音乐美、绘画美、建筑美？
三、如何理解"不如让给丑恶来开垦，看他造出个什么世界"？
四、阅读闻一多的《一句话》等诗歌，体会其诗歌内容、形式上的特点。

一句话

有一句话说出就是祸,
有一句话能点得着火。
别看五千年没有说破,
你猜得透火山的缄默?
说不定是突然着了魔,
突然青天里一个霹雳
　　爆一声:
　　"咱们的中国!"

这话教我今天怎么说?
你不信铁树开花也可,
那么有一句话你听着:
等火山忍不住了缄默,
不要发抖,伸舌头,顿脚,
等到青天里一个霹雳
　　爆一声:
　　"咱们的中国!"

【拓展阅读】

朱永新、聂震宁主编《闻一多诗选》,江苏凤凰文艺出版社出版

(刘洪仁)

狱中题壁

戴望舒

如果我死在这里,
朋友啊,不要悲伤,
我会永远地生存在
你们的心上。

你们之中的一个死了,
在日本占领地的牢里,
他怀着的深深仇恨,
你们应该永远地记忆。

当你们回来,从泥土
掘起他伤损的肢体,
用你们胜利的欢呼
把他的灵魂高高扬起。

然后把他的白骨放在山峰,
曝着太阳,沐着飘风:
在那暗黑潮湿的土牢,
这曾是他唯一的美梦。

【作者档案】

戴望舒(1905—1950),原名戴梦鸥,浙江杭州人。中国现代著名诗人。1925 年入上海震旦大学学习法文,开始受到法国象征派的影响。1926 年参加中国共产主义青年团。1928 年后成为水沫社和其后的《现代》杂志的作者之一,创作现代派诗歌。1932 年留学法国、西班牙。1938 年赴香港,任《星岛日报》《珠江日报》《大众日报》副刊主编。1941 年年底,香港沦陷后被捕入狱,次年春被营救出狱。抗战胜利后回上海执教,1949 年春北上至解放区,1950 年因病逝世。

戴望舒是 20 世纪 30 年代"现代派"的代表诗人之一。早期诗歌多写个人的孤寂心境,感伤气息较重,受西方象征派的影响,意象朦胧、含蓄。后期诗歌表现了热爱祖国、憎恨侵略者的强烈感情和对美好未来的热烈向往,诗风显得明朗、沉挚。诗集有《我底记忆》《望舒草》《望舒诗稿》和《灾难的岁月》。戴望舒因《雨巷》一诗而获得"雨巷诗人"美名。

【含英咀华】

1942 年春,戴望舒在香港被捕入狱。在受尽酷刑并随时可能被处死之际,诗人怀着对祖国的热爱和对战友的眷恋,写下《狱中题壁》这首感人至深的诗篇。诗歌描绘出一幅悲壮的画面,表达了诗人对胜利的期盼和决不屈服的铮铮铁骨。

诗的第一节，诗人假设自己会死于监狱之中，却劝告朋友们："不要悲伤"，伤感的情绪中仍然有盼望："我会永远地生存在你们的心上。"到了第二节，诗人的情绪转为激愤——对于日本侵略者的深深仇恨。在第三节中，当"你们回来"，高唱着凯歌，在庆祝胜利的欢呼声中，牺牲者的灵魂将会高高扬起。第四节继续着第三节感人至深的盼望，表达了一个躯体被囚禁却热爱阳光与自由的灵魂的梦想："把他的白骨放在山峰，曝着太阳，沐着飘风。"诗人超越漫漫长夜直接对光明的未来倾诉。诗的幻想世界是以两个假设作为支撑的：一是设想自己已经死亡，二是设想抗日战争终于胜利。诗人就是在这两个支点上展开对友人深情的倾诉的。这样的构思，有两个妙处：首先是突出了个人和祖国血肉相连的命运，有利于把诗人视死如归的精神和对祖国胜利的信念融合在一起。其次是诗人将自己一分为二，以活着的自己诉说死后的自己，用死之从容来反衬生之坚强，更加有力地表现了诗人热爱祖国的激情和对祖国必胜的坚定信念。诗歌把感情化的形象、必胜的信念、视死如归的豪情都融入他在狱中编织的美梦中，诗情慷慨激昂，画面平实而又飞扬着浪漫的激情。

【思考练习】

一、本诗表现了作者什么样的思想感情？

二、本诗中出现了四种人称："我""朋友""你们""他"，应怎样理解这四种人称所指？

三、本诗的构思有什么特点？这种构思有什么好处？

四、近代谭嗣同也曾写过一首《狱中题壁》的诗，戴望舒此诗可能受其影响。阅读下面这首谭嗣同的《狱中题壁》，体会两者所表现的不同思想感情。

狱中题壁

望门投止思张俭，
忍死须臾待杜根。
我自横刀向天笑，
去留肝胆两昆仑！

【拓展阅读】

戴望舒著《戴望舒诗选》，人民文学出版社出版

（李 舫 刘洪仁）

西风颂①

〔英〕珀西·比希·雪莱

一

哦,狂野的西风,秋之实体的气息!
由于你无形无影的出现,万木萧疏,
似鬼魅逃避驱魔巫师,蔫黄,黢黑②,

苍白,潮红,疫疠摧残的落叶无数,
四散飘舞;哦,你又把有翅的种子
凌空运送到他们黑暗的越冬床圃;

仿佛是一具具僵卧在坟墓里的尸体,
他们将分别蛰伏,冷落而又凄凉,
直到阳春你蔚蓝的姐妹③向梦中的大地

吹响她嘹亮的号角(如同牧放群羊,
驱送香甜的花蕾到空气中觅食就饮)
给高山平原注满生命的色彩和芬芳。

不羁的精灵,你啊,你到处运行;
你破坏,你也保存,听,哦,听!

二

在你的川流上,在骚动的高空,
纷乱的乌云,那雨和电的天使,
正像大地凋零枯败的落叶无穷,

挣脱天空和海洋交错缠接的柯枝,
漂流奔泻;在你清虚的波涛表面,
似酒神女祭司头上扬起的蓬勃青丝。

从那茫茫地平线阴暗的边缘
直到苍穹的绝顶,到处散布着
迫近的暴风雨飘摇翻腾的发髻。

---

①雪莱原注:"这首诗构思在佛罗伦萨附近阿诺河畔的一片树林里,主要部分也在那里写成。那一天,孕育着一场暴风雨的暖和而又令人振奋的大风集合着常常倾泻下滂沱秋雨的云霭。不出我的预料,雨从日落下起,狂风暴雨里夹带着冰雹,并且伴有阿尔卑斯山南地区所特有的气势宏伟的电闪雷鸣。第三节结尾处所提到的那种现象,博物学家是十分熟悉的。海洋、河流和湖泊底部的水生植物,和陆地的植物一样,对季节的变换有相同的反应,因而也受宣告这种变换的风的影响。"②黢(qū)黑:形容非常黑暗的样子。③蔚蓝的姐妹:此指代东风。

你啊，垂死残年的挽歌，四合的夜幕
在你聚集的全部水汽威力的支撑下，
将构成他那庞大墓穴的拱形顶部。

从你那雄浑磅礴的氛围，将迸发
黑色的雨、火、冰雹；哦，听啊！

三

你，哦，是你把蓝色的地中海
从梦中唤醒，他在一整个夏天
都酣睡在贝伊湾一座浮石①岛外，

被澄澈的流水喧哗声催送入眠，
梦见了古代的楼台、塔堡和宫闱，
在强烈汹涌的波光里不住地抖颤，

全都长满了蔚蓝色苔藓和花卉，
馨香馥郁，如醉的知觉难以描摹。
哦，为了给你让路，大西洋水

豁然开裂，而在浩渺波澜深处，
海底的花藻和枝叶无汁的丛林，
哦，由于把你的呼啸声辨认出，

一时都惨然变色，胆怵心惊，
战栗着自行凋落；听，哦，听！

四

我若是一朵轻捷的浮云能和你同飞，
我若是一片落叶，你所能提携，
我若是一头波浪能喘息于你的神威，

分享你雄强的脉搏，自由不羁，
仅次于，哦，仅次于不可控制的你，
我若能像少年时，作为伴侣，

随你同游天际，因为在那时节，
似乎超越你天界的神速也不为奇迹；
我也就不至于像现在这样急切，

向你苦苦祈求。哦，快把我飐起，
就像你飐起波浪、浮云、落叶！
我倾覆于人生的荆棘！我在流血！

---

①浮石：火山岩的一种。那不勒斯一带属火山区，故有此景观。

岁月的重负压制着的这一个太像你，
像你一样，骄傲，不驯，而且敏捷。

五

像你以森林演奏，请你也以我为琴，
哪怕我的叶片也像森林的一样凋谢！
你那非凡和谐的慷慨激越之情，

定能从森林和我同奏出深沉的秋乐，
悲怆却又甘冽。但愿你勇猛的精灵
竟是我的魂魄，我能成为剽悍的你！

请把我枯萎的思绪播送宇宙，
就像你驱遣落叶催促新的生命，
请凭借我这韵文写就的符咒，

就像从未灭的余烬飏出炉灰和火星，
把我的话语传遍天地间万户千家，
通过我的嘴唇，向沉睡未醒的人境，

让预言的号角奏鸣！哦，风啊，
如果冬天来了，春天还会远吗？

【作者档案】

珀西·比希·雪莱（1792—1822），英国浪漫主义代表诗人。出身于保守贵族家庭。1804年进入伊顿公学，开始受到启蒙主义和英国激进主义思想的影响。1810年进入牛津大学，次年因发表《论无神论的必然性》一文，被视为激进分子而开除学籍。此后，雪莱经常参与政治活动，鼓动支持爱尔兰民族运动，以诗文为武器抨击揭露专制暴政和宗教迷信，并宣扬空想社会主义理想，遭到当局迫害，被迫于1818年迁居意大利。在意大利期间，他继续致力于支持意大利人民的民族解放斗争。1822年不幸溺海身亡。雪莱一生宣传自由、平等、博爱的社会理想，唤起民众的斗争热情，被马克思和恩格斯誉为"真正的革命家""天才的预言家"。

雪莱一生创作了大量的讽刺诗和抒情诗，诗作多取材于远古神话，并惯用比喻、夸张、拟人和象征的手法来创造出生动而丰满的形象。象征手法的运用增强了作品的神秘色彩，并使作品富含哲理，而自由不羁的诗风则令读者感受到他的澎湃激情。代表作有长篇哲理诗《麦布女王》，长诗《伊斯兰的起义》，哲理诗剧《解放了的普罗米修斯》，抒情短诗《致云雀》《西风颂》《自由颂》《阿波罗之歌》，长篇论文《诗之辩护》等。

【含英咀华】

《西风颂》是一首政治抒情诗。诗人巧妙地运用象征手法，将自然现象和社会现状相结合，塑造了"西风"这一在大自然中摧枯拉朽、自由不羁，既是破坏者，又是保护者的形象，表达了诗人昂扬的革命激情和献身革命、渴望革命早日到来的愿望，以及革命必胜的信心。

从内容上看，全诗分为两大部分，前三节为第一部分，展现了季节更替下的西风从陆地到天空再到海洋扫除腐朽的强大力量，喻示在风起云涌的新旧时代交替之际，革命风暴的到来将摧毁黑暗的旧势力并将催促新世界的诞生。后两节为第二部分，笔锋从写景转向了抒情，将"我"形容为西风的膜拜者，热切期待与西风化为一体，共同扫荡黑暗的旧势力，并以琴自喻，强烈抒发了自己想要追求革命的坚定意志和信念，借此说明自己要用语言的力量去奏响革命的号角。最后一句"如果冬天来了，春天还会远吗？"寓意深远，余味无穷，表现了诗人对革命必胜的信心。

这首诗不仅寓意悠长，在艺术上也取得了很高的成就。第一，诗歌主题集中，结构严谨，层次分明。全诗虽由五节十四行诗组成，但每节也可独立成诗。第二，充分运用浪漫主义手法。诗人的内心充满丰富的想象，并将想象通过比喻、拟人、夸张的手法化为生动的诗句，以奔放的语言充满激情地表达自我为革命献身的理想和愿望。第三，运用象征手法，将抽象精神化为具体可感知的形象。诗中"西风"是暴力和革命的象征，"蓝色的地中海"是当时反动统治者的象征等。第四，具有音乐美、绘画美和建筑美的特点。这首诗在韵律上严格遵守韵脚的限制，富有节奏的美感；诗歌直接使用黄、黑、白、红、蓝色调，间接使用绿色调，呈现出色彩斑斓的油画感。全诗共五节，每一节都是十四行，并且前后诗行相互呼应，给人以建筑的美感。

【思考练习】

一、"西风"的形象具有怎样的时代特征和象征意义？

二、诗中大量运用比喻、拟人和夸张的修辞手法，试举例说明。

三、在诗歌第一节中，诗人让"落叶"被"西风"以摧枯拉朽的姿态赶得四散飘舞，此处的"落叶"象征着什么？在第四节中，诗人以"落叶"自比，是否是对自己的贬低？请简要说明理由。

四、"如果冬天来了，春天还会远吗？"是脍炙人口的名句，这一名句为何备受人们喜爱？它蕴含了怎样的哲理？它运用了怎样的表现手法？试做简要分析。

【拓展阅读】

江枫译《雪莱诗选》，湖南人民出版社出版

查良铮译《雪莱抒情诗选》，人民文学出版社出版

（张　晶）

哦，船长，我的船长！

〔美〕沃尔特·惠特曼

哦，船长，我的船长！我们险恶的航程已经告终，
我们的船安渡过惊涛骇浪，我们寻求的奖赏已赢得手中。
港口已经不远，钟声我已听见，万千人众在欢呼呐喊，
目迎着我们的船从容返航，我们的船威严而且勇敢。
可是，心啊！心啊！心啊！
哦，殷红的血滴流泻，在甲板上，那里躺着我的船长。
他已倒下，已死去，已冷却。

哦，船长，我的船长！起来吧，请听听这钟声。
起来，——旌旗，为你招展——号角，为你长鸣。
为你，岸上挤满人群——为你，无数花束、彩带、花环。
为你，熙攘的群众在呼唤，转动着多少殷切的脸。
这里，船长！亲爱的父亲！
你头颅下边是我的手臂！
这是甲板上的一场梦啊，
你已倒下，已死去，已冷却。

我们的船长不作回答，他的双唇惨白、寂静，
我的父亲不能感觉我的手臂，他已没有脉搏、没有生命，
我们的船已安全抛锚碇泊，航行已完成，已告终，
胜利的船从险恶的旅途归来，我们寻求的已赢得手中。
欢呼，哦，海岸！轰鸣，哦，洪钟！
可是，我却轻移悲伤的步履，
在甲板上，那里躺着我的船长，
他已倒下，已死去，已冷却。

【作者档案】

沃尔特·惠特曼（1819—1892），美国著名诗人。他出生于美国长岛一个海滨小村庄，因为家境贫寒，只读了五年小学，此后当过信差，学过排字，后来成为报社编辑。惠特曼从 1839 年起开始文学创作，写一些短诗，同时参加当地的政治活动，先后担任《纽约曙光》《布洛克林每日鹰报》《自由民报》的编辑、主编，终因政见不合，于 1840 年离开新闻界。1855 年，惠特曼自费出版了自己的第一部诗集《草叶集》。1873 年，惠特曼不幸患半身不遂症，迁居新泽西州卡姆登养病。1892 年因病辞世。

惠特曼被誉为"美国现代诗歌之父"，是美国历史上最伟大的诗人之一。《草叶集》是惠特曼的代表作，这部浪漫主义诗集共收录诗歌 380 余首。诗人大胆创新了诗歌形式，创造了"自由体"形式，打破了传统的诗歌格律，以断句作为韵律的基础，节奏自由奔放，

汪洋恣肆，舒卷自如，具有一泻千里的气势和无所不包的容量。《草叶集》基本的主题可大致归结为：自我、创造和民族。惠特曼在《草叶集》中，热情歌颂美国这块"民主的大地"，充分反映了19世纪中期美国的时代精神。

【含英咀华】

　　这是一首政治抒情诗，诗歌用船长的形象来象征作者所仰慕的美国总统林肯，通过对船长的歌颂来表达对林肯总统的热爱和对他的死亡的深切悼念。全诗分三节，第一节描写航程结束，大船凯旋，但是船长却倒下了。第二节用盛大的场景、人们的兴奋来映衬美国人民对林肯的爱戴和敬仰之情。第三节从历史的角度来肯定林肯的伟大功绩，作者改换人称，由"你"变为"他"，表明诗人已从梦中回到现实，意识到伟大的船长真的死了，清醒的绝望，极度的悲痛。

　　本诗的艺术特色主要有以下几个方面。第一，象征手法的运用。诗人将美国比作一只大船，船长则是伟大的美国总统林肯，而将南北战争比作艰苦的航程。第二，反复咏叹的艺术手法。诗中以"他已倒下，已死去，已冷却"为主句反复咏叹，使得全诗始终保持着悲怆而沉重的情感。人称上的变化又体现了这种情感的发展历程。第三，层层推进的情感表现手法。作者对于船长林肯既有对其功勋的赞颂，也有对其死亡的哀悼。诗人的感情抒发旋律是起伏波动的，每一段的感情主旋律都是由欢乐的激昂转到悼念的悲痛。通过情感上的强烈反差，深刻表现了诗人心中那种悲怆欲绝的感受。

【思考练习】

　　一、诗人为什么用"船长"这个形象来象征美国总统林肯？谈谈二者之间相似的特质。

　　二、诗歌的第一节和第三节结尾用"他"，而在第二节用"你"，这种人称的变化有什么作用？

　　三、体会诗歌情感的变化。

　　四、阅读沃尔特·惠特曼的其他诗歌，体会他的诗歌的形式特征。

【拓展阅读】

楚图南、李野光译《惠特曼诗选》，人民文学出版社出版

（杨　昱）

当你老了

〔爱尔兰〕威廉·勃特勒·叶芝

当你老了,头白了,睡意昏沉,
炉火旁打盹,请取下这部诗歌,
慢慢读,回想你过去眼神的柔和,
回想它们昔日浓重的阴影;

多少人爱你青春欢畅的时辰,
爱慕你的美丽,假意或真心,
只有一个人爱你那朝圣者的灵魂,
爱你衰老了的脸上痛苦的皱纹;

垂下头来,在红光闪耀的炉子旁,
凄然地轻轻诉说那爱情的消逝,
在头顶的山上它缓缓踱着步子,
在一群星星中间隐藏着脸庞。

【作者档案】

威廉·勃特勒·叶芝(1865—1939),爱尔兰诗人、剧作家和散文家,1923年诺贝尔文学奖获得者。叶芝出生于都柏林一个画师家庭,曾就读于都柏林大学、牛津大学,年轻时即致力于诗歌创作。1888年,叶芝在伦敦结识了萧伯纳、王尔德等人。1904年,叶芝与格雷戈里夫人、约翰·辛格等共同倡导爱尔兰民族戏剧,并同格雷戈里夫人创办了阿贝剧院。1921年爱尔兰独立,叶芝出任参议员。晚年,叶芝百病缠身,但仍然笔耕不辍。

叶芝一生共创作剧本27部,主要有《胡里痕的凯瑟琳》《黛德尔》《在贝勒海滩上》《鹰泉》等。其作品大多取材于古老的民间故事和英雄传说,带有浓厚的爱尔兰民族色彩。叶芝也是英语世界中最伟大的现代诗人之一,一生创作了大量诗歌作品,著名的有《茵斯弗利岛》《当你老了》及诗集《柯尔庄园的野天鹅》等。叶芝的诗受浪漫主义、唯美主义、神秘主义、象征主义和玄学诗的影响,是英语诗歌从传统到现代过渡的缩影。在叶芝的诗歌里没有高歌,没有嚎叫,有的只是幻美、冷静和智性,他始终把生存上升到一个很高的高度,反思、热爱、探索、冥想。他的诗歌从早期的自然抒写,到晚年的沉思凝练,真正完成了一场思想和艺术的修炼。正如他获得诺贝尔文学奖时发表的感言:"现在我已经苍老,而且疾病缠身,形体不值得一顾,但我的缪斯却因此而年轻起来。"

【含英咀华】

《当你老了》是叶芝流传最广的情诗,发表于1893年,是献给比他小一岁多的爱尔兰女明星茅德·冈的。

在这首缱绻情深的诗作背后,是诗人痛苦的单恋经历。1889年,叶芝在伦敦与漂亮的女演员茅德·冈相识,这一际遇影响了叶芝一生。茅德·冈不仅容貌美丽,楚楚动人,还是当时爱尔兰争取民族自治运动的领导人之一。这简直就是叶芝心目中的女神缪斯，也是叶芝爱情诗创作灵感的源泉。叶芝一生共向茅德·冈求婚三次，但都遭婉拒。1903年，茅德·冈嫁给了一位爱尔兰军官。叶芝虽然没能与茅德·冈结合，但他始终把她当作理想的化身，为她写了很多优美的诗篇。

诗篇以"当你老了"这一假定的时间开始，用"这部诗歌"来召回、昭示自己的爱情，继而哀叹爱情的消逝；最后，在"头顶的山上"，"星星之间"，让爱重生并且升华。诗人仿佛是一位老朋友，站在"老了"的"你"面前，请"你"取下"这部诗歌"，不动声色地揭露一个秘密。而"你"在出场时，依然懵然无知，"睡意昏沉，炉火旁打盹"。在第三节中，"你""凄然地"低下头去。可以想象，诗人在看"你"表现出痛苦时自己更加痛苦。"轻轻诉说那爱情的消逝"，使整篇诗的声调跌至谷底。然而接下来奇峰突起："在头顶的山上它缓缓踱着步子，在一群星星中间隐藏着脸庞。"爱情并没有烟消云散，而是在头顶的山上，在众神居住的地方，在一群星星之间，隐藏了自己，从而赋予了爱情永恒、不朽甚至神圣的含义。也正是在这个意义上，这首诗才不同凡响，让人恍然醒悟"爱"原来自身蕴含着这种凛然的高度和高贵的品质，从而真正成为爱情诗的千古绝唱。

诗歌以优雅、舒缓的语调淡淡地倾诉一份深入骨髓的爱情，语言是那么朴实，情感是那么温暖。诗人痛苦地吟唱爱情，回忆往事，以一颗青春的心去面对苍老，临近死亡，并把它表现得温情脉脉。诗人把生命、尊严、青春、爱情连同衰老、死亡一同糅进远古与现代的时空背景下对视，读来使人产生一种时空的苍凉、空旷感。诗人以"枯萎而进入真理"的唯美品格和自觉的生命体验，抒写出超越时空的真爱，表现出穿透岁月的真诚，感人至深。

【思考练习】

一、诗歌以"当你老了"开头，体现了怎样的艺术效果？

二、如何理解"在头顶的山上它缓缓踱着步子，在一群星星中间隐藏着脸庞"？这两句在全诗中有什么作用？

三、这首诗的语言有什么特点？

四、背诵本诗。

【拓展阅读】

袁可嘉译《叶芝诗选》，外语教学与研究出版社出版

（陈远　刘洪仁）

单元知识一：诗歌的特点与鉴赏

一、诗歌的文体特征

诗歌是世界上形式最古老、语言最凝练、抒情性最强且近乎音乐的文学体裁。诗歌原是诗与歌的合称。《毛诗序》说："诗者，志之所之也。在心为志，发言为诗。"严羽《沧浪诗话》云："诗者，吟咏性情也。"朱光潜则从形式和实质两方面区别诗与散文，给诗下了这样的定义："诗是具有音律的纯文学。"并指出："诗是一种音乐，也是一种语言。音乐只有纯形式的节奏，没有语言的节奏，诗则兼而有之。"这些言论，大致概括了诗歌的几个基本特点：

（一）高度集中、概括地反映生活

在所有文学体裁中，诗歌是一种最精练的文学样式。散文、小说、戏剧都可以不受篇幅的严格限制，灵活自由地叙事、抒情、议论。而诗歌，特别是近体诗，不仅篇幅字数受限，而且还要受韵律的限制。所以，诗人必须要用最少的语言，反映出丰富而深刻的思想与情感内容。这就要求诗人在表达时选取最能反映生活本质或最富有特征的事物，通过最富有表现力的形象和精练的语言，高度概括地反映现实生活，表达思想感情。

（二）抒情言志，饱含丰富的思想感情

在各种文学形式中，诗歌是一种"形动于中而形于言"的艺术形式，它的主要功能是以情感人，以情动人。虽然任何文学作品都渗透着作者的思想感情，但跟散文、小说、戏剧相比，诗歌的感情色彩更强烈、更鲜明，所以说，诗歌是一种最富于感情色彩的文学样式。"诗言志"的"志"，就是指诗人的思想感情。抒情诗自不待言，就是叙事诗，也必须饱含情感；无情而叙事，往往会使人感到淡乎寡味，缺乏艺术感染力。在饱含情感这一点上，白居易的《长恨歌》堪称典范。诗人不仅让我们了解到李、杨悲剧的始末，同时也让我们感受到主人公痛彻心扉的相思相恋之苦。白居易就非常深刻地认识到诗歌的这一特点，他说："感人心者，莫先乎情。……诗者，根情，苗言，华声，实义。"现代著名抒情诗人郭小川也说："没有感情，就没有诗。"

（三）语言凝练而富于形象性

诗歌要在有限的篇幅和字数中传达出丰富复杂的思想感情，这就要求诗歌的语言必须高度精练而生动。而要做到语言精练，就要求诗人必须对篇、章、句、字进行反复锤炼。诗歌史上，流传着不少诗人锤炼语言的故事，如唐代苦吟诗人贾岛与韩愈"推敲"诗句的故事，我们都非常熟悉。贾岛还有"两句三年得，一吟双泪流"的名句，由此可以想象其作诗的艰难。杜甫也说："为人性僻耽佳句，语不惊人死不休。"由此也可看出他对诗歌语言艺术的矻矻追求。也正因为如此，杜甫诗中的"惊人"之句比比皆是。诗歌的语言不仅要求精练，还要求形象。诗歌要用形象思维，诗人抒情言志，要能够捕捉生活中那些最能激起人们感情的事物（包括人）或自然界中的某些现象进行高度的集中与概括，形成饱含着思想感情的、极富感染力的具体境界，即诗境或意境。这种境界，往往是高度典型化了的。这样的例子不胜枚举。

（四）节奏鲜明，韵律和谐，具有音乐美

诗歌是音乐与舞蹈的孪生兄弟，因此，如果没有节奏与韵律，也就不成其为诗了。节奏鲜明，是要求诗歌语言的高低、轻重和停顿有规律地交错出现，形成诗句的抑扬顿挫；韵律和谐，既要求诗歌要押韵，同时还要求诗句中平声字与仄声字交错运用，从而达到读起来朗朗上口，富于音乐效果。

二、诗歌的分类

汉语诗歌根据其形式的不同，可分为旧体诗与新体诗两大类。

旧体诗即中国古代诗歌，又大体分为两大类：古体诗和近体诗。古体诗包括古诗（唐以前的诗歌）、楚辞、乐府诗等。以"歌""歌行""引""曲""吟"等为题的诗歌，都属古体诗。古体诗不受格律限制，不要求对仗，押韵也较自由。以每句的字数划分，古体诗主要有四言诗、五言诗、七言诗和杂言诗几种。近体诗又称今体诗，是于唐代形成的一种格律体诗，其字数、句数、平仄、用韵等都有严格规定，分为"律诗"和"绝句"两种。律诗一般每首八句，中间四句要求对仗，其字数、音律、平仄都有严格要求。按字数和句数划分，律诗又可分为五言律诗（五律）、七言律诗（七律）、五言排律、七言排律等。排律是律诗的铺排延伸，其句数少则十余句，多则数十、上百句；除首尾两联外，中间各联都要求对仗。绝句其实就是律诗的截断，或截前四句，或截后四句，或截中间四句。绝句分为五言绝句（五绝）、七言绝句（七绝）和六言绝句等。

古典诗歌发展到唐宋元明清时期，又出现了词、散曲等新形式。词是隋唐时期出现的一种新诗体，因为是配合音乐歌唱的歌词，所以也叫曲子词，别称长短句、诗余、乐府、倚声、琴趣等。词的一段称为一阕或一片。最常见的词是两阕，即上下阕（或称上、下片）；此外还有一阕的词，如《如梦令》《调笑令》等；有三阕的词，如《兰陵王》《戚氏》等，有四阕的词，如《莺啼序》。词按其字数长短分为小令和长调两种，长调也称慢词。散曲是金元时期盛行的一种新诗体。其形式虽然也是长短句，但字数的规定远没有词那么严格，它可在规定的字数之外增加衬字，因而散曲更能尽长短变化之能事。散曲的用韵也较词韵要宽松得多，其体式主要有小令和套数两种。小令，指单首曲子，如马致远的《天净沙·秋思》。套数，是同一宫调中的曲子连贯而成的一套组曲，至少是三曲，多则几十曲；不论曲子多少，都必须押同一个韵，一韵到底，不能换韵。

新体诗也叫新诗，就是现代白话诗，是五四运动以来逐渐形成和发展起来的诗体。新体诗形式自由，基本不受句数、格律等的限制，句无定字，篇无定句，押韵也较宽松，所以也叫自由体诗。

按内容划分，诗歌又可分抒情诗和叙事诗两类。抒情诗侧重感情的倾诉，叙事诗则重在故事情节的叙述与人物形象的刻画。与西方文学相比，中国古代的抒情诗最为发达，取得的成就也最高；叙事诗则相对要逊色一些。

三、诗歌的鉴赏

诗歌由于表现形式的独特性，要进行鉴赏并不容易。尤其是古典诗歌，由于时代相隔久远，所反映的社会与今天有异，创作有其特殊性，加上语言的障碍，要读懂颇不容易。它要求阅读者具备一定的社会历史文化知识、艺术理论修养、诗词写作技巧等方面的知识，以及生活阅历和人生历练等。限于篇幅，这里简单谈谈古典诗歌的鉴赏方法。

（一）知人论世，了解作者的生平及时代背景

"诗言志"是我国古典诗歌的悠久传统，诗中主人公的形象多为诗人自己，或者说间接地、或多或少地带有诗人自己的影子。因此，了解诗人的生活经历和人生遭际，能使读者体会到其诗作的思想和情感。孟子说："颂其诗，读其书，不知其人，可乎？是以论其世也，是尚友也。"（《孟子·万章下》）这就是说，要真正理解作品，就必须"知其人""论其世"，即要了解作者的身世、经历、思想感情、为人品德，也要了解作者所处的时代环境。鲁迅先生也曾说："……我以为倘要论文，最好是顾及全篇，并且顾及作者的全人，以及他所处的社会状态，这才较为确凿。要不然，是很容易近乎说梦的。"因为文学作品是社会生活在作家头脑中的反映，作家的作品和作者本人的生活、思想与其所产生的时代有密切关系，因此，要真正读懂作品，就必须先对作家的生平、思想及其时代有一个大致的了解；没有这一点，我们的欣赏就是盲目的，甚至很可能是歪曲的。例如，要是我们不了解李煜先是一国之君后是阶下之囚的身世，怎能理解他那首《虞美人》以及其他作品所表现的亡国之痛、悔恨之情？如果我们不知道陈子昂随同武攸宜征讨契丹时的特殊遭际，怎能理解《登幽州台歌》那与"天地悠悠"一般深广的忧患与悲愤之情？

因此，要能正确地欣赏诗歌，比较准确地把握其思想意蕴，秘诀只有一个，那就是：了解诗人的身世经历，并深入到诗人所处的那个时代的氛围中去感受。

（二）认识意象，领悟意境

阅读欣赏诗歌，只有抓住诗歌的意象，以及意象所包含的旨趣、意象所体现的情调、意象的社会意义和感染作用，才能真正地领悟到诗人所要表现的思想和抒发的情感，从而真正读懂诗歌。

古典诗歌往往借助客观事物形象（景物、山川、草木等），表现诗人的主观情感。进入诗歌的事物形象，已经不仅仅是现实生活中的事物，更含有作者之"意"的形象，即"意象"。诗歌中的一些惯用意象往往有特定的用法，寓繁于简，以高度浓缩的艺术形象诱发想象，产生奇特的审美效果。许多诗歌语汇，由于历史的积淀，而被赋予特定的含义，能形成特定的诗歌意象，如送别诗中常用"柳""月""长亭"等意象，抒愁写恨诗歌常用"流水""春雨""春草"等意象，若涉及游子之思，则有"浮云""落日""转蓬""芳草萋萋"一类意象。

意境是指作者的主观情意与客观物境互相交融而形成的艺术境界，也就是所谓思与境偕、境与意会、神与境合、情景交融、形神兼备的艺术境界。诗人常常通过选择意象，来构成意境，在言有尽而意无穷的意境中，表现诗人的感情、意趣。诗人用语言符号创造的种种意境，只有靠读者想象复原，才能引发共鸣。正如巴尔扎克所说："真正懂诗的人，会把作者诗句中只透露一星半点的东西放到自己心中去发展。"因此，我们欣赏诗歌，必须善于体味意境。要抓住诗歌的画面和气氛去理解"此时、此景"中的此人此情、物我交融，既入乎其内，了解诗人所咏之物本身的特性，又出乎其外，把握其中暗示的具有某种美学价值的寄托和象征意义。

分析诗歌的意境，通常有寻景（寻找写了哪些景物）、构境（这些景物构成了怎样的画面）、析情（分析这个画面渗透出怎样的情调）三个步骤，最终归到"情"（志）上。一般情况下，是乐景写乐情，哀景写哀情；但也可以以乐景衬哀情，以哀景写乐情。以乐景写哀，以哀景写乐，有时更见其哀、乐之深沉、浓厚。

（三）掌握诗歌的常用表达手法

诗歌由于受到字数、格律和声韵等多种限制，特别要求精练概括，叙述中常常有跳跃性。我们鉴赏诗歌，还需懂得一些诗歌作法，如省略、错位、比兴、用典、对偶、夸张等。汉乐府《战城南》中"战城南，死郭北"一句，意思是或战死于城南，或战死于郭北，极言战死者之多，上句省略"死"，下句省略"战"，形成互文。"露从今夜白，月是故乡明"（杜甫《月夜忆舍弟》）一句，"白露"被拆散颠倒了，形成错位，然而景色宛如画出，句式也因对仗更加好看动听了。中国古典诗歌有寄托象征的传统，诗人有时不敢或不愿把自己的政治见解明白说出，而用隐晦曲折的手法表现出来，有时为了使诗歌显得含蓄蕴藉，也故意隐去真意，用其他事物来比兴，"楚雨含情皆有托"，如屈原的诗歌中常用香草、美人以喻"君子"。典故的运用也是古典诗歌的重要组成部分，用典可分两类：语典，即就语言形式言，是前人运用过的；事典，即出处与某一故事有关。鉴赏诗歌时，如果知道是用典，就能更深一层了解其含义，品出其意味的浓厚。

（四）发挥联想，体验生活

鉴赏不是被动地接受，而是一种富有创造性的艺术活动。诗歌一个重要的艺术特点就是跳跃性强，留下的空白大，供读者联想、补充，进行再创造。诗人的创作离不开想象和联想，读者读诗自然也离不开想象和联想。正是从这个意义上，我们说欣赏诗歌（也包括欣赏其他文学作品）就是读者的一种再创造活动。诗贵新、贵凝练，诗人写作时，往往只截取感情脉络中最有意味的一段，其余的便成为"象外之象，景外之景"，留待读者去联想。优秀的诗人总是不直接向读者灌输什么，他只是含蓄地点拨你，给你以天女散花般的想象自由，让你自己去领悟其中的言外之意、韵外之旨，获得更丰富的诗意。

另外，诗歌是生活的反映，诗人创作必须有生活，读者鉴赏也要有生活。一首诗年轻时读来平淡无奇，等年事稍长重新读它的时候，便可能觉得大有深意。因为阅历丰富了，诗里所表现的生活也就能够体会得更深了。一切优秀诗歌的鉴赏，都离不开读者本人的生活经验。

（五）多多朗诵，体会诗歌的音乐美

自古以来，诗就是与音乐结合在一起的，从《诗经》到元代的散曲，都是可以配合音乐歌唱的。元以后的诗虽不能唱了，但其语言仍具有音乐性，节奏鲜明，句尾押韵，读起来朗朗上口。这就为读者朗诵创造了条件。俗话说："读书百遍，其义自见。""熟读唐诗三百首，不会吟诗也会吟。"反复朗诵，既有助于深刻理解作品的思想内涵，领会诗的意境，体会诗的音乐美，也能使心灵得到熏陶与享受。

（吕建军　刘洪仁）

单元知识二：中外诗歌简史

一、中国诗歌简史

中国素有"诗国"之誉，从《诗经》、《楚辞》、汉魏乐府到唐诗、宋词、元曲，大半部中国文学史主要是诗歌史。

我国第一部诗歌总集《诗经》，共收录自西周初年至春秋中叶 500 多年的诗歌 311 篇（其中 6 篇为只有标题、没有内容的笙诗）。按音乐的不同，《诗经》分为《风》《雅》《颂》三个部分。《诗经》的诞生，标志着中国古代诗歌创作的辉煌开端，同时也开创了中国古代文学创作现实主义的先河。

公元前 4 世纪，战国时期楚地的屈原以及深受他影响的宋玉等人创造了一种新的诗体——楚辞。屈原的《离骚》是楚辞杰出的代表作。屈原的楚辞以其丰富的想象、绚丽的文采而成为中国古代文学浪漫主义创作方法的典范。《诗经》与《楚辞》并称"风骚"，既是中国古代诗歌的两座丰碑，也是后世作家们学习的楷模，给予后代作家们取之不尽用之不竭的营养。

诗歌在汉代出现了一种新的形式——乐府民歌。汉乐府民歌流传到现在的共有一百多首，其中著名的篇章有揭露战争灾难的《十五从军征》，有表现女性不慕富贵的《陌上桑》《羽林郎》，以及长篇叙事诗《孔雀东南飞》等。

东汉末年，文人五言诗日趋成熟，其标志是《古诗十九首》的出现。《古诗十九首》的内容多叙离别、相思以及对人生短促的感触。

汉末建安时期，"三曹"（曹操、曹丕、曹植）、"七子"（孔融、陈琳、王粲、徐干、阮瑀、应场、刘桢）继承汉乐府民歌的现实主义传统，并普遍采用五言形式，第一次掀起了文人诗歌创作的高潮。随后晋武帝太康年间，阮籍和嵇康基本继承了"建安风骨"的传统。

两晋时期的诗歌创作逐渐走上形式主义道路，诗歌内容空泛。继承和发扬"建安风骨"传统的是左思，其作品内容充实。他的《咏史诗》八首，借古事讽喻时事，思想性很强。东晋末年的陶渊明以田园生活为创作题材，后人称之为"田园诗人"。稍后的谢灵运则大量写作山水诗，是开创"山水诗派"的第一人。

南北朝时期，又一批乐府民歌集中涌现出来。南朝乐府民歌篇幅短小，风格清新，几乎都是情歌。北朝乐府最有名的是长篇叙事诗《木兰诗》，它与《孔雀东南飞》并称为中国诗歌史上叙事诗的"双璧"。南北朝时期最杰出的诗人是鲍照，《拟行路难》十八首是他的杰出代表作。南齐永明年间，"声律说"盛行，诗歌创作出现了讲究格律声韵的"永明体"，代表诗人是谢朓。

唐代是中国古代诗歌高度成熟的黄金时代，在唐代近 300 年的时间里，留下了近 5 万首诗，独具风格的著名诗人约五六十个。"初唐四杰"王勃、杨炯、卢照邻、骆宾王开拓了诗歌题材，五言八句的律诗形式也由他们开始初步定型。"初唐四杰"之后，陈子昂明确提出反对齐梁诗风，提倡"汉魏风骨"。《感遇诗》三十八首，即是他具有鲜明革新精神的代表作。盛唐时期是诗歌繁荣的顶峰。这个时期除出现了李白、杜甫两座高峰外，还出现了两个著名的诗歌流派,即以王维、孟浩然为代表的"山水田园诗派"和以高适、岑参为代表的"边塞诗派"。中唐时期,诗歌创作又出现繁星丽天的景象。杰出的现实主义诗人白居易继承并发展了《诗经》和汉乐府的现实主义传统,从诗歌理论和创作实践上掀起了一场声势浩大的反形式主义运动——新乐府运动。元稹、张籍、王建都是这一运动中的重要诗人。此外,刘禹锡有意识地创作民歌,其《竹枝词》描写真实,格调清新,很受人们喜爱。柳宗元的山水诗情致婉转,描绘简洁,处处显示出他清峻高洁的个性。青年诗人李贺独辟蹊径,开创了奇崛幽峭、浓丽凄清的浪漫主义新天地。韩愈、孟郊另辟险怪一路,号称"韩孟诗派"。晚唐时期的诗歌创作与国家的衰落相适应,呈现出浓厚的感伤色彩,代表诗人是杜牧、李商隐,二人并称"小李杜"。此外还有一批继承中唐新乐府精神的现实主义诗人皮日休、聂夷中、杜荀鹤等。

诗歌发展到宋代,又出现了新的变化,抒情成分减少,叙述、议论的成分增多,重视描摹刻画,大量采用散文句法。最能体现宋诗特色的是苏轼和黄庭坚的诗。黄庭坚诗风奇特拗崛,与陈师道一起开创了宋代影响最大的"江西诗派"。宋初的梅尧臣、苏舜钦并称"苏梅",为奠定宋诗基础之人。欧阳修、王安石的诗对扫荡"西昆体"的浮艳之风起过很大作用。国难深重的南宋时期,诗作常充满忧郁、激愤之情。陆游是这个时代的代表人物。与他同时期的还有以《四时田园杂兴》诗而出名的范成大和以写景说理而自具面目的杨万里。文天祥是南宋最后一个大诗人,其代表作《过零丁洋》中宁死不屈的民族精神,至今读来仍感人至深。

起源于隋代的词,经唐五代酝酿发展,至宋代达到鼎盛。唐末的温庭筠是第一个专力作词的人,他的词多写妇女的离别相思之情,辞藻华丽,风格秾艳,被后人称为"花间派"的鼻祖。南唐后主李煜是词史上的巨擘,他以亡国之君的身世,铸成凄惨哀艳的辞章,给后人留下了不少传世的经典名篇。

北宋前期,词坛承袭晚唐五代流风,词的题材狭窄,形式多为小令,风格绮靡柔婉,代表作家有晏殊、欧阳修等。自柳永始,词风一变。柳永词的题材、体制、表现手法和语言都有新的突破,使宋词起了根本性的变化。至苏轼而词风再变。苏轼打破"词为艳科"的传统,开创豪放词风,成为宋词发展的一座重要里程碑。北宋后期,词坛基本上以婉约词为主流,主要词人有秦观、贺铸、周邦彦等。周邦彦词集婉约词之大成,也是格律派的创始人。建炎南渡前后,成就最突出的是杰出的女词人李清照。南宋前期,"靖康之变"唤醒了词人们的爱国意识,涌现了一大批爱国词人,著名作家有张孝祥、张元幹等,其杰出代表则是宋词的巨擘辛弃疾。南宋后期,词的创作出现了求典雅、尚雕琢、重音律的风气,并一度占了主流,形成了盛极一时的格律词派,主要词人有姜夔、吴文英、史达祖等。南宋末年,词人分别承继辛弃疾、姜夔余绪,前者如刘克庄、刘辰翁,多写爱国之情和亡国之恨,风格凄凉悲怆;后者如王沂孙、周密、张炎等,多借物咏怀,抒发家国身世之悲,情调凄婉哀艳。

元代散曲流行,重要的散曲家有关汉卿、马致远、白朴、张养浩、睢景臣、刘时中、张可久、乔吉等。马致远是元代前期的代表戏曲家,被誉为"曲状元"。张可久是元代后期散曲创作的代表作家,同时也是元代保存散曲作品最多的曲家。

明代诗坛,诗歌基本在拟古与反拟古的斗争中前行。明代初年,诗坛以高启、刘基为代表,他们的作品风格古朴、雄放。永乐以后,诗坛上出现了以"三杨"(杨士奇、杨荣、杨溥)为代表的"台阁体",作品多歌功颂德,粉饰现实,雍容华贵,点缀升平。在"台阁体"诗风盛行时，于谦的诗一枝独秀。明代中叶，诗坛出现了以李梦阳、何景明为代表的"前七子"和以王世贞、李攀龙为代表的"后七子"两个著名的复古派，他们力主"诗必盛唐"，认为盛唐之后无诗，并主张像临帖一样去模拟古人。明代后期，诗坛上出现了以袁宗道、袁宏道、袁中道为代表的"公安派"，主张"独抒性灵，不拘格套"，反对前、后"七子"的拟古主义，要求诗歌写自己的真性情、真感受。"三袁"之后，又有以钟惺、谭元春为代表的"竟陵派"，继起反对拟古。明代末年，陈子龙、夏完淳等爱国诗人以诗歌抒发报国激情，写出了许多慷慨悲壮、饱含血泪的爱国诗篇，诗风为之一变。

清代初年，诗人按其政治上抗清和仕清的不同态度可分为两大派别，即以顾炎武、屈大均、吴嘉纪为代表的"抗清派"，以钱谦益、吴伟业为代表的"仕清派"。稍后，王士禛倡导"神韵"说，在诗坛产生很大的影响。清代中叶，诗坛上出现了三大流派，即以沈德潜为代表的"格调派"，以袁枚为代表的"性灵派"，以翁方纲为代表的"肌理派"。此外，这一时期的重要诗人还有郑燮、赵翼、黄景仁等。

清代词的创作再度中兴，出现了不少名家名作。清代初年，著名词人有陈维崧、朱彝尊、纳兰性德，被称为"清词三大家"。清代中叶，"浙西派"一度统治词坛。其后张惠言创立"常州词派"，强调比兴寄托。

近代的五四文学革命中，胡适倡导不拘格律、不拘平仄、不拘长短的"胡适之体"诗，刘半农、沈尹默、康白情等积极响应。1920年，现代文学史上第一部白话诗集——胡适创作的《尝试集》出版。1921年出版的郭沫若的诗集《女神》，是新诗真正取代旧体诗的标志。20世纪20年代中期，新诗出现多种诗派与流向：以蒋光慈、殷夫为代表，趋于革命现实主义的"普罗诗派"；以闻一多、徐志摩等为代表，追求格律和浪漫主义诗风的"新月诗派"；以李金发、穆木天为代表，追踪现代主义诗风的"象征诗派"等。30年代，在解放区，涌现出一大批以阶级解放与民族解放为主题的现实主义诗歌，艾青、田间、臧克家等人的诗作在当时被广为传诵；同时期，在国统区活跃着一批青年诗人，代表诗人有戴望舒、施蛰存、卞之琳、路易士等。

中华人民共和国成立后，诗歌创作进入新的发展阶段，新题材、新主题伴随着新生活应运而生。诗人们满怀激情写下了一首首新时代的颂歌，涌现出一批诗坛新人和崭新的作品，如邵燕祥、李瑛、公刘等。20世纪60年代出现了郭小川、贺敬之两位优秀的政治抒情诗人。70年代末至80年代初，出现了表现某种晦涩的、不同于寻常的复杂情绪的"朦胧诗"，代表诗人有舒婷、顾城、北岛等。80年代中后期以后，诗坛又出现了自称为"第三代诗人"的现代派。

二、外国诗歌简史

世界诗歌的历史大致走过了三个阶段：古代诗歌、近代诗歌和现代诗歌。

古代诗歌从亚非的各大河流域和欧洲的希腊、罗马开启。远古时期，有古印度最早的神话诗集《吠陀》，歌颂英雄的"英雄史诗"《摩诃婆罗多》《罗摩衍那》；古巴比伦的《吉尔伽美什史诗》；古希腊诗人有荷马和萨福，荷马创作的"荷马史诗"——《伊利亚特》和《奥德赛》影响深远；古罗马诗人维吉尔创作了《牧歌集》和《埃涅阿斯纪》，贺拉斯创作了《讽刺诗集》《歌集》等。中古时期（5—15世纪），欧洲出现许多描述英雄英勇善战、忠于君主，表现爱国主义精神的诗作，如英国盎格鲁-撒克逊人的《贝奥武甫》，冰岛的《埃达》和《萨迦》，芬兰的《卡列瓦拉》，法国的《罗兰之歌》，西班牙的《我的熙德之歌》，德国的《尼伯龙根之歌》和俄国的《伊戈尔远征记》等。这时期最杰出的代表是意大利诗人但丁，其长篇叙事诗《神曲》通过幻游地狱、炼狱、天堂的经历，展示了意大利社会生活的广阔画面，也体现了人的精神追求的历程。亚洲则有伊朗诗人萨迪的哲理诗集《蔷薇园》和内容极为丰富的日本诗歌总集《万叶集》。

近代诗歌主要指从文艺复兴运动（14—16世纪）到19世纪这一时期的诗歌。这一时期，由于亚非地区受殖民侵略，文学也受到严重摧残，诗歌的繁荣主要在欧洲。文艺复兴时期的诗歌典型地体现了人文主义思想，伟大诗人有英国的莎士比亚、乔叟，意大利的彼特拉克等。17世纪，在英国出现反映资产阶级生活和斗争的弥尔顿诗歌《失乐园》《复乐园》《力士参孙》。18世纪，欧洲发生了启蒙运动。英国出现了感伤主义诗歌，如汤姆逊的长诗《四季》、杨格的《夜思录》、格雷的《墓园哀歌》等。德国最伟大的诗人歌德，其代表作《浮士德》的思想内容丰富，艺术风采独特。18世纪末到19世纪前期，欧洲浪漫主义文学风行一时，英国华兹华斯、柯勒律治等组成的"湖畔派"，表现出通过回归自然来抵制资本主义工业文明的倾向；拜伦、雪莱、济慈为代表的浪漫主义诗人更多地表现争取民主、自由、个性的精神。法国浪漫主义诗人拉马丁、维尼、雨果、缪塞被誉为"诗坛四杰"。在俄国则有普希金、莱蒙托夫。普希金被誉为"俄国诗歌之父"，他的作品《致恰达耶夫》《自由颂》《致大海》等，体现了争取自由、解放的精神。现实主义的代表诗人则有德国诗人海涅、美国诗人惠特曼、匈牙利诗人裴多菲等。

现代诗歌包括19世纪末到20世纪的诗歌。这一时期，是现代主义诗歌潮流崛起的时期，出现了许多新的流派。"象征派"是其中出现最早、影响最大的诗歌流派，其先驱者是法国的波德莱尔，他的诗集《恶之花》被认为是第一部象征主义作品。尔后有法国的魏尔伦、兰波、马拉美、瓦雷里，英国的叶芝、艾略特，德国的里尔克，俄国的布洛克等。

20世纪，一些亚非国家出现了不少优秀的诗人和作品，如蜚声诗坛的印度诗人泰戈尔的《飞鸟集》《新月集》《吉檀迦利》等。

（吕建军　刘洪仁）

第三单元　散文精华

郑伯克段于鄢①

《左传》

　　初②，郑武公娶于申③，曰武姜④。生庄公及共叔段。庄公寤生⑤，惊姜氏，故名曰寤生，遂恶之。爱共叔段，欲立之。亟请于武公⑥，公弗许。

　　及庄公即位，为之请制⑦。公曰："制，岩邑⑧也，虢叔死焉⑨，佗邑唯命⑩。"请京⑪，使居之，谓之京城大⑫叔。祭仲⑬曰："都城过百雉⑭，国之害也。先王之制：大都不过参国之一⑮，中五之一，小九之一。今京不度⑯，非制⑰也，君将不堪⑱。"公曰："姜氏欲之，焉辟害⑲？"对曰："姜氏何厌⑳之有！不如早为之所㉑，无使滋蔓。蔓，难图也；蔓草犹不可除，况君之宠弟乎！"公曰："多行不义必自毙㉒，子姑待之！"

　　既而大叔命西鄙北鄙贰于己㉓。公子吕㉔曰："国不堪贰，君将若之何㉕？欲与大叔，臣请事之；若弗与，则请除之，无生民心㉖。"公曰："无庸㉗，将自及㉘。"大叔又收贰以为己邑㉙，至于廪延㉚。子封曰："可矣，厚将得众㉛。"公曰："不义不暱㉜，厚将崩㉝。"

　　大叔完聚㉞，缮甲兵㉟，具卒乘㊱，将袭郑。夫人将启之㊲。公闻其期，曰："可矣。"

---

①郑伯：指郑庄公。克：战胜。段：即共（gōng）叔段，郑庄公同母弟。鄢（yān）：郑地名，在今河南鄢陵西北。②初：当初。《左传》中追述以前发生的事常以此词开头。③郑武公：名掘突，郑桓公之子，郑国第二代君主。申：春秋时国名，姜姓，故城在今河南南阳，后为楚所灭。④武姜：姜为其姓，武为其夫郑武公的谥号。⑤寤生：犹言逆生，难产的一种，胎儿的脚先生出来。寤：通"牾"，逆，倒着。⑥亟（qì）：屡次。请：请求立为太子。⑦制：地名，即虎牢关，在河南荥阳西北。⑧岩邑：险要的城邑。⑨虢（guó）叔：指东虢国的国君。虢：指东虢，春秋时国名，后为郑所灭。焉：相当于"于是""于此"。⑩佗邑唯命：别的地方听从您的吩咐。佗：通"他"。唯命：唯命是从的省略语。⑪京：地名，故城在今河南荥阳东南。⑫大：同"太"。⑬祭（zhài）仲：郑国大夫。⑭都城：都邑的城墙。雉：古代城墙长三丈、高一丈为一雉。⑮参国之一：国都城墙的三分之一。参：通"叁"，三。国：国都。⑯不度：不合法度。⑰非制：不合（先王）制度。⑱不堪：受不了。堪：承受。⑲焉：疑问代词，哪里，怎么。辟：同"避"。⑳厌：满足。㉑早为（wéi）之所：早点给他安排个地方。意思是早点给共叔段换个便于控制的地方。㉒毙：跌倒，这里指失败。㉓既而：不久。鄙：边疆，边境。贰于己：既属于庄公，又属于自己，同时向双方缴纳贡赋。贰：两属，同属二主。㉔公子吕：字子封，郑国大夫。㉕若之何：怎么办？之：指"大叔命西鄙北鄙贰于己"这件事。㉖无生民心：不要使民众（因有两个政权并存而）生二心。㉗无庸：不用（管他）。庸：通"用"。㉘将自及：将要自己走向毁灭。及：至。㉙收贰以为己邑：将原来贰属的西鄙、北鄙收为自己的领地。㉚廪延：地名，在今河南省延津县北。㉛厚将得众：势力雄厚了，将得到更多民众。㉜不义不暱（nì）：对君不义，则不能团结民众。暱：依《说文解字》当作"䵒"，即粘连之义（杨伯峻说）。㉝崩：垮台、崩溃。㉞完聚：修治（城郭），聚积（粮食）。完：修葺。㉟缮甲兵：修整作战用的甲衣和兵器。㊱具卒乘（shèng）：准备步兵和兵车。具：准备。卒：步兵。乘：四匹马拉的战车。㊲夫人：指武姜。启之：给共叔段打开城门，即做内应。启：开门。

命子封帅车二百乘以伐京。京叛大叔段,段入于鄢,公伐诸鄢。五月辛丑①,大叔出奔共②。

……

遂寘姜氏于城颍③,而誓之④曰:"不及黄泉⑤,无相见也!"既而悔之。

颍考叔为颍谷封人⑥,闻之,有献于公。公赐之食。食舍肉⑦。公问之,对曰:"小人有母,皆尝小人之食矣,未尝君之羹,请以遗之⑧。"公曰:"尔有母遗,繄⑨我独无!"颍考叔曰:"敢问何谓也⑩?"公语之故,且告之悔。对曰:"君何患焉!若阙⑪地及泉,隧⑫而相见,其谁曰不然⑬?"公从之。公入而赋⑭:"大隧之中,其乐也融融!"姜出而赋:"大隧之外,其乐也泄泄⑮!"遂为母子如初。

君子⑯曰:"颍考叔,纯孝也,爱其母,施⑰及庄公。《诗》曰⑱:'孝子不匮,永锡尔类⑲。'其是之谓乎!"

【文献档案】

《左传》全称《春秋左氏传》或《左氏春秋》,相传是为解释《春秋》而作的。《左传》的"传",是相对于"经"而言的概念,指解释经文的著作。《左传》的作者,司马迁、班固说是春秋末年人左丘明,但唐以来不断有人对此表示怀疑,近人多认为它是战国初年人根据各国史料编纂而成,且是一部独立的历史著作,并不是解释《春秋》的书。

《左传》属于编年体史书,其记事始于鲁隐公元年(前722),止于鲁哀公二十七年(前468),共255年。书中比较详细地记述了春秋时期各诸侯国政治、经济、军事、外交和文化等方面的事件,真实地反映了当时的社会现实,是研究春秋时期历史最有价值的文献。

《左传》不仅是历史著作,也是文学作品。它长于用简洁的语言叙述纷繁复杂的历史事件,尤其善于描写战争,从某种程度上说,《左传》就是一部军事教科书。近人梁启超称赞《左传》对大规模的战争"纲领提挈得极严谨而分明,情节叙述得极委曲而简洁"。《左传》也善于描写人物,往往通过人物举止和语言的描写,寥寥几笔,便使人物形神兼备,栩栩如生。《左传》的语言生动精练,运笔灵活,具有较高的文学价值。

【含英咀华】

本篇选自《左传·隐公元年》,是《左传》中第一篇比较完整地叙事和写人的篇章。文章通过个性化的人物语言和行动的刻画,生动地再现了春秋初年郑庄公图谋霸业之前家

---

①五月辛丑:古时用天干地支纪日,鲁隐公元年五月辛丑是五月二十三日。②奔:逃亡。共(gōng):本为春秋时国名,后为卫国别邑,故址在今河南辉县。③寘:同"置",安置,这里作"放逐"讲。城颍:地名,在今河南临颍县西北。④誓之:向她发誓。之:指武姜。⑤黄泉:地下的泉水,这里指墓穴。⑥颍考叔:郑国大夫。为:担任。颍谷:郑国边邑。封人:管理边界的小吏。封:疆界。⑦食舍肉:吃饭时将肉放在一边不吃。舍:置。⑧遗(wèi):馈送,送给。⑨繄(yī):语气助词,用在句首。⑩敢:表谦敬的词。何谓:即"谓何",说的是什么意思?⑪阙:通"掘"。⑫隧:隧道。这里用作动词,指挖隧道。⑬其:语气助词,加强反问的语气。然:代词,这样,指庄公对姜氏发的誓言。⑭入而赋:走进隧道,吟唱起诗来。赋:歌吟,吟唱。⑮泄泄(yì):与上文"融融"义同,和乐的样子。⑯君子:指对史事或人物发表议论的人。《左传》中的"君子曰"有时为作者自己的言论,有时为引用别人的言论。⑰施(yì):延及,推及。⑱《诗》曰:引诗见《诗经·大雅·既醉》。⑲"孝子"二句:孝子尽孝道没有穷尽之时,故能以其孝道长久地赐予你等同类。匮:穷尽。锡:通"赐"。

庭内部发生的一场夺权斗争的经过，揭露了统治阶级内部残酷无情和虚伪的本质，具有鲜明的爱憎倾向。

在写作上，本文是最能体现《左传》写人、叙事的成就和特点的篇章之一，主要有如下特点：第一，在矛盾斗争中刻画人物性格，写活了几个个性鲜明的人物。作者围绕郑庄公与共叔段争权夺位这一中心事件，将各色人物置于尖锐复杂的矛盾冲突中进行描写，通过人物的不同言行刻画其不同的性格。如郑庄公的阴险狠毒、老谋深算，共叔段的贪婪狂妄、野心勃勃，武姜的偏袒自私、助子为虐，以及祭仲的老成持重，公子吕的直率急躁，颍考叔的聪慧机灵等，都表现得异常鲜明生动。其中刻画得最成功的人物是郑庄公。郑庄公最主要的性格特征是阴险和虚伪。阴险，主要表现在他对共叔段的纵恶。虚伪，则主要表现在他对姜氏的誓而复悔上。作者善用对比映衬的方法突出人物的性格特征，还采用了细节描写手法来表现人物性格，使人物形象显得真实丰满。作者把重大的政治事件与真实的生活细节结合起来描写，既丰富了人物性格，又深化了文章主题。第二，叙事详略得当，精于剪裁史料。作者略写郑庄公"克段于鄢"的战争经过，详写这场战争的起因、矛盾不断激化的过程，以及克段之后郑庄公母子关系由僵化到和好的闹剧。作者删繁就简，精心选择典型材料，如对于战争的起因，只强调庄公"寤生"这一关键；对于兄弟、母子矛盾激化发展的过程，则精选最典型的请封、扩城、收贰、平叛四个主要环节，以集中笔墨刻画人物，揭示其丑恶的内心世界，突出文章的主题。

【思考练习】

一、翻译下列句子，并解释句中带点的词。

1. 庄公寤生，惊姜氏，故名曰寤生，遂恶之。
2. 亟请于武公。
3. 佗邑唯命。
4. 先王之制：大都不过参国之一，中五之一，小九之一。
5. 姜氏何厌之有！
6. 多行不义必自毙。
7. 国不堪贰，君将若之何？
8. 既而大叔命西鄙北鄙贰于己。
9. 若阙地及泉，隧而相见，其谁曰不然？
10. 颍考叔，纯孝也，爱其母，施及庄公。

二、郑庄公的主要性格特点是什么？作者运用了哪些手法来表现其性格特点？

三、请谈谈本文善于剪裁、详略得当的特点。

四、"多行不义必自毙"是至今常被人们引用的名言警句，包含丰富而深刻的哲理，试谈谈你对这一名句的理解。

【拓展阅读】

朱东润选注《左传选》，上海古籍出版社出版
杨伯峻编著《春秋左传注》，中华书局出版

（刘洪仁）

苏秦始将连横说秦惠王

《战国策·秦策一》

苏秦始将连横①，说秦惠王曰②："大王之国，西有巴、蜀、汉中之利③，北有胡、貉、代、马之用④，南有巫山、黔中之限⑤，东有肴、函之固⑥。田肥美，民殷富，战车万乘⑦，奋击⑧百万，沃野千里，蓄积饶多，地势形便⑨，此所谓天府⑩，天下之雄国也。以大王之贤，士民之众，车骑之用，兵法之教⑪，可以并诸侯，吞天下，称帝而治。愿大王少⑫留意，臣请奏其效⑬。"

秦王曰："寡人闻之，毛羽不丰满者不可以高飞，文章不成者不可以诛罚⑭，道德不厚者不可以使民⑮，政教不顺者不可以烦大臣。今先生俨然不远千里而庭教之⑯，愿以异日⑰。"

苏秦曰："臣固疑大王之不能用也。昔者神农伐补遂⑱，黄帝伐涿鹿而禽蚩尤⑲，尧伐驩兜⑳，舜伐三苗㉑，禹伐共工㉒，汤伐有夏㉓，文王伐崇㉔，武王伐纣，齐桓任战而伯天下㉕。由此观之，恶有不战者乎㉖？古者使车毂击驰㉗，言语相结㉘，天下为一；约从连横㉙，兵革不藏；文士并饬㉚，诸侯乱惑，万端俱起，不可胜理；科条㉛既备，民多伪态㉜；

---

①苏秦（？—前284）：战国时期著名的纵横家，今河南洛阳人。连横：与"合纵"相对。秦国联合六国中的某一国对付其他国家叫连横，六国联合起来对付秦国为合纵。②说（shuì）：劝说。秦惠王：即秦惠文王，战国时秦国国君，名驷，公元前337—公元前311年在位。③巴、蜀：国名，巴为今重庆市，蜀为今四川省。汉中：今陕西省秦岭以南。利：便利。当时三地虽未属秦，但交通频繁，故称西有其利。④胡、貉（mò）：北方两个少数民族。代、马：两地名。这句是说北方有胡、貉、代、马，可以供战备之用。一说胡貉、代马指胡地产的貉、代地产的马。⑤巫山：山名，在今重庆市。黔中：郡名，在今湖南省。限：屏障，险阻。⑥肴（xiáo）：指崤山，在今河南省洛宁县北。函：指函谷关，在今河南省灵宝市南。固：指坚固的要塞。⑦乘（shèng）：本指拉车的四匹马。古代兵车都由四马来拉，故又引申有量词"辆"的意思。⑧奋击：指能奋力作战的武士。⑨地势形便：地理上占据优势，地形上便于攻守。⑩天府：天然的宝库。府：聚。⑪教：习，训练。⑫少：稍稍。⑬奏其效：陈述其功效。奏：进。效：功。⑭"文章"句：国家法令制度不完备，不可以征伐。文章：指法令制度。成：完备。诛罚：征伐，讨伐。罚：通"伐"。⑮道德：指仁义恩惠。厚：大，高尚。⑯俨然：认真严肃的样子。庭教：当面指教。⑰愿以异日：这是表示拒绝的婉转说法，等于说希望以后再聆听你的教导。⑱神农：指炎帝。补遂：一作"辅遂"，传说中上古部落名。⑲涿（zhuō）鹿：地名，在今河北省涿鹿县西南。蚩尤：古九黎族部落的首领。禽：同"擒"。⑳驩（huān）兜：尧的臣子，后因作乱被流放。㉑三苗：相传是尧舜时的诸侯，舜时被迁到三危（今甘肃敦煌一带）。㉒共工：尧时大臣。㉓汤：商朝的第一位君主。有夏：指夏朝。夏桀暴虐无道，商汤伐之。有：语助词，无义。㉔文王：指周文王姬昌，本为商朝的诸侯之一。崇：商朝的诸侯之一，其君崇侯虎助纣为虐，故文王伐之。㉕齐桓：指齐桓公，春秋五霸之一。任战：用战争的方式。伯天下：为诸侯盟主。伯：通"霸"。㉖恶（wū）：何，哪里。㉗古者使：古代各国使者。车毂击驰：车辆来往奔驰，车毂互相撞击，形容车辆之多，奔驰之急。毂（gǔ）：车轴两端突出的部分。㉘言语相结：靠言语互相结盟。指使臣们外交活动频繁，经常游说诸国，说服对方国君与本国订立盟约。㉙约从连横：此是泛指，意为与周围国家结成同盟。从：同"纵"。㉚文士：指辩士、说客。饬：通"饰"，巧饰、修饰。㉛科条：章程，条文。㉜伪态：奸诈。态：通"慝"，奸伪、邪恶。

书策稠浊，百姓不足①；上下相愁，民无所聊②；明言章理，兵甲愈起③；辩言伟服④，战攻不息；繁称文辞⑤，天下不治；舌弊耳聋⑥，不见成功；行义约信⑦，天下不亲。于是乃废文任武，厚养死士⑧，缀甲厉兵⑨，效胜于战场。夫徒处⑩而致利，安坐而广地，虽古五帝、三王、五伯⑪，明主贤君，常欲坐而致之，其势不能，故以战续之。宽则两军相攻，迫则杖戟相橦⑫，然后可建大功。是故兵胜于外，义强于内；威立于上，民服于下。今欲并天下，凌万乘⑬，诎⑭敌国，制海内，子元元⑮，臣诸侯，非兵不可。今之嗣主⑯，忽于至道，皆惛⑰于教，乱于治，迷于言，惑于语，沈于辩，溺于辞。以此论之，王固不能行也。"

说秦王书十上而说不行，黑貂之裘弊，黄金百斤尽，资用乏绝，去秦而归。赢縢履蹻⑱，负书担橐⑲，形容枯槁，面目犁⑳黑，状有归色㉑。归至家，妻不下纴㉒，嫂不为炊，父母不与言。苏秦喟叹曰："妻不以我为夫，嫂不以我为叔，父母不以我为子，是皆秦之罪也！"乃夜发㉓书，陈箧数十㉔，得《太公阴符》之谋㉕，伏而诵之，简练以为《揣》《摩》㉖。读书欲睡，引锥自刺其股，血流至足㉗。曰："安有说人主不能出其金玉锦绣，取卿相之尊者乎？"期年㉘，《揣》《摩》成，曰："此真可以说当世之君矣！"

于是乃摩燕乌集阙㉙，见说赵王于华屋之下，抵掌而谈㉚。赵王大悦，封为武安君。受相印，革车㉛百乘，锦绣千纯㉜，白璧百双，黄金万溢㉝，以随其后，约从散横㉞，以抑强秦。故苏秦相于赵而关不通㉟。

当此之时，天下之大，万民之众，王侯之威，谋臣之权，皆欲决苏秦之策。不费斗粮，未烦一兵，未战一士，未绝一弦，未折一矢，诸侯相亲，贤于㊱兄弟。夫贤人在而天下服，一人用而天下从。故曰：式㊲于政，不式于勇；式于廊庙㊳之内，不式于四境之外。

---

①"书策"二句：政令繁多，百姓无所适从。稠浊：多而乱。足：《文选·上林赋》郭注："踏也。"引申为实行，履行。②"上下"二句：君臣互相埋怨，则人民无所依赖。愁：怨。聊：赖，依。③"明言"二句：空洞的道理讲得再明白，战争反而越频繁。兵甲：指战事。④辩言伟服：指文人辩士巧言善辩，并且穿着奇伟的服装。⑤繁称文辞：文书烦琐，文辞华丽。⑥弊：破，坏。⑦行义约信：行事仁义、守约诚信。⑧死士：不怕牺牲愿以死效命的人。⑨缀甲厉兵：修缮铠甲，磨砺兵器。⑩徒处：与下句"安坐"义同，无所事事地坐着，谓不进行战争。⑪五帝：说法不一。据《史记·五帝本纪》，五帝指黄帝、颛顼、帝喾、尧、舜。三王：指夏禹、商汤和周文王、周武王。五伯：即春秋五霸，指齐桓公、晋文公、宋襄公、秦穆公、楚庄王。⑫迫：指距离近。杖戟：拿着戟。橦：一本作"撞"，义同，冲刺，击杀。⑬凌：凌驾，超越。或作战胜讲，亦通。万乘（shèng）：指万乘之国，拥有上万辆兵车的国家。古代常以兵车的多少衡量国家的大小，万乘之国为大国。⑭诎（qū）：通"屈"，使屈服。⑮子元元：使百姓成为自己的子民。元元：指百姓。⑯嗣主：继世之君主。⑰惛：同"昏"，不明。⑱赢（léi）縢（téng）履蹻（juè）：缠着绑腿，穿着草鞋。赢：缠绕。縢：绑腿布。蹻：通"屩"，草鞋。⑲橐：口袋，指行李。⑳犁：通"黧"，黑黄色。㉑状有归色：脸上显出惭愧的神色。归：当为"愧"之误。㉒纴：织布机。㉓发：找出，翻出。㉔陈：放置、陈列。箧：书箱。㉕《太公阴符》之谋：姜太公的兵法书。太公：指姜太公，姓姜，名尚，字子牙。《太公阴符》：即《太公兵法》。梁启超认为是后人伪托之书。㉖简：挑选。练：练习。《揣》《摩》：于邕《战国策注》："揣、摩者，苏秦所自著书篇之名。故下文云'揣摩成'，成者，成此书也。"其说可采，今从之。㉗足：当依《史记集解》《太平御览》所引作"踵"，指脚跟。㉘期（jī）年：满一年。㉙摩：切近，引申为登上。燕乌集阙：一说为燕国的一个宫阙，一说为燕国的一个关塞。㉚抵掌而谈：形容谈得很相投融洽。抵：当作"扺"（zhǐ），击也。㉛革车：兵车。㉜纯（tún）束。㉝溢：同"镒"，重量单位，二十四两为一镒。㉞约从散横：联合六国以结盟，拆散秦与六国的联盟。㉟关不通：谓秦兵不能出函谷关。㊱贤于：胜于，超过。㊲式：用，依靠。㊳廊庙：指朝廷。

当秦之隆，黄金万溢为用，转毂连骑①，炫熿于道②，山东之国③，从风而服，使赵大重。且夫苏秦，特穷巷掘门、桑户棬枢之士耳④，伏轼撙衔⑤，横历⑥天下，廷说⑦诸侯之王，杜⑧左右之口，天下莫之能伉⑨。

将说楚王，路过洛阳，父母闻之，清宫除道⑩，张乐设饮⑪，郊迎三十里。妻侧目而视，倾耳而听；嫂蛇行匍伏⑫，四拜自跪而谢⑬。苏秦曰："嫂何前倨而后卑也？"嫂曰："以季子⑭之位尊而多金。"苏秦曰："嗟乎！贫穷则父母不子，富贵则亲戚畏惧。人生世上，势位富贵，盖⑮可忽乎哉！"

【文献档案】

《战国策》简称《国策》，又称《国事》《事语》《短长》《长书》等，是一部记载战国时期历史的国别体史书，属国别体杂史，原为战国时期各国史官或策士辑录，次序混乱，语多重复。西汉时，刘向对其进行了整理，仿《国语》体例分国编辑，记载了西周、东周、秦、齐、楚、赵、韩、魏、燕、宋、卫、中山各国之事，共12策，计33卷，并定名为《战国策》。书中记事，始于周贞定王十四年（前455），止于秦始皇三十一年（前216），主要记录当时的策士谋臣游说诸侯或相互辩论时所提出的政治主张和斗争策略，反映出这一时期各国政治、外交的情况，有重要的史料价值，是研究战国时期历史的重要文献。

《战国策》不仅是一部历史著作，还是一部文采华美的历史散文著作。作者善于调动多种手法描写人物，写出了一系列栩栩如生的人物形象，是战国时期历史人物的画廊；又善于议论说理，尤其善于运用寓言故事和生动的比喻来帮助说理，使说理文字生动有趣，幽默诙谐；语言富艳宏丽，恣肆流畅，标志着中国古代散文发展进入一个新时期，并对后世散文的发展产生了深远影响。

【含英咀华】

本文写苏秦在政治上怎样由失败到成功的经历，刻画了他追求名利的心理，揭露了当时炎凉的世态。苏秦出身寒门，信奉功利主义的人生哲学，追求现实的功名和利益。为此他刻苦学习，努力读书，悬梁刺股，终于参透了《太公阴符》之谋，得以成功游说赵王等六国诸侯合纵，从而实现了自己的功利目标。苏秦没有自己固定的政治主张与理想，而只是一个单纯的功利主义者。他有强烈的进取心，知识渊博，巧舌如簧。为了达到自己的功利目的，他先是使用连横手段，在遭到秦惠王拒绝后，又转而使用合纵手段游说六国。可见在苏秦的思想中，维护哪个国家的利益并不重要，重要的是自己的功名一定要得以实现。苏秦的形象，概括了战国时期纵横家的共同特点。

---

①转毂连骑：车轮转动，骑马的随从一个接着一个，形容后车之盛。②炫熿：光耀，显赫。熿：同"煌"。③山东之国：指燕、赵、韩、魏、齐、楚六国。山东：指华山以东。④特：只，不过。穷巷掘门：住在贫穷巷子里，凿墙洞为门。掘：通"窟"。桑户棬枢：用桑木板做的门户，用树枝条圈起来做门枢，形容苏秦家贫穷简陋，出身低微。⑤伏轼撙衔：伏在车前横木上，拉着马的勒头。撙（zǔn）：控制。衔：马缰绳。⑥横历：遍走，行遍。⑦廷说：同"庭说"，当面劝说。⑧杜：堵塞。⑨伉：通"抗"，抗衡。⑩清宫除道：打扫房屋，清扫道路。⑪张乐设饮：布置音乐，置办酒宴。张：施，布置。⑫蛇行匍伏：像蛇一样伏地前行。⑬谢：谢罪，认错。⑭季子：苏秦的字。⑮盖：通"盍"，意同"何"。

本篇内容大致可以分为两大部分：从开始到"王固不能行也"为第一部分，写苏秦说秦王的具体内容。从"说秦王书十上而说不行"到篇末为第二部分，写苏秦怎样获得政治上成功的经过。

　　本文在写作上充分体现了《战国策》文章在写人、论说方面的特点。首先是成功的人物刻画。作者以生动细腻的描写，精雕细刻地塑造了苏秦这个不惜一切追求功名富贵的策士形象。作者在刻画人物时，善于采用内心独白的方法来揭示人物的内心活动。文中描写了苏秦几次独白，极真实地展示出他的内心世界，表现了苏秦当时最真实的想法，把苏秦这个人物的心理状态揭示出来，使得这一形象更加血肉丰满、真实可信。作者还善于对人物外貌、神态、动作等进行生动形象的描写，如对苏秦说秦失败归来时的描写："羸縢履蹻，负书担橐，形容枯槁，面目犁黑，状有归色。"另如苏秦刻苦读书、引锥刺股的细节，其嫂在苏秦显贵后回家时"蛇行匍伏"的丑态等，皆为传神之笔。此外，作者还善于采取对比手法来表现人物的前后变化，批判人情世态的冷暖炎凉。如苏秦游说秦惠王失败后，家人对他的态度是"妻不下纴，嫂不为炊，父母不与言"。及至他合纵成功后，家人对他的态度是"清宫除道，张乐设饮，郊迎三十里。妻侧目而视，倾耳而听；嫂蛇行匍伏，四拜自跪而谢"。前后两种态度的鲜明对比，既从侧面烘托了苏秦的形象，又反映了当时人们崇尚功利、淡薄亲情的炎凉世态。其次，在议论说理方面，作者善用类似于辞赋的夸饰铺张手法和排比句式，不仅增加了文章的音乐美，使文章读起来音调铿锵，朗朗上口，富于节奏感，而且也增强了文章的气势与说理的力量。

【思考练习】

一、苏秦这一形象的性格有哪些特点？这一形象代表了哪一类人的共同特征？

二、苏秦父母、妻、嫂对苏秦前后态度的变化，反映了当时什么样的社会现实？

三、作者在刻画苏秦这一人物时，运用了哪些表现手法？

四、文中有几处心理描写？这些心理描写对表现人物性格有什么作用？

五、苏秦的说辞有什么特点？试举例说明。

【拓展阅读】

牛鸿恩、邱少华、孙悦春选注《战国策选注》，天津古籍出版社出版

何建章注释《战国策注释》，中华书局出版

（唐中杰　刘洪仁）

秋水（节选）

庄　子

秋水时至，百川灌河。泾流之大，两涘渚崖之间①，不辩②牛马。于是焉河伯③欣然自喜，以天下之美为尽在己。顺流而东行，至于北海，东面而视，不见水端。于是焉河伯始旋④其面目，望洋向若而叹曰⑤："野语⑥有之曰：'闻道百，以为莫己若'者，我之谓也。且夫我尝闻少仲尼之闻而轻伯夷之义者⑦，始吾弗信；今我睹子之难穷也，吾非至于子之门，则殆矣，吾长见笑于大方之家。"

北海若曰："井蛙不可以语于海者，拘于虚⑧也；夏虫不可以语于冰者，笃⑨于时也；曲士⑩不可以语于道者，束于教也。今尔出于崖涘，观于大海，乃知尔丑⑪，尔将可与语大理矣。天下之水，莫大于海，万川归之，不知何时止而不盈；尾闾⑫泄之，不知何时已⑬而不虚；春秋不变，水旱不知。此其过江河之流，不可为量数。而吾未尝以此自多⑭者，自以比形于天地⑮，而受气于阴阳。吾在天地之间，犹小石小木之在大山也，方⑯存乎见少，又奚以自多！计四海之在天地之间也，不似礨空⑰之在大泽乎？计中国之在海内，不似稊米之在大仓乎⑱？号物之数谓之万，人处一焉；人卒九州⑲，谷食之所生，舟车之所通，人处一焉⑳。此其比万物也，不似豪末㉑之在于马体乎？五帝之所连，三王之所争，仁人之所忧，任士之所劳，尽此矣㉒。伯夷辞之以为名，仲尼语之以为博，此其自多也，不似尔向㉓之自多于水乎？"

【作者档案】

庄子（约前369—约前286），姓庄，名周，战国中期宋国蒙（今河南商丘）人。庄子出身于没落贵族，但他只做过地位卑微的漆园吏。据《庄子》中说，他的家境很穷，"处穷闾厄巷，困窘织屦，槁项黄馘"，经常向别人借贷生活。但他又不愿出仕，隐居以终。

庄子是战国中期道家学派的代表人物，也是中国文化史上一位伟大的哲学家与文学家，后人将老子与他并称"老庄"。他继承老子以"道"为本的哲学思想，主张顺应自然，反对人为地破坏自然的平衡。在人生哲学方面，他主张跳出荣辱、是非、贵贱等观念之外，追求具有超越性和超脱性的绝对精神自由，达到"逍遥游"的境界。

---

①涘（sì）：水边，河岸。渚（zhǔ）：水中小岛。②辩：通"辨"。③河伯：黄河神。④旋：转变，改变。⑤望洋：联绵词，也写作"望羊""望阳"，仰视的样子。若：指海若，海神。⑥野语：俗语，俚语。⑦少：与"多"相对，形容词活用为动词，意为小看、轻视。仲尼：孔子的字。伯夷：商代孤竹君的长子，父死后，他与其弟叔齐互相辞让君位。兄弟二人曾谏阻武王伐纣。周朝建立后，伯夷与叔齐"义不食周粟，隐于首阳山"，后饿死于山中，被视为古代高义之士的典范。⑧虚：同"墟"，指居住的空间、环境。⑨笃：固，拘限。⑩曲士：乡曲之士，指见识浅陋的人。⑪丑：鄙陋。⑫尾闾：神话传说中排泄海水的地方。⑬已：停止。⑭多：夸耀。⑮比形于天地：将自己放在天地之间。比：并，列。形：指自身。⑯方：正。⑰礨（lěi）空：蚁穴。⑱稊（tí）米：稗米。大仓：即太仓，帝王的粮仓。⑲卒：尽，全。九州：指全国。⑳人处一焉：两句"人处一焉"中的"人"含义不同，上句中的"人"指人类，下句中的"人"指个人。㉑豪末：即毫毛。豪：通"毫"。㉒"五帝"五句：意谓人类以天下为己任，但从整个宇宙来看，天下仍是极渺小的，不过尽同于"豪末"而已。"所连""所争""所忧""所劳"的对象，均指天下。此：指"豪末"。㉓向：刚才。

庄子还是一位伟大的散文家,《庄子》一书是先秦诸子著作中最富有文采的一部作品。他的文章想象丰富,构思奇特,笔调恣肆,辞藻瑰丽,并多用寓言形式,富有浪漫色彩。

《庄子》是庄子与他的弟子共同完成的著作,现存33篇,分为"内篇"(7篇)、"外篇"(15篇)、"杂篇"(11篇)。

【含英咀华】

本篇选自《庄子·秋水》。文章通过河伯与海若的对话,形象地说明了这样一个道理:事物的大与小都是相对的,正所谓"尺有所短,寸有所长";人的认识都要受到客观环境的制约,因而是十分有限的。故事启示我们:要时刻意识到自己的渺小与不足,不可囿于自己有限的见识而骄傲自满,要懂得山外有山、天外有天的道理,做一个有涵养、高境界的人。

庄子的文章善于用寓言故事和形象化的手法说理,是哲理与文学的完美结合,本文充分体现了这一特点。文章虚构了一个河伯与海若对话的寓言故事,通过两个神话人物的对话来展开说理,阐明观点。开头一段的景物描写,以"两涘渚崖之间,不辩牛马"的"泾流之大"与"不见水端"的大海相比照,以隐喻河伯与海若两种不同的认识境界,形象地渲染了文章主旨。再次,文中大量运用了比喻的修辞手法,将抽象的道理阐发得十分鲜明透彻。在论证方法上,文章顺着先由小到大、再由大到小的逻辑线索展开,由河景→海景→天地→阴阳,再由阴阳→天地→四海→中国→万物→人类→个人→五帝、三王、仁人、任士→豪末,从而将大与小的相对性阐述得十分鲜明。文章语言生动形象,比喻、排比层见叠出,更增强了文章的表现力。金人马定国说:"吾读漆园书,《秋水》一篇足。"(《读〈庄子〉》)可见前人对此篇评价之高。

【思考练习】

一、本文主要阐述了一个什么道理?这个道理对于我们今天有什么启示意义?

二、本文的议论说理有什么特点?试举例说明。

三、阅读《庄子·秋水》中的一段文字,完成下面的习题。

<u>埳井之蛙</u>……谓东海之<u>鳖</u>曰:"吾乐与!出跳梁乎井干之上,入休乎缺甃之崖;赴水则接腋持颐,蹶泥则没足灭跗;还视虾蟹与科斗,莫吾能若也。且夫擅一<u>壑</u>之水,而跨跱<u>埳井之乐</u>,此亦至矣,夫子奚不时来入观乎!"东海之鳖左足未入,而右膝已<u>絷</u>矣。于是<u>逡巡而却</u>,告之海曰:"夫千里之远,不足以举其大;千仞之高,不足以极其深。禹之时十年九<u>潦</u>,而水弗为<u>加益</u>;汤之时八年七旱,而崖不为加损。夫不为顷久推移,不以多少进退者,此亦东海之大乐也。"于是埳井之蛙闻之,<u>适适然惊</u>,<u>规规然自失</u>也。

1. 查找工具书或参考资料,解释画线的词语。

2. 将这一段文字译成白话。

3. 简析这段文字的思想意义。

【拓展阅读】

陆永品选注《庄子选译》,人民文学出版社出版

陈鼓应注译《庄子今注今译》,中华书局出版

(刘洪仁)

对楚王问

宋 玉

楚襄王①问于宋玉曰："先生其有遗行②与？何士民众庶不誉③之甚也？"

宋玉对曰："唯④，然，有之。愿大王宽其罪，使得毕其辞。

"客有歌于郢⑤中者。其始曰《下里》《巴人》⑥，国中属而和者数千人⑦；其为《阳阿》《薤露》⑧，国中属而和者数百人；其为《阳春》《白雪》⑨，国中属而和者不过数十人；引商刻羽，杂以流徵⑩，国中属而和者，不过数人而已。是其曲弥高，其和弥寡。

"故鸟有凤而鱼有鲲。凤凰上击九千里，绝云霓⑪，负苍天⑫，翱翔乎杳冥⑬之上，夫藩篱之鷃⑭，岂能与之料天地之高哉？鲲鱼朝发昆仑之墟，暴鬐于碣石⑮，暮宿于孟诸⑯，夫尺泽之鲵⑰，岂能与之量江海之大哉？

"故非独鸟有凤而鱼有鲲也，士亦有之。夫圣人瑰意琦行⑱，超然独处，夫世俗之民，又安知臣之所为哉？"

【作者档案】

宋玉（生卒年不详），战国后期楚国辞赋家，屈原的后辈或弟子，与唐勒、景差"皆好辞而以赋见称，然皆祖屈原之从容辞令，终莫敢直谏"（《史记·屈原列传》）。他一生贫寒，曾因友人推荐，入仕于楚顷襄王朝，但官位不高，很不得意。宋玉的作品，见于王逸《楚辞章句》的有《九辩》《招魂》，见于《昭明文选》的有《高唐赋》《神女赋》《登徒子好色赋》《风赋》《对楚王问》等。

【含英咀华】

本文向来被认为主要表现了作者自命清高、孤芳自赏的思想，但仔细品味，我们便不难体会作者更深层的意思，即发泄自己怀才不遇、仕途失意的愤懑与牢骚，并讽刺庸陋的世俗之人，其思想精神与屈原的"举世皆浊我独清""众人皆醉我独醒"是一脉相承的。

取譬巧妙、独特，是本文写作上的最大特点。面对楚顷襄王的责问，宋玉虚构故事，巧妙地把自己比喻为最高雅的歌曲，把世俗之人比喻为不识曲的"属而和者"，又用凤凰

---

①楚襄王：即楚顷襄王，名横，战国后期楚国国君，公元前298—前263年在位。②遗行：可遗弃的行为，不好的、不检点的行为。③不誉：非议、毁谤的委婉说法。④唯（wěi）：应答声。⑤郢（yǐng）：楚国国都，在今湖北省江陵县西北。⑥《下里》《巴人》：当时楚国民间流行的通俗歌曲。⑦国：都城。属（zhǔ）而和（hè）者：跟着一起唱的人。属：跟着。和：和谐地跟着唱。⑧《阳阿（ē)》《薤（xiè）露》：当时楚国的歌曲名，比《下里》《巴人》高雅。⑨《阳春》《白雪》：也是当时楚国的歌曲名，比《阳阿》《薤露》更高雅。⑩"引商"二句：高唱商音，低吟羽音，并以流畅的徵音相配合。引：向上扬。刻：细镂。商、羽、徵（zhǐ）是古代五音（宫、商、角、徵、羽）中的音级名，商音高亢，羽音细腻，徵音流畅。⑪绝云霓：穿越云层。⑫负苍天：背负青天。⑬杳冥：极远的天空。⑭藩篱：篱笆。鷃（yàn）：一种小鸟。⑮暴（pù）：晒。鬐（qí）：鱼脊。碣石：山名，在今河北省昌黎县北。⑯孟诸：古代大泽名，在今河南省商丘市。⑰尺泽之鲵（ní）：一尺深的小水塘中的小鱼。鲵：小鱼。⑱圣人：杰出的人物。瑰（guī）意琦行：卓异的思想和不凡的行为。瑰、琦：奇特美好。

与"蕃篱之鷃"、鲲鱼与"尺泽之鲵"的对比,说明高低不同、大小迥异、志趣各殊的两种事物,是无法相互理解,也无法进行比较的,从而以艺术的手法说明了自己不被世俗之士所理解,甚至遭到毁谤的原因。其中尤以"曲高和寡"的比喻最为奇妙,它揭示了一个最基本的道理:即越是高雅的东西,所接受的人也越少。另外,本文在语言形式上已基本接近于散文,虽然其构思、布局仍和辞赋相同,但通篇都不押韵,句式也基本上是散句,"是一篇完全散体化的赋体杂文,对后来的赋体杂文有明显的影响"(郭预衡《中国散文史》)。

【思考练习】

一、本文主要表现了作者怎样的思想感情?"曲高和寡"的比喻揭示了什么道理?

二、本文写作上最大的特点是什么?文中"《下里》《巴人》"与"《阳春》《白雪》"以及"凤"与"藩篱之鷃","鲲"与"尺泽之鲵"的形象各有什么比喻意义?

三、找出本文的成语,说明其在本文的意义以及后来的引申义。

四、阅读宋玉《登徒子好色赋》中的一段,将其译成白话。

登徒子好色赋

大夫登徒子侍于楚王,短宋玉曰:"玉为人体貌闲丽,口多微辞,又性好色,愿王勿与出入后宫。"王以登徒子之言问宋玉。玉曰:"体貌闲丽,所受于天也;口多微辞,所学于师也;至于好色,臣无有也。"王曰:"子不好色,亦有说乎?有说则止,无说则退。"玉曰:"天下之佳人莫若楚国,楚国之丽者莫若臣里,臣里之美者莫若臣东家之子。东家之子,增之一分则太长,减之一分则太短;著粉则太白,施朱则太赤;眉如翠羽,肌如白雪;腰如束素,齿如含贝;嫣然一笑,惑阳城,迷下蔡。然此女登墙窥臣三年,至今未许也。登徒子则不然:其妻蓬头挛耳,齞唇历齿,旁行踽偻,又疥且痔。登徒子悦之,使有五子。王孰察之,谁为好色者矣。"……

【拓展阅读】

朱碧莲编注《宋玉辞赋译解》,中国社会科学出版社出版

(刘洪仁)

项羽本纪（节选）

司马迁

项王军壁垓下①，兵少食尽，汉军及诸侯兵围之数重。夜闻汉军四面皆楚歌②，项王乃大惊曰："汉皆已得楚乎？是何楚人之多也！"项王则③夜起，饮帐中。有美人名虞，常幸从；骏马名骓④，常骑之。于是项王乃悲歌慷慨，自为诗曰："力拔山兮气盖世，时不利兮骓不逝⑤。骓不逝兮可奈何，虞兮虞兮奈若何⑥！"歌数阕⑦，美人和⑧之。项王泣数行下，左右皆泣，莫能仰视。

于是项王乃上马骑，麾下壮士骑从者八百余人，直夜溃围南出⑨，驰走。平明，汉军乃觉之，令骑将灌婴⑩以五千骑追之。项王渡淮，骑能属者百余人耳。项王至阴陵⑪，迷失道，问一田父⑫，田父绐⑬曰："左。"左，乃陷大泽中。以故汉追及之。项王乃复引兵而东，至东城⑭，乃有二十八骑。汉骑追者数千人。项王自度不得脱。谓其骑曰："吾起兵至今八岁矣，身七十余战，所当者破，所击者服，未尝败北，遂霸有天下。然今卒困于此，此天之亡我，非战之罪也。今日固决死，愿为诸君快战⑮，必三胜之，为诸君溃围，斩将，刈旗⑯，令诸君知天亡我，非战之罪也。"乃分其骑以为四队，四向。汉军围之数重。项王谓其骑曰："吾为公取彼一将。"令四面骑驰下，期山东为三处⑰。于是项王大呼驰下，汉军皆披靡⑱，遂斩汉一将。是时，赤泉侯⑲为骑将，追项王，项王瞋目而叱之，赤泉侯人马俱惊，辟易⑳数里。与其骑会为三处。汉军不知项王所在，乃分军为三，复围之。项王乃驰，复斩汉一都尉，杀数十百人，复聚其骑，亡其两骑耳。乃谓其骑曰："何如？"骑皆伏㉑曰："如大王言。"

于是项王乃欲东渡乌江㉒。乌江亭㉓长檥船待，谓项王曰："江东虽小，地方千里，众数十万人，亦足王也。愿大王急渡。今独臣有船，汉军至，无以渡。"项王笑曰："天之亡我，我何渡为！且籍与江东子弟八千人渡江而西，今无一人还，纵江东父兄怜而王我，我何面目见之？纵彼不言，籍独不愧于心乎？"乃谓亭长曰："吾知公长者㉔。吾骑此马五岁，所当无敌，尝一日行千里，不忍杀之，以赐公。"乃令骑皆下马步行，持短兵㉕接战。独籍

---

①壁：筑营驻扎。垓下：地名，在今安徽省灵璧县东南。②楚歌：动词，唱着楚国方音、土语的歌曲。③则：乃，于是。④骓（zhuī）：毛色黑白相杂的马。⑤逝：向前跑。⑥奈若何：我将把你怎么办啊？若：你。⑦歌数阕：唱了几遍。阕：乐曲终了一遍叫一阕。⑧和：应和着一同歌唱。按《史记正义》引《楚汉春秋》载美人所和的歌词是："汉兵已略地，四面楚歌声。大王意气尽，贱妾何聊生！"前人或疑出于伪托，姑录以备考。⑨直夜：当夜。溃围：突破重围。⑩灌婴：人名，少年时以贩缯（帛）为业，秦末随刘邦起兵，因功封颍阴侯。汉文帝时任太尉、丞相。⑪阴陵：地名，今安徽省定远县西北。⑫田父（fǔ）：农夫。⑬绐（dài）：欺骗。⑭东城：地名，今安徽省定远县东南。⑮快战：痛快地打一仗。⑯刈（yì）旗：把敌方的军旗砍倒。刈：割，砍。⑰期：约定。山东：山的东面。为三处：分三处集合。⑱披靡：指草木随风偃伏，形容人马溃退。⑲赤泉侯：即杨喜，刘邦部将，后封赤泉侯。⑳辟易：倒退。㉑伏：通"服"，佩服，心服。㉒乌江：即今安徽省和县东北四十里长江岸的乌江浦。㉓亭：秦汉时乡以下行政区域。亭有长，掌缉捕盗贼，处理民事、词讼等事。檥（yǐ）：同"舣"，停船靠岸。㉔长者：忠厚真诚的人。㉕短兵：短小轻便的兵器，如刀、剑之类。

所杀汉军数百人。项王身亦被十余创①。顾见汉骑司马吕马童②,曰:"若非吾故人③乎?"马童面之④,指王翳曰:"此项王也。"项王乃曰:"吾闻汉购⑤我头千金,邑万户,吾为若德⑥。"乃自刎而死。王翳取其头,余骑相蹂践争项王,相杀者数十人。最其后⑦,郎中骑杨喜,骑司马吕马童,郎中吕胜、杨武各得其一体。五人共会其体,皆是⑧。……

太史公⑨曰:吾闻之周生⑩曰:"舜目盖重瞳子⑪。"又闻项羽亦重瞳子。羽岂其苗裔⑫邪?何兴之暴也⑬!夫秦失其政,陈涉首难⑭,豪杰蜂起,相与并争,不可胜数。然羽非有尺寸⑮,乘势起陇亩⑯之中,三年,遂将五诸侯⑰灭秦,分裂天下,而封王侯,政由羽出,号为霸王,位⑱虽不终,近古以来未尝有也。及羽背关怀楚⑲,放逐义帝而自立⑳,怨王侯叛己,难矣㉑。自矜功伐㉒,奋其私智而不师古,谓霸王之业,欲以力征经营天下㉓,五年卒亡其国,身死东城,尚不觉寤㉔而不自责,过矣。乃引"天亡我,非用兵之罪也",岂不谬哉!

【作者档案】

司马迁(前145—?),字子长,夏阳龙门(今陕西韩城)人。出身于史官世家,自幼受到良好的家庭教育,"年十岁则诵古文"。20岁时曾到多地漫游,考察风俗民情,访求轶闻遗事。汉元封三年(前108),承袭父职任太史令,掌管天文历法及皇家图籍,读到大量皇家藏书。入仕后,随汉武帝巡游各地,曾出使西南。太初元年(前104),开始撰写《史记》。天汉二年(前99)因替李陵辩护,获罪下狱,受腐刑。出狱后任中书令。当时的中书令大都由宦官充任,这对司马迁来说无疑是莫大的耻辱。但他忍辱含垢,发愤著书,终于在武帝征和二年(前91)完成了《史记》的撰写。此后的情况不明,大约不久以后便去世了。

《史记》是我国第一部纪传体通史,记叙了上自黄帝、下至汉武帝太初年间约3000年的历史。全书由本纪(12篇)、表(10篇)、书(8篇)、世家(30篇)、列传(70篇)组成,共130篇。其中本纪、世家、列传三部分是全书的主体,而且都是以写人物为主,用这种纪传体来写历史是司马迁的独创。后来我国封建社会许多史学家撰写史书,大都沿袭了《史记》的体例。

鲁迅先生称赞《史记》是"史家之绝唱,无韵之离骚"。《史记》不仅开创了我国纪传体的史学,同时也开创了我国的传记文学。司马迁以"究天人之际,通古今之变,成一家

---

①被:受。创:伤。②顾:回头看见。骑司马:武官名,掌骑兵军法。③故人:旧相识。④面之:面向项羽。⑤购:悬赏征求。⑥吾为若德:我就送你个人情吧。若:你。德:施恩。⑦最其后:即最后。《汉书》无"其"字。⑧"五人"二句:意谓杨喜等五人把所夺到的项羽肢体拼合到一处,证明他们所得的一部分的确都是项羽的残骸。⑨太史公:即太史令,司马迁自称。⑩周生:名不详,当为汉代儒生,姓周。⑪重瞳子:一只眼睛里有两个眸子。⑫苗裔:后代子孙。⑬何:何其,多么。《汉书》此句"何"下有"其"字。暴:突然,骤然。⑭首难(nàn):首先发难、起义。⑮非有尺寸:没有任何细小的权柄可以凭借。尺寸:比喻微小。⑯陇亩:田野之中,指民间。⑰五诸侯:指齐、赵、韩、魏、燕五国的起义军。⑱位:指项羽的政权、地位。⑲背关怀楚:舍弃关中,怀恋楚地。指项羽放弃秦地,定都彭城(今江苏徐州)。背:弃。⑳"放逐"句:项羽的叔叔项梁起兵时,立楚怀王后代熊心为怀王,灭秦后项羽尊其为义帝。后项羽自立为西楚霸王,将义帝放逐于长沙郴县,并密令于途中将其杀死。㉑难矣:谓项羽在这种情况下还想成就大事,未免太困难了。㉒自矜(jīn):自夸,自负。功伐:功劳。㉓力征:用武力征服。经营:治理,整顿。㉔寤:通"悟"。

之言"(《报任安书》)为修史宗旨,不仅叙述客观,持论公允,而且在叙述历史的同时展示了一幅幅波澜壮阔的社会生活画面,刻画了一系列栩栩如生的历史人物,并且倾注了司马迁个人强烈的身世之感。因而,《史记》既是一部融贯古今的通史,又是带着作者肉体和心灵创伤的倾诉,具有强烈的个人感情色彩,对后世的史学和文学都产生了深远的影响。

【含英咀华】

《项羽本纪》是《史记》中写人和叙事最精彩的篇章之一。本文是《史记·项羽本纪》的最后一部分,记叙了项羽最后阶段的几个动人故事,塑造了一个个性特点十分鲜明的悲剧英雄形象,充满浓厚的悲剧色彩。项羽是楚汉战争中一位失败的英雄,按照《史记》的体例,"本纪"是帝王的传记,项羽并没有称帝,按理说是不应该归入"本纪"的。但在司马迁看来,项羽在秦朝灭亡后的两三年时间里,实际上控制着当时天下的大局,是实际上的帝王,所以把他也归入到"本纪"里。这也体现了司马迁对项羽这位失败的英雄的历史地位的充分肯定和对他的无比崇敬之情。

文中描写了"垓下之围""东城快战""乌江自刎"三个场面,多维度地刻画了项羽的性格。垓下被围、四面楚歌之时,项羽悲歌慷慨,写出了英雄失路之悲,对虞姬的不舍,展现了他性格中的柔情。东城一战,敌强我弱,为了证明是"天之亡我,非战之罪",项羽勇猛拼搏,心已死然意未平,展现了他性格中自强、自负的一面。本可东渡乌江,项羽却笑而拒之,赠马于亭长,赐头于故人,最后自刎而死,表现了项羽强烈的自尊和宁死不屈的英雄气概。至此,可歌可泣的末路英雄的形象跃然纸上。文末的"太史公曰"对项羽功过是非的评价既公允客观,又寄寓着作者个人的感慨,使项羽这一人物形象更具浓厚的感情色彩。

本篇在写作上的突出特点,主要表现为善于通过细节描写来刻画人物。司马迁写人物传记,善于在史事的叙述中进行合乎情理的艺术加工,写出了很多惊心动魄、引人入胜的情节和充满生活实感的细节。如"虞兮虞兮"的悲歌,既渲染了英雄末路的悲剧气氛,又表现了他"不自责"的执迷。"天之亡我"在项羽口中先后三次反复出现,充分表现出他"身死东城,尚不觉寤"的性格缺陷。项羽的可爱即在于此,可悲亦在于此。"东城快战"是司马迁正面描写项羽勇猛形象最为精彩之笔,通过语言和行为举止的描写,充分表现了项羽临战先声夺人、排山倒海的威势,分散聚合、指挥若定的大将风度和冲锋陷阵、疾如飓风的战斗风格,也证明了他自己所说的"乃天亡我,非战之罪也"的正确。"纵江东父兄怜而王我,我何面目见之?纵彼不言,籍独不愧于心乎?"几句话,充分显示出英雄本色。项羽的可敬、可叹,也正在于此。临终前将宝马赠予乌江亭长,既是对亭长好意的报答,又是对战马的深情怜爱。最后自刎,对故人吕马童说:"吾为若德",则表现出对敌人的鄙视和视死如归的精神。这些有血有肉的细节描写,使项羽这位盖世英雄显得血肉丰满,真实感人。其次,本篇语言生动形象,极富表现力,在不长的篇幅中,给我们留下了"霸王别姬""四面楚歌"等含义丰富的成语。

【思考练习】

一、文中主要描写了哪三个场面?分别表现了项羽怎样的性格?

二、简析文中的细节描写及其表现作用。

三、结合文末"太史公曰"一段评议,谈谈你对项羽历史功过及其失败原因的看法。

四、阅读下面所选《项羽本纪》的第一部分,简析这里描写的几件小事所表现的项羽的性格特征。

项羽本纪(节选)

项籍者,下相人也,字羽。初起时,年二十四。其季父项梁,梁父即楚将项燕,为秦将王翦所戮者也。项氏世世为楚将,封于项,故姓项氏。

项籍少时,学书不成,去学剑,又不成。项梁怒之。籍曰:"书足以记名姓而已。剑一人敌,不足学,学万人敌。"于是项梁乃教籍兵法,籍大喜,略知其意,又不肯竟学。项梁尝有栎阳逮,乃请蕲狱掾曹咎书抵栎阳狱掾司马欣,以故事得已。项梁杀人,与籍避仇于吴中。吴中贤士大夫皆出项梁下。每吴中有大繇役及丧,项梁常为主办,阴以兵法部勒宾客及子弟,以是知其能。秦始皇帝游会稽,渡浙江,梁与籍俱观。籍曰:"彼可取而代也。"梁掩其口,曰:"毋妄言,族矣!"梁以此奇籍。籍长八尺余,力能扛鼎,才气过人,虽吴中子弟皆已惮籍矣。

【拓展阅读】

王伯祥选注《史记选》,人民文学出版社出版
韩兆琦选注《史记选注集说》,江西人民出版社出版
司马迁撰《史记》,中华书局出版

(苏　静　刘洪仁)

进学解

韩 愈

国子先生晨入太学①，招诸生立馆下，诲之曰："业精于勤荒于嬉，行成于思毁于随②。方今圣贤相逢，治具毕张③，拔去凶邪，登崇俊良④。占小善者率以录，名一艺者无不庸⑤。爬罗剔抉⑥，刮垢磨光⑦。盖有幸而获选，孰云多而不扬⑧。诸生业患不能精，无患有司之不明；行患不能成，无患有司之不公。"

言未既，有笑于列者曰："先生欺余哉！弟子事先生，于兹有年矣。先生口不绝吟于六艺⑨之文，手不停披于百家之编。记事者必提其要，纂言者必钩其玄⑩。贪多务得，细大不捐。焚膏油以继晷⑪，恒兀兀以穷年⑫。先生之业，可谓勤矣。觝排异端⑬，攘斥佛老。补苴罅漏⑭，张皇幽眇⑮。寻坠绪⑯之茫茫，独旁搜而远绍⑰。障百川而东之⑱，回狂澜于既倒。先生之于儒，可谓有劳矣。沉浸醲郁⑲，含英咀华⑳。作为文章，其书满家。上规姚姒㉑，浑浑无涯㉒。周诰殷盘㉓，佶屈聱牙㉔。《春秋》谨严㉕，《左氏》浮夸㉖。《易》奇而法㉗，《诗》正而葩㉘。下逮《庄》《骚》㉙，太史所录㉚。子云相如㉛，同工异曲。先生之于文，可谓闳其中而肆其外矣㉜。少始知学，勇于敢为。长通于方㉝，左右具宜。先生之于为人，可谓成矣㉞。然而公不见信于人，私不见助于友。跋前踬后㉟，动辄得咎。暂

---

①国子先生：韩愈自称。韩愈当时任国子博士。国子：指国子监，是唐代主管国家教育的机构，下设国子学、太学、广文馆、四门馆、律学、书学、算学等，各置博士为教官。太学：这里指国子监。②行：德行。随：听任，率意而为。③治具：指法令。语本《史记·酷吏列传》："法令者，治之具。"张：颁布实施。④登崇：提拔重用。俊良：才德优异之人。俊：一本作"畯"。⑤名一艺者：指以某一种技艺而著称的人。庸：通"用"。⑥爬罗剔抉：比喻搜罗选拔人才。爬：梳爬，整理。罗：搜罗。剔：剔除。抉：选择。⑦刮垢磨光：刮掉污垢，打磨光亮。比喻对人才的造就、培养。⑧多：指才能高。扬：提拔。⑨六艺：指儒家的六经《诗》《书》《礼》《乐》《易》《春秋》。⑩纂言者：指理论性著作。纂：通"撰"。钩其玄：探索其深奥的道理。玄：深奥。⑪晷（guǐ）：日影。⑫兀兀：辛勤劳苦的样子。穷年：终年，整年。⑬觝（dǐ）排：抵制排斥。觝：通"抵"。异端：指儒家之外的诸家学说。⑭补苴（jū）：弥补。罅（xià）漏：缺漏。⑮张皇：张大，阐明。幽眇：指深奥隐微的义理。⑯坠绪：指已衰落不振的儒家道统。绪：指前人未竟的事业。⑰旁搜：广泛搜集。远绍：继承远古的传统。绍：继承。⑱障：堵塞。东之：使之东流入海。⑲沉浸：潜心于。醲（nóng）郁：浓厚馥郁，喻指典籍的精华。⑳含英咀华：欣赏、体味其精华、奥妙。英、华：都是花，比喻精华。㉑规：取法，学习。姚姒（sì）：指《尚书》中的《虞书》《夏书》。姚：虞舜之姓。姒：夏禹之姓。㉒浑浑无涯：深远浩渺、无边无际的样子。㉓周诰：《尚书·周书》中有《太诰》《康诰》等篇，故借指《周书》。殷盘：《尚书·商书》中有《盘庚》三篇，故借指《商书》。㉔佶（jí）屈聱牙：形容文辞艰涩拗口。㉕《春秋》谨严：意谓《春秋》经文下笔谨严认真，一丝不苟，常以一字寓褒贬。㉖《左氏》：指《左传》。浮夸：指文辞铺张华美，富于文采。范宁《春秋穀梁传集解》中有："《左氏》艳而富。"㉗《易》：指《周易》。奇而法：变化多奇而有法则。㉘《诗》：指《诗经》。正而葩：谓思想纯正而文采华美。㉙下逮：下至。《庄》《骚》：《庄子》《离骚》。㉚太史所录：指司马迁所著的《史记》。㉛子云相如：即扬雄和司马相如，二人均为西汉著名辞赋家。子云：扬雄的字。㉜闳（hóng）其中：指内容博大精深。闳：宽大。肆其外：指形式灵活自如。肆：纵恣。㉝长（zhǎng）：成年。方：大道，礼法。㉞成：成熟，完备。㉟跋前踬（zhì）后：进退两难。语出《诗经·豳风·狼跋》："狼跋其胡（颔下的垂肉），载疐（同踬）其尾。"跋：踩踏。踬：绊倒。

为御史，遂窜南夷①。三年博士②，冗不见治③。命与仇谋④，取败几时⑤。冬暖而儿号寒，年丰而妻啼饥，头童齿豁⑥，竟死何裨⑦！不知虑此，而反教人为！"

先生曰："吁！子来前。夫大木为杗⑧，细木为桷⑨，欂栌侏儒⑩，椳闑扂楔⑪，各得其宜，施以成室者，匠氏之工也。玉札丹砂⑫，赤箭青芝⑬，牛溲马勃⑭，败鼓之皮⑮，俱收并蓄，待用无遗者，医师之良也。登明选公⑯，杂进巧拙⑰，纡余为妍⑱，卓荦⑲为杰，校短量长⑳，惟器是适㉑者，宰相之方也。昔者孟轲好辩，孔道以明，辙环天下㉒，卒老于行㉓；荀卿守正㉔，大论是弘，逃谗于楚，废死兰陵㉕。是二儒者，吐辞为经㉖，举足为法㉗，绝类离伦，优入圣域㉘。其遇于世何如也？今先生学虽勤而不繇其统㉙，言虽多而不要其中㉚，文虽奇而不济于用，行虽修而不显于众㉛。犹且月费俸钱，岁靡廪粟㉜；子不知耕，妇不知织；乘马从徒，安坐而食；踵常途之促促㉝，窥陈编㉞以盗窃。然而圣主不加诛㉟，宰臣不见斥，兹非其幸欤！动而得谤，名亦随之，投闲置散㊱，乃分㊲之宜。若夫商财贿之有亡㊳，计班资之崇庳㊴，忘己量之所称㊵，指前人之瑕疵㊶，是所谓诘匠氏之不以杙为楹㊷，而訾医师以昌阳引年㊸，欲进其豨苓也㊹。"

---

①"暂为"二句：指唐贞元十九年冬韩愈任监察御史，十二月即贬为阳山（今属广东）令。窜：贬谪。南夷：南方僻远之地。②三年博士：指韩愈自唐元和元年六月至元和四年六月任国子博士（其中自元和二年夏分司洛阳）整三年。或以为"年"当作"为"，三为博士，指贞元十八年到贞元十九年初为四门博士，元和元年到元和四年任国子博士，元和七年二月复为国子博士。③冗：闲散，多余。见（xiàn）：表现，见出。治：政绩；治政之才。④命与仇谋：命运与仇敌相伴。谋：相合。⑤几时：不时，屡屡。⑥头童：秃顶。《释名·释长幼》："山无草木曰童。"引申为秃顶之义。豁（huō）：残缺，开出豁口。⑦竟死：终老到死。裨（bì）：益处，补益。⑧杗（máng）：栋梁。⑨桷（jué）：屋顶上承瓦的椽子。⑩欂（bó）栌：斗栱，柱顶上承托栋梁的方木。侏儒：梁上短木。⑪椳（wēi）：承托门枢的门臼。闑（niè）：竖立在大门中央的短木。扂（diàn）：门闩。楔（xiē）：门框两侧的长木。按以上四句意谓各种材料都量材而用，各得其所。⑫玉札：药名，即地榆。丹砂：朱砂，可入药。⑬赤箭：即天麻。青芝：即龙芝。以上四种都是名贵中药。⑭牛溲：牛尿，一说为车前草，均可入药。马勃：俗称马屁菌，可治恶疮。⑮败鼓之皮：破鼓皮，可治蛊毒。以上三种为普通药材。⑯登明选公：谓选拔人才既明察又公正。登：提拔。⑰杂进巧拙：谓对材质各异的人都量材录用。巧拙：聪明的和笨拙的。⑱纡余：指性格平和从容的人。妍：美好。⑲卓荦（luò）：超群出众。与上句"纡余"分指人的不同品性。⑳校短量长：比较其优、缺点。校：通"较"。㉑惟器是适：只求适合每个人的才能。器：才具，才能。㉒辙环天下：指孟子乘车周游列国。辙：车辙。孟子曾游历齐、宋、滕、魏等国。㉓行：道路。㉔荀卿：即荀子。守正：坚守儒家正统。㉕"逃谗"二句：荀子本为齐国稷下学宫祭酒，因被人谗毁而逃至楚国，任兰陵令（治所在今山东苍山），后被废为平民，死于兰陵。㉖吐辞为经：说出的话就是经典。㉗举足为法：做的事情成为法则。㉘优入圣域：优异而达到圣人的境界。㉙不繇其统：不是出于正宗。繇：通"由"。统：指世代相承的统绪。㉚不要（yāo）其中：不合正道。要：合，适合。《荀子·乐论》："行其缀兆，要其节奏。"中：正，正道。《荀子·性恶》："天下有中，敢直其身。"㉛行：品行。修：美好。㉜靡：浪费，消耗。廪（lǐn）粟：国家粮仓的粮食。㉝"踵常途"句：谓跟在后面亦步亦趋，疲于奔命。踵：脚跟，此用作动词，指跟随、追随。常途：世俗的旧路。促促：通"姝姝"，拘谨的样子。一本作"役役"，劳苦的样子。㉞陈编：指古籍。㉟诛：谴责，惩罚。㊱投闲置散：被安置到闲散的职位上。㊲分（fèn）：名分，本分。㊳商：计较。财贿：财货，此指俸禄。亡（wú）：通"无"。㊴班资：官职的品级。崇庳：高低。庳：通"卑"。㊵己量：指自己的能力。称（chèn）：相称，相应。㊶前人：位列自己之前的人，此指当政者。瑕疵：玉上的斑点，比喻人的缺点。㊷杙（yì）：小木桩。楹：厅堂前的柱子。㊸訾（zǐ）：指责，非议。昌阳：即菖蒲，服用可"聪耳明目，延年益心智"（《证类本草》卷六）。引年：延年益寿。㊹豨（xī）苓（líng）：即猪苓，又称豕零，是一种解渴、利尿的草药。

【作者档案】

韩愈（768—824），字退之，河阳（今河南孟州）人，世称"韩昌黎"。官至吏部侍郎，故也叫韩吏部；死后谥"文"，因此又叫韩文公。25岁考中进士，曾任四门博士、监察御史、国子监博士、刑部侍郎等职。后因谏阻唐宪宗迎佛骨，被贬为潮州（今广东潮安）刺史。两年后召回朝廷，任国子监祭酒、兵部侍郎，官终吏部侍郎。

韩愈是唐贞元、元和年间倡导"古文运动"的领袖人物。"古文运动"是一场从内容和形式方面都力图推翻骈文统治的文风复古运动，其内容一是强调"文以载道"、文道合一，以"道"即思想内容为主，反对形式主义；二是主张革新文体，建立新的文学语言，既要求"惟陈言之务去""惟古于词必己出"，必须创作出新的词语，还要求"文从字顺各识职"，建立一种自由流畅的新散文，以代替骈文的统治。

韩愈的散文内容丰富，题材广泛，形式多样，表现力强。他把新型的"古文"，应用于论、说、传、记、颂、赞、书、序等各种体裁，取得了卓越的成就，几乎每种体裁都有佳篇。韩愈的文章气势充沛、纵横捭阖，而又流畅自然。韩愈善于在前人的语言中推陈出新，创造了许多言简意赅的新颖词语。句式骈散交错，灵活多变，达到了他所追求的"气盛言宜""文从字顺"的效果。

苏轼曾以四句话高度评价韩愈的一生："文起八代之衰，而道济天下之溺，忠犯人主之怒，而勇夺三军之帅。"（《潮州韩文公庙碑》）

【含英咀华】

本文大约作于唐宪宗元和八年（813）。据《新唐书·韩愈传》说，韩愈此前任职方员外郎，因为误告了两位刺史，复贬为国子博士。韩愈因"才高数黜，官又下迁，乃作《进学解》以自喻"。文章假托国子先生和其学生关于进德修业的对话，抒发自己沉沦下僚、不被重用的牢骚，从侧面揭露了当政者的不识贤愚和用人不当，这在压抑人才的封建时代具有普遍意义。文中关于"业精于勤荒于嬉，行成于思毁于随"的训诫，言简意深，长期以来成为人们或书之于纸，或刻之于石的座右铭。

写作上，本文虽沿袭传统辞赋主客问答的形式，但又有所创新。首先，文中"先生"的话多属反语，学生的话才是韩愈真正要说的心里话，属于正面文字，即自己的不平之鸣。古人指出："《进学解》首段以进学发端，中段句句是驳，末段句句是解。前后响应，最为绵密。其格调虽本《客难》《解嘲》《答宾戏》诸篇，但诸篇都是自疏己长，此则把自家许多伎俩，许多抑郁，尽数借他人口中说出，而自家却以平心和气处之。看来无叹老嗟卑之迹，其实叹老嗟卑之心，无有甚于此者。"（林云铭《韩文起》卷二）。其次，语言形象生动，精练警策。本文充分体现了韩愈"词必己出""文从字顺"的古文理论。他创造了许多生动活泼的文学语言和新鲜活泼的词语，这些词语被后人不断沿用，已凝练成成语。最后，铺张扬厉的文风和骈偶、押韵的句式，不仅增加了纵横、排宕的气势和鼓动人心的力量，同时读起来也觉得声韵铿锵、朗朗上口，富于音乐美。

【思考练习】

一、文章第二段从哪几个方面总结了"先生"的成就？这样写有什么表达作用？

二、找出文中的比喻句，说明其比喻意义。

三、找出文中的排比句，并说明本文语言上的特点。

四、本文充分体现了韩愈"词必己出"的特点，从文中直接用为成语或经浓缩而成的成语多达二十余条，请写出这些成语。

五、文中"业精于勤荒于嬉，行成于思毁于随"二句是关于读书治学和修身励志的至理名言，请联系自己的经历，写一篇读后感。

【拓展阅读】

童第德选注《韩愈文选》，人民文学出版社出版

孙昌武选注《韩愈选集》，上海古籍出版社出版

（刘洪仁）

钴鉧潭①西小丘记

柳宗元

得西山后八日，寻山口西北道二百步，又得钴鉧潭。潭西二十五步，当湍而浚者为鱼梁②。梁之上有丘焉，生竹树。其石之突怒偃蹇③，负土而出，争为奇状④者，殆不可数。其嶔然相累而下者⑤，若牛马之饮于溪；其冲然角列而上者⑥，若熊罴⑦之登于山。

丘之小不能一亩，可以笼而有之。问其主，曰："唐氏之弃地，货而不售⑧。"问其价，曰："止四百。"余怜而售之。李深源、元克己⑨时同游，皆大喜，出自意外。即更取器用，铲刈秽草，伐去恶木，烈火⑩而焚之。嘉木立，美竹露，奇石显。由其中以望，则山之高，云之浮，溪之流，鸟兽之遨游，举熙熙然回巧献技⑪，以效兹丘之下。枕席而卧，则清泠之状与目谋⑫，潆潆⑬之声与耳谋，悠然而虚者与神谋，渊然而静者与心谋。不匝旬而得异地者二⑭，虽古好事之士，或未能至焉。

噫！以兹丘之胜，致之沣、镐、鄠、杜⑮，则贵游之士争买者，日增千金而愈不可得。今弃是州也，农夫渔父过而陋之，贾⑯四百，连岁不能售。而我与深源、克己独喜得之，是其果有遭乎！书于石，所以贺兹丘之遭也。

【作者档案】

柳宗元（773—819），字子厚。唐代文学家、哲学家，"唐宋八大家"之一。祖籍河东（今山西永济），世称柳河东；官终柳州刺史，故又称柳柳州。文与韩愈齐名，并称韩柳。柳宗元出身于官宦家庭，少有才名，早有大志。入朝为官后，积极参与王叔文集团政治革新，升礼部员外郎。唐永贞元年（805）九月，革新失败，贬为永州（今湖南零陵）司马。在此期间，写下了著名的"永州八记"。元和十年（815）春回京师，不久又出为柳州刺史。宪宗元和十四年（819）卒于柳州任所。

柳宗元与韩愈共同倡导唐代"古文运动"，大力提倡古文，明确提出"文以明道"的主张，并培养了一批青年作家。柳宗元一生留存诗文作品达600余篇。他擅写杂文、寓言、山水游记、传记。其杂文小品论说性强，笔锋犀利，讽刺辛辣，富于战斗性。游记写

---

①钴鉧潭：永州山水之一，形似熨斗，故名。钴（gǔ）鉧（mǔ）：熨斗。"永州八记"中有一篇《钴鉧潭记》，这篇《钴鉧潭西小丘记》即写钴鉧潭西的一个不知名的小山。②"当湍"句：谓在水深而急的地方是一座鱼梁。湍：急流。浚：深。鱼梁：障水的石堰，中空，以通鱼之往来。③突怒偃蹇（jiǎn）：山石崎岖的样子。突怒：高起的样子。偃蹇：屈曲起伏的样子。④奇状：一作"奇壮"。⑤嶔（qīn）然：山势耸立的样子。相累：层层相叠。⑥冲然：突起的样子。角列：如兽角斜列。⑦罴（pí）：熊的一种，体形比熊大，俗称人熊。⑧货而不售：谓作价待卖而未售出。货：卖。售：卖出。⑨李深源、元克己：作者友人。李深源名幼清，原任太府卿。元克己原任侍御史。此时同贬居永州。⑩烈火：燃起猛火。烈：作动词用。⑪举：全都。熙熙：和乐的样子。回：有运行意。⑫清泠（líng）：指天宇的清澈明净。谋：合。⑬潆潆（yíng）：泉水回流声。⑭匝（zā）旬：周旬，整十天。异地：胜地，指钴鉧潭和小丘。⑮沣（fēng）、镐（hào）、鄠（hù）、杜：皆古地名，都是唐代帝都近邻豪贵们居住的地方。沣：借作"丰"，在今西安市西南，周文王所都。镐：在今西安市西南，周武王所都。鄠：在今西安市西南，汉上林苑所在。杜：在今西安市东南，亦称杜陵。⑯贾：通"价"。

景状物，多所寄托，最为世人称道。韩愈称他的散文"雄深雅健，似司马子长"，对其散文的风格特色和历史地位给予了高度评价。有《柳河东集》。

【含英咀华】

本篇是"永州八记"的第三篇。山水游记是柳宗元最具特色的文学作品，尤其是他在永州期间创作的八篇游记，一方面用清新的笔触对永州的佳山秀水作了精细描绘，流露出淡雅情趣；另一方面又借山水以表达自己被贬的愤懑和对人生的哲学思考，具有很高的文学价值。

文章着力描写了小丘群石"突怒偃蹇""嵚然相累"的奇状异态，"回巧献技""枕席而卧"的游丘佳趣。从偶遇小丘，买下小丘，"铲刈秽草，伐去恶木"，到"嘉木立，美竹露，奇石显"，作者为之深慨的是小丘"货而不售"的命运。从小丘"农夫渔父过而陋之""连岁不能售"的遭遇中，想到自己被弃永州、不得赏识的人生境遇，曲折地表现了对被贬谪处境的不满和渴望得到重用的心情。小丘终逢识者，稍加整理，呈现出生机盎然的独特景观，更与作者流落不遇的心情形成映照，流露出作者对无情现实的悲愤和无奈之情。

此文短小精悍，语言精粹，体现了柳宗元"意尽便止"的为文主张，凸显了柳宗元游记幽深冷峭的风格和作者凄苦忧郁的自我心境。

【思考练习】

一、本文写钴鉧潭因僻处永州而"贾四百，连岁不能售"的遭遇，并对此大发感慨，这有什么寄托意义？试联系作者的身世处境作简要分析。

二、"铲刈秽草，伐去恶木，烈火而焚之。嘉木立，美竹露，奇石显。"这几句描写寄寓了作者怎样的情感？

三、本文的写作特点是什么？

四、柳宗元的山水游记往往寓情于景，其笔下的山水景物大多打上了作者个人的情感烙印。试阅读"永州八记"中的其他各篇，体会这一特点。

【拓展阅读】

尚永亮撰《柳宗元诗文选评》，上海古籍出版社出版

高文、屈光选注《柳宗元选集》，上海古籍出版社出版

（陈　远）

后赤壁赋

苏 轼

　　是岁十月之望①，步自雪堂②，将归于临皋③。二客从予，过黄泥之坂④。霜露既降，木叶尽脱。人影在地，仰见明月，顾而乐之，行歌相答⑤。已而叹曰："有客无酒，有酒无肴，月白风清，如此良夜何⑥？"客曰："今者薄暮⑦，举网得鱼，巨口细鳞，状似松江之鲈⑧。顾安所得酒乎⑨？"归而谋诸妇。妇曰："我有斗酒，藏之久矣，以待子不时之须⑩。"于是携酒与鱼，复游于赤壁之下。江流有声，断岸千尺⑪，山高月小，水落石出。曾日月之几何，而江山不可复识矣！

　　予乃摄衣而上⑫，履巉岩⑬，披蒙茸⑭，踞虎豹⑮，登虬龙⑯，攀栖鹘⑰之危巢，俯冯夷之幽宫⑱。盖二客不能从焉。划然长啸⑲，草木震动，山鸣谷应，风起水涌。予亦悄然⑳而悲，肃然㉑而恐，凛乎㉒其不可留也。反而登舟，放㉓乎中流，听其所止而休焉㉔。

　　时夜将半，四顾寂寥。适有孤鹤，横江东来。翅如车轮，玄裳缟衣㉕，戛然㉖长鸣，掠㉗予舟而西也。须臾客去，予亦就睡。梦一道士，羽衣翩跹㉘，过临皋之下，揖予㉙而言曰："赤壁之游乐乎？"问其姓名，俯而不答。"呜呼！噫嘻！我知之矣。畴昔之夜㉚，飞鸣而过我者，非子也邪？"道士顾笑，予亦惊寤㉛。开户视之，不见其处。

【作者档案】

　　见"第二单元　诗歌精品"中《蝶恋花·春景》。

---

①是岁：承《前赤壁赋》"壬戌之秋"而言，指宋神宗元丰五年（1082）。望：十五日。②步自雪堂：从雪堂步行出发。雪堂：苏轼贬居黄州时所建的新居，离他在临皋的住处不远，在黄冈东。此堂在大雪时建成，四壁装饰有雪景画，故名"雪堂"。③临皋（gāo）：亭名，在黄冈南长江边上。当时苏轼寓居于此。④黄泥之坂（bǎn）：黄冈东面东坡附近的山坡。坂：斜坡，山坡。⑤行歌相答：边走边吟诗相唱和。⑥如此良夜何：怎样度过这个美好的夜晚呢？如……何：怎样对待……⑦今者薄暮：方才傍晚的时候。薄暮：太阳将落天快黑的时候。薄：迫，逼近。⑧松江之鲈（lú）：鲈鱼是松江（今属上海市）的名产，体扁，嘴大，鳞细，味鲜美，是有名的美味。⑨顾安所得酒乎：但是从哪儿能弄到酒呢？顾：但是，可是。安所：何所，哪里。⑩不时之须：随时的需要。须：通"需"。⑪断岸千尺：江岸上山壁峭立，高达千尺。断：斩断，这里形容山壁峭立的样子。⑫摄衣：提起衣襟。⑬履巉岩：登上险峻的山崖。履：践，踏。巉岩：险峻的山石。⑭披蒙茸：分开乱草。蒙茸：杂乱的丛草。⑮踞：蹲或坐。虎豹：指形似虎豹的山石。⑯登虬（qiú）龙：游走于树林之间。虬龙：指枝柯弯曲形似虬龙的树木。⑰栖鹘（hú）：睡在树上的鹘。栖：鸟宿。鹘：即隼，是鹰的一种。⑱俯冯（píng）夷之幽宫：低头看水神冯夷的深宫。冯夷：水神，即河伯。幽：深。⑲划然长啸：高声长啸。划然：象声词，形容长啸的声音。长啸：撮口发出清越而悠长的声音。⑳悄（qiǎo）然：忧伤的样子。㉑肃然：因恐惧而收敛的样子。㉒凛乎：恐惧的样子。㉓放：纵，遣。这里有任船飘荡的意思。㉔"听其"句：任凭那船停止在什么地方就在什么地方休息。㉕玄裳缟衣：白衣黑裙。玄：黑。裳：下服。缟：白。衣：上衣。仙鹤身上的羽毛是白的，尾巴是黑的，所以这样说。㉖戛（jiá）然：形容鹤、雕一类的鸟高声叫唤的声音。㉗掠：擦过。㉘羽衣翩跹：穿着羽衣轻快地走着。羽衣：用鸟羽制成的衣服，道士所服。㉙揖予：向我拱手施礼。㉚畴昔之夜：昨天晚上。语出《礼记·檀弓》上篇"予畴昔之夜"。㉛寤：觉，醒。

【含英咀华】

宋神宗元丰二年（1079），苏轼于"乌台诗案"入狱获释后被贬为黄州（今湖北黄冈）团练副使。沉重的打击、艰难的处境、坎坷的经历、复杂的心态等诸种因素，使苏轼更深刻地理解了社会和人生。元丰五年（1082）秋、冬，苏轼先后两次游览了黄州附近的赤壁，写下两篇以赤壁为题的赋，即《赤壁赋》和《后赤壁赋》，后世也称《赤壁赋》为《前赤壁赋》，而此篇即为《前赤壁赋》的续篇。前赋主要是谈玄说理，后赋却是以叙事写景为主；前赋描写的是初秋的江上夜景，后赋则主要写江岸上的活动，时间也移至孟冬。一样的赤壁江山，不同季节的景色特征，在苏轼笔下得到了生动、逼真的反映。

全文描写了长江月夜的优美景色，同时也抒发了作者的人生感慨。第一段描写初冬月夜之景与踏月之乐，隐伏着游兴，自然引出主客对话。先有"有客无酒""有酒无肴"之憾，后有"携酒与鱼"而游之乐。几行文字，写景，叙事，抒情，三者融为一体。"归而谋诸妇"几句插叙，增添了文章的生活气息，使整段铺垫文字更呈异彩。"江流有声"四句写景，展现了赤壁崖峭山高而空清月小、水溅流缓而石出有声的初冬独特夜景，诱发了作者弃舟登岸攀崖游山的雅兴。第二段写登临游览过程，是全文重心。作者不吝笔墨地写出了赤壁夜游的意境，安谧清幽，山川寒寂。"履巉岩，披蒙茸，踞虎豹，登虬龙，攀栖鹘之危巢，俯冯夷之幽宫"，境界高远，令人心胸开阔。然而，当作者独自一人登临绝顶时，"划然长啸，草木震动，山鸣谷应，风起水涌"的场景使他顿生凄清之情、忧惧之心，不得不返回舟中。其心情变化，极腾挪跌宕之姿。第三段借孤鹤道士的梦幻之境，表现旷然豁达的胸怀和羡仙出世的思想。先写一只孤鹤"横江东来""戛然长鸣"，后擦舟西去，为下文写梦埋下伏笔。游后入睡的苏轼于梦中见到曾经化作孤鹤的道士，在"揖予""不答""顾笑"的神秘幻觉中，表露了作者出世入世思想矛盾所带来的内心苦闷。结尾处"开户视之，不见其处"，一笔双关，余味深长，将苦闷与希望糅合在诗化境界中。孤独、寂寞、高贵、幽雅、超凡脱俗的孤鹤历来是道家的神物。乘鹤是道化升仙的标志，苏轼不仅借孤鹤以表达自己高贵幽雅、超凡脱俗、自由自在的心境，更表现了那种超越现实的痛苦遗世的精神。

《后赤壁赋》沿用了赋体主客问答、抑客伸主的传统格局，骈散并用，情景兼备，展示了作者高超的表达能力和语言技巧。

【思考练习】

一、这篇赋渲染的气氛前后有什么变化？
二、这篇赋中的孤鹤有什么象征意义？
三、末段所写的梦境寄托了作者怎样的情思？
四、与中学学过的《赤壁赋》比较，两赋的写作重心和思想情绪有何不同？

【拓展阅读】

王水照、聂安福选注《苏轼散文精选》，东方出版中心出版
王水照选注《苏轼选集》，上海古籍出版社出版

（陈　远　刘洪仁）

卖柑者言

刘 基

杭①有卖果者，善藏柑，涉寒暑不溃②。出之烨然③，玉质而金色。置于市，贾④十倍，人争鬻⑤之。予贸⑥得其一，剖之，如有烟扑口鼻，视其中，干若败絮⑦。予怪而问之曰："若所市于人者，将以实笾豆⑧，奉祭祀，供宾客乎？将炫外以惑愚瞽也？甚矣哉为欺也！"

卖者笑曰："吾业是⑨有年矣，吾赖是以食吾躯。吾售之，人取之，未尝有言，而独不足子所乎？世之为欺者不寡矣，而独我也乎？吾子未之思也。今夫佩虎符、坐皋比者⑩，洸洸乎干城之具也⑪，果能授孙吴⑫之略耶？峨大冠、拖长绅者⑬，昂昂乎庙堂之器⑭也，果能建伊皋之业⑮耶？盗起而不知御，民困而不知救，吏奸而不知禁，法斁⑯而不知理，坐糜廪粟⑰而不知耻。观其坐高堂，骑大马，醉醇醲而饫肥鲜者⑱，孰不巍巍乎可畏，赫赫乎可象也⑲？又何往而不金玉其外、败絮其中也哉！今子是之不察，而以察吾柑！"

予默默无以应。退而思其言，类东方生滑稽之流⑳。岂其愤世疾邪者耶？而托于柑以讽耶？

【作者档案】

刘基（1311—1375），字伯温，青田（今浙江青田）人。元至顺四年（1333）举进士，曾任江西高安县丞、江浙儒学副提举等职，后弃官归隐。协助朱元璋建立明王朝，为明开国功臣。官至御史中丞兼太史令，封诚意伯。有《诚意伯文集》。

刘基是元末明初著名诗文家之一，其散文与宋濂并称，《明史》本传称他"所为文章，气昌而奇，与宋濂并为一代之宗"。他善于以寓言故事的形式反映民生疾苦，揭露社会时弊。刘基在诗歌创作方面也具有自己的特点，尤长乐府、古体，以反映社会现实、抒发悲愤不平之情为主，风格"沉郁顿挫，自成一家"（《四库全书总目提要》）。

【含英咀华】

本篇为刘基散文的代表作。开篇先从一个卖柑者说起。杭州一个卖水果的商人，善于贮藏柑橘，经一年而不烂，外表如玉一般细腻，似金一般亮鲜，但里面却干枯如破棉絮。

---

①杭：浙江杭州。②涉：经过。溃：腐烂。③烨（yè）然：光鲜的样子。④贾：通"价"，价格。⑤鬻（yù）：购买。⑥贸：买。⑦败絮：破棉絮。⑧实：充实，填满。笾（biān）豆：古代礼器，祭祀或宴会时用。笾：盛果品等物的竹器。豆：盛肉食等物的木器。⑨业是：以此为业。⑩佩虎符、坐皋比（pí）者：指武将。虎符：虎形的兵符。皋比：虎皮，此指武将坐的虎皮椅。⑪洸（guāng）洸乎：威武的样子。干城之具：捍卫国家的将才。干：盾。具：指人才。⑫孙吴：指我国古代著名的军事家孙武和吴起。⑬"峨大冠"句：戴着高高的官帽、拖着长长的绶带的人，即官居显位的达官贵人，也就是下句的"庙堂之器"。绅：古代士大夫束在腰间并垂下一截作装饰的绶带。⑭庙堂之器：指治国安邦的朝廷重臣。⑮伊皋之业：贤明宰相的功业。伊：即伊尹，商汤的大臣。皋：即皋陶（yáo），相传为舜时掌管刑法的大臣。⑯斁（dù）：败坏。⑰坐糜廪粟：白白浪费国家的粮食。⑱醇醲（í）：美酒。饫（yù）：饱食。⑲赫赫乎：盛气凌人的样子。象：效法。⑳东方生：东方朔，汉武帝时人，常以滑稽的言论讽谏皇帝。滑（gǔ）稽：诙谐风趣，机智善辩。

作者于是责问道:"若所市于人者……将炫外以惑愚瞽也?甚矣哉为欺也!"接下来卖柑者进行了一番答辩。这段诙谐机智的回答,正是全篇主旨所在。作者借卖柑者之口,指出那些坐高堂、骑大马、饱食佳肴、神气十足的文臣武将,实际上都是一些不懂用兵、不会治国、平庸无能、白吃朝廷俸禄的蠢物,就像"金玉其外,败絮其中"的柑橘,外表道貌岸然、冠冕堂皇,实则是腹内空空的大草包,从而巧妙地揭露了当时的社会现实,表达了自己的愤世嫉俗之情。

全篇采取设辞问答的形式,从一个"欺"字生发议论,由远及近,由表及里。文章巧妙地以卖柑者之言讥讽了那些表面道貌岸然,实则腹内空空、无德无才的达官贵人,论辩层层递进,语言机智犀利。尤其是"果能……"几个反诘句式的运用,增强了全文的气势,而卖柑者最后直言"今子是之不察,而以察吾柑",不禁引人深思,令人回味无穷。结尾处,作者自问"岂其愤世疾邪者耶?而托于柑以讽耶?"看似疑惑,实为深化题旨、画龙点睛之笔。

【思考练习】

一、本文的主要内容是什么?作者通过卖柑者之言主要讽刺了什么?
二、面对卖柑者的反问,作者为何"默默无以应"?
三、本文在写作上有什么特点?
四、阅读刘基的《郁离子·狙公》,简要分析其深刻的思想意义。

郁离子·狙公

楚有养狙以为生者,楚人谓之狙公。旦日,必部分众狙于庭,使老狙率以之山中,求草木之实,赋什一以自奉。或不给,则加鞭棰焉。群狙皆畏苦之,弗敢违也。

一日,有小狙谓众狙曰:"山之果,公所树与?"曰:"否也,天生也。"曰:"非公不得而取与?"曰:"否也,皆得而取也。"曰:"然则吾何假于彼而为之役乎?"言未既,众狙皆寤。其夕,相与伺狙公之寝,破栅毁柙,取其积,相携而入于林中,不复归。狙公卒馁而死。

郁离子曰:"世有以术使民而无道揆者,其如狙公乎?惟其昏而未觉也,一旦有开之,其术穷矣。"

【拓展阅读】

刘明今选注《刘基散文选集》,百花文艺出版社出版
席水君注译《古今第一寓言——郁离子全译》,四川人民出版社出版

(苏 静)

就任北京大学校长之演说

蔡元培

　　五年前，严几道①先生为本校校长时，余方服务教育部，开学日曾有所贡献于同校。诸君多自预科②毕业而来，想必闻知。士别三日，刮目相见，况时阅数载，诸君较昔当必为长足之进步矣。予今长斯校，请更以三事为诸君告。

　　一曰抱定宗旨。诸君来此求学，必有一定宗旨，欲知宗旨之正大与否，必先知大学之性质。今人肄业专门学校，学成任事，此固势所必然，而在大学则不然。大学者，研究高深学问者也。外人每指摘本校之腐败，以求学于此者，皆有做官发财思想，故毕业预科者，多入法科，入文科者甚少，入理科者尤少，盖以法科为干禄之终南捷径③也。因做官心热，对于教员，则不问其学问之浅深，惟问其官阶④之大小。官阶大者，特别欢迎，盖为将来毕业有人提携也。现在我国精于政法者，多入政界，专任教授者甚少，故聘请教员，不得不聘请兼职之人，亦属不得已之举。究之外人指摘之当否，姑不具论。然弭谤莫如自修，人讥我腐败，而我不腐败，问心无愧，于我何损？果欲达其做官发财之目的，则北京不少专门学校，入法科者尽可肄业于法律学堂，入商科者亦可投考商业学校，又何必来此大学？所以诸君须抱定宗旨，为求学而来。入法科者，非为做官；入商科者，非为致富。宗旨既定，自趋正轨。诸君肄业于此，或三年，或四年，时间不为不多，苟能爱惜分阴，孜孜求学，则其造诣，容有底止⑤。若徒志在做官发财，宗旨既乖，趋向自异。平时则放荡冶游⑥，考试则熟读讲义，不问学问之有无，惟争分数之多寡；试验既终，书籍束之高阁，毫不过问，敷衍三四年，潦草塞责，文凭到手，即可借此活动于社会，岂非与求学初衷大相背驰乎？光阴虚度，学问毫无，是自误也。且辛亥之役，吾人之所以革命，因清廷官吏之腐败。即在今日，吾人对于当轴⑦多不满意，亦以其道德沦丧。今诸君苟不于此时植其基，勤其学，则将来万一因生计所迫，出而任事，但任讲席，则必贻误学生；置身政界，则必贻误国家。是误人也。误己误人，又岂本心所愿乎？故宗旨不可以不正大。此余所希望于诸君者一也。

　　二曰砥砺德行。方今风俗日偷⑧，道德沦丧，北京社会，尤为恶劣，败德毁行之事，触目皆是，非根基深固，鲜不为流俗所染。诸君肄业大学，当能束身自爱。然国家之兴替，视风俗之厚薄。流俗如此，前途何堪设想。故必有卓绝之士，以身作则，力矫颓俗。诸君为大学学生，地位甚高，肩此重任，责无旁贷，故诸君不惟思所以感己，更必有以励人。苟德之不修，学之不讲，同乎流俗，合乎污世，己且为人轻侮，更何足以感人。然诸君终日伏首案前，芸芸⑨攻苦，毫无娱乐之事，必感身体上之苦痛。为诸君计，莫如以正

---

①严几道：即严复（1854—1921），字几道，近代著名启蒙思想家、翻译家，京师大学堂改名为北京大学后的第一任校长。②预科：大学基础课程或桥梁课程，读大学前的预备教育。当时北京大学设有文、法、理、工科和预科。预科相当于北京大学的附属高中，学制为三年（后改为两年），毕业后可免试升入本科。③终南捷径：唐代诗人卢藏用曾隐居于长安附近的终南山，借此赢得名声做了大官。后遂用"终南捷径"比喻求官最便捷的门路，也比喻达到目的的便捷门径。④官阶：官员的等级次第。⑤容有底止：犹言前途无量。容：或许，也许。底止：止境。⑥冶游：原指春天或节日里男女外出游玩，后专指狎妓。⑦当轴：指执政者。⑧偷：苟且。⑨芸芸：众多的样子。

当之娱乐，易不正当之娱乐，庶于道德无亏，而于身体有益。诸君入分科时，曾填写愿书，遵守本校规则，苟中道而违之，岂非与原始之意相反乎？故品行不可以不谨严。此余所希望于诸君者二也。

三曰敬爱师友。教员之教授，职员之任务，皆以图诸君求学便利，诸君能无动于衷乎？自应以诚相待，敬礼有加。至于同学共处一室，尤应互相亲爱，庶可收切磋之效。不惟开诚布公，更宜道义相劝，盖同处此校，毁誉共之。同学中苟道德有亏，行有不正，为社会所訾訾，己虽规行矩步，亦莫能辨，此所以必互相劝勉也。余在德国，每至店肆购买物品，店主殷勤款待，付价接物，互相称谢，此虽小节，然亦交际所必需，常人如此，况堂堂大学生乎？对于师友之敬爱，此余所希望于诸君者三也。

余到校视事仅数日，校事多未详悉，兹所计划者二事：一曰改良讲义。诸君既研究高深学问，自与中学、高等不同，不惟恃教员讲授，尤赖一己潜修。以后所印讲义，只列纲要，细微末节，以及精旨奥义，或讲师①口授，或自行参考，以期学有心得，能裨实用；二曰添购书籍。本校图书馆书籍虽多，新出者甚少，苟不广为购办，必不足供学生之参考。刻拟②筹集款项，多购新书，将来典籍满架，自可旁稽博采③，无虞缺乏矣。今日所与诸君陈说者只此，以后会晤日长，随时再为商榷可也。

【作者档案】

蔡元培（1868—1940），字鹤卿，浙江绍兴府山阴县（今浙江绍兴）人，革命家、教育家、政治家。1902年与蒋智由等创办中国教育会并任会长，创立爱国学社和爱国女学，宣传民主革命思想。1904年与陶成章等组织建立了光复会，被举为会长。次年参加同盟会，为上海分会会长。1912年任南京临时政府教育总长，发表《对于教育方针之意见》，提出了"五育"并举的教育方针和"尚自然""展个性"的儿童教育主张。任职期间，主持制定"壬子癸丑学制"，实行小学男女同校、废除读经等改革措施。1917年任北京大学校长，提倡"学术自由"，主张对新旧思想"兼容并包"，使北京大学成为新文化运动的发祥地；同时实行教授治校，宣传劳工神圣，"以美育代宗教"。1927年任南京国民政府大学院院长，后改任中央研究院院长。其教育论著有《蔡元培教育文选》《蔡元培教育论著选》等，其全部著作已汇编为《蔡元培全集》。

【含英咀华】

本文是1917年1月9日蔡元培就任北京大学校长时的演说，它对北京大学乃至整个中国现代的大学教育都产生过重要影响。

北京大学的前身是创办于1898年的京师大学堂，这是中国第一所现代意义上的大学。但1917年蔡元培接任之前的北京大学，总的来说还是一所封建思想、官僚习气十分浓厚的学府。蔡元培接任校长后，坚定地按照自己的教育理念进行改革，两三年后便使北京大学从一个培养官僚的腐朽机构一跃而成为全国进步青年仰慕的学府。这篇演说，正是蔡元培教育思想的体现，同时也是一位校长对青年学子的谆谆教诲。在演讲中，他在简单地回顾了自己与北京大学的渊源后，就以校长的身份直截了当地对青年学子提出了三点要求：

---

①讲师：此指讲课的老师，不是职称名。②刻拟：立即着手。③旁稽博采：广泛征求采购。旁：广泛。稽：考查，调查。

抱定宗旨、砥砺德行、敬爱师友。这几点要求绝非泛泛而谈，而是直接针对当时的社会风气和北京大学的沉疴而提出的，每一点都极富针对性，都事关北京大学的前途和命运。

第一点高屋建瓴地指出了大学的性质，要求学子们明确求学的目的。他旗帜鲜明地提出："大学者，研究高深学问者也。"大学不是做官发财的跳板，而是研究高深学问的地方，这一观点在当时可以说振聋发聩，直指北京大学多年弊端。在批判了种种腐败现象之后，作者明确要求青年学子一定要有正大的宗旨。对此，文章从正反两方面进行了论述：为求学而来到北大者，会倍加珍惜这几年的大好光阴，刻苦攻读，为今后的发展打下坚实的底子；只为做官发财而来者，则往往容易敷衍塞责，误己误国。第二点则着眼于道德品行。这一点也是有的放矢的。当时正是皖、直、奉三大军阀派系混战时期，社会动荡不安。在思想领域，人们失去了旧有的道德规范，有些人甚至丧失了起码的道德底线，社会上下腐败成风，"败德毁行之事，触目皆是"。所以蔡元培先生希望北大学子能以天下为己任，以身作则，担当起匡正流俗的职责，为天下人做道德的楷模。第三点是从个人修养方面来说的。他希望北大学子能尊敬师长、团结友爱，特别是同学之间要相互勉励，共同维护北大的荣誉。这些教诲既严肃认真，又体贴入微，可谓语重心长，体现了一个长者对青年学子的关爱，让人如沐春风。

这三点看起来并不高深，今天看来也并无新意，但在当时却有着振聋发聩、匡正时弊的重要意义。正是因为有了蔡元培在北京大学的锐意改革，才使北京大学从陈腐封建的泥潭中走上了现代大学发展的正轨，逐步成为一所真正具有现代意义的大学，为成就今后的百年辉煌打下了坚实的基础。

文章观点鲜明，主题突出。作者围绕"抱定宗旨""砥砺德行""敬爱师友"三个观点展开说理，紧密联系现实，或正面论证，或反面辩驳，既能以理服人，又能以情动人。正面阐述之后，又继以反诘问难，如"又何必来此大学？""岂非与求学初衷大相背驰乎？""又岂本心所愿乎？""岂非与原始之意相反乎？""常人如此，况堂堂大学生乎？"这些反问句，既增强了文章的气势，也强化了说理的力量，让听者大有芒刺在背、发人深思猛醒之感。

【思考练习】

一、谈谈你对"大学者，研究高深学问者也"的理解。

二、简述 1917 年之前北京大学发展简史，尤其是蔡元培接任校长时北京大学的现状。

三、这篇演讲主要提出了哪几个观点？这些观点各有什么现实针对性？

四、选择这篇演讲中的某一个观点深入思考，谈谈你的理解，写一篇心得体会，在课堂上做主题发言。

五、谈谈你对当代大学教育现状的思考与看法。

【拓展阅读】

张汝伦编《蔡元培文选》，上海远东出版社出版

高平叔编《蔡元培教育论著选》，人民教育出版社出版

（刘洪仁）

秋 夜

鲁 迅

在我的后园,可以看见墙外有两株树,一株是枣树,还有一株也是枣树。

这上面的夜的天空,奇怪而高,我生平没有见过这样的奇怪而高的天空。他仿佛要离开人间而去,使人们仰面不再看见。然而现在却非常之蓝,闪闪的睒①着几十个星星的眼,冷眼。他的口角上现出微笑,似乎自以为大有深意,而将繁霜洒在我的园里的野花草上。

我不知道那些花草真叫什么名字,人们叫他们什么名字。我记得有一种开过极细小的粉红花,现在还开着,但是更极细小了,她在冷的夜气中,瑟缩地做梦,梦见春的到来,梦见秋的到来,梦见瘦的诗人将眼泪擦在她最末的花瓣上,告诉她秋虽然来,冬虽然来,而此后接着还是春,胡蝶乱飞,蜜蜂都唱起春词来了。她于是一笑,虽然颜色冻得红惨惨地,仍然瑟缩着。

枣树,他们简直落尽了叶子。先前,还有一两个孩子来打他们别人打剩的枣子,现在是一个也不剩了,连叶子也落尽了。他知道小粉红花的梦,秋后要有春;他也知道落叶的梦,春后还是秋。他简直落尽叶子,单剩干子,然而脱了当初满树是果实和叶子时候的弧形,欠伸得很舒服。但是,有几枝还低亚着,护定他从打枣的竿梢所得的皮伤,而最直最长的几枝,却已默默地铁似的直刺着奇怪而高的天空,使天空闪闪的鬼睒眼;直刺着天空中圆满的月亮,使月亮窘得发白。

鬼睒眼的天空越加非常之蓝,不安了,仿佛想离去人间,避开枣树,只将月亮剩下。然而月亮也暗暗地躲到东边去了。而一无所有的干子,却仍然默默地铁似的直刺着奇怪而高的天空,一意要制他的死命,不管他各式各样地睒着许多蛊惑的眼睛。

哇的一声,夜游的恶鸟飞过了。

我忽而听到夜半的笑声,吃吃②地,似乎不愿意惊动睡着的人,然而四围的空气都应和着笑。夜半,没有别的人,我即刻听出这声音就在我嘴里,我也即刻被这笑声所驱逐,回进自己的房。灯火的带子也即刻被我旋高了。

后窗的玻璃上丁丁③地响,还有许多小飞虫乱撞。不多久,几个进来了,许是从窗纸的破洞进来的。他们一进来,又在玻璃的灯罩上撞得丁丁地响。一个从上面撞进去了,他于是遇到火,而且我以为这火是真的。两三个却休息在灯的纸罩上喘气。那罩是昨晚新换的罩,雪白的纸,折出波浪纹的叠痕,一角还画出一枝猩红色的栀子。

猩红的栀子开花时,枣树又要做小粉红花的梦,青葱地弯成弧形了……我又听到夜半的笑声;我赶紧砍断我的心绪,看那老在白纸罩上的小青虫,头大尾小,向日葵子似的,只有半粒小麦那么大,遍身的颜色苍翠得可爱,可怜。

---

①睒(shǎn):同"眨",眼睛很快地一闭一开。②吃吃(qī):形容笑声。③丁丁(zhēng):拟声词。

我打一个呵欠，点起一支纸烟，喷出烟来，对着灯默默的敬奠这些苍翠精致的英雄们。

一九二四年九月十五日

【作者档案】

鲁迅（1881—1936），原名周樟寿，字豫山，后改名周树人，字豫才。浙江绍兴人。中国现代文学的奠基人。出身于封建士大夫家庭，幼年时深受传统文化和民间文艺熏陶。1898年考入南京江南水师学堂，翌年转入矿务铁路学堂，开始接受达尔文的进化论思想。1902年赴日本留学，初在仙台医专学医，后弃医从文，希望用笔"引起疗救的注意"，唤醒国人灵魂，改变国民精神。1918年首次以"鲁迅"为笔名在《新青年》上发表了中国现代文学史上第一篇白话小说《狂人日记》。五四运动后，他积极推动新文化运动，加入语丝社，组织创办莽原社、未名社，以此作为其文学革命的阵地。他曾在北京大学、北京女子高等师范学校、厦门大学、中山大学执教。1927年定居上海，发起成立"左翼作家联盟"。1936年10月19日因病逝世，享年56岁。

鲁迅一生一直站在反帝反封建的斗争最前列，堪称现代中国的民族魂。鲁迅深刻而超越时代的精神、思想和精湛而极富创造力的文学创作，深刻地影响着他的读者和一代代中国现代作家与现代知识分子，构成了中国现代文学的一个独特现象。鲁迅的主要作品有小说集《呐喊》《彷徨》《故事新编》，散文集《朝花夕拾》，散文诗集《野草》，杂文集《坟》《热风》《华盖集》《三闲集》《二心集》《伪自由书》《且介亭杂文》等，学术著作《中国小说史略》《汉文学史纲要》等。

【含英咀华】

《秋夜》是鲁迅的散文诗集《野草》中的第一篇作品，作于1924年9月15日，发表于同年12月1日《语丝》周刊第3期。当时的中国，外受帝国主义列强侵略，内有军阀混战，仍然处于黑夜之中。在经过了辛亥革命和五四运动以后，鲁迅更加看透了旧势力的凶恶和暂时的强大，深感必须进行持久不断的"韧性的战斗"。而军事独裁和文化专制的淫威使进步作家"难以直说"，只能采取隐晦曲折的形式予以表露。《秋夜》就是运用隐喻象征的手法表现这一思想的杰作。文章抨击了以"夜空"为象征的北洋军阀黑暗势力，赞颂了以"枣树"为象征的勇士们的韧性战斗精神。

在写作上，本文最显著的特点是大量运用象征手法，表达对当时黑暗现实的不满与反抗。夜空与枣树是本文构思的基础，枣树对夜空的抗争也是整篇作品描写的中心。作品塑造了这两个鲜明对立的形象，并以此为载体，歌颂了枣树对夜空的顽强斗争精神。为了表现这一主题，文章不仅用夜空的阴冷肃杀、高深莫测和威严狡猾来反面衬托，还用小粉红花的美妙幻想和小青虫对光明的热烈追求来烘托枣树的坚韧性格。因而在这里，夜空、枣树、小粉红花、小青虫，还有夜游的恶鸟等，都各有其象征意义。枣树是全篇的主要意象。枣树挺立于严寒的秋夜，能在树叶尽落，"单剩干子"，遍体布满"皮伤"的境遇下仍执着于现实的战斗。它倔强坚强，坚忍不拔，虽孤军奋战却善于战斗并能保护自己，在它的"直刺"下，天空不安了，圆满的月亮也窘得发白。这枣树，就是坚忍不拔地同黑暗势力进行持久抗争的英勇斗士的象征，也是作者战斗精神的真实写照。枣树与夜空的对峙，进行着殊死的斗争，是现实社会中觉醒的勇士与黑暗势力斗争的象征。那"奇怪而高"的秋夜的夜空，是统治现实世界的黑暗势力的象征。作者通过这一形象，无情抨击了统治者冷酷、狰狞的面目。"细小的粉红花"和"小青虫"，是作者怜惜、赞扬又委婉批评的，"粉红花"是有着梦想却易将梦想耽于幻想的青年，而"小青虫"是勇于牺牲的革命青年，尽管有些鲁莽和冲动，但他们为追求光明的牺牲精神值得称颂，这在黑暗的当时也是一种光明的希望。文中还值得一提的是"我"，一个贯穿始终的人物，"我"的笑是"我"在思考中情感的外露，也同时体现了我的矛盾和压抑，因为在第二次听到"笑声"后，我"赶忙砍断我的心绪"。此外，作者还巧用拟人、比喻、排比等修辞手法，使文章具有强烈的画面感、音乐感和节奏感。

【思考练习】

一、本文中"枣树"和"夜空"的形象各有什么象征意义？作者通过这两个对立的形象主要是表达一种什么思想？

二、本文在艺术表现上最突出的特点是什么？试找出文中具有象征意义的景物并说明其象征意义。

三、这篇散文诗运用了哪些修辞手法？请举例说明。

四、文章开篇说："在我的后园，可以看见墙外有两株树，一株是枣树，还有一株也是枣树。"这是一种什么修辞手法？有什么表达效果？

【拓展阅读】

钱理群、王得后编选《鲁迅散文》，浙江文艺出版社出版

钱理群、王得后编《鲁迅杂文全编》，浙江文艺出版社出版

（张　晶　刘洪仁）

桨声灯影里的秦淮河

朱自清

一九二三年八月的一晚,我和平伯同游秦淮河;平伯是初泛,我是重来了。我们雇了一只"七板子"①,在夕阳已去,皎月方来的时候,便下了船。于是桨声汩——汩,我们开始领略那晃荡着蔷薇色的历史的秦淮河的滋味了。

秦淮河里的船,比北京万牲园②,颐和园的船好,比西湖的船好,比扬州瘦西湖的船也好。这几处的船不是觉着笨,就是觉着简陋、局促;都不能引起乘客们的情韵,如秦淮河的船一样。秦淮河的船约略可分为两种:一是大船;一是小船,就是所谓"七板子"。大船舱口阔大,可容二三十人。里面陈设着字画和光洁的红木家具,桌上一律嵌着冰凉的大理石面。窗格雕镂颇细,使人起柔腻之感。窗格里映着红色蓝色的玻璃;玻璃上有精致的花纹,也颇悦人目。"七板子"规模虽不及大船,但那淡蓝色的栏杆,空敞的舱,也足系人情思。而最出色处却在它的舱前。舱前是甲板上的一部。上面有弧形的顶,两边用疏疏的栏杆支着。里面通常放着两张藤的躺椅。躺下,可以谈天,可以望远,可以顾盼两岸的河房。大船上也有这个,但在小船上更觉清隽罢了。舱前的顶下,一律悬着灯彩;灯的多少,明暗,彩苏的精粗,艳晦,是不一的。但好歹总还你一个灯彩。这灯彩实在是最能钩人的东西。夜幕垂垂地下来时,大小船上都点起灯火。从两重玻璃里映出那辐射着的黄黄的散光,反晕出一片朦胧的烟霭;透过这烟霭,在黯黯的水波里,又逗起缕缕的明漪。在这薄霭和微漪里,听着那悠然的间歇的桨声,谁能不被引入他的美梦去呢?只愁梦太多了,这些大小船儿如何载得起呀?我们这时模模糊糊的谈着明末的秦淮河的艳迹,如《桃花扇》及《板桥杂记》里所载的③。我们真神往了。我们仿佛亲见那时华灯映水,画舫凌波的光景了。于是我们的船便成了历史的重载了。我们终于恍然秦淮河的船所以雅丽过于他处,而又有奇异的吸引力的,实在是许多历史的影像使然了。

秦淮河的水是碧阴阴的;看起来厚而不腻,或者是六朝金粉所凝么?我们初上船的时候,天色还未断黑,那漾漾的柔波是这样的恬静,委婉,使我们一面有水阔天空之想,一面又憧憬着纸醉金迷之境了。等到灯火明时,阴阴的变为沉沉了:黯淡的水光,像梦一般;那偶然闪烁着的光芒,就是梦的眼睛了。我们坐在舱前,因了那隆起的顶棚,仿佛总是昂着首向前走着似的;于是飘飘然如御风而行的我们,看着那些自在的湾泊着的船,船里走马灯般的人物,便像是下界一般,迢迢的远了,又像在雾里看花,尽朦朦胧胧的。这时我们已过了利涉桥,望见东关头了。沿路听见断续的歌声:有从沿河的妓楼飘来的,有从河上船里度来的。我们明知那些歌声,只是些因袭的言辞,从生涩的歌喉里机械的发出

---

①七板子:亦作"七板儿",秦淮河上一种有蓬而周围无走沿的小游艇。②万牲园:今写作万牲园或万生园,是中国历史上最早的近代公共动物园,即今北京动物园所在地。园址明代时为皇家庄园;清初改为皇亲、勋臣傅恒三子福康安贝子的私人园邸,俗称三贝子花园。③《桃花扇》:清代传奇剧本,孔尚任作。剧本以金陵才子侯方域与秦淮名妓李香君的爱情故事为线索,"借离合之情,写兴亡之感",反映了南明弘光王朝政治的动乱,表现了作家对明朝灭亡的沉重感叹。《板桥杂记》:笔记著作,清余怀作。作者为明朝遗老,书中所记均为昔日南京游历琐事。

来的；但它们经了夏夜的微风的吹漾和水波的摇拂，袅娜着到我们耳边的时候，已经不单是她们的歌声，而混着微风和河水的密语了。于是我们不得不被牵惹着，震撼着，相与浮沉于这歌声里了。从东关头转湾，不久就到大中桥。大中桥共有三个桥拱，都很阔大，俨然是三座门儿；使我们觉得我们的船和船里的我们，在桥下过去时，真是太无颜色了。桥砖是深褐色，表明它的历史的长久；但都完好无缺，令人太息于古昔工程的坚美。桥上两旁都是木壁的房子，中间应该有街路？这些房子都破旧了，多年烟熏的迹，遮没了当年的美丽。我想象秦淮河的极盛时，在这样宏阔的桥上，特地盖了房子，必然是髹漆①得富富丽丽的；晚间必然是灯火通明的。现在却只剩下一片黑沉沉！但是桥上造着房子，毕竟使我们多少可以想见往日的繁华；这也慰情聊胜无了。过了大中桥，便到了灯月交辉，笙歌彻夜的秦淮河；这才是秦淮河的真面目哩。

　　大中桥外，顿然空阔，和桥内两岸排着密密的人家的大异了。一眼望去，疏疏的林，淡淡的月，衬着蓝蔚的天，颇像荒江野渡光景；那边呢，郁丛丛的，阴森森的，又似乎藏着无边的黑暗：令人几乎不信那是繁华的秦淮河了。但是河中眩晕着的灯光，纵横着的画舫，悠扬着的笛韵，夹着那吱吱的胡琴声，终于使我们认识绿如茵陈如酒的秦淮水了。此地天裸露着的多些，故觉夜来的独迟些；从清清的水影里，我们感到的只是薄薄的夜——这正是秦淮河的夜。大中桥外，本来还有一座复成桥，是船夫口中的我们的游踪尽处，或也是秦淮河繁华的尽处了。我的脚曾踏过复成桥的脊，在十三四岁的时候。但是两次游秦淮河，却都不曾见着复成桥的面；明知总在前途的，却常觉得有些虚无缥缈似的。我想，不见倒也好。这时正是盛夏。我们下船后，借着新生的晚凉和河上的微风，暑气已渐渐消散；到了此地，豁然开朗，身子顿然轻了——习习的清风荏苒在面上，手上，衣上，这便又感到了一缕新凉了。南京的日光，大概没有杭州猛烈；西湖的夏夜老是热蓬蓬的，水像沸着一般，秦淮河的水却尽是这样冷冷地绿着。任你人影的憧憧，歌声的扰扰，总像隔着一层薄薄的绿纱面幂似的；它尽是这样静静的，冷冷的绿着。我们出了大中桥，走不上半里路，船夫便将船划到一旁，停了桨由它宕着。他以为那里正是繁华的极点，再过去就是荒凉了；所以让我们多多赏鉴一会儿。他自己却静静地蹲着。他是看惯这光景的了，大约只是一个无可无不可。这无可无不可，无论是升的沉的，总之，都比我们高了。

　　那时河里热闹极了；船大半泊着，小半在水上穿梭似的来往。停泊着的都在近市的那一边，我们的船自然也夹在其中。因为这边略略的挤，便觉得那边十分的疏了。在每一只船从那边过去时，我们能画出它的轻轻的影和曲曲的波，在我们的心上；这显着是空，且显着是静了。那时处处都是歌声和凄厉的胡琴声，圆润的喉咙，确乎是很少的。但那生涩的，尖脆的调子能使人有少年的，粗率不拘的感觉，也正可快我们的意。况且多少隔开些儿听着，因为想象与渴慕的做美，总觉更有滋味；而竞发的喧嚣，抑扬的不齐，远远的杂沓，和乐器的嘈嘈切切，合成另一意味的谐音，也使我们无所适从，如随着大风而走。这实在因为我们的心枯涩久了，变为脆弱；故偶然润泽一下，便疯狂似的不能自主了。但秦淮河确也腻人。即如船里的人面，无论是和我们一堆儿泊着的，无论是从我们眼前过去的，总是模模糊糊的，甚至渺渺茫茫的；任你张圆了眼睛，揩净了眦垢，也是枉然。这真够人想呢。在我们停泊的地方，灯光原是纷然的；不过这些灯光都是黄而有晕的。黄已经不能明了，再加上了晕，便更不成了。灯愈多，晕就愈甚；在繁星般的黄的交错里，秦淮

---

①髹（xiū）漆：动词，涂漆。髹：以漆漆物。

河仿佛笼上了一团光雾。光芒与雾气腾腾的晕着,什么都只剩了轮廓了;所以人面的详细的曲线,便消失于我们的眼底了。但灯光究竟夺不了那边的月色;灯光是浑的,月色是清的,在浑沌的灯光里,渗入了一派清辉,却真是奇迹!那晚月儿已瘦削了两三分。她晚妆才罢,盈盈的上了柳梢头。天是蓝得可爱,仿佛一汪水似的;月儿便更出落得精神了。岸上原有三株两株的垂杨树,淡淡的影子,在水里摇曳着。它们那柔细的枝条浴着月光,就像一支支美人的臂膊,交互的缠着,挽着;又像是月儿披着的发。而月儿偶然也从它们的交叉处偷偷窥看我们,大有小姑娘怕羞的样子。岸上另有几株不知名的老树,光光的立着;在月光里照起来,却又俨然是精神矍铄的老人。远处——快到天际线了,才有一两片白云,亮得现出异彩,像美丽的贝壳一般。白云下便是黑黑的一带轮廓;是一条随意画的不规则的曲线。这一段光景,和河中的风味大异了。但灯与月竟能并存着,交融着,使月成了缠绵的月,灯射着渺渺的灵辉;这正是天之所以厚秦淮河,也正是天之所以厚我们了。

  这时却遇着了难解的纠纷。秦淮河上原有一种歌妓,是以歌为业的。从前都在茶舫上,唱些大曲之类。每日午后一时起;什么时候止,却忘记了。晚上照样也有一回。也在黄晕的灯光里。我从前过南京时,曾随着朋友去听过两次。因为茶舫里的人脸太多了,觉得不大适意,终于听不出所以然。前年听说歌妓被取缔了,不知怎的,颇涉想了几次——却想不出什么。这次到南京,先到茶舫上去看看,觉得颇是寂寥,令我无端的怅怅了。不料她们却仍在秦淮河里挣扎着,不料她们竟会纠缠到我们,我于是很张皇了。她们也乘着"七板子",她们总是坐在舱前的。舱前点着石油汽灯,光亮眩人眼目:坐在下面的,自然是纤毫毕见了——引诱客人们的力量,也便在此了。舱里躲着乐工等人,映着汽灯的余辉蠕动着;他们是永远不被注意的。每船的歌妓大约都是二人;天色一黑,她们的船就在大中桥外往来不息的兜生意。无论行着的船,泊着的船,都要来兜揽的。这都是我后来推想出来的。那晚不知怎样,忽然轮着我们的船了。我们的船好好的停着,一只歌舫划向我们来了;渐渐和我们的船并着了。铄铄的灯光逼得我们皱起了眉头;我们的风尘色全给它托出来了,这使我踧踖①不安了。那时一个伙计跨过船来,拿着摊开的歌折,就近塞向我的手里,说:"点几出吧!"他跨过来的时候,我们船上似乎有许多眼光跟着。同时相近的别的船上也似乎有许多眼睛炯炯的向我们船上看着。我真窘了!我也装出大方的样子,向歌妓们瞥了一眼,但究竟是不成的!我勉强将那歌折翻了一翻,却不曾看清了几个字;便赶紧递还那伙计,一面不好意思地说:"不要,我们……不要。"他便塞给平伯。平伯掉转头去,摇手说:"不要!"那人还腻着不走。平伯又回过脸来,摇着头道:"不要!"于是那人重到我处。我窘着再拒绝了他。他这才有所不屑似的走了。我的心立刻放下,如释了重负一般。我们就开始自白了。

  我说我受了道德律的压迫,拒绝了她们;心里似乎很抱歉的。这所谓抱歉,一面对于她们,一面对于我自己。她们于我们虽然没有很奢的希望;但总有些希望的。我们拒绝了她们,无论理由如何充足,却使她们的希望受了伤;这总有几分不做美了。这是我觉得很怅怅的。至于我自己,更有一种不足之感。我这时被四面的歌声诱惑了,降服了;但是远远的,远远的歌声总仿佛隔着重衣搔痒似的,越搔越搔不着痒处。我于是憧憬着贴耳的妙音了。在歌舫划来时,我的憧憬,变为盼望;我固执的盼望着,有如饥渴。虽然从浅薄的

---

  ① 踧踖(cù jí):局促不安的样子。

经验里，也能够推知，那贴耳的歌声，将剥去了一切的美妙；但一个平常的人像我的，谁愿凭了理性之力去丑化未来呢？我宁愿自己骗着了。不过我的社会感性是很敏锐的；我的思力能拆穿道德律的西洋镜，而我的感情却终于被它压服着，我于是有所顾忌了，尤其是在众目昭彰的时候。道德律的力，本来是民众赋予的；在民众的面前，自然更显出它的威严了。我这时一面盼望，一面却感到了两重的禁制：一、在通俗的意义上，接近妓者总算一种不正当的行为；二、妓是一种不健全的职业，我们对于她们，应有哀矜勿喜之心，不应赏玩的去听她们的歌。在众目睽睽之下，这两种思想在我心里最为旺盛。她们暂时压倒了我的听歌的盼望，这便成就了我的灰色的拒绝。那时的心实在异常状态中，觉得颇是昏乱。歌舫去了，暂时宁靖之后，我的思绪又如潮涌了。两个相反的意思在我心头往复：卖歌和卖淫不同，听歌和狎妓不同，又干道德甚事？——但是，但是，她们既被逼的以歌为业，她们的歌必无艺术味的；况她们的身世，我们究竟该同情的。所以拒绝倒也是正办①。但这些意思终于不曾撤开我的听歌的盼望。它力量异常坚强；它总想将别的思绪踏在脚下。从这重重的争斗里，我感到了浓厚的不足之感。这不足之感使我的心盘旋不安，起坐都不安宁了。唉！我承认我是一个自私的人！平伯呢，却与我不同。他引周启明②先生的诗："因为我有妻子，所以我爱一切的女人；因为我有子女，所以我爱一切的孩子。③"他的意思可以见了。他因为推及的同情，爱着那些歌妓，并且尊重着她们，所以拒绝了她们。在这种情形下，他自然以为听歌是对于她们的一种侮辱。但他也是想听歌的，虽然不和我一样，所以在他的心中，当然也有一番小小的争斗；争斗的结果，是同情胜了。至于道德律，在他是没有什么的；因为他很有蔑视一切的倾向，民众的力量在他是不大觉着的。这时他的心意的活动比较简单，又比较松弱，故事后还怡然自若；我却不能了。这里平伯又比我高了。

在我们谈话中间，又来了两只歌舫。伙计照前一样的请我们点戏，我们照前一样的拒绝了。我受了三次窘，心里的不安更甚了。清艳的夜景也为之减色。船夫大约因为要赶第二趟生意，催着我们回去；我们无可无不可的答应了。我们渐渐和那些晕黄的灯光远了，只有些月色冷清清的随着我们的归舟。我们的船竟没个伴儿，秦淮河的夜正长哩！到大中桥近处，才遇着一只来船。这是一只载妓的板船，黑漆漆的没有一点光。船头上坐着一个妓女；暗里看出，白地小花的衫子，黑的下衣。她手里拉着胡琴，口里唱着青衫的调子。她唱得响亮而圆转；当她的船箭一般驶过去时，余音还袅袅的在我们耳际，使我们倾听而向往。想不到在弩末的游踪里，还能领略到这样的清歌！这时船过大中桥了，森森的水影，如黑暗张着巨口，要将我们的船吞了下去。我们回顾那渺渺的黄光，不胜依恋之情；我们感到了寂寞了！这一段地方夜色甚浓，又有两头的灯火招邀着；桥外的灯火不用说了，过了桥另有东关头疏疏的灯火。我们忽然仰头看见依人的素月，不觉深悔归来之早了！走过东关头，有一两只大船湾泊着，又有几只船向我们来着。嚣嚣的一阵歌声人语，仿佛笑我们无伴的孤舟哩。东关头转湾，河上的夜色更浓了；临水的妓楼上，时时从帘缝里射出一线一线的灯光；仿佛黑暗从酣睡里眨了一眨眼。我们默然的对着，静听那汩——汩的桨声，几乎要入睡了；朦胧里却温寻着适才的繁华的余味。我那不安的心在静里愈显

---

①正办：正当的办法。《儒林外史》第四十三回"雷太守道：'大老爷此议，原是正办，但是何苦为了冯君瑞一个人兴师动众？'"②周启明：即周作人，启明是其曾用别名。现代著名作家，鲁迅的弟弟。③原诗："我为了自己的儿女才爱小孩子，为了自己的妻子才爱女人。"见《雪朝》第48页。——原注

活跃了！这时我们都有了不足之感，而我的更其浓厚。我们却只不愿回去，于是只能由懊悔而怅惘了。船里便满载着怅惘了。直到利涉桥下，微微嘈杂的人声，才使我豁然一惊；那光景却又不同。右岸的河房里，都大开了窗户，里面亮着晃晃的电灯，电灯的光射到水上，蜿蜒曲折，闪闪不息，正如跳舞着的仙女的臂膊。我们的船已在她的臂膊里了；如睡在摇篮里一样，倦了的我们便又入梦了。那电灯下的人物，只觉像蚂蚁一般，更不去萦念。这是最后的梦；可惜是最短的梦！黑暗重复落在我们面前，我们看见傍岸的空船上一星两星的，枯燥无力而又摇摇不定的灯光。我们的梦醒了，我们知道就要上岸了；我们心里充满了幻灭的情思。

一九二三年十月十一日作完，于温州

【作者档案】

朱自清（1898—1948），原名自华，字佩弦，号秋实，后改名自清。现代散文家、诗人、学者。原籍浙江绍兴，生长于江苏扬州，故自称扬州人。1916 年中学毕业后考入北京大学预科。1920 年北京大学哲学系毕业后，到浙江、江苏等地中学任教。1925 年 8 月到清华大学中文系任教，开始研究中国古典文学，并从事文学创作。1931 年留学英国。1932 年 9 月任清华大学中文系主任。1937 年，朱自清随校南迁至昆明，任西南联大教授。1946 年返回北京。晚年积极参加反帝民主运动，表现出崇高的民族气节和爱国主义精神。毛泽东在《别了，司徒雷登》一文中，曾热情地表彰他有"骨气"，"表现了我们民族英雄气概"。1948 年 8 月 12 日因病辞世，享年 50 岁。

朱自清先生对中国现代文学有着杰出的贡献，他的创作活动开始于五四新文学运动时期。作为文学研究会的早期成员，他在创作中坚守着"为人生"的现实主义原则。他在散文创作方面的艺术成就极高，影响也最大。他的散文结构严谨，笔触细腻，不论写景还是抒情，均能通过细密观察或深入体味，委婉地表现出对自然景色的内心感受，抒发自己的真挚情感，纯正朴实，清丽脱俗，具有浓厚的诗情画意。作家杨振声称赞他的作品"风华从朴素出来，幽默从忠厚出来，腴厚从平淡出来"。主要作品有《毁灭》《踪迹》《背影》《欧游杂记》《伦敦杂记》等。脍炙人口的名篇有《背影》《荷塘月色》《绿》《春》《桨声灯影里的秦淮河》《择偶记》《给亡妇》《儿女》等。

【含英咀华】

《桨声灯影里的秦淮河》是朱自清的散文名篇，也是朱自清的成名作。"纸醉金迷""六朝金粉"的秦淮河是著名的游览胜地，也是历史上官妓聚居的地方，明清时的文人雅士、墨客骚人多流连于此，演绎出一幕幕悲欢离合的爱情悲喜剧。1923 年 8 月，朱自清与其好友俞平伯同游了令人神往已久的秦淮河，之后两人都写了同名《桨声灯影里的秦淮河》的游记，而且同时发表在 1924 年 1 月 12 日的《东方杂志》第 21 卷第 3 号。这大概也算得上是文学史上的一段佳话吧。

文章写作者与好友夏夜泛舟秦淮河的见闻感受。作者依时空顺序与观景感受的变化，以细腻的工笔描绘了桨声灯影中秦淮河的迷人景色，在赏景的同时展露了内心复杂而微妙的感情思绪，于流连风景之际，表露了一种虽彷徨而仍思上进、想超然而不能忘情的复杂心境，抒发了作者对历史和现实的无限感慨。文章从雇船游河写起，先浓墨重彩地渲染秦淮河的船美，再由船及水，极写河水的恬静、幽美。行至大中桥，又对桥内外的景色予以细腻的描绘。由此进入文章的主体部分，先侧重写灯光月影交相辉映、笙歌彻夜美不胜收的盛景，继而写清赏之际，忽遇卖唱的歌女一段"难解的纠纷"，因受道德律的约束，作者再三拒绝了歌女的卖唱，既感歉然不安，又觉怅然若失，清幽奇丽的夜景也为之减色。而于返航归途中，又闻来船上清越婉转的歌声，余音袅袅，更勾起作者心头的不胜依恋之情，最终带着"幻灭的情思"回岸。

《桨声灯影里的秦淮河》被周作人誉为"白话美文的模范"，画意与诗情交融，赏景与感怀结合，画面优美，意境空灵，是本文写作上最大的特点。秦淮河在作者笔下如诗如画、如梦如幻。船只、绿水、灯光、月影、大中桥、歌声等种种景物，作者抓住其光、形、色、味，细细描绘，工笔刻画，淡雅而不俗气，幽美而又朦胧。历史是秦淮河的养料，作者抓住秦淮河具有深厚历史文化底蕴的特点，不仅写了秦淮河之夜华灯映水、画舫凌波的画面，晕黄灯火与缠绵月色的美景，而且还抚今思昔，将自然景色、历史影像、内心情感融会起来，洋溢着一股真挚深沉而又细腻的感情，给人以眷恋思慕、追忆缅怀的感受。作者将秦淮河写得虚虚实实、朦朦胧胧，让人陶醉，令人神往。而作者的思绪和情感，他那对历史的缅怀与感伤，想听歌女唱歌却又碍于道德律束缚的矛盾心情，也正如他笔下的秦淮河一样，"像在雾里看花，尽朦朦胧胧的"。文章描写景物虚实相间，节奏张弛有致，语言清丽淡雅。比喻、拟人、映衬、通感等修辞手法综合运用，大大增强了文章的表现力。

【思考与练习】
一、这篇游记在记游写景的同时流露了作者怎样的思想感情？
二、本文是以什么为线索安排结构的？
三、本文在写作上最主要的特点是什么？
四、阅读俞平伯的同题文章，试分析比较两文在立意构思与表现手法上的异同。

【拓展阅读】
蔡清富编《朱自清散文选集》，百花文艺出版社出版
梁仁选编《朱自清散文》，浙江文艺出版社出版

（刘洪仁）

我的一位国文老师

梁实秋

我在十八九岁的时候,遇见一位国文先生,他给我的印象最深,使我受益也最多,我至今不能忘记他。

先生姓徐,名锦澄,我们给他上的绰号是"徐老虎",因为他凶。他的相貌很古怪,他的脑袋的轮廓是有棱有角的,很容易成为漫画的对象。头很尖,秃秃的,亮亮的,脸形却是方方的,扁扁的,有些像《聊斋志异》绘图中的夜叉的模样。他的鼻子眼睛嘴好像是过分地集中在脸上很小的一块区域里。他戴一副墨晶眼镜,银丝小镜框,这两块黑色便成了他脸上最显著的特征。我常给他画漫画,勾一个轮廓,中间点上两块椭圆形的黑块,便惟妙惟肖。他的身材高大,但是两肩总是耸得高高,鼻尖有一些红,像酒糟的,鼻孔里常川地藏着两桶清水鼻涕,不时地吸溜着,说一两句话就要用力地吸溜一声,有板有眼有节奏,也有时忘了吸溜,走了板眼,上唇上便亮晶晶地吊出两根玉箸,他用手背一抹。他常穿的是一件灰布长袍,好像是在给谁穿孝,袍子在整洁的阶段时我没有赶得上看见,余生也晚,我看见那袍子的时候即已油渍斑斓。他经常是仰着头,迈着八字步,两眼望青天,嘴撇得瓢儿似的。我很难得看见他笑,如果笑起来,是狞笑,样子更凶。

我的学校是很特殊的。上午的课全是用英语讲授,下午的课全是国语讲授。上午的课很严,三日一问,五日一考,不用功便被淘汰,下午的课稀松,成绩与毕业无关。所以每到下午上国文之类的课程,学生们便不踊跃,课堂上常是稀稀拉拉的不大上座,但教员用拿毛笔的姿势举着铅笔点名的时候,学生却个个都到了,因为一个学生不只答一声到。真到了的学生,一部分是从事午睡,微发鼾声,一部分看小说如《官场现形记》《玉梨魂》之类,一部分写"父母亲大人膝下"式的家书,一部分干脆瞪着大眼发呆,神游八表。有时候逗先生开玩笑。国文先生呢,大部分都是年高有德的,不是榜眼,就是探花,再不就是举人。他们授课不过是奉行故事,乐得敷敷衍衍。在这种糟糕的情形之下,徐老先生之所以凶,老是绷着脸,老是开口就骂人,我想大概是由于正当防卫吧。

有一天,先生大概是多喝了两盅,摇摇摆摆地进了课堂。这一堂是作文,他老先生拿起粉笔在黑板上写了两个字,题目尚未写完,当然照例要吸溜一下鼻涕,就在这吸溜之际,一位性急的同学发问了:"这题目怎样讲呀?"老先生转过身来,冷笑两声,勃然大怒:"题目还没有写完,写完了当然还要讲,没写完你为什么就要问?……"滔滔不绝的吼叫起来,大家都为之愕然。这时候我可按捺不住了。我一向是个上午捣乱下午安分的学生,我觉得现在受了无理的侮辱,我便挺身分辩了几句。这一下我可惹了祸,老先生把他的怒火都泼在我的头上了。他在讲台上来回的踱着,吸溜一下鼻涕,骂我一句,足足骂了我一个钟头,其中警句甚多,我至今还记得这样的一句:

"×××!你是什么东西?我一眼把你望到底!"

这一句颇为同学们所传诵。谁和我有点争论遇到纠缠不清的时候,都会引用这一句"你是什么东西?我把你一眼望到底"!当时我看形势不妙,也就没有再多说,让下课铃结束了先生的怒骂。

但是从这一次起,徐先生算是认识我了。酒醒之后,他给我批改作文特别详尽。批改之不足，还特别的当面加以解释，我这一个"一眼望到底"的学生，居然成为一个受益最多的学生了。

徐先生自己选辑教材，有古文，有白话，油印分发给大家。《林琴南致蔡孑民书》是他讲得最为眉飞色舞的一篇。此外如吴敬恒的《上下古今谈》，梁启超的《游欧心影录》，以及张东荪的时事新报社论，他也选了不少。这样新旧兼收的教材，在当时还是很难得的开通的榜样。我对于国文的兴趣因此而提高了不少。徐先生讲国文之前，先要介绍作者，而且介绍得很亲切，例如他讲张东荪的文字时，便说："张东荪这个人，我倒和他一桌上吃过饭……"这样的话是相当的可以使学生们吃惊的，吃惊的是，我们的国文先生也许不是一个平凡的人吧，否则怎样会能够和张东荪一桌上吃过饭！

徐先生于介绍作者之后，朗诵全文一遍。这一遍朗诵可很有意思。他打着江北的官腔，咬牙切齿的大声读一遍，不论是古文或白话，一字不苟的吟咏一番，好像是演员在背台词，他把文字里的蕴藏着的意义好像都给宣泄出来了。他念得有腔有调，有板有眼，有情感，有气势，有抑扬顿挫，我们听了之后，好像是已经理会到原文的意义的一半了。好文章掷地作金石声，那也许是过分夸张，但必须可以朗朗上口，那却是真的。

徐先生之最独到的地方是改作文。普通的批语"清通""尚可""气盛言宜"，他是不用的。他最擅长的是用大墨杠子大勾大抹，一行一行的抹，整页整页的勾；洋洋千余言的文章，经他勾抹之后，所余无几了。我初次经此打击，很灰心，很觉得气短，我掏心挖肝地好容易诌出来的句子，轻轻地被他几杠子就给抹了。但是他郑重地给我解释一会，他说："你拿了去细细的体味，你的原文是软爬爬的，冗长，懈啦光唧的，我给你勾掉了一大半，你再读读看，原来的意思并没有失，但是笔笔都立起来了，虎虎有生气了。"我仔细一揣摩，果然。他的大墨杠子打得是地方，把虚泡囊肿的地方全削去了，剩下的全是筋骨。在这删削之间见出他的功夫。如果我以后写文章还能不多说废话，还能有一点点硬朗挺拔之气，还知道一点"割爱"的道理，就不能不归功于我这位老师的教诲。

徐先生教我许多作文的技巧。他告诉我："作文忌用过多的虚字。"该转的地方，硬转；该接的地方，硬接。文章便显着朴拙而有力。他告诉我，文章的起笔最难，要突兀矫健，要开门见山，要一针见血，才能引人入胜，不必兜圈子，不必说套语。他又告诉我，说理说至难解难分处，来一个譬喻，则一切纠缠不清的论难都迎刃而解了，何等经济，何等手腕！诸如此类的心得，他传授我不少，我至今受用。

我离开先生已将近五十年了，未曾与先生一通音讯，不知他云游何处，听说他已早归道山了。同学们偶尔还谈起"徐老虎"，我于回忆他的音容之余，不禁还怀着怅惘敬慕之意。

【作者档案】

梁实秋（1903—1987），原名梁治华，笔名秋郎、子佳、程淑等，祖籍浙江杭县（今浙江杭州），生于北京。中国著名散文家、翻译家、文艺理论家。1915年就读于清华学校。1923年赴美国留学，取得哈佛大学文学硕士学位。1926年回国任教于国立东南大学。1928年与徐志摩等创办《新月》杂志，一度任总编辑，为新月派文艺理论家。1934年任北京大学外文系教授，后兼任系主任。1935年创办《自由评论》周刊。抗日战争全面爆发后主持《中央日报》副刊《平明》，并在国立编译馆任职。1949年去台湾，任台湾师范学院英语系教授、文学院院长等职。1987年病逝于台北。

梁实秋一生给中国文坛留下了两千多万字的著作，其散文作品创造了中国现代散文著作出版量的最高纪录。他的散文代表作《雅舍小品》题材广泛，内容丰富，举凡人生情趣的咏叹寻觅，世相百态的刻画描写，故旧亲朋的回忆追思，乡土风物的缅怀留恋等，无不流动于他的笔端。在艺术上，梁实秋的散文个性鲜明，韵味浓郁；旁征博引，文采斐然；行文雅洁，语言精练。其怀人则凄清细腻，缠绵动人；思乡则深沉蕴藉，余味无穷；写景则错落有致，层次井然；叙事则娓娓而谈，如话家常……总之，梁实秋的散文幽默典雅，雍容大度，读来让人爱不释手。

【含英咀华】

《我的一位国文老师》是梁实秋写人散文的名篇，作者用风趣幽默而又饱含深情的笔调，刻画了一个其貌不扬、性格古怪却又敬业爱生、功底深厚的国文老师形象；作者在描绘了国文老师的古怪相貌、孤僻性格的同时，又写出了他对学生的关爱和对作文的精辟见解，给人留下了深刻的印象。

全文共十二小段，可分四个部分：第一部分（第一小段）：总写不能忘记国文老师的原因。"他给我的印象最深，使我受益也最多"二句，实际上已经概括了全篇的主旨。第二部分（第二至六小段）：描写国文老师的外貌特征和行为习惯。按人之常情，晚辈对于尊者长者的回忆总会规避一些缺点和不足，而梁实秋对国文先生徐锦澄的描写，却可以用"大不敬"来形容。首先是叙其绰号不雅——"徐老虎"，可见其凶其狠；再看他的相貌，脑袋"有棱有角"的，头"很尖，秃秃的，亮亮的"，脸形"却是方方的，扁扁的"，"鼻子眼睛嘴好像是过分地集中在脸上很小的一块区域里"。这一副尊容作者概之以"古怪"实在是再恰当不过了。他的行为习惯和生活作风，更是猥琐邋遢，"鼻孔里常川地藏着两筒清水鼻涕，不时地吸溜着"，"他常穿的是一件灰布长袍，袍子上'油渍斑斓'"。这一段的描述看似不敬，看似不雅，但我们丝毫看不出厌恶，看不出仇恨。我们感觉到的更多的却是有趣、好玩，甚至是可爱。作者实际上是在用一种风趣幽默的笔调来调侃自己所喜欢的尊长，看似不敬的描写中饱含的却是深深的爱意。第三部分（第七至十一小段）叙写"我"从徐先生处所得到的教益。第七小段是这一部分的总领，"受益最多"既照应文章开头，又统领下文。接下来分别写徐先生选编教材的独到和讲课的亲切，徐先生的课文诵读，徐先生的作文批改，徐先生给学生所讲的作文技巧，等等。从这一部分的描述看，徐先生既是一位有见识、有作为、素养极高的老师，又是一位敬业、爱生、人品极高的老师。第四部分（第十二小段）写"我"对徐先生的深深怀念。

梁实秋的散文内蕴丰厚，行文简洁，追求"绚烂之极趋于平淡"的艺术境界及文调雅洁与感情渗入的有机统一，文笔机智闪烁，谐趣横生，严肃中见幽默，幽默中见文采。晚年怀念故人、思恋故土的散文更写得深沉浓郁，感人至深。本文正是他晚年写人忆旧散文的代表作，在写作艺术上也鲜明地体现了他散文独具的特点。第一，欲扬先抑，似贬实褒。从文章的开头，我们不难看出作者是要褒扬自己的国文老师，可从文章的第二小段开始，作者不惜笔墨，连用四个小段，写老师可怕的绰号、怪异的相貌、狰狞的凶笑、不良的习惯……但这些看似贬损的描写并无恶意，作者实际上是在通过这些富有个性特征的描写来突出徐老师的有趣和可爱，同时也与下文写老师的认真、敬业、爱生形成了表和里的反向衬托，外在的丑正衬托了内在的美。第二，抓住特征，描画细腻。徐先生那有棱有角的脑袋轮廓，那秃秃亮亮的尖头，那方方扁扁的脸形，那总是耸得高高的肩头，那常吸溜鼻涕的酒糟鼻子，那油渍斑斑的长袍等，都是我们在古今人物画廊中从未见到过的，所以给读者的印象也最深刻。也许作者本身就是漫画高手，寥寥几笔，便使人物形神兼备。第三，语言幽默，谐趣横生。作者写老师的鼻子，一会儿说他"鼻尖有一些红，像酒糟的"，一会儿说他"鼻孔里常川地藏着两筒清水鼻涕，不时地吸溜着，说一两句话就要用力地吸溜一声，有板有眼有节奏"，一会儿又说他"也有时忘了吸溜，走了板眼，上唇上便亮晶晶地吊出两根玉箸，他用手背一抹"，极尽调侃之能事。文中这种风趣幽默的描写比比皆是，读之让人忍俊不禁。

【思考与练习】

一、这篇散文主要叙写了作者的国文先生哪些方面的特点？

二、文章开篇说"他给我的印象最深，使我受益也最多"，试从作者的描写中对这两个方面加以分析。

三、作者先极写徐先生貌丑、性凶、生活邋遢，甚至对"我"大发雷霆，然后再写先生的敬业、爱生和对作文的独到见解。这是一种什么表现手法？有什么表达效果？

四、作者对徐先生的印象最深，我们读者在读了这篇文章之后也对这位徐先生留下了深刻印象，这种效果的取得主要得益于什么？试从写作的角度加以分析。

【拓展阅读】

梁实秋著《梁实秋散文》，人民文学出版社出版

徐静波编《梁实秋散文选》，百花文艺出版社出版

（刘洪仁）

我们只能靠自己的智慧

〔法〕蒙　田

我们会说："西塞罗①如何讲；这是柏拉图的道德箴言；那是亚里士多德的说法。"但我们自己呢？我们说些什么？我们作何判断？我们做什么事情？鹦鹉也会照样学舌。这种做法令我想起罗马那位富翁。他花大量钱财请来各门学科的一些高才人士，让他们紧随左右。这样，他在朋友当中，一旦有机会谈起什么问题时，他们就可以替代他；各人根据自己的所长，随时向他提供材料，这个给他一段说词，那个告诉他荷马一句诗。他认为，学问装在他手下人的脑袋里，也就是他自己的了。就像有些人的学识寄托在其豪华的书房里一样。

我认识一个人，我问他懂得什么时，他就向我要过一部辞书，指给我看；如果他不马上从词典中查查什么是疥疮，什么是臀部，他就不敢跟我说：他屁股长了疥疮。

我们照搬别人的见解和学识，如此而已。可得把他人的东西变成我们自己的才行。我们活像那个取火人：他要用火，便往邻家去借，到那里见到炉火熊熊，就留下来取暖，竟忘记了取火回家。肚子里塞满了食物，如果消化不了，无法变为我们的养料，不能令我们强壮起来，那对我们又有什么作用呢？卢库卢斯②缺乏作战经验，靠读书而成为伟大的将领，难道能够认为，他是按我们的方式去学习的？

我们靠别人的胳臂搀扶着走路，我们的力气就消磨完了。想要武装自己去抵御对死亡的害怕心理？那就引用塞内加③。想要为自己或向别人说些安慰的话？那就借助西塞罗。如果我在这方面有了训练，我自己就会想出安慰的言辞来的。对于这种乞讨而来的有限的本事，我可一点儿也不稀罕。

即便我们可以凭借别人的学识而成为学者，但要成为哲人，我们只能靠自己的智慧。

我憎恶对自己并不明智的智者。

——欧里庇得斯④

【作者档案】

蒙田（1533—1592），16 世纪文艺复兴时期法国思想家、散文家。出身于新贵族家庭，1581—1585 年任波尔多市市长。后来卖掉官职（买卖官职是当时的一种习俗），游历瑞士、德国、意大利等地。著有《随笔集》（一译《散文集》）3 卷。

蒙田的思想是"一种明快的自由思想"（恩格斯语）。他对当时的迷信、偏见、巫术等进行否定，认为绝对的真理无法认识，只能探索部分的寻常真理。他以怀疑论抨击教会与封建制度，批判经院哲学，主张"我研究的就是我自己，这就是我的形而上学与物理学"。反对"灵魂不灭"说，并认为人的幸福生活就在今世。他是启蒙运动以前法国的知识权威和批评家，是人类感情的冷峻的观察家，亦是对各民族文化，特别是西方文化进行冷静研

---

①西塞罗：古罗马著名政治家、演说家、雄辩家、法学家和哲学家，以善于雄辩而成为罗马政治舞台的显要人物。②卢库卢斯：古罗马将领。据说他在穿越意大利至亚洲的过程中，因阅读史书并请教军官而学会了兵法。③塞内加：古罗马悲剧家。擅长演说，对哲学、宗教、伦理道德和自然科学都有研究。④欧里庇得斯：古希腊著名悲剧诗人。原文为希腊文，蒙田已把这一诗句译成法语。

究的学者。他的散文主要是哲学随笔,因其丰富的思想内涵而闻名于世,被誉为"思想的宝库"。蒙田及其《随笔集》受到许多文学家、思想家的推崇和喜爱,对包括培根、莎士比亚、帕斯卡尔、卢梭等在内的许多名家产生过重要影响。

【含英咀华】

随笔是散文的一个分支,是议论文的一个变体,兼有议论和抒情两种特性,通常篇幅短小,形式多样,内容启人心智,引人深思。行文缜密而不失活泼,结构自由而不失谨严,充满"理趣"是随笔的突出特色。

蒙田开创了随笔式散文的先河,其《随笔集》是世界上第一部随笔集。蒙田的随笔内容包罗万象,融书本知识和生活经验于一体,被誉为"16世纪各种思潮和各种知识经过分析的总汇,有'生活的哲学'之美称"。蒙田以智者的眼光,在作品中考察大千世界的众生相,反思探索人与人生,主张打破古典权威,肯定人的价值和欲望,批判教会和封建制度,充满了人性自由、科学知识的人文思想。在蒙田时代的法国,长达30年的宗教战争使法国人民长期处于苦难之中,法国人厌倦了暴力。因此,《随笔集》成为许多法国"正直人的枕边书",书中的智慧滋润过许多法国人的心田。蒙田的《随笔集》与《培根人生论》《帕斯卡尔思想录》一起,被人们誉为"欧洲近代哲理散文三大经典"。

这篇文章论述学习方式的问题,指出不应"照搬别人的见解和学识","得把他人的东西变成我们自己的才行"。围绕这一观点,文章层层深入,鞭辟入里地进行分析、阐述。首先从罗马富翁的故事入手,讽刺"有些人的学识寄托在其豪华的书房里";其次用"取火人"和"卢库卢斯"的事例,归纳出读书学习要活学活用、独立思考的中心论点。最后以设问和诗句作结,指出学者和哲人的区别,强调"要成为哲人,我们只能靠自己的智慧"。

在艺术表现上,作者运用比喻、反问和设问的修辞手法以及大量例证,将学习方式的道理讲得深入浅出、入情入理,具有亲切感,令人信服。行文旁征博引,引用了古罗马、古希腊哲学家和古罗马将领的事例,以及古希腊诗人的诗句,充满知识性和趣味性,也增强了说服力。语言平易明畅,不假雕饰,既富于生活情趣,又不乏随笔的理趣。文章结构短小精悍,布局精当,说理通俗生动却不失严谨,既有随笔的活泼自由,又有论说文的缜密谨严。

【思考练习】

一、举例说明本文的写作特色。
二、谈谈你对文中"这种乞讨而来的有限的本事"的理解。
三、中国古代也有许多关于读书学习的方法与课文观点类似的言论,请举出两三例,谈谈你的看法。

【拓展阅读】

马振骋译《蒙田随笔集》,上海译文出版社出版

(吕建军)

论 美

〔英〕弗朗西斯·培根

美德犹如宝石,背景朴素最显华美。同样,美德显于秀美而又端庄之体愈显佳妙。较之外貌娇美,美德更显尊贵。

美貌美德兼具者少见。好像造物主太忙,在造人时,时有差误,而失之于完美。因此,他们往往才艺有余,而品性不足;重形体而轻美德。然事实并非总是如此:奥古斯塔斯·恺撒、提图斯、法国美男腓力四世、英格兰爱德华四世、雅典的亚西比德、波斯统治者伊斯梅尔皆为品德高尚之人①,亦为形体绝佳之人。

就美而言,面目娇美胜于肤色之美,而端雅之美又胜于面目娇美。最高之美是画所不能尽现的,其神气亦不能尽现。凡所佳美皆有比例之妙。阿皮雷斯和艾伯特·丢勒可谓滑稽之极②:一个欲按几何比例画一完美人像;而另一个则要通过选取不同人身上的最美之处加以合成绘出完美人像。我想这样画出的完美人像恐怕难有画家自我陶醉了。尽管我认为画家能画出绝美的容貌,但他是靠了那么一点点运气(像音乐家谱出绝妙动听的音乐一样),而非按规则。你可观察人之面貌,假若细细详察,你皆能找到瑕疵,只是总体上俊美罢了。

假若美貌之体正值盛期,当不足为奇。然而有些上了年纪的人显得非常可爱。俗话说得好:"美人暮年仍然美。"而有些年轻人因缺乏修养,实在无美可言。只是正当青春年少,风姿适时而已。

美,犹如夏季之水果,易腐烂而难于保鲜。美往往令人年少之时放荡不羁,而孤老之年窘困无依。反之,若美与德能完美结合,则美德彰显,而丑恶羞匿。

【作者档案】

弗朗西斯·培根(1561—1626),英国唯物主义哲学家,英国现代实验科学的创始人。毕业于剑桥大学。历任律师、下院议员、掌玺大臣、大法官,受子爵。他"推崇科学、发展科学"的进步思想和"知识就是力量"的著名口号,一直推动着社会的进步。这位一生追求真理的思想家,被马克思称为"英国唯物主义和整个现代实验科学的真正始祖"。他在逻辑学、美学、教育学方面也提出了许多有价值的论断。著有《论科学的价值和发展》《新工具》《培根论说文集》等。后者收入58篇哲理散文,从各个角度论述广泛的人生问题,思想深刻,语言简洁,文笔优美,说理透彻,是一本世界性的名著。

【含英咀华】

本文主要阐述了作者对于"美"这一问题的一些思考,指出美德是人类最高的美,进

---

①奥古斯塔斯·恺撒、提图斯:古罗马著名皇帝。腓力四世:法国国王,1285—1314年在位。爱德华四世:英国国王,1461—1483年在位。亚西比德:古希腊著名美男子。伊斯梅尔:波斯国王,1499年即位。②阿皮雷斯:古希腊画家。艾伯特·丢勒:德国画家、雕刻家。

而勉励人们致力于内在美的追求，把美的形貌与美的德行结合起来，使美放射出真正的光辉。

全文共三部分：第一部分（第1自然段）提出全文的中心论点：美德最美。第二部分（第2~4自然段）从多个角度论述人生"内在美"的重要和"最高的美"是行为之美，即美德之美。第三部分（第5自然段）勉励人们把美的形貌和美的德行结合起来，使"美德彰显，而丑恶羞匿"。通篇结构严谨，论证缜密。

在艺术表现上，首先，作者善于运用比喻，将抽象的道理说得生动而形象，如"美，犹如夏季之水果，易腐烂而难于保鲜"，很形象地说明外表的美不会持久，最高的美是"德之美"。其次，作者运用多种论证方法，从不同角度论证中心论点。第一段用比喻手法说明"美德"之美；第二段列举历史人物例子论证品德之美；第四段中引用俗语论证内在美；第五段运用对比法论证"美与德完美结合"美才能放射真正的光辉，等等。

【思考练习】

一、本文论述了关于"美"的哪些问题？作者的观点是什么？

二、本文属于何种文体？在写作上有何特点？

三、体会"美德犹如宝石，背景朴素最显华美"这句话的深刻含义。

四、文章开头说"较之外貌娇美，美德更显尊贵"，结尾却说"若美与德能完美结合，则美德彰显，而丑恶羞匿"，这是否矛盾？

【拓展阅读】

水天同译《培根论说文集》，商务印书馆出版

（李　舫）

从罗丹得到的启示

〔奥地利〕 斯蒂芬·茨威格

我那时大约二十五岁,在巴黎研究与写作。许多人都已称赞我发表过的文章,有些我自己也喜欢。但是,我心里深深感到我还能写得更好,虽然我不能断定那症结的所在。

于是,一个伟大的人给了我一个伟大的启示。那件仿佛微乎其微的事,竟成为我一生的关键。

有一晚,在比利时名作家魏尔哈仑家里,一位年长的画家慨叹着雕塑美术的衰落。我年轻而好饶舌,热炽地反对他的意见。"就在这城里,"我说,"不是住着一个与米开朗基罗媲美的雕刻家吗?罗丹的《沉思者》《巴尔扎克》,不是同他用以雕塑他们的大理石一样永垂不朽吗?"

当我倾吐完了的时候,魏尔哈仑高兴地拍拍我的背。"我明天要去看罗丹,"他说,"来,一块儿去吧。凡像你这样赞美他的人都该去会他。"

我充满了喜悦,但第二天魏尔哈仑把我带到雕刻家那里的时候,我一句话也说不出。在老朋友畅谈之际,我觉得我似乎是一个多余的不速之客。

但是,最伟大的人是最亲切的。我们告别时,罗丹转向着我。"我想你也许愿意看看我的雕刻,"他说,"我恐怕这里简直什么也没有。可是礼拜天,你到麦东来同我一块吃饭吧。"

在罗丹朴素的别墅里,我们在一张小桌前坐下吃便饭。不久,他温和的眼睛发出的激励的凝视,他本身的淳朴,宽释了我的不安。

在他的工作室,有着大窗户的简朴的屋子,有完成的雕像,许许多多小塑样——一只胳膊,一只手,有的只是一只手指或者指节;他已动工而搁下的雕像,堆着草图的桌子,一生不断的追求与劳作的地方。

罗丹罩上了粗布工作衫,因而好像就变成了一个工人,他在一个台架前停着。

"这是我的近作,"他说,把湿布揭开,现出一座女正身像,以黏土美好地塑成的。"这已完工了,"我想。

他退后一步,仔细看着,这身材魁梧、阔肩、白髯的老人。

但是在审视片刻之后,他低语着,"就在这肩上线条还是太粗,对不起……"

他拿起刮刀、木刀片轻轻滑过软和的黏土,给肌肉一种更柔美的光泽。他健壮的手动起来了;他的眼睛闪耀着。"还有那里……还有那里……"他又修改了一下,他走回去。他把台架转过来,含糊地吐着奇异的喉音。时而,他的眼睛高兴得发亮;时而,他的双眉苦恼地蹙着。他捏好小块的黏土,粘在像身上,刮开一些。

这样过了半点钟,一点钟……他没有再向我说过一句话。他忘掉了一切,除了他要创造的更崇高的形体的意象。他专注于他的工作,犹如在创世的太初的上帝。

最后,带着舒叹,他扔下刮刀,一个男子把披肩披到他情人肩上那种温存关怀般地把湿布蒙着女正身像。于是,他又转身要走,那身材魁梧的老人。

在他快走到门口之前,他看见了我。他凝视着,就在那时他才记起,他显然对他的失礼而惊惶。"对不起,先生,我完全把你忘记了,可是你知道……"我握着他的手,感谢地紧握着。也许他已领悟我所感受到的,因为在我们走出屋子时他微笑了,用手扶着我的肩头。

在麦东那天下午,我学得的比在学校所有的时间都多。从此,我知道凡人类的工作必须怎样做,假如那是好而又值得的。

再没有什么像亲见一个人全然忘记时间、地方与世界那样使我感动。那时,我参悟到一切艺术与伟业的奥妙——专心,完成或大或小的事功的全力集中,把易于弛散的意志贯注在一件事情上的本领。

于是,我察觉我至今在我自己的工作上所缺少的是什么——那能使人除了追求完整的意志而外把一切都忘掉的热忱,一个人一定要能够把他自己完全沉浸在他的工作里。没有——我现在才知道——别的秘诀。

【作者档案】

斯蒂芬·茨威格(1881—1942),奥地利作家,出身于维也纳一个犹太富商家庭,少年时即酷爱文学,17岁就在刊物上发表了第一首诗。1900年进入维也纳大学学习哲学、德国文学和法国文学。1901年出版第一部诗集《银弦》。1904年获博士学位,同年出版第一部小说集《艾利卡埃·瓦尔德之恋》。第一次世界大战期间流亡瑞士,结识了罗曼·罗兰。1933年希特勒上台后,他被列入黑名单,又开始了流亡生活。1938年加入英国籍。1942年2月22日,茨威格因目睹他的"精神故乡欧洲"的沉沦而深感绝望,与妻子在巴西里约热内卢近郊的寓所内服毒自杀。

斯蒂芬·茨威格是一位多才而多产的作家,从20世纪20年代起,他"以德语创作赢得了不让于英、法语作品的广泛声誉"。他擅长写小说、人物传记,也写诗歌、戏剧、散文和文艺评论,还从事过文学翻译。尼采哲学和弗洛伊德精神分析学对茨威格的创作影响很大,他的小说几乎都是心理小说,多写人的下意识活动和人在激情驱使下的命运遭际,长于细致的性格塑造和心理刻画,以描摹人性化的内心冲动著称。尤其善于洞察和表现女性内心活动,作品充满人道主义精神,他"以罕见的温存和同情"(高尔基语)塑造了不少令人难忘的女性形象。代表作有《马来狂人》《一个女人一生中的二十四小时》《一个陌生女人的来信》《感觉的混乱》《罗曼·罗兰传》等。他的作品有着经久不衰的魅力,被公认为世界上最杰出的中短篇小说家之一,罗曼·罗兰称其为"灵魂的猎者"。

【含英咀华】

本文又译作《成功的秘诀》,文章借艺术家罗丹的生活轶事来表现人生哲理和艺术真谛,抒发了作者对罗丹的敬慕和从罗丹那里感悟到的热忱、专心、忘我的工作精神。文中记叙了作者两次拜访罗丹的经历,表现了罗丹沉浸于工作中而忘掉周围一切存在的专注精神,从而"参悟到一切艺术与伟业的奥妙——专心,完成或大或小的事功的全力集中,把易于弛散的意志贯注在一件事情上的本领",进而察觉到自己在工作上所缺少的东西,正是"那能使人除了追求完整的意志而外把一切都忘掉的热忱",意识到"一个人一定要能够把他自己完全沉浸在他的工作里",只有这样才能取得成功,除此而外,没有"别的秘诀"。而这次经历也使茨威格受益终身,"竟成为我一生的关键"。可以说,这也是茨威格能够成为一位伟大的文学家的一个重要契机。古今中外,大凡取得成功的伟大人物,大多都具有这种对自己的事业高度集中的意志和聚精会神的专注精神,这也就是他们"成功的秘诀"。何其芳先生在他的《文学手册》里引用了这个故事，告诫文学青年要像"入梦似的，进到作品所形成的境界中去，把身外的一切统统忘记掉"。对文学艺术如此，对其他任何学习和工作，也都应该如此。这，也就是本文给我们的"启示"。

奥古斯特·罗丹（1840—1917），法国雕塑艺术家，是西方雕塑史上一位划时代的人物，被认为是19世纪和20世纪初最伟大的现实主义雕塑艺术家。他的作品题材多样，构思宏大，注意人物性格的刻画，善于用丰富多样的绘画性手法塑造出神态生动、富有力量的艺术形象。其代表作品有《青铜时代》《思想者》《雨果》《巴尔扎克》《吻》《夏娃》等，并有《艺术论》传世。他认为艺术家成功的秘诀不在于灵感，而在于专心和意志，他说："要有耐心，不要依靠灵感。灵感是不存在的。艺术家的优良品质，无非是智慧、专心、真挚、意志。"（《罗丹艺术论》）茨威格的这篇文章，就以自己的亲历亲闻真实地再现了罗丹像一个诚实的工人一样专心致志地完成工作的情景，以及由此而给他带来的启示。

在写作上，本文最突出的特点是将叙事、描写、议论三者融为一体，既是一篇真实生动的人物速写，又是一篇寓意深刻的说理文，构思精巧，结构严谨。文章先以议论入题，提出全文记叙的中心，即"我"在25岁那年在巴黎进行研究和写作时，"一个伟大的人给了我一个伟大的启示"，而且这个启示"竟成为我一生的关键"。这样开篇，一下就激起了读者的好奇心，收到了引人入胜的效果。接下来便写两次拜访罗丹的经历，按照"缘起—经过—启示"的顺序，逐层写去，严谨有序，条理分明。由于作者是以亲身见闻而领悟到的道理，因而最后的议论说理也就显得自然而亲切，并不给人以生硬的说教感，易于让读者心悦诚服地接受。其次，本文刻画细腻。作者注重对人物语言、动作、外貌的描写和作者心理活动的展示，生动地塑造了伟大艺术家罗丹的形象，揭示了罗丹的人格魅力。作者以白描手法描绘了罗丹对人的亲切态度，尤其是他进入工作中那种认真、专注的情形，作者做了非常细腻的描写。如他审视作品的神态，修改塑像的动作，在感觉满意之后像"一个男子把披肩披到他情人肩上那种温存关怀般地把湿布蒙着女正身像"的深情等，都给我们留下了深刻的印象。而且这种细腻入微的描写，也为下文的议论说理做了很好的铺垫，使其得到的"启示"显得顺理成章，令人信服。

【思考练习】

一、作者"从罗丹得到的启示"是什么？这个"启示"对于我们学习和工作有什么指导意义？

二、本文在表现手法上最大的特点是什么？有什么表达效果？

三、文章对罗丹专注于修改其雕塑作品做了哪些细致的描写？这样写有什么好处？

四、搜集几则中外成功人士专心致志忘我工作的故事，在课堂上与大家分享。

【拓展阅读】

张玉书译《斯·茨威格中短篇小说选》，人民文学出版社出版

丛培香、刘会军、陶良华选编《外国散文百年精华》，人民文学出版社出版

（袁　丽　刘洪仁）

笑与泪

〔黎巴嫩〕纪伯伦

太阳从那些秀丽的公园里收起了它最后一道霞光,月亮从天边升起,温柔的月光泼洒在公园里。我坐在树下,观察着瞬息万变的天空。透过树枝的缝隙,仰望夜空的繁星,就像撒在蓝色地毯上的银币一样,远远地,听得见山涧小溪淙淙的流水声。

鸟儿在茂密的枝叶间寻找栖所,花儿闭上她困倦的眼睛。在万籁俱寂之中,我听见草地上有轻轻的脚步声,定睛一看,一个青年伴着一个姑娘朝我走来。他们在一棵葱郁的树下坐下来。我能看到他们,但他们却看不到我。

那个青年往四周看了看,说道:"坐下吧,亲爱的,请你坐在我的身边。你说吧!笑吧!你的微笑,就是我们未来的象征。你高兴吧!整个时代都为我们欢呼。我的心对我说,对你那颗心的怀疑,对爱情的怀疑是一种罪过,亲爱的!不久,你将成为这银色月光照耀下的广阔世界中的一切财产的主人,成为一座可以和王宫媲美的宫殿的主人。我将驾驭我的骏马,带你周游天下名胜;我将驾驶我的汽车,陪你出入跳舞厅、娱乐场。微笑吧,亲爱的,就像我宝库中的黄金那样微笑吧!你看着我,要像我父亲的珠宝那样地看着我。你听着,亲爱的!我要是不向你倾诉衷情,我的心就不会安宁。我们将欢度蜜年。我们要带上许多黄金,在瑞士的湖畔,在意大利游览胜地,在尼罗河宫旁,在黎巴嫩翠绿的杉树下度过我们的蜜年。你将与那些贵公主阔夫人相会,你的穿戴一定会引起她们的妒忌。我要给你所有这一切,难道你还不满意吗?啊!你笑得多么甜蜜啊!你微笑就仿佛是我的命运在微笑。"

过了一会儿,我看到他俩悠然自得地走着,就像富人的脚践踏穷人的心那样踩着地上的鲜花。

他们从我的视野中消失了,而我却在思考着金钱在爱情中的地位。我想,金钱——人类邪恶的根源;爱情——幸福和光明的源泉。我一直在这些思想的舞台上徘徊。突然我发现两个身影从我面前经过,坐在不远的草地上。这是一对从农田那边走过来的青年男女。农田那边有农民的茅舍。在一阵令人伤心的沉默之后,随着一声长叹,我听见从一个肺痨病人的嘴里说出了这样的话:"亲爱的!擦干你的眼泪,至高无上的爱情已经打开了我们的眼界,使我们成了它的崇拜者。是它,给了我们忍耐和刚强。擦干你的眼泪!你要忍耐,既然我们已经结成亲爱的伴侣。为了美好的爱情,我们得忍受贫穷的折磨,不幸的痛苦,离别的辛酸。为了获得一笔在你面前拿得出手的钱财,以此度过今后的岁月,我必须与日月搏斗。亲爱的,上帝就是那至高无上的爱情的体现,他会像接受香烛那样接受我们的哀叹和眼泪,他会给我们适当的报酬。我要同你告别了,亲爱的!我不能等到月光消逝。"

然后,我听见一个亲切而炽热的声音打断了伤感的长吁短叹。那是一个温柔的少女的声音,这声音倾注所有蕴藏在她肺腑里的热烈的爱情、离别的痛苦和苦尽甘来的快慰:"再见,亲爱的!"

说完,他们便分别了。我坐在那棵树下,这奇妙的宇宙间的许多秘密暴露在我的面前,要我伸出同情之手。

那时,我注视着那沉睡的大自然,久久地注视着。于是,我发现那里有一种无边无际的东西,一种用金钱买不到的东西;一种用秋天凄凉的泪水所不能冲洗掉的东西;一种不能为严冬的苦痛所扼杀的东西;一种在日内瓦湖畔、意大利游览胜地所找不到的东西;它是那样坚强不屈,春来生机勃勃,夏到硕果累累。我在那里看到了爱情。

【作者档案】

纪伯伦(1883—1931),黎巴嫩著名诗人、散文家、画家,阿拉伯现代文学的奠基者之一。童年时家境贫寒,1894年随母亲迁至美国波士顿,1898年回国读书,遍游国内及叙利亚,创办《真理》杂志,写了很多抨击黑暗统治的作品。1902年被当时统治黎巴嫩的土耳其当局驱逐出境,来到美国进行油画创作。此后长期定居美国纽约,直至逝世。纪伯伦的文学创作十分丰富,主要是诗歌、散文和小说,绝大部分用阿拉伯语写成,后期也用英语写作。他的诗文具有浓郁的诗情和深刻的哲理,被翻译成二十多种文字,享誉世界文坛。主要作品有短篇小说《草原新娘》《叛逆的灵魂》,中篇小说《折断的翅膀》,散文诗集《泪与笑》《暴风集》,诗集《行列圣歌》《奇谈录》等。纪伯伦的作品想象丰富奇特,文笔轻柔隽秀,语言清丽流畅,具有音乐节奏感与运动跳跃感,形成了独特的"纪伯伦风格"。欣赏纪伯伦的作品,能使我们的心灵得到净化,灵魂得到陶冶与升华。

【含英咀华】

《笑与泪》是纪伯伦的散文诗集《泪与笑》中的一篇议论散文。文章通过描写亲眼所见的两对年轻情侣的表白,表达了对以金钱为基础的富贵者的虚伪爱情的轻蔑鄙视,对劳动人民纯洁高尚爱情的由衷赞美。富有的一对恋人,男青年用金钱和物质去取悦女方,可是当圣洁的爱情中渗入了金钱与物质的诱惑时,爱也就荡然无存了,只剩下赤裸裸的钱与肉的交易了。他们似乎在"笑",但这"笑"中,也隐藏着"泪"的影子。贫穷的一对恋人,流着泪,但是小伙子真诚的语言却体现出了他们之间的真挚与纯洁的爱情;贫穷的少女虽然在流泪,但是她的泪光中却饱含着幸福,孕育着幸福的"笑"。"泪与笑"的转换,贫与富的悬殊,使读者深深地体会到了金钱与爱情并不成正比的关系,作者借此告诉我们:只有抛弃了金钱的爱情才是真正的爱情,才能够经得起考验;而用金钱营造的爱情大厦终将走向毁灭。

本文的艺术特色,主要表现在四个方面:一是语言清新、纯净,体现了绚丽、清秀的"纪伯伦风格"。二是巧妙地运用对比手法,阐述爱情的真谛。作者用富有的一对恋人与贫穷的一对恋人对比,表明财富不能换来真正的爱情,只要真心相爱,即使贫穷、疾病、离别,也能忍受、坚持、等待。三是细腻的景物描写。文章开头的景物描写,呈现给读者的是甜美而静谧的夜,为恋人的出场作了环境渲染。四是寓深刻的哲理于个性化的语言描写中。文章通过对一富一贫两对恋人的语言描写,深刻地揭示了真正的爱情的含义,给读者以启示。

【思考练习】

一、文中的两对恋人,男青年分别向女青年进行爱情表白,他们各自代表了怎样的爱情观?

二、体会"我想,金钱——人类邪恶的根源;爱情——幸福和光明的源泉"这句话的含义及其在文中的作用。

三、体会文章结尾"它是那样坚强不屈，春来生机勃勃，夏到硕果累累。我在那里看到了爱情"这句话的含义。

四、分析文章开头景物描写的作用。

【拓展阅读】

纪伯伦著《纪伯伦诗文选》，人民文学出版社出版

李唯东译《我们的先知——纪伯伦散文诗选》，中国出版集团、中国对外翻译出版公司出版

（唐中杰）

单元知识一：散文的特点与鉴赏

　　散文是一种潇洒活泼、优美空灵的文学样式，是与诗歌、小说、戏剧并列的一种文学体裁。散文这个概念有广义和狭义之分。广义的散文是与韵文相对而言的，是中国最早出现的行文体例之一，凡不讲究韵律的散体文章，都可称为散文。像商周的甲骨卜辞、钟鼎文，其后的历史著作如《尚书》《春秋》《左传》《战国策》，诸子著作如《老子》《墨子》《论语》《孙子》《孟子》《荀子》《庄子》，以及诏、诰、疏、表、书、启、檄等应用文体，都可归入散文的范畴。这其中既有文学作品，也有非文学作品。狭义的散文则指纯文学散文。这种纯文学散文概念是五四运动以后才逐步确立起来的。中国现代文学的分类受西方文学体裁四分法的影响，把散文与诗歌、小说、戏剧相并列，从而使散文从古代的杂文学变为一种独立的文学样式，这是现代文体意识觉醒的表现。秦牧在《海阔天空的散文领域》中说："不属于其他文学体裁，而又具有文学味道的一切篇幅短小的文章，都属于散文的范围。"粗而析之，大致有抒情散文、叙事散文、议论散文之分；细而缕之，则有杂文、随笔、札记、小品、游记、特写、速写、书信、序跋、书评、时评、回忆录、传记、散文诗等之别。这些体裁既是独立的，又是交叉渗透的，很难作绝对的区分。

　　散文文体轻松灵动，可以自由发挥。在散文的领域里，既有匕首式、投枪式的战斗檄文，也有亲切动人的世态图画，还有轻松抒情的小调夜曲。博览散文，我们可以"观古今于须臾，抚四海于一瞬"。那么，散文具体来说有什么样的特点，我们又如何鉴赏散文呢？

一、散文的文体特征

（一）"形散而神不散"是散文最为突出的特点

　　"形散"主要是指散文取材十分广泛自由，不受时间和空间的限制，表现手法不拘一格，可以叙述事件的发展，可以描写人物形象，可以托物抒情，可以发表议论，而且作者可以根据内容需要自由调整、随意变化。散文一般要求写真人真事，但允许在此基础上进行适当的艺术加工。散文不一定具有完整的故事情节和人物形象，而是着重于表现作者的生活感受。以第一人称叙事的散文，文中的"我"通常就是作者自己。散文的表达方式多种多样，能将叙事、抒情、议论熔于一炉，也可以有所侧重；根据内容和表现主题的需要，散文可以像小说那样通过对典型性的细节与生活片断作形象描写，进行心理刻画、环境渲染、气氛烘托，也可以像诗歌那样运用比兴、象征等艺术手法，创造一定的艺术意境。

　　"神不散"主要是指散文立意的特点，即散文所要表达的主题必须明确而集中。无论散文的内容多么广泛，表现手法多么灵活，无不是为更好地表达主题服务。为了做到"形散而神不散"，在选材上应注意材料与中心思想的内在联系；在结构上要借助一定的线索把材料贯穿成一个有机整体。

（二）意境优美而深邃是散文的又一重要特征

　　散文一定要通过巧妙地选择与组合材料并通过创造优美而深邃的意境来表现作者的生活感受，这样的散文才具有艺术感染力，才耐人咀嚼、耐人品味。作者借助想象与联想，由此及彼，由浅入深，由实而虚，渐次写来，可以融情于景，寄情于事，寓情于物，托物言志，表达作者的真情实感，实现物我统一，展现出更深远的思想，使读者领会更深刻的道理。如苏轼的《赤壁赋》，作者为我们描绘了一幅空旷、寂静的江天月夜的背景，那"取之无禁，用之不竭"的"江上之清风，与山间之明月"，与置身其中的作者融为一体，从而将作者那不计个人得失、纵情山水的旷达情怀抒发出来，既凸显了主题，也感染了读者。

（三）散文的语言优美、凝练且富于文采

所谓优美，是指散文的语言清新明丽，生动活泼，富于音乐感。行文如涓涓流水，叮咚有声；如娓娓而谈，情真意切。所谓凝练，是说散文的语言简洁质朴，自然流畅，寥寥数语就可以描绘出生动的形象，勾勒出动人的场景，显示出深远的意境。散文力求写景如在眼前，写情沁人心脾。散文素有"美文"之称，它除了有精辟的见解和优美的意境外，还要有清新隽永、质朴无华的文采。经常读一些优美的散文，不仅可以丰富知识，开阔眼界，培养高尚的思想情操，还可以从中学习选材立意、谋篇布局和遣词造句的技巧，提高语言表达能力。

二、散文的鉴赏

由于散文文体的特殊性，我们在鉴赏散文时应着重把握以下几个方面。

（一）抓住"文眼"，把握主旨

所谓"文眼"，就是散文的"魂"。但凡构思精巧、意境深邃的散文，往往都会有"魂"。鉴赏散文，首先要全力找出能揭示全篇旨趣和有画龙点睛妙用的"文眼"，以便领会作者为文的目的。"文眼"的设置因文而异，可以是一个字、一句话、一个细节、一缕情丝，乃至一景一物。抓住了"文眼"就把握了散文的"魂"。

同时，我们在领会散文的神韵时，还要善于展开联想。联想的方式有接近联想、类比联想、对比联想、因果联想等。注意丰富的联想，由此及彼，由浅入深，由实到虚，这样才能体会到文章的神韵，领会到更深刻的道理。

（二）抓住"文脉"，理清线索

所谓"文脉"，也就是散文的线索。鉴赏散文要抓住线索，理清作者思路，准确把握文章的立意。就像放风筝一样，只要牢牢地牵住了线柄，即使风筝飞得再高，也逃不脱我们的掌心。抓住散文中的线索便可对作品的思路了然于胸，不仅有助于理解作者的写作意图，而且也是对作者谋篇布局本领的鉴赏，从而透过散文的"形"抓住其传神的"魂"，遵循作者的思路，分析文章的立意。一般来讲，散文的中心线索只有一条，有的以思想感情为线索，有的以人物为线索，有的以事件或事物为线索，等等。其形态或隐或现，或抽象或具体，其标记位置也可能有诸多变化，有的题目中就标明，有的则暗藏于字里行间。但只要认真阅读，就能将其挖掘出来。线索分明了，散文的构思立意也就一目了然。

概括起来，散文中的结构线索常见的有纵贯式、横贯式和纵横交贯式三大类型。①所谓纵贯式，就是按事物本身发生发展的进程作为线索，纵深地组织材料。最为常见的形式有三种：一是以时间变化为线索，二是以情节发展为线索，三是以空间转移为线索。前两种一般叙事散文使用较多，后一种则见于写景一类的散文。②所谓横贯式，就是围绕某个特定的描写对象来连缀各种互不关联的"画面"或"断片"，按事物的性质归类，并列地组织材料。横贯式在具体运用中又有各种不同，如以情感为线，以事理为线，以物件为线

等，这在横贯式中运用得最普遍，也是最能表现出散文文体特征的形式。比较来说，纵贯式线索总体上符合事物发生发展的自然顺序或进程，也符合人们循序渐进的普遍认识规律。横贯式线索则带有某种哲学的抽象，行文中时有跳脱，因为被线索连缀在一起的是一些各不相干的材料，这样就从形式上拉开了创作者与鉴赏者之间的距离，给鉴赏者造成了一定的理解难度。但是，优秀的创作者又特别善于处理与鉴赏者之间的矛盾，善断善续，能够把明断与暗续辩证地统一起来。③所谓纵横交贯式，就是前两者的综合运用，这在一些游记散文里颇为常见。游记如果单用一条游踪的纵线，文章就很可能像记流水账一样，写得散漫，故往往在游踪的线索之外再加一条横线来约束。当然，这种线索方式在一般叙事散文中有时也可以碰到。如曹靖华的《小米的回忆》，既以时间次第来展开回忆，又以横线索"小米"（物）来贯通。

（三）领略意境，感受醇美

意境是构成一篇优秀散文艺术生命的重要因素。品味意境，是欣赏散文不可或缺的一环。所谓意境，就是作者的主观感情和客观景象高度融合所产生的一种境界，也就是饱含着作者丰富感情的艺术画面。它能引起读者强烈的共鸣，其特点是情景交融，形神兼备，物我归一。

要体会意境之美，首先要体味"象外之象"。刘禹锡曾说过："境生于象外。"所谓"象"指的是作品中具体的形象，"境"指的是产生于具体意象之外的意境形象。"境生于象外"就是说意境不在作品意象本身，而在意象之外。我们品味散文的意境美，就要善于透过种种"象"（景象），去领悟潜在的"神"（主旨）。严阵的《峨嵋清音》（"峨嵋"今应写作"峨眉"）写作者有机会登临峨嵋，但未能攀上金顶，引以为憾。可是后来夜宿清音阁，却有意外的收获，转愁为喜：虽未"看到峨嵋"，却"听到了峨嵋"。作者不写"看峨嵋"，却别出心裁地写"听峨嵋"，把无感情的"死峨嵋"，写成了有感觉的"活峨嵋"，可谓得"峨嵋之神"。其次要领悟意境美，还要借助作者对意象的描写刻画，理解作者所寄寓的对意象的认识、思考和情感。如宗璞的《紫藤萝瀑布》，作者对紫藤萝"瀑布"之美有一段细致的描写，通过这段实境的描写，让我们感受到紫藤萝那万花灿烂的流动的瀑布的美。而紫藤萝之所以美，就因为它是情理化的"意象"，从而使我们从中得到一种领悟，一种深层次的享受。意境中的实境就是一座"桥"，它把读者从有形之境引向无形之境，从表象美引向深层美。所以每个欣赏者都要精心领会散文中的实境这座情理化的艺术之"桥"。

（四）品味语言，把握技巧

文学是语言的艺术，散文更是如此。语言优美，是散文的一大特色。散文的艺术魅力，主要借助其语言的含蓄美和音乐美来体现。杰出的散文家的语言更是富于哲理、诗情、画意，且各具风格。如鲁迅的散文语言精练深邃，冰心的散文语言委婉明丽，茅盾的散文语言细腻深刻，朱自清的散文语言清新隽永，郭沫若的散文语言气势磅礴，巴金的散文语言朴素优美，刘白羽的散文语言奔放，等等。一些散文大家的语言又常常因内容而异。如鲁迅的《纪念刘和珍君》的语言锋利如匕首，《好的故事》的语言绚丽如云锦，《风筝》的语言凝重如深潭。体味散文的语言风格，就可以对散文的内容体味得更加深刻。优秀的散文语言都能做到精练准确、朴素自然、清新明快、亲切感人，我们鉴赏散文时就要仔细体味，尤其应该体味那些最能表现作者感情色彩的、形象生动的语言，从语言的自然、力度、色彩及修辞等方面咀嚼其无穷的韵味。

此外，欣赏散文也要掌握一些基本的写作技巧。写作技巧也就是我们常说的表达技巧，诸如渲染、铺垫、象征、伏笔、照应、悬念、衬托、过渡等。高尔基说："必须知道创作技巧。懂得一件工作的技巧，也就是懂得这一工作本身"，"技巧是文化成长的一个基本力量，是文化全部过程的一种主导力量"（高尔基《谈谈〈诗人丛书〉》）。因而，把握了散文的写作技巧，也就能够很好地帮助我们领会创作者的内心世界及其所要传达的思想意蕴。另外，还要注意修辞手法的表达效果，散文一般多用比喻、拟人、夸张、排比、引用等，以达到更加形象、生动的直观效果。

（王 军 刘洪仁）

单元知识二：中外散文简史

一、中国散文简史

　　散文被誉为是"文学的根底"，任何国家的文学，大都以散文为源头。中国也不例外。早在殷商时代，先民用于占卜吉凶和记录占卜结果的卜辞，便是最原始形态的散文。其后出现的铜器铭文，已经有比较完整的篇章，是趋于成熟的散文了。春秋战国时期，是我国散文发展的第一个黄金时代，出现了历史散文，如《尚书》《春秋》《左传》《战国策》等，另有诸子散文（又称哲理散文），如《老子》《墨子》《论语》《孟子》《庄子》《荀子》《韩非子》等。

　　秦代因为立国短暂，文学创作没有形成规模，只有丞相李斯以散文见长，其刻石文备受称道，议论说理文也写得很有气势，如著名的《谏逐客书》。

　　两汉是中国散文发展史上的另一个高峰期。西汉初期以贾谊、晁错的政论和史论成就最高，如贾谊的《过秦论》《治安策》、晁错的《论贵粟疏》等，都是文学史上著名的篇章。西汉中期文学空前繁荣，出现了《淮南子》《史记》两部鸿篇巨制的散文著作。尤其是司马迁的《史记》，被鲁迅誉为"史家之绝唱，无韵之离骚"，既是史学巨著，也是传记文学经典。西汉后期的散文，值得重视的是桓宽的《盐铁论》。东汉前期的散文以《汉书》和《论衡》为代表。

　　魏晋南北朝时期，散文的发展呈现出清峻、通脱的新特点。曹操是这种新文风的创始者，其最著名的是《让县自明本志令》。曹操之子曹丕、曹植既是诗人，也是散文家。曹丕的《典论·论文》一篇，既是文学理论论文，也是议论散文名篇。曹植的散文富于理想和热情，感情率真、恳切，题材广泛，内涵深刻，名篇有《与杨德祖书》《洛神赋》等。"三曹"之外，"建安七子"的文章亦各具特色，五彩缤纷。两晋时期，骈文占据统治地位。从广义的角度看，骈文也是散文的一种，名篇有孔稚珪的《北山移文》、丘迟的《与陈伯之书》、刘峻的《广绝交论》、吴均的《与宋元思书》、庾信的《哀江南赋序》等；骈散兼擅的名篇则有嵇康的《与山巨源绝交书》、李密的《陈情表》、王羲之的《兰亭集序》、陶渊明的《归去来兮辞序》《五柳先生传》《桃花源记》等。南北朝时期著名地理学家郦道元的《水经注》，是一部具有科学与文学双重价值的奇书。

　　隋代散文以李谔与王通为代表，他们为文力求改变专尚浮华的形式主义风气而归于质朴自然，是最早反对骈文的先驱者。

　　初唐时期，散文创作仍然以骈文为主，王勃的《滕王阁序》就是传诵不衰的骈文名篇。盛唐至中唐时期，相继出现了一批以提倡古文为己任的作家。元结、独孤及、权德舆等人，都力主用散文"尊经""载道"，是韩柳"古文运动"的先驱。唐德宗贞元到唐宪宗元和年间，韩愈、柳宗元大力提倡"古文运动"，明确提出了"文以载道"的理论，从散文创作的内容和形式方面对骈文展开了全面抨击。他们身体力行，不仅自己大量写作内容充实、切中时弊、形式上句式灵活自由不受任何格律束缚的散体古文，而且培养、带动一大批青年作家写作古文，由此开启了一场声势浩大的"古文运动"，使唐代散文创作进入全盛时期。尤其是韩愈，更享有"文起八代之衰"的盛誉。晚唐时期，骈文又一度死灰复燃,古体散文再次受到冲击。但晚唐的小品文却大放异彩,被鲁迅誉为"一塌糊涂的泥塘里的光彩和锋芒"。当时著名的小品文大家有皮日休、陆龟蒙、罗隐、孙樵等。

宋代散文继承唐代"古文运动"成果,经欧阳修推进而得到发展,并形成了平易畅达、从容婉转的新风格。宋代"古文运动"是唐代"古文运动"的继续和发展。它虽以"复古"为旗帜,实际上是配合北宋政治改革而进行的一次全面的文风革新。它发端于北宋初年,完成于北宋中期,欧阳修是这一运动最杰出的旗手和领袖。继欧阳修之后领导这场运动的是苏轼。随着"古文运动"深入发展,宋代散文创作进入全盛期。"唐宋八大家"中,欧阳修、王安石、曾巩、苏洵、苏轼、苏辙六家都出现在这一时期。他们各以绚丽多姿的创作成就,开创了韩、柳之后散文发展的新局面,形成了散文史上百花争艳、万紫千红的繁荣景象。南宋散文,总的成就不及北宋,但一些爱国志士和抗金将领,都能以散文为武器,号召鼓动抗金救亡,揭露投降阴谋,抒发报国志向,产生了许多慷慨雄壮、激情饱满的优秀作品。前期的主要作家有胡铨、陆游、辛弃疾、陈亮、叶适等。南宋覆亡前后,文天祥、陆秀夫、谢翱、邓牧等人,满怀沉痛的亡国之感和至死不屈的精神,发而为文,显示了宋代散文的最后光辉。

元代仍沿袭唐宋古文的发展,虽然成就不如唐宋辉煌,但散文作家仍是不少。元代中叶以吴澄的弟子虞集、许衡的弟子姚燧以及马祖常等最为知名,并出现了虞集、杨载、范梈、揭傒斯"四大家"。至元中后期,则以柳贯、黄溍、吴莱三人最为重要。

明代初年,著名散文家有由元入明的刘基、宋濂等,他们重视文章的社会作用,作品积极反映现实。宋濂的《送东阳马生序》、刘基的《卖柑者言》,都是传世的名篇。稍后,出现了以"三杨"为代表的"台阁体",作品雍容华贵、粉饰太平,无成就可言。明代中叶,先后兴起反"台阁体"的几个文学流派:以李东阳为首的茶陵派,推崇韩、欧,追求古雅;前、后"七子"倡导"文必秦汉",刻意模仿先秦两汉散文,形成浩大的复古潮流;以王慎中、唐顺之、茅坤、归有光为代表的"唐宋派",推崇唐宋散文,与前、后"七子"相抗衡,其中以归有光的创作成就较为突出,他的《项脊轩志》《寒花葬志》等写身边琐事,亲切而感人。晚明时期,李贽提出著名的"童心"说,提倡在文学创作上要保持童心的纯真。其代表作如《题孔子像于芝佛院》实为不可多得的杂文佳作。同一时期,以袁宗道、袁宏道、袁中道三兄弟为代表的"公安派"提倡"性灵"说而自成一脉。之后的"竟陵派"继承"公安派"的革新精神,重视作家创作的深度与厚度,偏重在形式上追求幽曲新奇。张岱是明、清之际一位小品文集大成者,他的小品文题材广泛,有故国之思,风格清新简洁,其代表作如《西湖七月半》《湖心亭看雪》读来美不胜收。徐弘祖的《徐霞客游记》是一部优美的游记散文集,文笔清新流利,绚丽多彩。

清代散文基本上是"桐城派"的天下。在"桐城派"产生之前,清初有黄宗羲、顾炎武等反抗封建专制和民族压迫的思想家兼文学家,他们写文章讲求唐宋古文法度,强调社会作用,有不少进步的作品。清代中叶,出现了散文史上影响最大的流派——"桐城派",其代表人物是方苞、刘大櫆和姚鼐。"桐城派"的文章主要是些应用文字,尤以传状碑志为多;此外还有不少议论文、记事的小品文和描写山水景物的游记文。方苞的名篇有《左忠毅公逸事》《狱中杂记》等。姚鼐人称惜抱先生,其主要著作为《惜抱轩集》,散文名篇是《登泰山记》。袁枚既是清中叶著名的骈文大家,同时也兼写散文,其《到石梁观瀑布》《游黄山记》《祭妹文》等,都是游记和抒情文的不朽之作。龚自珍是挣脱"桐城派"理论束缚,打破清中叶以来传统文学格局,首开近代文学风气的人。他的散文与诗歌一样,反映了他要求革新政治的心声，形式上也别具一格。以曾国藩为代表的"湘乡派"，其实是"桐城派"的变种。曾国藩的文章虽以桐城为宗，却并不死守桐城家法，是晚清时期最著名的散文大家，尤其他的家书，至今读来仍能让人受到启发，因而受到很多读者欢迎。

"五四"时期，"散文小品的成功，几乎在小说戏曲和诗歌之上"（鲁迅《小品文的危机》）。鲁迅是中国现代文学的奠基人，也是最伟大的散文家。他的散文集《野草》《朝花夕拾》，以及他这一时期创作的大量短小精悍的杂文小品，内容丰富，思想深刻，语言犀利，无论思想性还是艺术性都达到了前所未有的高度，代表了中国现代文学的最高成就。这一时期有名的散文作家及其散文代表作，还有周作人的《美文》、冰心的《寄小读者》《笑》和《往事》、朱自清的《背影》和《荷塘月色》、瞿秋白的《饿乡纪程》和《赤都心史》、徐志摩的《巴黎的鳞爪》、许地山的《空山灵雨》等。抗日战争时期，成就和影响较大的散文家有巴金、夏丏尊、丰子恺、梁遇春、茅盾、沈从文、梁实秋、林语堂等。解放战争时期，散文创作以杂文和报告文学的繁荣为标志，著名的散文家有巴人、聂绀弩、冯雪峰、夏衍、郭沫若、陆蠡、孙犁、丁玲等。

中华人民共和国成立后，散文创作也进入一个全新的发展时期。20世纪50年代至70年代，在"百花齐放，百家争鸣"方针指引下，散文创作呈现出欣欣向荣之势，涌现出一大批优秀的散文大家和散文佳作，如老舍的《养花》、叶圣陶的《游了三个湖》、秦牧的《社稷坛抒情》、杨朔的《香山红叶》、魏巍的《谁是最可爱的人》等。另外曹靖华、吴伯箫、碧野、袁鹰等人，也在散文创作上取得了令人瞩目的成就。

改革开放后，人们的生活节奏加快，因而散文这种文艺的"轻骑兵"日益受到读者的欢迎和喜爱，散文的创作和出版更见繁荣，呈现出百花齐放、万紫千红的兴盛局面，名家辈出，名作如林，举其荦荦大者，有季羡林、张中行、张洁、贾平凹、莫言、余秋雨以及台湾地区的余光中、香港地区的董桥等。

二、外国散文简史

在西方文学中，散文的概念与中国有很大不同。我们所谓的散文，在西方只是随笔（essay）或文章（article）而已，而并不是与诗歌、小说、戏剧并列的文学样式。因此在西方文学中，散文的发展比其他文学样式要晚得多。真正确定了散文的写作样式，是从16世纪法国的蒙田才开始的。而其作为一种与诗歌、小说、戏剧有同等地位的独立的文学样式，则在19世纪以后。

但这并不意味着西方古代没有散文这种文体。古希腊哲学家柏拉图的《理想国》，既是一部对话体政治学、哲学著作，也可看作古希腊散文的创始佳作。古罗马政治家、演说家和作家西塞罗把古罗马散文中的演讲词推向了顶峰，他晚年的小品文《论友谊》《论老年》形成了自己独特风格，为后来的欧洲散文家所崇奉。他遗留下来的800多封书信成为"书信体"散文的楷模。

13世纪，在德国开始出现一种非小说性散文，历史学家和十字军成员维莱哈多因的回忆录《征服君士坦丁堡》，记下了他1178—1207年的军旅生活，极富文学色彩。稍后，英国的宗教改革家威克利夫把《圣经》译成英语，《圣经》中生动的故事以及明白晓畅的语言成为后来英国散文写作遵循的圭臬。

从16世纪初到17世纪末，欧洲文艺复兴运动得到进一步发展，当时的主要思潮是人文主义：以人为本，倡导个性解放。在散文创作领域也顺应潮流，兴起了一种"私文学"，即用书信、日记、忏悔录等形式做或多或少带些掩饰的自我表白和自我剖析，其代表人物是法国的蒙田。他创作的散文《随笔集》共3卷107章，内容包括日常生活感想、读书体会、旅游见闻等，揭示了人与人之间的陌生、隔阂和自己的孤独，表现了对人身自由、个性解放的渴望。蒙田这种随笔形式短小、文笔流畅，"如家常絮语"，具有极大的艺术魅力。接着，英国散文家、哲学家和科学实验家弗朗西斯·培根吸取蒙田的艺术营养，发展了"Eassy体"，他的散文内容广泛，形式活泼自由，开创了英国散文之先河。其中有不少格言警句，至今为我们所引用。

18世纪，欧洲发生了启蒙运动。在文学创作领域，他们把文学创作看作是宣传教育的有力工具，常常深入浅出地把深奥难解的哲学思想写得通俗易懂。这时期的散文呈现出三种明显变化：作者和读者群体扩大，题材扩大，体式和表达方式更加多样化。因而，这时期也就出现了一批富有个性特色的散文家，如英国散文家葛德文、艾迪生、斯梯尔和法国散文家伏尔泰、卢梭等。尤其是卢梭，他热爱大自然，写了不少描写自然风光的散文，其中《生活在大自然的怀抱里》最具有代表性。

19世纪，欧洲掀起浪漫主义的文学运动，他们在文学创作上主张描写理想，展示作家的主观世界以及对事物的内心反应，抒发强烈的个人情感，强调描绘大自然景色，常常把自然"美"同现实的"丑"进行对比，从而抒发作家的心灵感受并寄托理想。在这种文学思潮的影响下，散文名家辈出，异彩纷呈。这时期具有代表性的散文家有：英国的兰姆、萨克雷，法国的夏多布里昂、波德莱尔、雨果，奥地利的茨威格，俄国的屠格涅夫，美国的华盛顿·欧文和爱默生等。

20世纪上半叶，因受到两次世界大战的冲击，散文家们对虚幻给予了极大的重视，大量想象的事物不仅出现在小品、游记中，而且出现在传记、忏悔录、历史著作和评论中。这时涌现出一批小品文作家，如英国的吴尔芙、美国的海伦·凯勒、法国的蒂博代等。他们的小品散文创作都超越了前人。在苏联，有文坛巨擘高尔基，他的散文名篇《海燕之歌》《鹰之歌》等运用象征手法歌颂革命家的精神气魄，形象鲜明，文笔优美，是俄国散文的代表作。20世纪后期，东方文学中也出现了一批卓有成就的散文大家，如印度的泰戈尔、日本的东山魁夷、黎巴嫩的纪伯伦等。他们的作品各具特色，至今仍受到各国读者的喜爱。

（王　军　刘洪仁）

第四单元 小说精粹

李娃传

白行简

汧国夫人①李娃，长安之倡②女也。节行瑰奇，有足称者。故监察御史白行简为传述。

天宝③中，有常州刺史荥阳公④者，略其名氏，不书，时望甚崇，家徒甚殷。知命之年，有一子，始弱冠⑤矣，隽朗⑥有词藻，迥然不群，深为时辈推伏。其父爱而器之，曰："此吾家千里驹也。"应乡赋秀才举⑦，将行，乃盛其服玩车马之饰，计其京师薪储之费，谓之曰："吾观尔之才，当一战而霸。今备二载之用，且丰尔之给，将为其志也。"生亦自负，视上第如指掌⑧。自毗陵⑨发，月余抵长安，居于布政里⑩。

尝游东市还，自平康⑪东门入，将访友于西南。至鸣珂曲⑫，见一宅，门庭不甚广，而室宇严邃，阖一扉。有娃方凭一双鬟青衣⑬立，妖姿要妙⑭，绝代未有。生忽见之，不觉停骖久之，徘徊不能去。乃诈坠鞭于地，候其从者，敕取⑮之，累眄⑯于娃，娃回眸凝睇，情甚相慕。竟不敢措辞而去。

生自尔意若有失，乃密征其友游长安之熟者，以讯之。友曰："此狭邪女⑰李氏宅也。"曰："娃可求乎？"对曰："李氏颇赡⑱。前与通之者，多贵戚豪族，所得甚广。非累百万，不能动其志也。"生曰："苟患其不谐，虽百万，何惜！"

他日，乃洁其衣服，盛宾从⑲，而往扣其门。俄有侍儿启扃⑳。生曰："此谁之第耶？"侍儿不答，驰走大呼曰："前时遗策郎也！"娃大悦曰："尔姑止之。吾当整妆易服而出。"生闻之私喜。乃引至萧墙㉑间，见一姥垂白上偻㉒，即娃母也。生跪拜前致词曰："闻兹地有隙院，愿税㉓以居，信乎？"姥曰："惧其浅陋湫隘㉔，不足以辱长者所处，安敢言直㉕耶。"延生于迟宾㉖之馆，馆宇甚丽。与生偶坐，因曰："某有女娇小，技艺薄劣，欣见宾客，愿将见之。"乃命娃出，明眸皓腕，举步艳冶。生遂惊起，莫敢仰视。与之拜毕，叙

---

①汧（qiān）国夫人：国夫人是古代一种名誉封赠。汧：唐郡名，治所在今陕西乾县。②倡：通"娼"。③天宝：唐玄宗年号。④荥阳公：犹云郑公。唐代的荥阳是郑姓的郡望，故此处称"常州刺史荥阳公"，似有影射郑氏族人之意。⑤弱冠：指二十岁左右的男子。古代男子二十岁行加冠礼，以示成人。《礼记·曲礼上》："二十曰弱冠。"⑥隽朗：英俊，俊秀。隽：通"俊"。⑦应乡赋秀才举：由州县选送到京师应试。应……举：即应试。唐代科举制度，由州县选送至京师应试叫乡贡，应举者通称秀才。乡赋：即乡贡。⑧上第：也说"甲第"，指考试取得好名次。指掌：比喻容易做到。⑨毗（pí）陵：唐郡名，即常州。⑩布政里：即布政坊，唐代长安街名。⑪平康：长安坊名，为皇城东第一街。⑫鸣珂曲：长安坊名，是当时妓女聚居的地方。⑬青衣：指婢女。古代地位低下的人穿青衣，故以青衣借指卑贱者。⑭要（yāo）妙（miǎo）：同"要眇"，美好。⑮敕（chì）：命令。⑯眄（miǎn）：斜视。⑰狭邪女：指妓女。⑱赡：充裕，富有。⑲盛宾从：带着众多随从。⑳扃（jiōng）：门窗箱柜上的插关。㉑萧墙：照壁，门屏。㉒垂白：头发渐白。上偻：驼背。㉓税：租借。㉔湫（jiǎo）隘：低洼狭小。湫：低洼。㉕直：同"值"。㉖迟（zhì）宾：迎接、接待客人。

寒燠①,触类妍媚②,目所未睹。复坐,烹茶斟酒,器用甚洁。久之,日暮,鼓声四动。姥访其居远近。生绐之曰:"在延平门③外数里。"冀其远而见留也。姥曰:"鼓已发矣。当速归,无犯禁。"生曰:"幸接欢笑,不知日之云夕。道里辽阔,城内又无亲戚,将若之何?"娃曰:"不见责僻陋,方将居之,宿何害焉。"生数目姥。姥曰:"唯唯④。"生乃召其家僮,持双缣⑤,请以备一宵之馔。娃笑而止之曰:"宾主之仪,且不然也。今夕之费,愿以贫窭之家随其粗粝⑥以进之。其余以俟他辰。"固辞,终不许。俄徙坐西堂,帷幙帘榻,焕然夺目;妆奁衾枕,亦皆侈丽。乃张烛进馔,品味甚盛。彻⑦馔,姥起。生娃谈话方切,诙谐调笑,无所不至。生曰:"前偶过卿门,遇卿适在屏间。厥后心常勤念,虽寝与食,未尝或舍。"娃答曰:"我心亦如之。"生曰:"今之来,非直求居而已,愿偿平生之志。但未知命也若何?"言未终,姥至,询其故,具以告。姥笑曰:"男女之际,大欲存焉。情苟相得,虽父母之命,不能制也。女子固陋⑧,曷足以荐君子之枕席⑨?"生遂下阶,拜而谢之曰:"愿以己为厮养⑩。"姥遂目之为郎,饮酣而散。

及旦,尽徙其囊橐⑪,因家于李之第。自是生屏迹戢身⑫,不复与亲知相闻。日会倡优侪类⑬,狎戏游宴。囊中尽空,乃鬻骏乘,及其家童。岁余,资财仆马荡然。迩来姥意渐怠,娃情弥笃。

他日,娃谓生曰:"与郎相知一年,尚无孕嗣。常闻竹林神者,报应如响,将致荐酹⑭求之,可乎?"生不知其计,大喜。乃质衣于肆,以备牢醴⑮,与娃同谒祠宇而祷祝焉,信宿⑯而返。策驴而后,至里北门,娃谓生曰:"此东转小曲中,某之姨宅也,将憩而觐之,可乎?"生如其言,前行不逾百步,果见一车门⑰。窥其际,甚弘敞。其青衣自车后止之曰:"至矣。"生下,适有一人出访曰:"谁?"曰:"李娃也。"乃入告。俄有一妪至,年可四十余,与生相迎,曰:"吾甥来否?"娃下车,妪逆访之曰:"何久疏绝?"相视而笑。娃引生拜之。既见,遂偕入西戟门⑱偏院。中有山亭,竹树葱蒨⑲,池榭幽绝。生谓娃曰:"此姨之私第耶?"笑而不答,以他语对。俄献茶果,甚珍奇。食顷⑳,有一人控大宛㉑,汗流驰至,曰:"姥遇暴疾颇甚,殆不识人。宜速归。"娃谓姨曰:"方寸乱矣。某骑而前去。当令返乘,便与郎偕来。"生拟随之。其姨与侍儿偶语㉒,以手挥之,令生止于户外,曰:"姥且殁矣。当与某议丧事以济其急。奈何遽相随而去?"乃止,共计其凶仪斋祭之用。日晚,乘不至。姨言曰:"无复命,何也?郎骤往觇㉓之,某当继至。"生遂往,至旧宅,门扃钥甚密,以泥缄之。生大骇,诘其邻人。邻人曰:"李本税此而居,约已周矣。第主自收。姥徙居,而且再宿矣。"征徙何处,曰:"不详其所。"生将驰赴宣阳㉔,以诘其姨,日已晚矣,计程不能达。乃弛其装服,质馔而食㉕,赁榻而寝。生惠怒方甚,自昏达

---

①叙寒燠(yù):问候起居之类的应酬话。燠:暖。②触类妍媚:一举一动无不优雅。③延平门:长安西城门。④唯唯:表示认可的应答声。⑤缣(jiān):黄色的细绢,可以用作礼品或货币。⑥粗粝:粗茶淡饭。⑦彻:通"撤"。⑧固陋:这里是才貌鄙陋之意。⑨荐……枕席:侍寝。⑩厮养:为人服役、地位低微的人,即奴仆。⑪囊橐(tuó):此指行李。橐:袋子。⑫屏迹戢身:深居不出。屏、戢:都是隐藏之意。⑬侪(chái)类:同辈之人。⑭致荐酹(lèi):用酒食祭祀。荐:献。酹:把酒浇到地上。⑮牢醴:指祭品。牢:祭祀用的牛、羊、猪。醴:甜酒。⑯信宿:连宿两夜。信:再宿。⑰车门:大门旁专供车马出入的门。⑱戟门:唐代规定,三品以上官员的家门前可以立戟,因称显贵之家为戟门。⑲葱蒨(qiàn):茂盛。蒨:草盛貌。⑳食顷:吃一顿饭的时间。㉑控大宛(yuān):骑骏马。大宛:古西域国名,以出产汗血宝马著称,此借指宝马。㉒偶语:相对私语。㉓觇(chān):窥看、察看。㉔宣阳:长安坊名,在平康里南。㉕质:典当,抵押。馔:饭菜。

旦，目不交睫。质明①，乃策蹇②而去。既至，连扣其扉，食顷无人应。生大呼数四③，有宦者徐出。生遽访之："姨氏在乎？"曰："无之。"生曰："昨暮在此，何故匿之？"访其谁氏之第，曰："此崔尚书宅。昨者有一人税此院，云迟中表之远至者④。未暮去矣。"

　　生惶惑发狂，罔知所措，因返访布政旧邸。邸主哀而进膳。生怨懑，绝食三日，遘疾甚笃⑤，旬余愈甚。邸主惧其不起，徙之于凶肆⑥之中。绵缀移时⑦，合肆之人共伤叹而互饲之。后稍愈，杖而能起。由是凶肆日假之，令执穗帷⑧，获其直以自给。累月，渐复壮，每听其哀歌，自叹不及逝者⑨，辄呜咽流涕，不能自止。归则效之。生，聪敏者也，无何，曲尽其妙，虽长安无有伦比。

　　初，二肆之佣凶器者，互争胜负。其东肆，车舆皆奇丽，殆不敌，唯哀挽劣焉。其东肆长知生妙绝，乃醵钱⑩二万索顾焉。其党耆旧⑪，共较其所能者，阴教生新声，而相赞和。累旬，人莫知之。其二肆长相谓曰："我欲各阅所佣之器于天门街，以较优劣。不胜者，罚直五万，以备酒馔之用，可乎？"二肆许诺。乃邀立符契，署以保证，然后阅之。士女大和会⑫，聚至数万。于是里胥告于贼曹⑬，贼曹闻于京尹⑭。四方之士，尽赴趋焉，巷无居人。自旦阅之，及亭午，历举辇舆威仪⑮之具，西肆皆不胜，师有惭色。乃置层榻⑯于南隅，有长髯者拥铎⑰而进，翊卫⑱数人，于是奋髯扬眉，扼腕顿颡而登⑲，乃歌《白马》之词⑳。恃其凤胜，顾盼左右，旁若无人。齐声赞扬之，自以为独步一时，不可得而屈也。有顷，东肆长于北隅上设连榻㉑，有乌巾少年，左右五六人，秉翣㉒而至，即生也。整衣服，俯仰甚徐，申喉发调，容若不胜。乃歌《薤露》之章㉓，举声清越，响振林木，曲度未终，闻者歔欷掩泣。西肆长为众所诮，益惭耻。密置所输之直于前，乃潜遁焉。四座愕眙㉔，莫之测也。

　　先是，天子方下诏，俾外方之牧㉕，岁一至阙下㉖，谓之入计。时也适遇生之父在京师，与同列者易服章窃往观焉。有老竖㉗，即生乳母婿也，见生之举措辞气，将认之而未敢，乃泫然流涕。生父惊而诘之，因告曰："歌者之貌，酷似郎㉘之亡子。"父曰："吾子以多财为盗所害，奚至是耶？"言讫，亦泣。及归，竖间驰往，访于同党曰："向歌者谁？若斯之妙欤？"皆曰："某氏之子。"征其名，且易之矣。竖凛然大惊；徐往，迫而察之。生见竖色动，回翔㉙将匿于众中。竖遂持其袂曰："岂非某乎？"相持而泣，遂载以归。至其室，父责曰："志行若此，污辱吾门，何施面目，复相见也？"乃徒行出，至曲江西杏园

---

①质明：天刚亮的时候。②策蹇：骑驴。蹇：指蹇驴，跛脚的驴。③数（shuò）四：犹言再三再四。④迟：等候。中表：姑表、舅表、姨表合称中表。⑤遘（gòu）疾：染病，生病。遘：遇，遭遇。⑥凶肆：古时指专门操办丧葬事务的店铺。"凶器"即指丧葬用的器物。⑦绵缀：当作"绵惙"，病情严重、气息微弱的样子。移时：一段时间。⑧穗（suì）帷：即穗帐，灵幔。⑨自叹不及逝者：自叹命苦，还不如死人。⑩醵（jù）钱：凑钱，集资。⑪耆旧：这里指老师傅、老前辈。⑫大和会：大聚会。⑬里胥：古代乡里长官，相当于后来的保甲长。贼曹：管理地方治安的官吏。⑭京尹：即京兆尹，京师地区的行政长官。⑮辇舆威仪：指丧车仪仗之类。⑯层榻：高椅子。⑰铎：唱挽歌时用的铃。⑱翊（yì）卫：辅助。⑲扼腕：左手握住右手的腕，是情绪高昂振奋的表示。顿颡（sǎng）：叩头。颡：额。⑳《白马》之词：即《白马歌》，古代祭祀时唱的歌。㉑连榻：并坐的长椅子。㉒翣（shà）：古代仪仗中用的大掌扇。㉓《薤（xiè）露》之章：也是送丧时所唱的歌曲。曲名取人生如草上露水般容易消失之意。薤：一种草本植物。㉔愕眙（chì）：惊呆了。眙：瞪着眼。㉕俾（bǐ）：使。外方之牧：各地方长官，此指刺史。牧：州牧，州的长官。㉖阙下：宫阙之下，指朝廷。㉗老竖：老奴，老仆人。㉘郎：奴仆对年轻主人的称呼。㉙回翔：这里是躲藏的意思。

东，去其衣服，以马鞭鞭之数百。生不胜其苦而毙。父弃之而去。

其师命相狎昵者阴随之①，归告同党，共加伤叹。令二人赍苇席瘗焉②。至，则心下微温，举之，良久，气稍通。因共荷而归，以苇筒灌勺饮，经宿乃活。月余，手足不能自举，其楚挞之处皆溃烂，秽甚。同辈患之。一夕，弃于道周③。行路咸伤之，往往投其余食，得以充肠。十旬，方杖策④而起。被布裘，裘有百结，褴褛如悬鹑⑤。持一破瓯，巡于闾里，以乞食为事。自秋徂冬，夜入于粪壤窟室，昼则周游廛肆⑥。

一旦大雪，生为冻馁所驱，冒雪而出，乞食之声甚苦，闻见者莫不凄恻。时雪方甚，人家外户多不发。至安邑东门，循里垣北转第七八，有一门独启左扉，即娃之第也。生不知之，遂连声疾呼："饥冻之甚。"音响凄切，所不忍听。娃自阁中闻之，谓侍儿曰："此必生也，我辨其音矣。"连步而出。见生枯瘠疥疠⑦，殆非人状。娃意感焉，乃谓曰："岂非某郎也？"生愤懑绝倒，口不能言，颔颐⑧而已。娃前抱其颈，以绣襦拥而归于西厢，失声长恸曰："令子一朝及此，我之罪也！"绝而复苏。姥大骇，奔至，曰："何也？"娃曰："某郎。"姥遽曰："当逐之。奈何令至此？"娃敛容却睇⑨，曰："不然。此良家子也。当昔驱高车，持金装，至某之室，不逾期⑩而荡尽。且互设诡计，舍而逐之，殆非人。令其失志，不得齿于人伦。父子之道，天性也。使其情绝，杀而弃之。又困踬⑪若此。天下之人尽知为某也。生亲戚满朝，一旦当权者熟察其本末，祸将及矣。况欺天负人，鬼神不祐，无自贻其殃也。某为姥子，迨今有二十岁矣。计其贵，不啻直千金。今姥年六十余，愿计二十年衣食之用以赎身，当与此子别卜所诣⑫。所诣非遥，晨昏得以温凊⑬。某愿足矣。"姥度其志不可夺，因许之。给姥之余，有百金。北隅四五家税一隙院。乃与生沐浴，易其衣服；为汤粥，通其肠；次以酥乳润其脏。旬余，方荐水陆之馔⑭。头巾履袜，皆取珍异者衣之。未数月，肌肤稍腴；卒岁，平愈如初。

异时，娃谓生曰："体已康矣，志已壮矣。渊思寂虑⑮，默想曩昔之艺业⑯，可温习乎？"生思之，曰："十得二三耳。"娃命车出游，生骑而从。至旗亭南偏门鬻《坟》《典》之肆⑰，令生拣而市之，计费百金，尽载以归。因令生斥弃百虑以志学，俾夜作昼，孜孜矻矻⑱。娃常偶坐，宵分乃寐⑲。伺其疲倦，即谕之缀诗赋⑳。二岁而业大就，海内文籍，莫不该览。生谓娃曰："可策名试艺矣。"娃曰："未也。且令精熟，以俟百战。"更一年，曰："可行矣。"于是遂一上登甲科㉑，声振礼闱㉒。虽前辈见其文，罔不敛衽敬羡㉓，愿友

---

①狎昵：亲近，熟悉。阴随之：暗中跟着他。②赍（jī）苇席瘗（yì）焉：用芦苇编的草席把他埋掉。赍：持。瘗：埋葬。③道周：路边。④杖策：拄着拐杖。⑤悬鹑：鹑鸟尾秃，把鹑悬挂起来，毛不蔽体，形容衣服破烂。⑥廛肆：泛指市民的房屋、店铺。⑦枯瘠疥疠：身体枯瘦，全身疥疮，毛发脱落。⑧颔颐：点头。颔：动。颐：面颊。⑨却睇：回看。⑩逾期（jī）：超过一年。期：周年。⑪困踬：穷困潦倒。⑫别卜所诣：另找住所。⑬晨昏得以温凊（jìng）：早晚可以问候请安。《礼记·曲礼上》："凡为人子之礼，冬温而夏凊，昏定而晨省。"意谓为人子女者，应注意天候寒温，关心父母的健康状况，早晚请安，侍奉起居。凊：寒冷。⑭荐水陆之馔：拿山珍海味给他吃。荐：进献。⑮渊思寂虑：静下心来深入思考。渊：深。寂：静。⑯艺业：指应举的文章。⑰旗亭：酒楼。《坟》《典》之肆：书铺、书店。《坟》《典》："三坟五典"的简称，是传说中我国古代的典籍。⑱孜孜矻矻（kū）：勤奋不懈的样子。⑲宵分：夜半。⑳缀诗赋：写诗作赋。诗、赋是唐代科举进士科的主要科目。㉑登甲科：即考取了最难的一科。甲科：甲等。唐代科举取士，进士分甲、乙两科，明经分甲、乙、丙、丁四科，依试题难易确定科第的高低。㉒礼闱：即礼部。古代科举考试由礼部主持。㉓敛衽敬羡：整一整衣襟表示敬佩美慕。敛衽：整理衣襟。

之而不可得。娃曰:"未也。今秀士①苟获擢一科第,则自谓可以取中朝之显职,擅天下之美名。子行秽迹鄙,不侔②于他士。当砻淬利器③,以求再捷。方可以连衡④多士,争霸群英。"生由是益自勤苦,声价弥甚。其年,遇大比⑤,诏征四方之隽,生应直言极谏科,策名⑥第一,授成都府参军⑦。三事以降⑧,皆其友也。

将之官,娃谓生曰:"今之复子本躯,某不相负也。愿以残年,归养老姥。君当结媛鼎族⑨,以奉蒸尝⑩。中外婚媾,无自渎也⑪。勉思自爱。某从此去矣。"生泣曰:"子若弃我,当自刭以就死。"娃固辞不从,生勤请弥恳。娃曰:"送子涉江,至于剑门,当令我回。"生许诺。

月余,至剑门。未及发而除书⑫至,生父由常州诏入,拜成都尹,兼剑南采访使⑬。浃辰⑭,父到。生因投刺⑮,谒于邮亭⑯。父不敢认,见其祖父官讳,方大惊,命登阶,抚背恸哭移时,曰:"吾与尔父子如初。"因诘其由,具陈其本末。大奇之,诘娃安在。曰:"送某至此,当令复还。"父曰:"不可。"翌日,命驾与生先之成都,留娃于剑门,筑别馆以处之。明日,命媒氏通二姓之好,备六礼⑰以迎之,遂如秦晋之偶。

娃既备礼,岁时伏腊⑱,妇道甚修,治家严整,极为亲所眷。向后数岁,生父母偕殁,持孝甚至。有灵芝产于倚庐⑲,一穗三秀⑳。本道上闻㉑。又有白燕㉒数十,巢其层甍㉓。天子异之,宠锡㉔加等。终制㉕,累迁清显之任㉖。十年间,至数郡。娃封汧国夫人。有四子,皆为大官,其卑者犹为太原尹。弟兄姻媾皆甲门㉗,内外隆盛,莫之与京㉘。

嗟乎,倡荡之姬,节行如是,虽古先烈女,不能逾也。焉得不为之叹息哉!

予伯祖尝牧晋州㉙,转户部㉚,为水陆运使㉛,三任皆与生为代,故谙详其事。贞元㉜中,予与陇西公佐㉝话妇人操烈之品格,因遂述汧国之事。公佐拊掌竦听㉞,命予为传。乃握管濡翰㉟,疏而存之。时乙亥岁㊱秋八月,太原白行简云。

---

①秀士:对应试者的通称。②不侔:不相等,不及。③砻淬:磨砺,磨炼。④连衡:比配、并肩。⑤大比:周代每三年考核一次乡大夫,以选贤任能。后来遂称三年一次的科举考试为大比。⑥策名:列名。⑦参军:府尹的佐吏。⑧三事以降:指三公以下的官员。三事:即三公,指品级最高的官员。⑨鼎族:豪门大族。⑩以奉蒸尝:供奉祭祀。蒸:古代冬祭名。尝:古代夏祭名。⑪"中外"二句:意为当与高贵的名门大族结婚,不要降低了自己的身份。中外:内外亲戚。自渎(dú):自污。⑫除书:任命、调派官吏的文书。⑬剑南:指剑南道,治所在益州(今成都市)。唐代成都府属剑南道管辖。采访使:全称采访处置使,掌举劾所属州县官吏。⑭浃(jiā)辰:古代以干支纪日,称自子至亥一周十二日为浃辰。浃:周。⑮投刺:投送帖求见。刺:名帖。⑯邮亭:供传送文书并供住宿的驿站。⑰六礼:古代婚礼的六道手续为纳采、问名、纳吉、纳征、请期、亲迎。⑱岁时伏腊:指逢年过节。伏、腊:古代夏、冬两种节日的名称,亦泛指节日。⑲灵芝:古人认为灵芝是仙草,服了可以成仙。倚庐:守丧住的草房。⑳一穗三秀:一根穗上开了三朵花。㉑本道:指剑南道。上闻:向上级报告。㉒白燕:古时认为白燕是祥瑞之鸟。㉓层甍(méng):此指房屋的大梁。㉔宠锡:宠爱并赏赐。锡:赐。㉕终制:谓三年守制期满。古代官员凡遇父母丧事,要在家守孝三年,叫守制。㉖清显之任:地位高贵的官职。㉗姻媾:通婚,联姻。甲门:豪门,显贵之家。㉘莫之与京:没有谁比得了。京:大,此用作动词,比大小。㉙牧晋州:为晋州刺史。晋州:治所在今山西汾阳。㉚户部:唐代中央政府尚书省所属六部之一,掌管土地、户籍、赋税及财政收支等事务。㉛水陆运使:户部下面管理水陆运输的官。㉜贞元:唐德宗年号(785—805)。㉝陇西公佐:即李公佐,陇西人,唐代小说家,写有传奇小说《南柯太守传》《谢小娥传》等。㉞拊掌:拍手。竦(sǒng)听:恭敬地听。㉟握管濡(rú)翰:握起笔管,饱蘸浓墨(写作)。濡:沾湿。㊱乙亥岁:唐德宗贞元十一年(795),是年白行简20岁。

【作者档案】

白行简（约776—826），字知退，白居易之弟，下邽（今陕西渭南东北）人。唐贞元末年（804）进士，累官秘书省校书郎、左拾遗、主客郎中等。白行简一生以兄为师，饱读诗书。《旧唐书·白行简传》称其"文笔有兄风，辞赋尤称精密，文士皆师法之"。白行简死后，白居易为其编辑整理《白郎中集》二十卷，今不传。所作传奇，今存《李娃传》《三梦记》二篇。

【含英咀华】

这篇小说写荥阳公子郑生与娼女李娃悲欢离合的爱情故事，从侧面揭露了封建婚姻制度的罪恶和等级伦理观念给青年男女造成的伤害。郑生出身显贵，自然少不了纨绔子弟的习气，既多情，又浪荡，善于逢场作戏。李娃身为娼妓，是既美丽又世故的狭邪女，但却不乏善良本性，心中充满了对爱情的向往。郑生与李娃的相遇，也许最初只是娼女和嫖客最寻常不过的游戏。然而随着故事情节的进一步发展，郑生愿意为李娃倾尽所有，两人之间的爱情故事因为其独特的身份而充满了戏剧性：郑生少时文才出众，尔后应试途中情坠青楼，尔后穷愁潦倒而流落街头，尔后充任挽歌郎，再后来沦为乞丐。正当郑生绝望之际，突然峰回路转，再次与李娃相遇，并被其收留。李娃倾尽自己的积蓄支持郑生求取功名，最终得偿所愿。而李娃却在郑生金榜题名时选择黯然退出，以期弥补先前的罪过。最终郑生之父也为李娃的善良所感动，同意其与儿子结为夫妻，李娃终于好人有好报，夫荣子贵，身为命妇。

小说故事情节曲折有致，引人入胜，结构完整严密，人物形象栩栩如生，细节描写逼真传神，是唐代传奇小说成就最高的作品之一，也是标志中国古代小说正式成熟的一篇代表作。本篇因其故事感人至深，故不断被后世作家改编演绎。元代石君宝的杂剧《李亚仙花酒曲江楼》，明代薛近兖的传奇《绣襦记》，均取材于本篇。由此可见其在中国小说史上的地位和影响。

【思考练习】

一、造成郑生被弃并流落街头沦为乞丐的表面原因和深层次原因是什么？郑生与李娃悲欢离合的故事反映了怎样的社会问题？有什么认识意义？

二、小说中荥阳公主动要求其儿子明媒正娶李娃的举动，有什么批判意义？

三、试找出文中的细节描写并分析其表现作用。

四、阅读另一篇影响深远的唐代传奇小说《莺莺传》，试对小说的思想意义及其缺陷进行评析。

【拓展阅读】

张友鹤选注《唐宋传奇选》，人民文学出版社出版

人民文学出版社编辑部编《唐传奇鉴赏集》，人民文学出版社出版

（王 军 刘洪仁）

错斩崔宁①

聪明伶俐自天生，懵懂痴呆未必真。
嫉妒每因眉睫浅，戈矛时起笑谈深②。
九曲黄河心较险③，十重铁甲面堪憎。
时因酒色亡家国，几见诗书误好人。

这首诗单表为人难处：只因世路窄狭，人心叵测，大道既远，人情万端。熙熙攘攘，都为利来；蚩蚩蠢蠢，皆纳祸去。持身保家，万千反复。所以古人云："颦有为颦④，笑有为笑。颦笑之间，最宜谨慎。"

这回书单说一个官人，只因酒后一时戏笑之言，遂至杀身破家，陷了几条性命。且先引下一个故事来，权做个得胜头回⑤。

我朝元丰⑥年间，有一个少年举子，姓魏，名鹏举，字冲霄，年方一十八岁。娶得一个如花似玉的浑家，未及一月，只因春榜动，选场开⑦，魏生别了妻子，收拾行囊，上京应取⑧。临别时，浑家分付丈夫："得官不得官，早早回来，休抛闪了恩爱夫妻。"魏生答道："功名二字，是俺本领前程，不索贤卿忧虑。"别后登程到京，果然一举成名，一甲第九名，除授京职。到差甚是华艳动人，少不得修了一封家书，差人接取家眷入京。书上先叙了寒温及得官的事，后却写下一行，道是："我在京中早晚无人照管，已讨了一个小老婆，专候夫人到京，同享荣华。"

家人收拾书程⑨，一径到家，见了夫人，称说贺喜，因取家书呈上。夫人拆开看了，见是如此如此，这般这般，便对家人道："官人直恁负恩！甫能⑩得官，便娶了二夫人。"家人便道："小人在京，并没见有此事，想是官人戏谑之言。夫人到京，便知端的，休得忧虑。"夫人道："恁地说，我也罢了。"却因人舟未便，一面收拾起身，一面寻觅便人，先寄封平安家书到京中去。那寄书人到了京中，寻问新科魏榜眼寓所，下了家书，管待酒饭自回，不题。

却说魏生接书，拆开来看了，并无一句闲言闲语，只说道："你在京中娶了一个小老婆，我在家中也嫁了一个小老公，早晚同赴京师也。"魏生见了，也只道是夫人取笑的说话，全不在意，未及收好，外面报说有个同年⑪相访。京邸寓中，不比在家宽转，那人又是相厚的同年，又晓得魏生并无家眷在内，直至里面坐下，叙了些寒温。魏生起身去解手，那同年偶翻桌上书帖，看见了这封家书，写得好笑，故意朗诵起来。魏生措手不及，

---

①本文选自《京本通俗小说》。②"戈矛"句：争端、冲突往往由于玩笑开得太过分。③"九曲"句：是"心较九曲黄河险"的倒装。④颦有为颦：颦要有颦的理由。颦（pín）：皱眉，此处引申为发怒、生气。下句"颦笑"指喜怒。⑤得胜头回：又叫"入话"。宋、元时期的说书艺人在开讲主要故事之前所讲的一个小故事或吟诵的几首诗词，其作用一是稳住已经到场的观众，二是吸引、等候还未进场的观众。⑥元丰：宋神宗赵顼的年号。⑦春榜动，选场开：春季的进士考试临近了。春榜：指春天举行的考试。唐宋以来考进士的考试叫会试，常例都在春季举行，所以会试也叫春试。选场：即考场。⑧应取：也叫"取应"，朝廷开科取士，士子赴试。⑨书程：指家书和行李、盘费。⑩甫能：刚才，刚刚。⑪同年：科举时代同榜或同一年考中的人互称"同年"。

通红了脸，说道："这是没理的话。因是小弟戏谑了他，他便取笑写来的。"那同年呵呵大笑道："这节事却是取笑不得的。"别了就去。

那人也是一个少年，喜谈乐道，把这封家书一节，顷刻间遍传京邸。也有一班妒忌魏生少年登高科的，将这桩事只当做风闻言事的一个小小新闻，奏上一本，说这魏生年少不检，不宜居清要之职①，降处外任。魏生懊恨无及。后来毕竟做官蹭蹬不起，把锦片也似一段美前程，等闲放过去了。

这便是一句戏言，撒漫②了一个美官。

今日再说一个官人，也只为酒后一时戏言，断送了堂堂七尺之躯，连累两三个人，枉屈害了性命。却是为着甚的？有诗为证：

世路崎岖实可哀，傍人笑口等闲开。
白云本是无心物，又被狂风引出来。

却说高宗时，建都临安，繁华富贵，不减那汴京故国。去那城中箭桥左侧，有个官人，姓刘名贵，字君荐。祖上原是有根基的人家，到得君荐手中，却是时乖运蹇③。先前读书，后来看看不济，却去改业做生意。便是半路上出家的一般，买卖行中，一发不是本等伎俩④，又把本钱消折去了。渐渐大房改换小房，赁得两三间房子，与同浑家王氏，年少齐眉⑤。后因没有子嗣，娶下一个小娘子，姓陈，是陈卖糕的女儿，家中都呼为二姐。这也是先前不十分穷薄的时做下的勾当⑥。至亲三口，并无闲杂人在家。那刘君荐极是为人和气，乡里见爱，都称他："刘官人，你是一时运限不好，如此落莫，再过几时，定时有个亨通的日子。"说便是这般说，那得有些些好处？只是在家纳闷，无可奈何。

却说一日闲坐家中，只见丈人家里的老王，年近七旬，走来对刘官人说道："家间老员外生日，特令老汉接取官人娘子，去走一遭。"刘官人便道："便是我日逐愁闷过日子，连那泰山的寿诞也都忘了。"便同浑家王氏，收拾随身衣服，打叠个包儿，交与老王背了，分付二姐："看守家中，今日晚了，不能转回，明晚须索来家。"说了就去。

离城二十余里，到了丈人王员外家，叙了寒温。当日坐间客众，丈人女婿，不好十分叙述许多穷相。到得客散，留在客房里宿歇。直至天明，丈人却来与女婿攀话，说道："姐夫，你须不是这般算计。'坐吃山空，立吃地陷'；'咽喉深似海，日月快如梭'。你须计较一个常便。我女儿嫁了你一生，也指望丰衣足食，不成只是这等就罢了。"刘官人叹了一口气，道："是。泰山在上，道不得个'上山擒虎易，开口告人难'。如今的时势，再有谁似泰山这般怜念我的。只索守困，若去求人，便是劳而无功。"丈人便道："这也难怪你说。老汉却是看你们不过，今日赍助你些少本钱，胡乱去开个柴米店，撰得些利息来过日子⑦，却不好么？"刘官人道："感蒙泰山恩顾，可知⑧是好。"

当下吃了午饭，丈人取出十五贯⑨钱来，付与刘官人道："姐夫，且将这些钱去收拾起店面，开张有日，我便再应付你十贯。你妻子且留在此过几日，待有了开店日子，老汉亲送女儿到你家，就来与你作贺，意下如何？"刘官人谢了又谢，驮了钱一径出门。

---

①清要之职：职事清闲、地位重要的官职。②撒漫：糟蹋，浪费。③时乖运蹇（jiǎn）：时运不利，运气不好。乖：违背，不协调。蹇：跛足，引申为困顿，不顺利。④一发：越发，尤其。本等伎俩：指本来所擅长的技能。伎俩：技能。⑤齐眉：用东汉梁鸿与其妻"举案齐眉"的故事，指夫妻相敬相爱。⑥勾当：事情。⑦撰：同"赚"。利息：利润。⑧可知：当然，岂不。⑨贯：古代计量铜钱的量词。古代的铜钱中间有孔，可以用绳子贯穿起来，一千个铜钱叫一贯。

到得城中，天色却早晚了，却撞着一个相识，顺路在他家门首经过。那人也要做经纪的人，就与他商量一会，可知是好。便去敲那人门时，里面有人应喏，出来相揖，便问："老兄下顾，有何见教？"刘官人一一说知就里。那人便道："小弟闲在家中，老兄用得着时，便来相帮。"刘官人道："如此甚好。"当下说了些生意的勾当，那人便留刘官人在家，现成杯盘，吃了三杯两盏。刘官人酒量不济，便觉有些朦胧起来，抽身作别，便道："今日相扰，明早就烦老兄过寒家计议生理①。"那人又送刘官人至路口，作别回家，不在话下。若是说话的同年生，并肩长，拦腰抱住，把臂拖回，也不见得受这般灾晦，却教刘官人死得不如：

《五代史》李存孝②，《汉书》中彭越③。

却说刘官人驮了钱，一步一步捱到家中敲门，已是点灯时分，小娘子二姐独自在家，没一些事做，守得天黑，闭了门，在灯下打瞌睡。刘官人打门，他那里便听见。敲了半晌，方才知觉，答应一声"来了"，起身开了门。刘官人进去，到了房中，二姐替刘官人接了钱，放在桌上，便问："官人何处挪移这项钱来？却是甚用？"那刘官人一来有了几分酒，二来怪他开得门迟了，且戏言吓他一吓，便道："说出来，又恐你见怪；不说时，又须通你得知。只是我一时无奈，没计可施，只得把你典与一个客人。又因舍不得你，只典得十五贯钱。若是我有些好处，加利赎你回来；若是照前这般不顺溜，只索罢了。"那小娘子听了，欲待不信，又见十五贯钱堆在面前；欲待信来，他平白与我没半句言语，大娘子又过得好，怎么便下得这等狠心辣手？疑狐不决，只得再问道："虽然如此，也须通知我爹娘一声。"刘官人道："若是通知你爹娘，此事断然不成。你明日且到了人家，我慢慢央人与你爹娘说通，他也须怪我不得。"小娘子又问："官人今日在何处吃酒来？"刘官人道："便是把你典与人，写了文书，吃他的酒才来的。"小娘子又问："大姐姐如何不来？"刘官人道："他因不忍见你分离，待得你明日出了门才来。这也是我没计奈何，一言为定。"说罢，暗地忍不住笑，不脱衣裳，睡在床上，不觉睡去了。

那小娘子好生摆脱不下："不知他卖我与甚色样人家？我须先去爹娘家里说知。就是他明日有人来要我，寻到我家，也须有个下落。"沉吟了一会，却把这十五贯钱一垛儿堆在刘官人脚后边。趁他酒醉，轻轻的收拾了随身衣服，款款的开了门出去，拽上了门。却去左边一个相熟的邻舍叫做朱三老儿家里，与朱三妈借宿了一夜，说道："丈夫今日无端卖我，我须先去与爹娘说知。烦你明日对他说一声，既有了主顾，可同我丈夫到爹娘家中来讨个分晓，也须有个下落。"那邻舍道："小娘子说得有理。你只顾自去，我便与刘官人说知就里。"过了一宵，小娘子作别去了，不题。正是：

鳌鱼脱却金钩去，摆尾摇头再不回。

放下一头。却说这里刘官人一觉直至三更方醒，见桌上灯犹未灭，小娘子不在身边，只道他还在厨下收拾家火，便唤二姐讨茶吃。叫了一回，没人答应，却待挣扎起来，酒尚未醒，不觉又睡了去。不想却有一个做不是的④，日间赌输了钱，没处出豁⑤，夜间出来

---

①生理：生意。②李存孝：唐末著名猛将，晋王李克用的养子，本姓安，名敬思。后被陷害，被处以车裂之刑。③彭越：汉初名将，字仲。初事项羽，后率兵归顺刘邦。刘邦取得天下后，有人告发他谋反，被处以醢刑（剁成肉酱）。旧小说中常用李存孝、彭越形容死得凄惨。④做不是的：干坏事的人。话本里常指小偷。⑤没处出豁：想不出办法。出豁：想办法。

掏摸些东西，却好①到刘官人门首。因是小娘子出去了，门儿拽上不关。那贼略推一推，豁地开了。捏手捏脚，直到房中，并无一人知觉。到得床前，灯火尚明，周围看时，并无一物可取。摸到床上，见一人朝着里床睡去，脚后却有一堆青钱，便去取了几贯。不想惊觉了刘官人，起来喝道："你须②不尽道理！我从丈人家借办得几贯钱来养身活命，不争③你偷了我的去，却是怎的计结？"那人也不回话，照面一拳。刘官人侧身躲过，便起身与这人相持。那人见刘官人手脚活动，便拔步出房。刘官人不舍，抢出门来，一径赶到厨房里，恰待声张邻舍起来捉贼。那人急了，正好没出豁，却见明晃晃一把劈柴斧头，正在手边。也是人急计生，被他绰起，一斧正中刘官人面门，扑地倒了，又复一斧，斫倒一边。眼见得刘官人不活了，呜呼哀哉，伏惟尚飨④。那人便道："一不做，二不休。却是你来赶我，不是我来寻你索命。"翻身入房，取了十五贯钱，扯条单被，包裹得停当，拽扎得爽俐⑤，出门拽上了门就走，不题。

次早邻舍起来，见刘官人家门也不开，并无人声息，叫道："刘官人，失晓⑥了！"里面没人答应，捱将进去，只见门也不关。直到里面，见刘官人劈死在地。他家大娘子两日前已自往娘家去了，小娘子如何不见？免不得声张起来。却有昨夜小娘子借宿的邻家朱三老儿说道："小娘子昨夜黄昏时到我家宿歇，说道：刘官人无端卖了他，他一径先到爹娘家里去了，教我对刘官人说，既有了主顾，可同到他爹娘家中，也讨得个分晓。今一面着人去追他转来，便有下落；一面着人去报他大娘子到来，再作区处。"众人都道："说得是。"

先着人去到王老员外家报了凶信。老员外与女儿大哭起来，对那人道："昨日好端端出门，老汉赠他十五贯钱，教他将来作本，如何便恁的被人杀了？"那去的人道："好教老员外大娘子得知，昨日刘官人归时，已自昏黑，吃得半酣，我们都不晓得他有钱没钱，归迟归早。只是今早刘官人家门儿半开，众人推将进去，只见刘官人杀死在地，十五贯钱一文也不见，小娘子也不见踪迹。声张起来，却有左邻朱三老儿出来，说道他家小娘子昨夜黄昏时分借宿他家。小娘子说道：'刘官人无端把他典与人了，小娘子要对爹娘说一声。'住了一宵，今日径自去了。如今众人计议，一面来报大娘子与老员外，一面着人去追小娘子。若是半路里追不着的时节，直到他爹娘家中，好歹追他转来，问个明白。老员外与大娘子须索去走一遭，与刘官人执命⑦。"老员外与大娘子急急收拾起身，管待来人酒饭，三步做一步，赶入城中，不题。

却说那小娘子清早出了邻舍人家，捱上路去，行不上一二里，早是脚疼走不动，坐在路旁。却见一个后生，头带万字头巾，身穿直缝宽衫，背上驮了一个搭膊，里面却是铜钱，脚下丝鞋净袜，一直走上前来。到了小娘子面前，看了一看，虽然没有十二分颜色，却也明眉皓齿，莲脸生春，秋波送媚，好生动人。正是：

　　　　野花偏艳目，村酒醉人多。

那后生放下搭膊，向前深深作揖："小娘子独行无伴，却是往那里去的？"小娘子还了万

---

①却好：恰好，正好。却：恰。②须：真是。③不争：如果，若是。④"呜呼"二句：古代祭文结尾时常用的套语，表示哀悼死者、希望鬼魂临祭来享的意思。这里只是用来加强语气。⑤爽俐：结实、紧密。⑥失晓：睡死了不知道天亮。多指人晚起。⑦执命：索命，讨命。

福①，道："是奴家要往爹娘家去，因走不上，权歇在此。"因问："哥哥是何处来？今要往何方去？"那后生叉手不离方寸②："小人是村里人，因往城中卖了丝帐，讨得些钱，要往褚家堂那边去的。"小娘子道："告哥哥则个，奴家爹娘也在褚家堂左侧，若得哥哥带挈奴家同走一程，可知是好。"那后生道："有何不可。既如此说，小人情愿伏侍小娘子前去。"

　　两个厮赶着，一路正行，行不到二三里田地，只见后面两个人脚不点地赶上前来，赶得汗流气喘，衣襟敞开，连叫："前面小娘子慢走！我却有话说知。"小娘子与那后生看见赶得蹊跷，都立住了脚。后边两个赶到跟前，见了小娘子与那后生，不容分说，一家扯了一个，说道："你们干得好事！却走往那里去？"小娘子吃了一惊，举眼看时，却是两家邻舍，一个就是小娘子昨夜借宿的主人。小娘子便道："昨夜也须告过公公得知，丈夫无端卖我，我自去对爹娘说知。今日赶来，却有何说？"朱三老道："我不管闲帐。只是你家里有杀人公事，你须回去对理③。"小娘子道："丈夫卖我，昨日钱已驮在家中，有甚杀人公事？我只是不去！"朱三老道："好自在性儿！你若真个不去，叫起地方④，有杀人贼在此，烦为一捉。不然，须要连累我们，你这里地方也不得清净。"

　　那个后生见不是话头，便对小娘子道："既如此说，小娘子只索回去，小人自家去休⑤。"那两个赶来的邻舍齐叫起来，说道："若是没有你在此便罢，既然你与小娘子同行同止，你须也去不得。"那后生道："却又古怪！我自半路遇见小娘子，偶然伴他行一程，路途上有甚皂丝麻线⑥，要勒掯⑦我同去？"朱三老道："他家有了杀人公事，不争放你去了，却打没对头官司？"当下怎容小娘子和那后生做主。看的人渐渐立满，都道："后生，你去不得。你日间不作亏心事，半夜敲门不吃惊，便去何妨？"那赶来的邻舍道："你若不去，便是心虚，我们却和你罢休不得。"四个人只得厮挽着一路转来。

　　到得刘官人门首，好一场热闹！小娘子入去看时，只见刘官人斧劈倒在地死了，床上十五贯钱，分文也不见。开了口合不得，伸了舌缩不上去。那后生也慌了，便道："我怎的晦气！没来由和那小娘子同走一程，却做了干连人。"众人都和闹着，正在那里分豁不开，只见王老员外和女儿一步一攧走回家来，见了女婿尸身，哭了一场，便对小娘子道："你却如何杀了丈夫，劫了十五贯钱逃走出去？今日天理昭然，有何理说？"小娘子道："十五贯钱委是有的。只是丈夫昨晚回来，说是无计奈何，将奴家典与他人，典得十五贯身价在此，说过今日便要奴家到他家去。奴家因不知他典与甚色样人家，先去与爹娘说知。故此趁夜深了，将这十五贯钱一垛儿堆在他脚后边，拽上门，到朱三老家住了一宵，今早自去爹娘家里说知。我去之时，也曾央朱三老对我丈夫说，既然有了主儿，便同到我爹娘家里来交割。却不知因甚杀死在此？"那大娘子道："可又来！我的父亲昨日明明把十五贯钱与他驮来作本，养赡妻小，他岂有哄你说是典来身价之理？这是你两日因独自在家，勾搭上了人；又见家中好生不济，无心守耐；又见了十五贯钱，一时见财起意，杀死丈夫，劫了钱；又使见识，往邻舍家借宿一夜，却与汉子通同计较，一处逃走。现今你跟着一个男子同走，却有何理说，抵赖得过？"众人齐声道："大娘子之言甚是有理。"又对那后生道："后生，你却如何与小娘子谋杀亲夫？却暗暗约定在僻静处等候，一同去逃奔他方，却是如何计结？"那人道："小人自姓崔，名宁，与那小娘子无半面之识。小人昨晚

---

①万福：唐宋时妇女相见多口诵"万福"，后来便习惯用为妇女行礼的代用语。②叉手不离方寸：左手攥着右手拇指，右手四指伸直并拢放在胸前。这是一种表示谦虚、恭敬的行礼姿势。方寸：指心。③对理：见官。④地方：指地保、保正。⑤休：算了，罢了。⑥皂丝麻线：比喻不清不白，关系混乱。⑦勒掯：强迫。

入城，卖得几贯丝钱在这里，因路上遇见小娘子，小人偶然问起往那里去的，却独自一个行走。小娘子说起是与小人同路，以此作伴同行，却不知前后因依。"众人那里肯听他分说，搜索他搭膊中，恰好是十五贯钱，一文也不多，一文也不少！众人齐发起喊来："道是'天网恢恢，疏而不漏'！你却与小娘子杀了人，拐了钱财，盗了妇女，同往他乡，却连累我地方邻里打没头官司！"

当下大娘子结扭了小娘子，王老员外结扭了崔宁，四邻舍都是证见，一哄都入临安府中来。那府尹听得有杀人公事，即便升厅，便叫一干人犯，逐一从头说来。先是王老员外上去，告说："相公①在上，小人是本府村庄人氏，年近六旬，只生一女，先年嫁与本府城中刘贵为妻。后因无子，娶了陈氏为妾，呼为二姐。一向三口在家过活，并无片言。只因前日是老汉生日，差人接取女儿女婿到家住了一夜。次日因见女婿家中全无活计，养赡不起，把十五贯钱与女婿作本，开店养身。却有二姐在家看守。到得昨夜，女婿到家时分，不知因甚缘故，将女婿斧劈死了。二姐却与一个后生，名唤崔宁，一同逃走，被人追捉到来。望相公可怜见老汉的女婿身死不明，奸夫淫妇，赃证见在，伏乞相公明断！"府尹听得如此如此，便叫："陈氏上来！你却如何通同奸夫杀死了亲夫，劫了钱，与人一同逃走？是何理说？"二姐告道："小妇人嫁与刘贵，虽是做小老婆，却也得他看承得好，大娘子又贤慧，却如何肯起这片歹心？只是昨晚丈夫回来，吃得半酣，驮了十五贯钱进门。小妇人问他来历，丈夫说道，为因养赡不周，将小妇人典与他人，典得十五贯身价在此。又不通我爹娘得知，明日就要小妇人到他家去。小妇人慌了，连夜出门，走到邻舍家里借宿一宵，今早一径先往爹娘家去。教他对丈夫说：既然卖我有了主顾，可到我爹妈家里来交割。才走得到半路，却见昨夜借宿的邻家赶来，捉住小妇人回来。却不知丈夫杀死的根由。"那府尹喝道："胡说！这十五贯钱，分明是他丈人与女婿的，你却说是典你的身价，眼见的没巴臂②的说话了。况且妇人家如何黑夜行走？定是脱身之计！这桩事须不是你一个妇人家做的，一定有奸夫帮你谋财害命，你却从实说来！"

那小娘子正待分说，只见几家邻舍一齐跪上去告道："相公的言语，委是青天！他家小娘子，昨夜果然借宿在左邻第二家的，今早他自去了。小的们见他丈夫杀死，一面着人去赶，赶到半路，却见小娘子和那一个后生同走，苦死不肯回来。小的们勉强捉他转来，却又一面着人去接他大娘子与他丈人，到时，说昨日有十五贯钱付与女婿做生理的，今者女婿已死，这钱不知从何而去。再三问那小娘子时，说道：他出门时，将这钱一堆儿堆在床上。却去搜那后生身边，十五贯钱，分文不少。却不是小娘子与那后生通同谋杀？赃证分明，却如何赖得过！"府尹听他们言言有理，就唤那后生上来，道："帝辇③之下，怎容你这等胡行！你却如何谋了他小老婆，劫了十五贯钱，杀死他亲夫，今日同往何处？从实招来！"那后生道："小人姓崔名宁，是乡村人氏。昨日往城中卖了丝，卖得这十五贯钱。今早偶然路上撞着这小娘子，并不知他姓甚名谁，那里晓得他家杀人公事？"府尹大怒，喝道："胡说！世间不信有这等巧事：他家失去了十五贯钱，你却卖的丝恰好也是十五贯钱。这分明是支吾④的说话了。况且他妻莫爱，他马莫骑，你既与那妇人没甚首尾，却如何与他同行同宿？你这等顽皮赖骨，不打如何肯招！"

当下众人将那崔宁与小娘子死去活来拷打一顿。那边王老员外与女儿并一干邻佑人

---

①相公：对官员的尊称。②巴臂：也写作"巴鼻"，指根据、理由。③帝辇：指京城、皇城。辇：古代用人拉的车，后多指皇帝、皇后的车驾。④支吾：搪塞、抵拒。

等,口口声声咬他二人。府尹也巴不得了结这段公案。拷讯一回,可怜崔宁和小娘子,受刑不过,只得屈招了,说是一时见财起意,杀死亲夫,劫了十五贯钱,同奸夫逃走是实。左邻右舍都指画了"十"字①。将两人大枷枷了,送入死囚牢里。将这十五贯钱给还原主,也只好奉与衙门中人做使用,也还不够哩。

府尹叠成文案②,奏过朝廷。部复申详③,倒下圣旨,说:"崔宁不合奸骗人妻,谋财害命,依律处斩。陈氏不合通同奸夫杀死亲夫,大逆不道,凌迟④示众。"当下读了招状,大牢内取出二人来,当厅判一个"斩"字,一个"剐"字,押赴市曹,行刑示众。两人浑身是口,也难分说。正是:

哑子漫尝黄蘖⑤味,难将苦口对人言。

看官听说:这段公事,果然是小娘子与那崔宁谋财害命的时节,他两人须连夜逃走他方,怎的又去邻舍人家借宿一宵?明早又走到爹娘家去,却被人捉住了?这段冤枉,仔细可以推详出来。谁想问官糊涂,只图了事,不想捶楚之下,何求不得!冥冥之中,积了阴骘⑥,远在儿孙近在身,他两个冤魂,也须放你不过。所以做官的切不可率意断狱,任情用刑,也要求个公平明允。道不得个死者不可复生,断者不可复续,可胜叹哉!

闲话休题。却说那刘大娘子到得家中,设个灵位,守孝过日。父亲王老员外劝他转身⑦,大娘子说道:"不要说起三年之久,也须到小祥⑧之后。"父亲应允自去。

光阴迅速,大娘子在家,巴巴结结,将近一年。父亲见他守不过,便叫家里老王去接他来,说:"叫大娘子收拾回家,与刘官人做了周年,转了身去罢。"大娘子没计奈何,细思父言亦是有理。收拾了包裹,与老王背了,与邻舍家作别,暂去再来。一路出城,正值秋天,一阵乌风猛雨,只得落路往一所林子去躲,不想走错了路。正是:

猪羊走屠宰之家,一脚脚来寻死路。

走入林子里去,只听他林子背后大喝一声:"我乃静山大王在此!行人住脚,须把买路钱与我!"大娘子和那老王吃那一惊不小,只见跳出一个人来:头带干红凹面巾,身穿一领旧战袍,腰间红绢搭膊裹肚,脚下蹬一双乌皮皂靴,手执一把朴刀,舞刀前来。那老王该死,便道:"你这剪径的毛团⑨!我须是认得你。做这老性命不着,与你兑⑩了罢!"一头撞去,被他闪过空,老人家用力猛了,扑地便倒。那人大怒道:"这牛子⑪好生无礼!"连搠一两刀,血流在地,眼见得老王养不大⑫了。那刘大娘子见他凶猛,料道脱身不得,心生一计,叫做脱空计,拍手叫道:"杀得好!"那人便住了手,睁圆怪眼,喝道:"这是你甚么人?"那大娘子虚心假气的答道:"奴家不幸,丧了丈夫,却被媒人哄诱,嫁了这个老儿,只会吃饭。今日却得大王杀了,也替奴家除了一害。"那人见大娘子如此小心,又生得有几分颜色,便问道:"你肯跟我做个压寨夫人么?"大娘子寻思,无计可施,便道:"情愿伏侍大王。"那人回嗔作喜,收拾了刀杖,将老王尸首揎入涧中,领了刘大娘子到一

---

①画了"十"字:古时不识字的人无法写自己的姓名,往往用画"十"代替签押。②叠成文案:做成公文。③部复申详:由刑部查明向皇帝申奏。④凌迟:我国封建社会死刑中最残酷的刑罚,俗称"千刀万剐"。⑤黄蘖(niè):一种味苦的草药。⑥阴骘(zhì):一般指阴德、阴功,这里是因果报应的意思。⑦转身:改嫁,再嫁。⑧小祥:死者的周年祭。⑨剪径的毛团:打劫的强盗。毛团:本义是有毛的动物,用作骂人的话,犹言"畜牲"。⑩兑:拼。⑪牛子:宋元时对村人、乡巴佬的谑称。⑫养不大:死的委婉说法。

所庄院前来，甚是委曲①。只见大王向那地上拾些土块，抛向屋上去，里面便有人出来开门。到得草堂之上，分付杀羊备酒，与刘大娘子成亲。两口儿且是说得着。正是：

　　　　　　明知不是伴，事急且相随。

不想那大王自得了刘大娘子之后，不上半年，连起了几主大财，家间也丰富了。大娘子甚是有识见，早晚用好言语劝他："自古道：'瓦罐不离井上破，将军难免阵中亡。'你我两人，下半世也够吃用了，只管做这没天理的勾当，终须不是个好结果。却不道是'梁园虽好，不是久恋之家'②。不若改行从善，做个小小经纪，也得过养身活命。"那大王早晚被他劝转，果然回心转意，把这门道路撇了，却去城市间赁下一处房屋，开了一个杂货店。遇闲暇的日子，也时常去寺院中，念佛赴斋。

忽一日在家闲坐，对那大娘子道："我虽是个剪径的出身，却也晓得冤各有头，债各有主。每日间只是吓骗人东西，将来过日子。后来得有了你。一向不大顺溜，今已改行从善。闲来追思既往，正会枉杀了两个人，又冤陷了两个人，时常挂念，思欲做些功德超度他们，一向不曾对你说知。"大娘子便道："如何是枉杀了两个人？"那大王道："一个是你的丈夫，前日在林子里的时节，他来撞我，我却杀了他，他须是个老人家，与我往日无仇，如今又谋了他老婆，他死也不肯甘心的。"大娘子道："不恁的时，我却那得与你厮守？这也是往事，休题了。"又问："杀那一个又是甚人？"那大王道："说起来这个人，一发天理上放不过去，且又带累了两个人无辜偿命。是一年前，也是赌输了，身边并无一文，夜间便去掏摸些东西。不想到一家门首，见他门也不闩，推进去时，里面并无一人。摸到门里，只见一人醉倒在床，脚后却有一堆铜钱，便去摸他几贯。正待要走，却惊醒了那人，起来说道：'这是我丈人家与我做本钱的，不争你偷去了，一家人口都是饿死！'起身抢出房门，正待声张起来，是我一时见他不是话头，却好一把劈柴斧头在我脚边，这叫做人急计生，绰起斧来，喝一声道：'不是我，便是你！'两斧劈倒。却去房中将十五贯钱尽数取了。后来打听得他，却连累了他家小老婆与那一个后生，唤做崔宁。冤枉了他谋财害命，双双受了国家刑法。我虽是做了一世强人，只有这两桩人命，是天理人心打不过去的。早晚还要超度他，也是该的。"

那大娘子听说，暗暗地叫苦："原来我的丈夫也吃这厮杀了！又连累我家二姐与那个后生无辜被戮。思量起来，是我不合当初做弄他两人偿命，料他两人阴司中也须放我不过！"当下权且欢天喜地，并无他话。明日捉个空，便一径到临安府前叫起屈来。

那时换了一个新任府尹，才得半月，正直升厅，左右捉将那叫屈的妇人进来。刘大娘子到于阶下，放声大哭。哭罢，将那大王前后所为，怎的"杀了我丈夫刘贵，问官不肯推详，含糊了事，却将二姐与那崔宁朦胧偿命；后来又怎的杀了老王，奸骗了奴家。今日天理昭然，一一是他亲口招承。伏乞相公高抬明镜，昭雪前冤！"说罢又哭。府尹见他情词可悯，即着人去捉那静山大王到来，用刑拷讯，与大娘子口词一些不差。即时问成死罪，奏过官里。

---

①委曲：（所经的道路）曲折狭小。②"梁园"二句：古代谚语，比喻不是自己久待的地方。梁园：有两种解释，一说指汉梁孝王（刘武）接待宾客的园囿，也叫兔园、梁苑，这里宫室建筑富丽堂皇，且多奇花异木、珍禽怪兽。一说指梁地（今河南开封），唐宋时是一个重要市镇，非常繁华。宋代建都于此，商业尤其发达。但没钱的人在这里生活是非常困难的，所以说梁园这个地方虽然很好，却不是一般老百姓可以久久留恋的。这里借用这句谚语，比喻打劫做强盗终不是长久之计。

待六十日限满，倒下圣旨来："勘得静山大王谋财害命，连累无辜，准律杀一家非死罪三人者，斩加等，决不待时①。原问官断狱失情，削职为民。崔宁与陈氏枉死可怜，有司访其家，谅行优恤。王氏既系强徒威逼成亲，又能伸雪夫冤，着将贼人家产一半没入官，一半给与王氏养赡终身。"

刘大娘子当日往法场上看决了静山大王，又取其头去祭献亡夫并小娘子及崔宁，大哭一场。将这一半家私舍入尼姑庵中，自己朝夕看经念佛，追荐亡魂，尽老百年而绝。有诗为证：

善恶无分总丧躯，只因戏语酿灾危。
劝君出语须诚实，口舌从来是祸基。

【文献档案】

本篇选自话本小说选集《京本通俗小说》。《京本通俗小说》原书不知何人所编，有人认为是宋元作品，也有人认为是后人伪造的古书，卷数、篇数均不详，现存十卷九篇话本小说，是缪荃孙在1915年刊印的。

所谓"话本"，即"说话"艺人所用的底本。"说话"就是讲故事，是宋代兴盛起来的一种市民文艺。话本最初只是一个故事提纲，很简略，后来经过艺人加工润色，被书商传抄刻印出来，就成为一种新兴的白话短篇小说，即话本小说。话本小说作为一种市民文学，主要描写市民阶层的生活，反映市民的思想感情和生活愿望。话本小说把城市平民、下层妇女作为描写对象，塑造了一批下层人民的形象，使得这些在过去的文学作品中极难见到的"小人物"进入到文学的殿堂，成为作品中的主人公。话本小说语言通俗浅近，情节丰富曲折，引人入胜，具有很强的可读性。话本小说内容和形式上的这些特点，都是以前的小说所不具备的，所以鲁迅先生说，话本小说的出现，"实在是小说史上的一大变迁"，它开辟了中国文学史上的一个新时代。

【含英咀华】

这篇小说写的是无辜百姓陈二姐与一个陌生的青年崔宁由昏庸糊涂的府尹胡乱审断为谋财害命而被冤杀的故事。它不仅是宋代公案小说的代表作，也是整个宋代话本小说中写得最成功的作品之一。它通过一起悲惨冤案的叙述，严厉遣责了执法官吏"只图了事"、草菅人命的罪行。从小说中我们可以看出，造成陈二姐与崔宁冤死悲剧的原因，表面看来好像是由于巧合，由于刘贵的戏言玩笑，但本质的原因，还是由于那个执法官——府尹的昏聩糊涂。他接到报案后，既不去现场查看，也不认真研究分析，而是偏听一面之词，根本不听陈二姐与崔宁的分辩。他办案的主要方式就是严刑逼供、屈打成招。他对分辩的崔宁说："你这等顽皮赖骨，不打如何肯招！"这正是他办案的指导思想与万灵法宝。于是一起两条人命的冤案，便在他的棍棒下造成了。作者对那些"只图了事"、"率意断狱"、视人命如儿戏的封建官吏表示了愤怒的控诉，提出了严正的警告，并表达了对枉死者的深切同情与深沉叹息，具有强烈的批判意义与民主思想。

---

①决不待时：犹立即执行。决：处决。不待时：古时处决犯人多在秋季，但对罪大恶极的重犯可立即执行不等秋后。

在艺术上，这篇小说最大的特点就是情节奇巧。作者善于运用"巧合法"构建故事，把情节演绎得奇巧无比，摇曳多姿。王老员外给女婿刘贵的钱是十五贯，崔宁卖丝所得的钱也正好是十五贯！刘贵回家，王氏偏偏被留下，这就为刘贵向陈二姐编造"戏言"提供了方便；盗贼行窃，恰恰就在这天晚上摸到了没有闩门的刘贵家！崔宁卖完丝要回褚家堂的家，陈二姐的娘家也正好在褚家堂方向，于是二人得以结伴同行。崔宁与陈二姐屈死后，作案的罪犯本已安然无事了，恰恰又强占了刘贵的妻子王氏，久而久之终于无意中道出了真情，最终落入法网……作者通过这些奇巧情节，使小说的故事显得波谲云诡，扣人心弦，引人入胜，具有极强的吸引力。其次，作者在叙述这起案件时，紧紧扣住与案情密切相关的"十五贯钱"来写，细针密缕，处处照应，使案情显得重点突出，紧凑合理。作者处处注意对两笔十五贯钱的交代与描写，反复地向听众或读者表明：此十五贯非彼十五贯，案情表面看来似乎复杂，其实并不复杂，仔细分析，是可以审理清楚的。只因为府尹的糊涂、草率，便制造了一起罕见的人命冤案，从而加深了作品的批判意义。

正因为这篇小说具有以上两个主要特点，情节奇巧，叙述上紧扣"十五贯"这一关键之物，所以明代的冯梦龙在将它收入《醒世恒言》时，就直接把篇名改成了《十五贯戏言成巧祸》。到清代，剧作家朱素臣又把这个故事改编成传奇剧，取名就叫《十五贯》。

【思考练习】

一、简述这篇小说的情节，并归纳小说的主题思想。

二、这篇小说中集中表现作者对封建官府的批判与警告的话是哪几句？

三、这篇小说的情节有什么突出特点？试作简要分析。

四、这篇小说在叙事上的主要特点是什么？试作简要分析。

【拓展阅读】

吴晓铃、范宁、周妙中选注《话本选》，人民文学出版社出版

胡士莹选注《古代白话短篇小说选》，中国青年出版社出版

（刘洪仁）

武松打虎

施耐庵

诗曰：

> 延士声华似孟尝，有如东阁纳贤良①。
> 武松雄猛千夫惧，柴进风流四海扬。
> 自信一身能杀虎，浪言三碗不过冈。
> 报兄诛嫂真奇特，赢得高名万古香。

话说宋江因躲一杯酒，去净手了，转出廊下来，趾了火锹柄②，引得那汉焦躁，跳将起来，就欲要打宋江。柴进赶将出来，偶叫起宋押司，因此露出姓名来。那大汉听得是宋江，跪在地下，那里肯起，说道："小人有眼不识泰山，一时冒渎兄长，望乞恕罪！"宋江扶起那汉，问道："足下是谁？高姓大名？"柴进指着道："这人是清河县人氏，姓武名松，排行第二。今在此间一年也。"宋江道："江湖上多闻说武二郎名字，不期今日却在这里相会，多幸，多幸！"柴进道："偶然豪杰相聚，实是难得。就请同做一席说话。"宋江大喜，携住武松的手，一同到后堂席上，便唤宋清与武松相见。柴进便邀武松坐地。宋江连忙让他一同在上面坐，武松那里肯坐。谦了半晌，武松坐了第三位。柴进教再整杯盘，来劝三人痛饮。宋江在灯下看那武松时，果然是一条好汉。但见：

身躯凛凛，相貌堂堂。一双眼光射寒星，两弯眉浑如刷漆。胸脯横阔，有万夫难敌之威风；语话轩昂，吐千丈凌云之志气。心雄胆大，似撼天狮子下云端；骨健筋强，如摇地貔貅③临座上。如同天上降魔主，真是人间太岁神。

当下宋江看了武松这表人物，心中甚喜，便问武松道："二郎因何在此？"武松答道："小弟在清河县，因酒后醉了，与本处机密相争，一时间怒起，只一拳打得那厮昏沉。小弟只道他死了，因此一径地逃来，投奔大官人处躲灾避难，今已一年有余。后来打听得那厮却不曾死，救得活了。今欲正要回乡去寻哥哥，不想染患疟疾，不能勾动身回去。却才正发寒冷，在那廊下向火，被兄长趾了锹柄，吃了那一惊，惊出一身冷汗，觉得这病好了。"宋江听了大喜。当夜饮至三更。酒罢，宋江就留武松在西轩下做一处安歇。次日起来，柴进安排席面，杀羊宰猪，管待宋江，不在话下。

过了数日，宋江将出些银两来，与武松做衣裳。柴进知道，那里肯要他坏钱，自取出一箱段匹绸绢，门下自有针工，便教做三人的称体衣裳。说话的，柴进因何不喜武松？原来武松初来投奔柴进时，也一般接纳管待。次后在庄上，但吃醉了酒，性气刚，庄客有些顾管不到处，他便要下拳打他们。因此，满庄里庄客没一个道他好。众人只是嫌他，都去柴进面前告诉他许多不是处。柴进虽然不赶他，只是相待得他慢了。却得宋江每日带挈他

---

①"延士"二句：此二句皆赞扬柴进招贤纳士，有古孟尝君、公孙弘之风。东阁，也作"东閤"，东向的小门。据《汉书·公孙弘传》："弘……数年至宰相封侯，于是起宾馆，开东閤以延贤人，与参谋议。"后遂以东阁称宰相款待宾客之所。②趾（cǐ）：踩。火锹：火钳。③貔貅（píxiū）：传说中一种凶猛的瑞兽。

一处饮酒相陪,武松的前病都不发了。相伴宋江住了十数日,武松思乡,要回清河县看望哥哥。柴进、宋江两个,都留他再住几时。武松道:"小弟的哥哥多时不通信息,因此要去望他。"宋江道:"实是二郎要去,不敢苦留。如若得闲时,再来相会几时。"武松相谢了宋江。柴进取出些金银送与武松。武松谢道:"实是多多相扰了大官人。"武松缚了包裹,拴了梢棒要行,柴进又治酒食送路。武松穿了一领新衲红袖袄,戴着个白范阳毡笠儿,背上包裹,提了杆棒,相辞了便行。宋江道:"弟兄之情,贤弟少等一等。"回到自己房内,取了些银两,赶出到庄门前来,说道:"我送兄弟一程。"宋江和兄弟宋清两个送武松,待他辞了柴大官人,宋江也道:"大官人,暂别了便来。"三个离了柴进东庄,行了五七里路。武松作别道:"尊兄,远了,请回。柴大官人必然专望。"宋江道:"何妨再送几步。"路上说些闲话,不觉又过了三二里。武松挽住宋江说道:"尊兄不必远送,常言道:送君千里,终须一别。"宋江指着道:"容我再行几步。兀那官道上有个小酒店,我们吃三钟了作别。"三个来到酒店里。宋江上首坐了,武松倚了梢棒,下席坐了,宋清横头坐定。便叫酒保打酒来,且买些盘馔果品菜蔬之类,都搬来摆在桌子上。三个人饮了几杯,看看红日平西,武松便道:"天色将晚,哥哥不弃武二时,就此受武二四拜,拜为义兄。"宋江大喜。武松纳头拜了四拜。宋江叫宋清身边取出一锭十两银子,送与武松。武松那里肯受,说道:"哥哥客中自用盘费。"宋江道:"贤弟不必多虑。你若推却,我便不认你做兄弟。"武松只得拜受了,收放缠袋里。宋江取些碎银子,还了酒钱。武松拿了梢棒,三个出酒店前来作别。武松堕泪,拜辞了自去。宋江和宋清立在酒店门前,望武松不见了,方才转身回来。行不到五里路头,只见柴大官人骑着马,背后牵着两匹空马来接。宋江望见了大喜。一同上马回庄上来。下了马,请入后堂饮酒。宋江弟兄两个,自此只在柴大官人庄上。话分两头。有诗为证:

    别意悠悠去路长,挺身直上景阳冈。
    醉来打杀山中虎,扬得声名满四方。

  只说武松自与宋江分别之后,当晚投客店歇了。次日早起来,打火吃了饭,还了房钱,拴束包裹,提了梢棒,便走上路。寻思道:"江湖上只闻说及时雨宋公明,果然不虚。结识得这般弟兄,也不枉了。"武松在路上行了几日,来到阳谷县地面。此去离县治还远。当日晌午时分,走得肚中饥渴,望见前面有一个酒店,挑着一面招旗在门前,上头写着五个字道:"三碗不过冈"。武松入到里面坐下,把梢棒倚了,叫道:"主人家,快把酒来吃。"只见店主人把三只碗、一双箸、一碟热菜,放在武松面前,满满筛一碗酒来。武松拿起碗,一饮而尽,叫道:"这酒好生有气力!主人家,有饱肚的买些吃酒。"酒家道:"只有熟牛肉。"武松道:"好的切二三斤来吃酒。"店家去里面切出二斤熟牛肉,做一大盘子将来,放在武松面前,随即再筛一碗酒。武松吃了道:"好酒!"又筛下一碗,恰好吃了三碗酒,再也不来筛。武松敲着桌子叫道:"主人家,怎的不来筛酒?"酒家道:"客官要肉便添来。"武松道:"我也要酒,也再切些肉来。"酒家道:"肉便切来,添与客官吃,酒却不添了。"武松道:"却又作怪。"便问主人家道:"你如何不肯卖酒与我吃?"酒家道:"客官,你须见我门前招旗,上面明明写道'三碗不过冈'。"武松道:"怎地唤做三碗不过冈?"酒家道:"俺家的酒,虽是村酒,却比老酒的滋味。但凡客人来我店中吃了三碗的,便醉了,过不得前面的山冈去。因此唤做'三碗不过冈'。若是过往客人到此,只吃三碗,更不再问。"武松笑道:"原来恁地。我却吃了三碗,如何不醉?"酒家道:"我这酒叫做

'透瓶香',又唤做'出门倒'。初入口时,醇醲好吃,少刻时便倒。"武松道:"休要胡说。没地不还你钱,再筛三碗来我吃。"酒家见武松全然不动,又筛三碗。武松吃道:"端的好酒!主人家,我吃一碗,还你一碗钱,只顾筛来。"酒家道:"客官休只管要饮,这酒端的要醉倒人,没药医。"武松道:"休得胡鸟说!便是你使蒙汗药在里面,我也有鼻子。"店家被他发话不过,一连又筛了三碗。武松道:"肉便再把二斤来吃。"酒家又切了二斤熟牛肉,再筛了三碗酒。武松吃得口滑,只顾要吃。去身边取出些碎银子,叫道:"主人家,你且来看我银子,还你酒肉钱勾么?"酒家看了道:"有余,还有些贴钱与你。"武松道:"不要你贴钱,只将酒来筛。"酒家道:"客官,你要吃酒时,还有五六碗酒哩,只怕你吃不的了。"武松道:"就有五六碗多时,你尽数筛将来。"酒家道:"你这条长汉,倘或醉倒了时,怎扶的你住?"武松答道:"要你扶的不算好汉。"酒家那里肯将酒来筛。武松焦躁道:"我又不白吃你的,休要引老爹性发,通教你屋里粉碎,把你这鸟店子倒翻转来!"酒家道:"这厮醉了,休惹他。"再筛了六碗酒与武松吃了。前后共吃了十五碗。绰了梢棒,立起身来道:"我却又不曾醉。"走出门前来,笑道:"却不说'三碗不过冈'!"手提梢棒便走。

酒家赶出来叫道:"客官那里去?"武松立住了,问道:"叫我做甚么?我又不少你酒钱,唤我怎地?"酒家叫道:"我是好意。你且回来我家看官司榜文。"武松道:"甚么榜文?"酒家道:"如今前面景阳冈上,有只吊睛白额大虫,晚了出来伤人,坏了三二十条大汉性命。官司如今杖限打猎捕户,擒捉发落。冈子路口两边人民,都有榜文。可教往来客人,结伙成队,于巳、午、未三个时辰过冈,其余寅、卯、申、酉、戌、亥六个时辰,不许过冈。更兼单身客人,不许白日过冈,务要等伴结伙而过。这早晚正是未末申初时分,我见你走都不问人,枉送了自家性命。不如就我此间歇了,等明日慢慢凑的三二十人,一齐好过冈子。"武松听了,笑道:"我是清河县人氏,这条景阳冈上少也走过了一二十遭。几时见说有大虫!你休说这般鸟话来吓我!便有大虫,我也不怕。"酒家道:"我是好意救你。你不信时,进来看官司榜文。"武松道:"你鸟子声!便真个有虎,老爷也不怕。你留我在家里歇,莫不半夜三更要谋我财,害我性命,却把鸟大虫唬吓我?"酒家道:"你看么!我是一片好心,反做恶意,倒落得你恁地说。你不信我时,请尊便自行。"正是:

前车倒了千千辆,后车过了亦如然。
分明指与平川路,却把忠言当恶言。

那酒店里主人摇着头,自进店里去了。这武松提了梢棒,大着步自过景阳冈来。约行了四五里路,来到冈子下,见一大树,刮去了皮,一片白,上写两行字。武松也颇识几字,抬头看时,上面写道:"近因景阳冈大虫伤人,但有过往客商,可于巳、午、未三个时辰,结伙成队过冈。勿请自误。"武松看了,笑道:"这是酒家诡诈,惊吓那等客人,便去那厮家里宿歇。我却怕甚么鸟!"横拖着梢棒,便上冈子来。那时已有申牌时分。这轮红日厌厌地相傍下山。武松乘着酒兴,只管走上冈子来。走不到半里多路,见一个败落的山神庙。行到庙前,见这庙门上贴着一张印信榜文。武松住了脚读时,上面写道:

"阳谷县示:为这景阳冈上新有一只大虫,近来伤害人命。见今杖限各乡里正并猎户人等,打捕未获。如有过往客商人等,可于巳、午、未三个时辰结伴过冈。其余时分及单身客人,白日不许过冈。恐被伤害性命不便。各宜知悉。"

武松读了印信榜文,方知端的有虎。欲待发步再回酒店里来,寻思道:"我回去时,须吃他耻笑，不是好汉，难以转去。"存想了一回，说道："怕甚么鸟！且只顾上去，看怎地！"武松正走，看看酒涌上来，便把毡笠儿背在脊梁上，将梢棒绾在肋下，一步步上那冈子来。回头看这日色时，渐渐地坠下去了。此时正是十月间天气，日短夜长，容易得晚。武松自言自说道："那得甚么大虫！人自怕了，不敢上山。"武松走了一直，酒力发作，焦热起来。一只手提着梢棒，一只手把胸膛前袒开，踉踉跄跄，直奔过乱树林来。见一块光挞挞大青石，把那梢棒倚在一边，放翻身体，却待要睡，只见发起一阵狂风来。看那风时，但见：

    无形无影透人怀，四季能吹万物开。
    就树撮将黄叶去，入山推出白云来。

  原来但凡世上云生从龙，风生从虎。那一阵风过处，只听得乱树背后扑地一声响，跳出一只吊睛白额大虫来。武松见了，叫声："哎呀！"从青石上翻将下来，便拿那条梢棒在手里，闪在青石边。那个大虫又饥又渴，把两只爪在地下略按一按，和身望上一扑，从半空里撺将下来。武松被那一惊，酒都做冷汗出了。说时迟，那时快。武松见大虫扑来，只一闪，闪在大虫背后。那大虫背后看人最难，便把前爪搭在地下，把腰胯一掀，掀将起来。武松只一躲，躲在一边。大虫见掀他不着，吼一声，却似半天里起个霹雳，振得那山冈也动。把这铁棒也似虎尾倒竖起来，只一剪。武松却又闪在一边。原来那大虫拿人，只是一扑，一掀，一剪，三般提不着时，气性先自没了一半。那大虫又剪不着，再吼了一声，一兜兜将回来。武松见那大虫复翻身回来，双手轮起梢棒，尽平生气力，只一棒，从半空劈将下来。只听得一声响，簌簌地将那树连枝带叶劈脸打将下来。定睛看时，一棒劈不着大虫。原来慌了，正打在枯树上，把那条梢棒折做两截，只拿得一半在手里。那大虫咆哮，性发起来，翻身又只一扑，扑将来。武松又只一跳，却退了十步远。那大虫却好把两只前爪搭在武松面前。武松将半截棒丢在一边，两只手就势把大虫顶花皮疙瘩①地揪住，一按按将下来。那只大虫急要挣扎，早没了气力。被武松尽气力纳定，那里肯放半点儿松宽。武松把只脚望大虫面门上、眼睛里只顾乱踢。那大虫咆哮起来，把身底下扒起两堆黄泥，做了一个土坑。武松把那大虫嘴直按下黄泥坑里去。那大虫吃武松奈何得没了些气力。武松把左手紧紧地揪住顶花皮，偷出右手来，提起铁锤般大小拳头，尽平生之力，只顾打。打得五七十拳，那大虫眼里、口里、鼻子里、耳朵里，都迸出鲜血来。那武松尽平昔神威，仗胸中武艺，半歇儿把大虫打做一堆，却似躺着一个锦布袋。有一篇古风，单道景阳冈武松打虎。但见：

    景阳冈头风正狂，万里阴云霾日光。
    焰焰满川枫叶赤，纷纷遍地草芽黄。
    触目晚霞挂林薮，侵人冷雾满穹苍。
    忽闻一声霹雳响，山腰飞出兽中王。
    昂头踊跃逞牙爪，谷口麋鹿皆奔忙。
    山中狐兔潜踪迹，涧内獐猿惊且慌。
    卞庄见后魂魄丧，存孝遇时心胆强。
    清河壮士酒未醒，忽在冈头偶相迎。

---

① 疙瘩（gēda）：形容动作迅速。

上下寻人虎饥渴，撞着狰狞来扑人。
虎来扑人似山倒，人去迎虎如岩倾。
臂腕落时坠飞炮，爪牙爬处成泥坑。
拳头脚尖如雨点，淋漓两手鲜血染。
秽污腥风满松林，散乱毛须坠山奄。
近看千钧势未休，远观八面威风敛。
身横野草锦斑销，紧闭双睛光不闪。

　　当下景阳冈上那只猛虎，被武松没顿饭之间，一顿拳脚打得那大虫动掸不得，使得口里兀自气喘。武松放了手，来松树边寻那打折的棒橛，拿在手里，只怕大虫不死，把棒橛又打了一回。那大虫气都没了。武松再寻思道："我就地拖得这死大虫下冈子去。"就血泊里双手来提时，那里提得动？原来使尽了气力，手脚都疏软了，动掸不得。

　　武松再来青石坐了半歇，寻思道："天色看看黑了，倘或又跳出一只大虫来时，我却怎地斗得他过？且挣扎下冈子去，明早却来理会。"就石头边寻了毡笠儿，转过乱树林边，一步步捱下冈子来。走不到半里多路，只见枯草丛中钻出两只大虫来。武松道："呵呀，我今番死也！性命罢了！"只见那两个大虫于黑影里直立起来。武松定睛看时，却是两个人，把虎皮缝做衣裳，紧紧拼在身上。那两个人手里各拿着一条五股叉，见了武松，吃一惊道："你那人吃了狐狸心①，豹子肝，狮子腿，胆倒包着身躯！如何敢独自一个，昏黑将夜，又没器械，走过冈子来！不知你是人？是鬼？"武松道："你两个是甚么人？"那个人道："我们是本处猎户。"武松道："你们上岭来做甚么？"两个猎户失惊道："你兀自不知哩！如今景阳冈上有一只极大的大虫，夜夜出来伤人。只我们猎户，也折了七八个。过往客人，不记其数，都被这畜生吃了。本县知县着落当乡里正和我们猎户人等捕捉。那业畜势大，难近得他，谁敢向前！我们为他正不知吃了多少限棒。只捉他不得。今夜又该我们两个捕猎，和十数个乡夫在此，上上下下放了窝弓药箭等他。正在这里埋伏，却见你大剌剌地从冈子上走将下来，我两个吃了一惊。你却正是甚人？曾见大虫么？"武松道："我是清河县人氏，姓武，排行第二。却才冈子上乱树林边，正撞见那大虫，被我一顿拳脚打死了。"两个猎户听得痴呆了，说道："怕没这话！"武松道："你不信时，只看我身上兀自有血迹。"两个道："怎地打来？"武松把那打大虫的本事，再说了一遍。两个猎户听了，又惊又喜，叫拢那十个乡夫来。只见这十个乡夫，都拿着钢叉、踏弩、刀枪，随即拢来。武松问道："他们众人如何不随着你两个上山？"猎户道："便是那畜生利害，他们如何敢上来！"一伙十数个人，都在面前。两个猎户把武松打杀大虫的事，说向众人。众人都不肯信。武松道："你众人不肯信时，我和你去看便了。"众人身边都有火刀、火石，随即发出火来，点起五七个火把。众人都跟着武松，一同再上冈子来。看见那大虫做一堆儿死在那里。众人见了大喜。先叫一个去报知本县里正，并该管上户。这里五七个乡夫，自把大虫缚了，抬下冈子来。到得岭下，早有七八十人都哄将来，先把死大虫抬在前面，将一乘兜轿，抬了武松，径投本处一个上户家来。那上户里正都在庄前迎接。把这大虫抬到草厅上。却有本乡上户、本乡猎户三二十人，都来相探武松。众人问道："壮士高姓大名？贵乡何处？"武松道："小人是此间邻郡清河县人氏，姓武名松，排行第二。因从沧州回乡

---

　　①狐狸（hūlù）：鳄鱼。

来，昨晚在冈子那边酒店吃得大醉了，上冈子来，正撞见这畜生。"把那打虎的身分拳脚，细说了一遍。众上户道："真乃英雄好汉！"众猎户先把野味将来与武松把杯。武松因打大虫困乏了，要睡。大户便教庄客打并客房，且教武松歇息。到天明，上户先使人去县里报知，一面合具虎床，安排端正，迎送县里去。

天明，武松起来洗漱罢，众多上户牵一腔羊，挑一担酒，都在厅前伺候。武松穿了衣裳，整顿巾帻，出到前面，与众人相见。众上户把盏说道："被这个畜生正不知害了多少人性命，连累猎户吃了几顿限棒。今日幸得壮士来到，除了这个大害。第一乡中人民有福，第二客侣通行，实出壮士之赐。"武松谢道："非小子之能，托赖众长上福荫。"众人都来作贺，吃了一早晨酒食。抬出大虫，放在虎床上。众乡村上户都把段匹花红来挂与武松。武松有些行李包裹，寄在庄上，一齐都出庄门前来。早有阳谷县知县相公使人来接武松，都相见了。叫四个庄客，将乘凉轿来抬了武松，把那大虫扛在前面，挂着花红段匹，迎到阳谷县里来。

那阳谷县人民听得说一个壮士打死了景阳冈上大虫，迎喝将来，尽皆出来看，哄动了那个县治。武松在轿上看时，只见亚肩叠背，闹闹穰穰，屯街塞巷，都来看迎大虫。到县前衙门口，知县已在厅上专等。武松下了轿，扛着大虫，都到厅前，放在甬道上。知县看了武松这般模样，又见了这个老大锦毛大虫，心中自忖道："不是这个汉，怎地打的这个猛虎！"便唤武松上厅来，武松去厅前声了喏。知县问道："你那打虎的壮士，你却说怎生打了这个大虫？"武松就厅前将打虎的本事，说了一遍。厅上厅下众多人等，都惊的呆了。知县就厅上赐了几杯酒，将出上户凑的赏赐钱一千贯，赏赐与武松。武松禀道："小人托赖相公的福荫，偶然侥幸，打死了这个大虫。非小人之能，如何敢受赏赐。小人闻知这众猎户因这个大虫受了相公责罚，何不就把这一千贯给散与众人去用？"知县道："既是如此，任从壮士。"

武松就把这赏钱在厅上散与众人猎户。知县见他忠厚仁德，有心要抬举他，便道："虽你原是清河县人氏，与我这阳谷县只在咫尺。我今日就参你在本县做个都头，如何？"武松跪谢道："若蒙恩相抬举，小人终身受赐。"知县随即唤押司立了文案，当日便参武松做了步兵都头。众上户都来与武松作贺庆喜，连连吃了三五日酒。武松自心中想道："我本要回清河县去看望哥哥，谁想倒来做了阳谷县都头！"自此上官见爱，乡里闻名。又过了三二日，那一日，武松心闲，走出县前来闲玩。只听得背后一个人叫声："武都头，你今日发迹了，如何不看觑我则个？"武松回过头来看了，叫声："阿也！你如何却在这里？"

....

【作者档案】

施耐庵（生卒年不详），元末明初钱塘（今浙江杭州）人。据明嘉靖间人高儒《百川书志》载："《忠义水浒传》一百卷，钱塘施耐庵的本，罗贯中编次。"罗贯中是施耐庵的合作者，他是元末明初人，这间接证明了施耐庵的生活年代。此外，明人胡应麟的《少室山房笔丛》中也有《水浒传》的作者是"武林施某"的说法，武林即钱塘。但现代学者中也有人认为施耐庵、罗贯中两人均属托名而实无其人，如胡适《〈水浒传〉考证》、鲁迅《中国小说史略》等。有关施耐庵的生平事迹极少，明人除了较为一致地肯定他是杭州人外，其他未曾提供可信的材料。

施耐庵的代表作品为白话长篇小说《水浒传》。小说描写了一批忠义之人被奸臣贪官逼上梁山，沦为寇贼，在接受招安之后，仍被朝廷一步步地逼向了绝路。作者以生花妙笔展现了一系列性情各异、魅力独具的英雄形象，广泛而深刻地揭示了社会政治的黑暗。同时，作为我国第一部以北方方言为基础的白话小说，《水浒传》的语言以生动、明快见长，显示出卓越的表现力，尤其是人物语言的个性化，在小说史上只有《红楼梦》堪与其媲美。

【含英咀华】

本篇选自《水浒传》第二十三回。《水浒传》里写到打虎的主要有武松景阳冈打虎、李逵沂岭杀虎，但为后人津津乐道的却是武松打虎。李逵杀虎是主动出击，早有准备，而本篇所叙的武松打虎却是意外遇虎，处变不惊。作者正是抓住了这一微妙之处，浓墨重彩地描摹了一幅英雄制虎图。在遭遇老虎之前，武松在景阳冈下的酒店痛饮了十五碗"透瓶香"，上得冈来，已是踉踉跄跄，"放翻身体，却待要睡"，此时却跳出一只吊睛白额虎，情况异常险恶。在搏打中，武松手中唯一的武器——梢棒还被折成两截。面对如此处境，武松并没有惊慌失措，而是沉着应对，徒手搏虎，最终赢虎而归。武松的英雄豪气、勇武不凡被充分地展现出来。然而，作者在写其勇武的同时，也真实细腻地描绘了他的心虚胆怯。作者一方面写了"虎是怒虎，人是神人"，但在写这位神人的神力时，也写出了他作为一个普通人应有的恐惧、畏怯和体力的不支。当他走到冈上，看到榜文，知道真的有虎时，本想再回酒店，却寻思道："我回去时，须吃他耻笑，不是好汉，难以转去。"作者的这一段心理描写，使武松的性格更为丰满，也更为可爱。而正是因为他有所心怯，他最终打死老虎，才更显其不凡。作者把神人因素与凡人因素这看似矛盾的两个方面结合起来，写的是极骇人之事，用的却是极近人情之笔；通过必然之情，叙述未必然之事，从而使得这段惊天动地的故事，像花开花落一样令人无法置疑。此外，作者还善于通过细节描写刻画人物，这是《水浒传》对中国古代小说艺术形象的一大发展。如老虎的一按、一扑、一掀、一剪、一兜，武松的一惊、一闪、一躲等细节，都写得极为具体生动。这些细节渲染了这场恶斗的气氛，为武松赤手空拳打死老虎作了衬托，表现了武松的机智、勇敢、神力和英武，而且让人有身临其境之感。

【思考练习】

一、"武松打虎"这个故事，表现了武松怎样的性格特征？

二、作者写武松打虎这一惊心动魄的情节，为什么让我们觉得真实可信？你认为《水浒传》中的英雄好汉与后来武侠小说中的侠客有什么不同？

三、课外对照阅读李逵杀虎的情节，比较二者的异同。

【拓展阅读】

施耐庵、罗贯中著《水浒传》（100回本），人民文学出版社出版

（苏　静　刘洪仁）

杜十娘怒沉百宝箱

冯梦龙

扫荡残胡立帝畿①，龙翔凤舞势崔嵬；
左环沧海天一带，右拥太行山万围。
戈戟九边雄绝塞②，衣冠万国仰垂衣③；
太平人乐华胥世④，永永金瓯⑤共日辉。

　　这首诗，单夸我朝燕京建都之盛。说起燕都的形势，北倚雄关，南压区夏⑥，真乃金城⑦天府，万年不拔之基。当先洪武爷⑧扫荡胡尘，定鼎金陵，是为南京。到永乐爷从北平起兵靖难⑨，迁于燕都，是为北京。只因这一迁，把个苦寒地面，变作花锦世界。自永乐爷九传至于万历爷，此乃我朝第十一代的天子。这位天子聪明神武，德福兼全，十岁登基，在位四十八年，削平了三处寇乱。那三处？

　　日本关白平秀吉⑩，西夏哱承恩⑪，播州杨应龙⑫。

平秀吉侵犯朝鲜，哱承恩、杨应龙是土官谋叛，先后削平。远夷莫不畏服，争来朝贡。真个是：

　　一人有庆民安乐，四海无虞国太平。

　　话中单表万历二十年间，日本国关白作乱，侵犯朝鲜。朝鲜国王上表告急，天朝发兵泛海往救。有户部官奏准：目今兵兴之际，粮饷未充，暂开纳粟入监⑬之例。原来纳粟入监的，有几般便宜：好读书，好科举，好中，结末来又有个小小前程结果。以此宦家公子，富室子弟，到不愿做秀才，都去援例做太学生。自开了这例，两京太学生，各添至千人之外。

　　内中有一人，姓李名甲，字干先，浙江绍兴府人氏。父亲李布政⑭所生三儿，惟甲居长。自幼读书在庠，未得登科，援例入于北雍⑮。因在京坐监⑯，与同乡柳遇春监生同游

---

①帝畿：京城及京城附近区域。②"戈戟"句：谓雄兵驻守在北方边塞。戈、戟：两种兵器，此借指军队。九边：明代在北部边境设置的九个防守区域。③垂衣：即"垂衣裳"，语本《易经·系辞下》："黄帝尧舜垂衣裳而天下治，盖取诸乾坤。"这里是天下大治的意思。④华胥世：指太平盛世。华胥：寓言中的理想国。⑤金瓯：比喻完整牢固的疆土。⑥区夏：诸夏之地，即中国。《文选·东京赋》薛综注："区，区域也；夏，华夏也。"⑦金城：铜墙铁壁，比喻城池坚固。⑧洪武爷：指明太祖朱元璋。洪武是他的年号。下文"永乐爷"指明成祖，"万历爷"指明神宗。⑨靖难：朱元璋死后，燕王朱棣打着清除朝廷内奸的旗号，挥师南下夺取建文帝（朱允炆）帝位，史称"靖难之役"。⑩关白平秀吉：关白是当时日本的官职名。平秀吉即丰臣秀吉，他于明万历二十年（1592）发兵侵犯朝鲜，明朝派兵救援，终不能获胜。后丰臣秀吉死，日本撤兵，战争方才结束。⑪哱承恩：明宁夏副总兵，他于万历二十年（1592）唆使部下叛乱，后被处死。⑫播州杨应龙：播州世袭土司。他起兵反叛，被总督李化龙击败，后自尽而死。⑬纳粟入监：捐纳粟米（或银子）以取得监生资格，进入国子监学习。有了监生资格，就可以考举人。⑭布政：官名，即布政使。明太祖分全国为十三个承宣布政使司，每司设布政使，为一省的行政长官。后以巡抚主持省政，布政使在巡抚的管辖下管理地方民政和财政。⑮北雍：北京的国子监。下文"南雍"，即南京的国子监。⑯坐监：在国子监正式上学读书。

教坊司①院内，与一个名姬相遇。那名姬姓杜名媺，排行第十，院中都称为杜十娘，生得：

  浑身雅艳，遍体娇香，两弯眉画远山青，一对眼明秋水润。脸如莲萼，分明卓氏文君；唇似樱桃，何减白家樊素②。可怜一片无瑕玉，误落风尘花柳中。

那杜十娘，自十三岁破瓜，今一十九岁，七年之内，不知历过了多少公子王孙，一个个情迷意荡，破家荡产而不惜。院中传出四句口号来，道是：

  坐中若有杜十娘，斗筲之量饮千觞；
  院中若识杜老媺，千家粉面都如鬼。

却说李公子风流年少，未逢美色，自遇了杜十娘，喜出望外，把花柳情怀，一担儿挑在他身上。那公子俊俏庞儿③，温存性儿，又是撒漫④的手儿，帮衬的勤儿⑤，与十娘一双两好，情投意合。十娘因见鸨儿贪财无义，久有从良之志，又见李公子忠厚志诚，甚有心向他。奈李公子惧怕老爷，不敢应承。虽则如此，两下情好愈密，朝欢暮乐，终日相守，如夫妇一般，海誓山盟，各无他志。真个：

  恩深似海恩无底，义重如山义更高。

  再说杜妈妈女儿，被李公子占住，别的富家巨室，闻名上门，求一见而不可得。初时李公子撒漫用钱，大差大使，妈妈胁肩谄笑，奉承不暇。日往月来，不觉一年有馀，李公子囊箧渐渐空虚，手不应心，妈妈也就怠慢了。老布政在家闻知儿子嫖院，几遍写字来唤他回去。他迷恋十娘颜色，终日延挨。后来闻知老爷在家发怒，越不敢回。古人云："以利相交者，利尽而疏。"那杜十娘与李公子真情相好，见他手头愈短，心头愈热。妈妈也几遍教女儿打发李甲出院，见女儿不统口⑥，又几遍将言语触突李公子，要激怒他起身。公子性本温克，词气愈和，妈妈没奈何，日逐只将十娘叱骂道："我们行户人家⑦，吃客穿客，前门送旧，后门迎新，门庭闹如火，钱帛堆成垛。自从那李甲在此，混帐⑧一年有馀，莫说新客，连旧主顾都断了，分明接了个钟馗老，连小鬼也没得上门。弄得老娘一家人家，有气无烟，成什么模样！"杜十娘被骂，耐性不住，便回答道："那李公子不是空手上门的，也曾费过大钱来。"妈妈道："彼一时，此一时，你只教他今日费些小钱儿，把与老娘办些柴米，养你两口也好。别人家养的女儿便是摇钱树，千生万活，偏我家晦气，养了个退财白虎⑨，开了大门七件事，般般都在老身心上。到替你这小贱人白白养着穷汉，教我衣食从何处来？你对那穷汉说：有本事出几两银子与我，到得你跟了他去，我别讨个丫头过活却不好？"十娘道："妈妈，这话是真是假？"妈妈晓得李甲囊无一钱，衣衫都典尽了，料他没处设法。便应道："老娘从不说谎，当真哩。"十娘道："娘，你要他许多银子？"妈妈道："若是别人，千把银子也讨了。可怜那穷汉出不起，只要他三百两，我自去讨一个粉头⑩代替。只一件，须是三日内交付与我，左手交银，右手交人。若三日没有银时，老身也不管三七二十一，公子不公子，一顿孤拐⑪，打那光棍出去。那时莫怪老身！"

---

①教坊司：明代掌管音乐、歌舞的机关。这里指妓院。②樊素：唐代诗人白居易的歌女，善歌舞，白居易曾为之诗曰："樱桃樊素口，杨柳小蛮腰"。③庞儿：脸蛋。④撒漫：挥霍，用钱大方。⑤帮衬：善献殷勤，巴结讨好。勤儿：嫖客，浪子。⑥统口：开口，启口。⑦行户人家：指妓院。⑧混帐：胡闹，厮混。⑨白虎：即白虎星，星相术认为是凶星，专使人招灾破财。⑩粉头：指妓女。⑪孤拐：脚踝骨。

十娘道:"公子虽在客边乏钞,谅三百金还措办得来。只是三日忒近,限他十日便好。"妈妈想道:"这穷汉一双赤手,便限他一百日,他那里来银子。没有银子,便铁皮包脸,料也无颜上门。那时重整家风,嬷儿也没得话讲。"答应道:"看你面,便宽到十日。第十日没有银子,不干老娘之事。"十娘道:"若十日内无银,料他也无颜再见了。只怕有了三百两银子,妈妈又翻悔起来。"妈妈道:"老身年五十一岁了,又奉十斋①,怎敢说谎?不信时与你拍掌为定,若翻悔时,做猪做狗!"

从来海水斗难量,可笑虔婆意不良;
料定穷儒囊底竭,故将财礼难娇娘。

是夜,十娘与公子在枕边,议及终身之事。公子道:"我非无此心。但教坊落籍②,其费甚多,非千金不可。我囊空如洗,如之奈何!"十娘道:"妾已与妈妈议定只要三百金,但须十日内措办。郎君游资虽罄,然都中岂无亲友,可以借贷。倘得如数,妾身遂为君之所有,省受虔婆之气。"公子道:"亲友中为我留恋行院,都不相顾。明日只做束装起身,各家告辞,就开口假贷路费,凑聚将来,或可满得此数。"起身梳洗,别了十娘出门。十娘道:"用心作速,专听佳音。"公子道:"不须分付。"

公子出了院门,来到三亲四友处,假说起身告别,众人到也欢喜。后来叙到路费欠缺,意欲借贷。常言道:"说着钱,便无缘。"亲友们就不招架③。他们也见得是,道李公子是风流浪子,迷恋烟花,年许不归,父亲都为他气坏在家。他今日抖然要回,未知真假。倘或说骗盘缠到手,又去还脂粉钱,父亲知道,将好意翻成恶意,始终只是一怪,不如辞了干净。便回道:"目今正值空乏,不能相济,惭愧!惭愧!"人人如此,个个皆然,并没有个慷慨丈夫,肯统口许他一十二十两。李公子一连奔走了三日,分毫无获,又不敢回决十娘,权且含糊答应。到第四日又没想头,就羞回院中。平日间有了杜家,连下处也没有了,今日就无处投宿。只得往同乡柳监生寓所借歇。柳遇春见公子愁容可掬,问其来历。公子将杜十娘愿嫁之情,备细说了。遇春摇首道:"未必,未必。那杜嬷曲中第一名姬④,要从良时,怕没有十斛明珠,千金聘礼,那鸨儿如何只要三百两?想鸨儿怪你无钱使用,白白占住他的女儿,设计打发你出门。那妇人与你相处已久,又碍却面皮,不好明言。明知你手内空虚,故意将三百两卖个人情,限你十日。若十日没有,你也不好上门。便上门时,他会说你笑你,落得一场褒渎,自然安身不牢,此乃烟花逐客之计。足下三思,休被其惑。据弟愚意,不如早早开交⑤为上。"公子听说,半晌无言,心中疑惑不定。遇春又道:"足下莫要错了主意。你若真个还乡,不多几两盘费,还有人搭救。若是要三百两时,莫说十日,就是十个月也难。如今的世情,那肯顾缓急二字的。那烟花也算定你没处告债,故意设法难你。"公子道:"仁兄所见良是。"口里虽如此说,心中割舍不下。依旧又往外边东央西告,只是夜里不进院门了。公子在柳监生寓中,一连住了三日,共是六日了。

杜十娘连日不见公子进院,十分着紧,就教小厮四儿街上去寻。四儿寻到大街,恰好

---

①奉十斋:指信佛。信佛的人每月有十个斋戒日,不食荤,不杀生,以示对佛的虔诚,称为"十斋"。②教坊落籍:从教坊司除去名籍。明代妓女列名乐籍,妓女从良,先得从教坊司除去名籍。③招架:应酬,搭理。④曲中:即院中。唐宋时妓女聚居的地方叫坊曲。明杨慎《词品·坊曲》:"唐制,妓女所居曰坊曲。《北里志》有南曲、北曲,如今之南院、北院。"⑤开交:了结,断绝关系。

遇见公子。四儿叫道："李姐夫，娘在家里望你。"公子自觉无颜，回复道："今日不得功夫，明日来罢。"四儿奉了十娘之命，一把扯住，死也不放。道："娘叫咱寻你。是必同去走一遭。"李公子心上也牵挂着姨子，没奈何，只得随四儿进院。见了十娘，嘿嘿无言。十娘问道："所谋之事如何？"公子眼中流下泪来。十娘道："莫非人情淡薄，不能足三百之数么？"公子含泪而言，道出二句："不信上山擒虎易，果然开口告人难。一连奔走六日，并无铢两，一双空手，羞见芳卿，故此这几日不敢进院。今日承命呼唤，忍耻而来，非某不用心，实是世情如此。"十娘道："此言休使虔婆知道。郎君今夜且住，妾别有商议。"十娘自备酒肴，与公子欢饮。睡至半夜，十娘对公子道："郎君果不能办一钱耶？妾终身之事，当如何也？"公子只是流涕，不能答一语。渐渐五更天晓。十娘道："妾所卧絮褥内藏有碎银一百五十两，此妾私蓄，郎君可持去。三百金，妾任其半，郎君亦谋其半，庶易为力。限只四日，万勿迟误。"十娘起身将褥付公子。

公子惊喜过望，唤童儿持褥而去。径到柳遇春寓中，又把夜来之情与遇春说了。将褥拆开看时，絮中都裹着零碎银子，取出兑时，果是一百五十两。遇春大惊道："此妇真有心人也。既系真情，不可相负。吾当代为足下谋之。"公子道："倘得玉成，决不有负。"当下柳遇春留李公子在寓，自出头各处去借贷。两日之内，凑足一百五十两，交付公子道："吾代为足下告债，非为足下，实怜杜十娘之情也。"

李甲拿了三百两银子，喜从天降，笑逐颜开，欣欣然来见十娘，刚是第九日，还不足十日。十娘问道："前日分毫难借，今日如何就有一百五十两？"公子将柳监生事情，又述了一遍。十娘以手加额道："使吾二人得遂其愿者，柳君之力也。"两个欢天喜地，又在院中过了一晚。

次日，十娘早起，对李甲道："此银一交，便当随郎君去矣。舟车之类，合当预备。妾昨日于姊妹中借得白银二十两，郎君可收下为行资也。"公子正愁路费无出，但不敢开口，得银甚喜。

说犹未了，鸨儿恰来敲门叫道："媺儿，今日是第十日了。"公子闻叫，启门相延道："承妈妈厚意，正欲相请。"便将银三百两放在桌上。鸨儿不料公子有银，嘿然变色，似有悔意。十娘道："儿在妈妈家中八年，所致金帛，不下数千金矣。今日从良美事，又妈妈亲口所订，三百金不欠分毫，又不曾过期。倘若妈妈失信不许，郎君持银去，儿即刻自尽。恐那时人财两失，悔之无及也！"鸨儿无词以对。腹内筹画了半响，只得取天平兑准了银子，说道："事已如此，料留你不住了。只是你要去时，即今就去。平时穿戴衣饰之类，毫厘休想。"说罢，将公子和十娘推出房门，讨锁来就落了锁。此时九月天气，十娘才下床，尚未梳洗，随身旧衣，就拜了妈妈两拜。李公子也作了一揖。一夫一妇，离了虔婆大门。

鲤鱼脱却金钩去，摆尾摇头再不来。

公子教十娘且住片时："我去唤个小轿抬你，权往柳荣卿寓所去，再作道理。"十娘道："院中诸姊妹平昔相厚，理宜话别。况前日又承他借贷路费，不可不一谢也。"乃同公子到各姊妹处谢别。姊妹中惟谢月朗、徐素素与杜家相近，尤与十娘亲厚。十娘先到谢月朗家。月朗见十娘秃髻①旧衫，惊问其故。十娘备述来因，又引李甲相见。十娘指月朗道：

---

① 秃髻：没有戴首饰的发髻。

"前日路资，是此位姐姐所贷，郎君可致谢。"李甲连连作揖。月朗便教十娘梳洗，一面去请徐素素来家相会。十娘梳洗已毕，谢、徐二美人各出所有，翠钿金钏，瑶簪宝珥，锦袖花裙，鸾带绣履，把杜十娘装扮得焕然一新，备酒作庆贺筵席。月朗让卧房与李甲杜媺二人过宿。次日，又大排筵席，遍请院中姊妹。凡十娘相厚者，无不毕集，都与他夫妇把盏称喜。吹弹歌舞，各逞其长，务要尽欢，直饮至夜分。十娘向众姊妹一一称谢。众姊妹道："十姊为风流领袖，今从郎君去，我等相见无日。何日长行，姊妹们尚当奉送。"月朗道："候有定期，小妹当来相报。但阿姊千里间关①，同郎君远去，囊箧萧条，曾无约束②，此乃吾等之事。当相与共谋之，勿令姊有穷途之虑也。"众姊妹各唯唯而散。

　　是晚，公子和十娘仍宿谢家。至五鼓，十娘对公子道："吾等此去，何处安身？郎君亦曾计议有定着否？"公子道："老父盛怒之下，若知娶妓而归，必然加以不堪，反致相累。展转寻思，尚未有万全之策。"十娘道："父子天性，岂能终绝。既然仓卒难犯，不若与郎君于苏杭胜地，权作浮居③。郎君先回，求亲友于尊大人面前劝解和顺，然后携妾于归，彼此安妥。"公子道："此言甚当。"

　　次日，二人起身辞了谢月朗，暂往柳监生寓中，整顿行装。杜十娘见了柳遇春，倒身下拜，谢其周全之德："异日我夫妇必当重报。"遇春慌忙答礼道："十娘钟情所欢，不以贫窭④易心，此乃女中豪杰。仆因风吹火，谅区区何足挂齿！"三人又饮了一日酒。次早，择了出行吉日，雇倩轿马停当。十娘又遣童儿寄信，别谢月朗。临行之际，只见肩舆⑤纷纷而至，乃谢月朗与徐素素拉众姊妹来送行。月朗道："十姊从郎君千里间关，囊中消索，吾等甚不能忘情。今合具薄赆⑥，十姊可检收，或长途空乏，亦可少助。"说罢，命从人挈一描金文具⑦至前，封锁甚固，正不知什么东西在里面。十娘也不开看，也不推辞，但殷勤作谢而已。须臾，舆马齐集，仆夫催促起身。柳监生三杯别酒，和众美人送出崇文门外，各各垂泪而别。正是：

　　　　　　他日重逢难预必，此时分手最堪怜。

　　再说李公子同杜十娘行至潞河⑧，舍陆从舟，却好有瓜洲差使船转回之便⑨，讲定船钱，包了舱口。比及下船时，李公子囊中并无分文馀剩。你道杜十娘把二十两银子与公子，如何就没了？公子在院中嫖得衣衫蓝缕，银子到手，未免在解库⑩中取赎几件穿着，又制办了铺盖，剩来只勾轿马之费。公子正当愁闷，十娘道："郎君勿忧，众姊妹合赠，必有所济。"乃取钥开箱。公子在傍自觉惭愧，也不敢窥觑箱中虚实。只见十娘在箱里取出一个红绢袋来，掷于桌上道："郎君可开看之。"公子提在手中，觉得沉重。启而观之，皆是白银，计数整五十两。十娘仍将箱子下锁，亦不言箱中更有何物。但对公子道："承众姊妹高情，不惟途路不乏，即他日浮寓吴越间，亦可稍佐吾夫妻山水之费矣。"公子且惊且喜道："若不遇恩卿，我李甲流落他乡，死无葬身之地矣。此情此德，白头不敢忘也。"自此每谈及往事，公子必感激流涕，十娘亦曲意抚慰。

　　一路无话。不一日，行至瓜洲，大船停泊岸口，公子别雇了民船，安放行李。约明日

---

①间关：指跋涉远行，道路艰险。②曾无约束：没有什么准备。③浮居：暂住某地。④贫窭（jù）：贫困。⑤肩舆：轿子。⑥赆：送给人的路费。⑦描金文具：用金粉描画着图画的箱子。⑧潞河：也称白河、北运河，北通北京，东南通天津，与南北大运河相接，可达杭州。⑨瓜洲：今江苏扬州。差使船：官府运漕粮的船。⑩解库：当铺。

侵晨，剪江而渡。其时仲冬中旬，月明如水，公子和十娘坐于舟首。公子道："自出都门，困守一舱之中，四顾有人，未得畅语。今日独据一舟，更无避忌。且已离塞北，初近江南，宜开怀畅饮，以舒向来抑郁之气，恩卿以为何如？"十娘道："妾久疏谈笑，亦有此心，郎君言及，足见同志耳。"公子乃携酒具于船首，与十娘铺毡并坐，传杯交盏。饮至半酣，公子执卮对十娘道："恩卿妙音，六院①推首。某相遇之初，每闻绝调，辄不禁神魂之飞动。心事多违，彼此郁郁，鸾鸣凤奏，久矣不闻。今清江明月，深夜无人，肯为我一歌否？"十娘兴亦勃发，遂开喉顿嗓，取扇按拍，呜呜咽咽，歌出元人施君美《拜月亭》杂剧上"状元执盏与婵娟"一曲，名《小桃红》，真个：

声飞霄汉云皆驻，响入深泉鱼出游。

却说他舟有一少年，姓孙名富字善赉，徽州新安人氏。家资巨万，积祖扬州种盐②。年方二十，也是南雍中朋友。生性风流，惯向青楼买笑，红粉追欢，若嘲风弄月③，到是个轻薄的头儿。事有偶然，其夜亦泊舟瓜洲渡口，独酌无聊。忽听得歌声嘹亮，凤吟鸾吹，不足喻其美。起立船头，伫听半响，方知声出邻舟。正欲相访，音响倏已寂然。乃遣仆者潜窥踪迹，访于舟人。但晓得是李相公雇的船，并不知歌者来历。孙富想道："此歌者必非良家，怎生得他一见？"展转寻思，通宵不寐。挨至五更，忽闻江风大作。及晓，彤云密布，狂雪飞舞。怎见得？有诗为证：

千山云树灭，万径人踪绝；
扁舟蓑笠翁，独钓寒江雪。

因这风雪阻渡，舟不得开。孙富命艄公移船，泊于李家舟之傍，孙富貂帽狐裘，推窗假作看雪。值十娘梳洗方毕，纤纤玉手揭起舟傍短帘，自泼盂中残水，粉容微露，却被孙富窥见了，果是国色天香。魂摇心荡，迎眸注目，等候再见一面，杳不可得。沉思久之，乃倚窗高吟高学士④《梅花诗》二句，道：

雪满山中高士卧，月明林下美人来。

李甲听得邻舟吟诗，舒头出舱，看是何人。只因这一看，正中了孙富之计。孙富吟诗，正要引李公子出头，他好乘机攀话。当下慌忙举手，就问："老兄尊姓何讳？"李公子叙了姓名乡贯，少不得也问那孙富。孙富也叙过了。又叙了些太学中的闲话，渐渐亲熟。孙富便道："风雪阻舟，乃天遣与尊兄相会，实小弟之幸也。舟次无聊，欲同尊兄上岸，就酒肆中一酌，少领清诲⑤，万望不拒。"公子道："萍水相逢，何当厚扰？"孙富道："说那里话！'四海之内，皆兄弟也'。"喝教艄公打跳，童儿张伞，迎接公子过船，就于船头作揖。然后让公子先行，自己随后，各各登跳上涯。

行不数步，就有个酒楼。二人上楼，拣一副洁净座头，靠窗而坐。酒保列上酒肴。孙富举杯相劝，二人赏雪饮酒。先说些斯文中套话，渐渐引入花柳之事。二人都是过来之人，志同道合，说得入港⑥，一发成相知了。孙富屏去左右，低低问道："昨夜尊舟清歌者，何人也？"李甲正要卖弄在行，遂实说道："此乃北京名姬杜十娘也。"孙富道："既系

---

①六院：明朝官妓聚居的地方叫楼、院，六院是妓院的统称。②种盐：指制盐，做盐业生意。③嘲风弄月：此指玩弄妓女。④高学士：指明初诗人高启，字季迪，号青丘子。⑤清诲：向人请教的客气话。⑥入港：本指男女私通，勾引得手。这里是谈话投机的意思。

曲中姊妹，何以归兄？"公子遂将初遇杜十娘，如何相好，后来如何要嫁，如何借银讨他，始末根由，备细述了一遍。孙富道："兄携丽人而归，固是快事，但不知尊府中能相容否？"公子道："贱室不足虑。所虑者老父性严，尚费踌躇耳！"孙富将机就机，便问道："既是尊大人未必相容，兄所携丽人，何处安顿？亦曾通知丽人，共作计较否？"公子攒眉而答道："此事曾与小妾议之。"孙富欣然问道："尊宠必有妙策。"公子道："他意欲侨居苏杭，流连山水。使小弟先回，求亲友宛转于家君之前。俟家君回嗔作喜，然后图归。高明以为何如？"孙富沉吟半晌，故作愀然之色，道："小弟乍会之间，交浅言深，诚恐见怪。"公子道："正赖高明指教，何必谦逊？"孙富道："尊大人位居方面①，必严帷薄之嫌②，平时既怪兄游非礼之地，今日岂容兄娶不节之人。况且贤亲贵友，谁不迎合尊大人之意者？兄枉去求他，必然相拒。就有个不识时务的进言于尊大人之前，见尊大人意思不允，他就转口了。兄进不能和睦家庭，退无词以回复尊宠。即使留连山水，亦非长久之计。万一资斧③困竭，岂不进退两难！"公子自知手中只有五十金，此时费去大半，说到资斧困竭，进退两难，不觉点头道是。孙富又道："小弟还有句心腹之谈，兄肯俯听否？"公子道："承兄过爱，更求尽言。"孙富道："疏不间亲，还是莫说罢。"公子道："但说何妨。"孙富道："自古道：'妇人水性无常。'况烟花之辈，少真多假。他既系六院名姝，相识定满天下；或者南边原有旧约，借兄之力，挈带而来，以为他适之地。"公子道："这个恐未必然。"孙富道："既不然，江南子弟，最工轻薄，兄留丽人独居，难保无逾墙钻穴之事④。若挈之同归，愈增尊大人之怒。为兄之计，未有善策。况父子天伦，必不可绝。若为妾而触父，因妓而弃家，海内必以兄为浮浪不经之人。异日妻不以为夫，弟不以为兄，同袍不以为友，兄何以立于天地之间？兄今日不可不熟思也！"公子闻言，茫然自失，移席问计："据高明之见，何以教我？"孙富道："仆有一计，于兄甚便。只恐兄溺枕席之爱，未必能行，使仆空费词说耳！"公子道："兄诚有良策，使弟再睹家园之乐，乃弟之恩人也。又何惮而不言耶？"孙富道："兄飘零岁余，严亲怀怒，闺阁离心，设身以处兄之地，诚寝食不安之时也。然尊大人所以怒兄者，不过为迷花恋柳，挥金如土，异日必为弃家荡产之人，不堪承继家业耳！兄今日空手而归，正触其怒。兄倘能割衽席之爱，见机而作，仆愿以千金相赠。兄得千金，以报尊大人，只说在京授馆⑤，并不曾浪费分毫，尊大人必然相信。从此家庭和睦，当无间言。须臾之间，转祸为福。兄请三思，仆非贪丽人之色，实为兄效忠于万一也！"

李甲原是没主意的人，本心惧怕老子，被孙富一席话，说透胸中之疑，起身作揖道："闻兄大教，顿开茅塞。但小妾千里相从，义难顿绝，容归与商之。得其心肯，当奉复耳。"孙富道："说话之间，宜放婉曲。彼既忠心为兄，必不忍使兄父子分离，定然玉成兄还乡之事矣。"二人饮了一回酒，风停雪止，天色已晚。孙富教家僮算还了酒钱，与公子携手下船。正是：

逢人且说三分话，未可全抛一片心。

却说杜十娘在舟中，摆设酒果，欲与公子小酌，竟日未回，挑灯以待。公子下船，十

---

①方面：即方面官，指统管一个方面（省级）的封疆大臣，如总督、巡抚。②必严帷薄之嫌：意谓必定严格注意家中男女婚姻大事给他带来的影响。帷薄：帘幕，这里指室内男女之事。③资斧：旅费，盘缠。④逾墙钻穴之事：指男女幽会、偷情之事。⑤授馆：在私塾中教书。

娘起迎。见公子颜色匆匆，似有不乐之意，乃满斟热酒劝之。公子摇首不饮，一言不发，竟自上床睡了。十娘心中不悦，乃收拾杯盘，为公子解衣就枕，问道："今日有何见闻，而怀抱郁郁如此？"公子叹息而已，终不启口。问了三四次，公子已睡去了。十娘委决不下，坐于床头而不能寐。到夜半，公子醒来，又叹一口气。十娘道："郎君有何难言之事，频频叹息？"公子拥被而起，欲言不语者几次，扑簌簌掉下泪来。十娘抱持公子于怀间，软言抚慰道："妾与郎君情好，已及二载，千辛万苦，历尽艰难，得有今日。然相从数千里，未曾哀戚。今将渡江，方图百年欢笑，如何反起悲伤？必有其故。夫妇之间，死生相共，有事尽可商量，万勿讳也。"公子再四被逼不过，只得含泪而言道："仆天涯穷困，蒙恩卿不弃，委曲相从，诚乃莫大之德也。但反覆思之，老父位居方面，拘于礼法，况素性方严，恐添嗔怒，必加黜逐。你我流荡，将何底止？夫妇之欢难保，父子之伦又绝。日间蒙新安孙友邀饮，为我筹及此事，寸心如割。"十娘大惊道："郎君意将如何？"公子道："仆事内之人，当局而迷。孙友为我画一计颇善，但恐恩卿不从耳！"十娘道："孙友者何人？计如果善，何不可从？"公子道："孙友名富，新安盐商，少年风流之士也。夜间闻子清歌，因而问及。仆告以来历，并谈及难归之故，渠意欲以千金聘汝。我得千金，可藉口以见吾父母；而恩卿亦得所天①。但情不能舍，是以悲泣。"说罢，泪如雨下。十娘放开两手，冷笑一声道："为郎君画此计者，此人乃大英雄也。郎君千金之资既得恢复，而妾归他姓，又不致为行李之累，发乎情，止乎礼，诚两便之策也。那千金在那里？"公子收泪道："未得恩卿之诺，金尚留彼处，未曾过手。"十娘道："明早快快应承了他，不可挫过机会。但千金重事，须得兑足交付郎君之手，妾始过舟，勿为贾竖子②所欺。"

时已四鼓，十娘即起身挑灯梳洗，道："今日之妆，乃迎新送旧，非比寻常。"于是脂粉香泽，用意修饰，花钿绣袄，极其华艳，香风拂拂，光采照人。装束方完，天色已晓。孙富差家童到船头候信。十娘微窥公子，欣欣似有喜色，乃催公子快去回话，及早兑足银子。公子亲到孙富船中，回复依允。孙富道："兑银易事，须得丽人妆台为信。"公子又回复了十娘，十娘即指描金文具道："可便抬去。"孙富喜甚，即将白银一千两，送到公子船中。十娘亲自检看，足色足数，分毫无爽。乃手把船舷，以手招孙富。孙富一见，魂不附体。十娘启朱唇，开皓齿，道："方才箱子可暂发来，内有李郎路引③一纸，可检还之也。"孙富视十娘已为瓮中之鳖，即命家童送那描金文具，安放船头之上。十娘取钥开锁，内皆抽替④小箱。十娘叫公子抽第一层来看，只见翠羽明珰，瑶簪宝珥，充牣于中，约值数百金。十娘遽投之江中。李甲与孙富及两船之人，无不惊诧。又命公子再抽一箱，乃玉箫金管。又抽一箱，尽古玉紫金玩器，约值数千金。十娘尽投之于水，舟中岸上之人，观者如堵。齐声道："可惜可惜！正不知什么缘故。"最后又抽一箱，箱中复有一匣。开匣视之，夜明之珠，约有盈把。其他祖母绿、猫儿眼，诸般异宝，目所未睹，莫能定其价之多少。众人齐声喝彩，喧声如雷。十娘又欲投之于江。李甲不觉大悔，抱持十娘恸哭，那孙富也来劝解。十娘推开公子在一边，向孙富骂道："我与李郎备尝艰苦，不是容易到此，汝以奸淫之意，巧为谗说，一旦破人姻缘，断人恩爱，乃我之仇人。我死而有知，必当诉之神明，尚妄想枕席之欢乎！"又对李甲道："妾风尘数年，私有所积，本为终身之计。自遇郎君，山盟海誓，白首不渝。前出都之际，假托众姊妹相赠，箱中韫藏百宝，不下万金。将

---

①所天：所依靠的人。②贾竖子：市侩小人。③路引：出行时的道路通行证，此处特指国子监所发的回籍证。④抽替：即抽屉。

润色郎君之装,归见父母,或怜妾有心,收佐中馈①,得终委托,生死无憾。谁知郎君相信不深,惑于浮议,中道见弃,负妾一片真心。今日当众目之前,开箱出视,使郎君知区区千金,未为难事。妾椟中有玉,恨郎眼内无珠。命之不辰②,风尘困瘁,甫得脱离,又遭弃捐。今众人各有耳目,共作证明,妾不负郎君,郎君自负妾耳!"于是众人聚观者,无不流涕,都唾骂李公子负心薄幸。公子又羞又苦,且悔且泣,方欲向十娘谢罪。十娘抱持宝匣,向江心一跳。众人急呼捞救,但见云暗江心,波涛滚滚,杳无踪影。可惜一个如花似玉的名姬,一旦葬于江鱼之腹。

三魂渺渺归水府,七魄悠悠入冥途。

当时旁观之人,皆咬牙切齿,争欲拳殴李甲和那孙富。慌得李、孙二人手足无措,急叫开船,分途遁去。李甲在舟中,看了千金,转忆十娘,终日愧悔,郁成狂疾,终身不痊。孙富自那日受惊,得病卧床月余,终日见杜十娘在傍诟骂,奄奄而逝,人以为江中之报也。

却说柳遇春在京坐监完满,束装回乡,停舟瓜步③。偶临江净脸,失坠铜盆于水,觅渔人打捞。及至捞起,乃是个小匣儿。遇春启匣观看,内皆明珠异宝,无价之珍。遇春厚赏渔人,留于床头把玩。是夜梦见江中一女子,凌波而来,视之,乃杜十娘也。近前万福,诉以李郎薄幸之事。又道:"向承君家慷慨,以一百五十金相助,本意息肩④之后,徐图报答,不意事无终始;然每怀盛情,悒悒未忘。早间曾以小匣托渔人奉致,聊表寸心,从此不复相见矣。"言讫,猛然惊醒,方知十娘已死,叹息累日。

后人评论此事,以为孙富谋夺美色,轻掷千金,固非良士;李甲不识杜十娘一片苦心,碌碌蠢才,无足道者。独谓十娘千古女侠,岂不能觅一佳侣,共跨秦楼之凤⑤,乃错认李公子,明珠美玉,投于盲人,以致恩变为仇,万种恩情,化为流水,深可惜也!有诗叹云:

不会风流莫妄谈,单单情字费人参;
若将情字能参透,唤作风流也不惭。

【作者档案】

冯梦龙(1574—1646),字犹龙,号龙子犹、墨憨斋主人、顾曲散人等,南直隶苏州府长洲(今江苏苏州)人,出身于书香门第。明崇祯三年(1630),他57岁时被选为贡生,61岁时任福建寿宁知县。清兵入关时,曾参与抗清活动,后忧愤而逝。冯梦龙是晚明通俗文学的代表人物,曾纂辑过文言小说及笔记《情史》《古今谭概》等,收录、编印了民歌集《挂枝儿》《山歌》、散曲选集《太霞新奏》,编纂长篇小说《平妖传》《列国志传》等,而成就最突出的是"三言"。

"三言"即《喻世明言》(初版时称《古今小说》)、《警世通言》、《醒世恒言》三部小说集的总称,每集40篇,共120篇。这些作品有的是辑录宋、元、明以来的旧本修改而

---

①中馈:古时妇女之职为在家主持饮食之事,因以"中馈"为妻子的代称。②不辰:生不逢时。③瓜步:指瓜步镇,在今江苏省。④息肩:立足,安顿。⑤共跨秦楼之凤:谓结成美满姻缘。据《列仙传》载,春秋时萧史善吹箫作凤鸣,秦穆公将女儿弄玉嫁给他,为其筑凤台居之。一日,萧史吹箫引来龙凤,萧史骑龙,弄玉跨凤,一同飞升。后以此比喻美满婚姻。

成，有的是据笔记、传奇小说、戏曲、历史故事或社会传闻再创作而成。它"极摹人情世态之歧，备写悲欢离合之致"（笑花主人《今古奇观序》），影响了后世白话短篇小说的创作。明末凌蒙初编著的《初刻拍案惊奇》《二刻拍案惊奇》，与其并称为"三言""二拍"，同为明代乃至整个中国古代白话短篇小说的代表作。

【含英咀华】

　　这篇小说是明代白话短篇小说中最优秀的一篇作品。小说通过描写社会底层妇女杜十娘对爱情的追求，以及最后被迫害致死的悲剧，无情控诉了把妇女当商品买卖的卑劣行径，揭露了封建伦理道德的残酷虚伪和封建婚姻制度吃人的本质，具有强烈的反封建意义。杜十娘以死捍卫了自己做人的尊严，表明了她追求平等自由的爱情理想和决不向被玩弄、被买卖的命运屈服的决心，具有震撼人心的力量。

　　我们应该认识到，造成杜十娘悲剧的原因，决不仅仅是由于她爱错了人，也决不仅仅是因为李甲性格软弱和对爱情不真挚、不坚定。杜十娘性格的刚烈和李甲性格的软弱，固然是一个重要的方面，但最关键、最根本的原因，还是吃人的封建礼教，是罪恶的等级制度和门第观念。

　　小说成功地塑造了杜十娘的形象。她是一个聪明美丽而又刚烈坚贞的女性，不幸沦落烟花，但她不甘被侮辱、被玩弄的命运，强烈向往着平等幸福的家庭生活，并热烈地追求着，"久有从良之志"。特殊的生活遭遇，使她形成了精细谨慎的性格。为了达到从良的目的，她周密地安排着一切，积蓄珍宝，物色对象。为了不受欺骗，她谨慎地考验着李甲。她的积蓄完全可以为自己赎身，但她并不向李甲说出，而是让李甲东奔西走去筹措碎银。她之所以这样做，就是为了观察李甲对爱情是否真诚，是不是经得起考验。她也深知李甲的苦衷与矛盾，但她想用自己的满腔柔情去感化李甲、系住李甲，同时还准备用行动去感化李甲的父亲，取得家庭的谅解与认可。可见她是一个温柔多情、成熟老练的女子。然而一旦她发现自己所选非人、自己梦寐以求的理想成为泡影之时，又表现出宁为玉碎不为瓦全的刚烈精神，毅然怀抱着万金之资的百宝箱沉江而死，让读者为之扼腕叹息。至此，一个精明、干练、忠于爱情、坚贞不屈的女性形象已鲜活地站立在我们面前。男主人公李甲是一位自私怯弱、背信弃义的贵公子。小说中描摹了他的多次"哭"和"喜"，"哭"展现了他的毫无主见、软弱无能，以及悔恨之意，"喜"则进一步揭示其内心的自私卑劣。同时，作者在小说中也描绘了他在封建礼教与爱情之间的挣扎与无奈，表现了真实而复杂的人性。此外，柳遇春、孙富等人物虽笔墨不多，却是情节发展的关键人物，一个古道热肠、助人为乐，一个奸诈自私、卑鄙无耻，二人性格构成了鲜明对比。

　　本篇在艺术上主要采用细节描写和场面描写来塑造人物，如杜十娘得知自己被李甲转卖之事时挑灯梳妆的一段描写："时已四鼓，十娘即起身挑灯梳洗，道：'今日之妆，乃迎新送旧，非比寻常。'于是脂粉香泽，用意修饰，花钿绣袄，极其华艳，香风拂拂，光彩照人。"不仅写出了杜十娘的外貌之美，同时也把杜十娘内心的坚强、悲愤、绝望表现得淋漓尽致。作者还采用了烘云托月的手法来突出主要人物，如写柳遇春对杜十娘的先疑后敬，杜十娘投江后周围群众的惋惜愤慨，都有力地衬托出杜十娘形象的光辉。结构上运用伏笔，造成悬念，如对杜十娘那个价值万金的百宝箱，先只是顺笔一提，最后才揭开真相，收到了出人意料的艺术效果。

【练习思考】

一、造成杜十娘悲剧的根本原因是什么？试作简要分析，并归纳小说的思想意义。

二、试述女主人公杜十娘形象的性格特点。

三、本篇塑造人物形象主要采用了哪些手法？试举例说明。

四、试对本故事的结局进行改编，并在课堂分组表演。

五、阅读《醒世恒言》中的《卖油郎独占花魁》，并与本篇对照，试比较两篇小说的思想意义与女主人公性格的异同。

【拓展阅读】

冯梦龙编《喻世明言》《警世通言》《醒世恒言》，人民文学出版社出版

抱瓮老人辑《今古奇观》，人民文学出版社出版

（苏　静　刘洪仁）

婴 宁

蒲松龄

王子服，莒①之罗店人，早孤。绝惠，十四入泮②。母最爱之，寻常不令游郊野。聘萧氏，未嫁而夭，故求凰③未就也。会上元④，有舅氏子吴生邀同眺瞩。方至村外，舅家仆来，招吴去。生见游女如云，乘兴独游。有女郎携婢，拈梅花一枝，容华绝代，笑容可掬。生注目不移，竟忘顾忌。女过去数武⑤，顾婢子笑曰："个儿郎目灼灼似贼！"遗花地上，笑语自去。

生拾花怅然，神魂丧失，怏怏遂返。至家，藏花枕底，垂头而睡，不语亦不食。母忧之。醮禳益剧⑥，肌革锐减。医师诊视，投剂发表⑦，忽忽若迷。母抚问所由，默然不答。适吴生来，嘱秘诘之。吴至榻前，生见之泪下，吴就榻慰解，渐致研诘。生具吐其实，且求谋画。吴笑曰："君意亦痴！此愿有何难遂？当代访之。徒步于野，必非世家。如其未字⑧，事固谐矣；不然，拼以重赂，计必允遂。但得痊瘳⑨，成事在我。"生闻之，不觉解颐⑩。吴出告母，物色女子居里⑪，而探访既穷，并无踪迹。母大忧，无所为计。然自吴去后，颜顿开，食亦略进。数日，吴复来，生问所谋。吴绐⑫之曰："已得之矣。我以为谁何人，乃我姑之女，即君姨妹，今尚待聘。虽内戚有婚姻之嫌，实告之，无不谐者。"生喜溢眉宇，问："居何里？"吴诡曰："西南山中，去此可三十馀里。"生又嘱再四，吴锐身⑬自任而去。

生由是饮食渐加，日就平复。探视枕底，花虽枯，未便雕落。凝思把玩，如见其人。怪吴不至，折柬⑭招之。吴支托不肯赴招。生恚怒，悒悒不欢。母虑其复病，急为议姻；略与商榷，辄摇首不愿，惟日盼吴。吴迄无耗⑮，益怨恨之。转思三十里非遥，何必仰息⑯他人？

怀梅袖中，负气自往，而家人不知也。伶仃独步，无可问程，但望南山行去。约三十余里，乱山合沓⑰，空翠爽肌，寂无人行，止有鸟道。遥望谷底，丛花乱树中，隐隐有小里落。下山入村，见舍宇无多，皆茅屋，而意甚修雅。北向一家，门前皆丝柳，墙内桃杏尤繁，间以修竹，野鸟格磔⑱其中。意其园亭，不敢遽入。回顾对户，有巨石滑洁，因坐少憩。俄闻墙内有女子，长呼"小荣"，其声娇细。方伫听间，一女郎由东而西，执杏花一朵，俯首自簪。举头见生，遂不复簪，含笑拈花而入。审视之，即上元途中所遇也。心骤喜，但念无以阶进⑲；欲呼姨氏，顾从无还往，惧有讹误。门内无人可问，坐卧徘徊，

---

①莒（jǔ）：古国名，后置为县、州，在今山东莒县一带。②入泮（pàn）：入县学为生员。泮：指泮宫，周代诸侯所设的学校，因宫前有泮水，故称。这里指县学。③求凰：喻指求偶。相传汉司马相如边弹琴边吟歌向卓文君求爱，歌曰："凤兮凤兮归故乡，遨游四海求其凰。"后遂称男子求偶为"求凰"。④上元：农历正月十五，旧称上元节。⑤数武：几步。武：古时以六尺为步，半步为武。⑥醮禳（jiàoráng）：求神拜佛，免除灾害。益剧：（病情）更加严重。⑦投剂发表：吃药把体内的邪毒发散出来。⑧未字：未曾婚配。⑨痊瘳（chōu）：痊愈。⑩解颐：露出笑容。⑪物色：寻求。居里：住处。⑫绐（dài）：欺骗。⑬锐身：挺身。⑭折柬：裁纸写信。⑮迄无耗：始终没有消息。耗：音讯。⑯仰息：仰人鼻息，依靠别人鼻子呼出的气息存活，比喻依赖别人，不能自主。《后汉书·袁绍传》："袁绍孤客穷军，仰我鼻息，譬犹婴儿在股掌之上，绝其哺乳，立可饿杀。"⑰合沓：重叠。⑱格磔（zhé）：鸟叫声。⑲无以阶进：找不到进去的理由。阶：阶梯，喻指理由、凭借。

自朝至于日昃①，盈盈望断，并忘饥渴。时见女子露半面来窥，似讶其不去者。忽一老媪扶杖出，顾生曰："何处郎君，闻自辰刻②便来，以至于今。意将何为？得勿饥也？"生急起揖之，答云："将以盼亲。"媪聋聩不闻。又大言之。乃问："贵戚何姓？"生不能答。媪笑曰："奇哉！姓名自不知，何亲可探？我视郎君，亦书痴耳。不如从我来，啖以粗粝，家有短榻可卧。待明朝归，询知姓氏，再来探访，不晚也。"生方腹馁思啖，又从此渐近丽人，大喜。从媪入，见门内白石砌路，夹道红花片片坠阶上；曲折而西，又启一关，豆棚花架满庭中。肃客③入舍，粉壁光如明镜；窗外海棠枝朵，探入室中；裀藉④几榻，罔不洁泽。甫坐⑤，即有人自窗外隐约相窥。媪唤："小荣！可速作黍⑥。"外有婢子嘄声⑦而应。坐次，具展宗阀⑧。媪曰："郎君外祖，莫姓吴否？"曰："然。"媪惊曰："是吾甥也！尊堂，我妹子。年来以家窭贫⑨，又无三尺之男，遂至音问梗塞。甥长成如许，尚不相识。"生曰："此来即为姨也，匆遽遂忘姓氏。"媪曰："老身秦姓，并无诞育；弱息⑩亦为庶产。渠母改醮⑪，遗我鞠养。颇亦不钝⑫，但少教训，嬉不知愁。少顷，使来拜识。"

未几，婢子具饭，雏尾盈握⑬。媪劝餐已，婢来敛具。媪曰："唤宁姑来。"婢应去。良久，闻户外隐有笑声。媪又唤曰："婴宁，汝姨兄在此。"户外嗤嗤笑不已。婢推之以入，犹掩其口，笑不可遏。媪嗔目曰："有客在，咤咤叱叱⑭，景象何堪？"女忍笑而立，生揖之。媪曰："此王郎，汝姨子。一家尚不相识，可笑人也。"问："妹子年几何矣？"媪未能解。生又言之。女复笑，不可仰视。媪谓生曰："我言少教诲，此可见矣。年已十六，呆痴如婴儿。"生曰："小甥一岁。"曰："阿甥已十七矣，得非庚午属马者耶？"生首应之。又问："甥妇阿谁？"答云："无之。"曰："如甥才貌，何十七岁犹未聘？婴宁亦无姑家，极相匹敌。惜有内亲之嫌。"生无语，目注婴宁，不遑他瞬⑮。婢向女小语云："目灼灼，贼腔未改！"女又大笑，顾婢曰："视碧桃开未？"遽起，以袖掩口，细碎连步而出。至门外，笑声始纵。媪亦起，唤婢襆被⑯，为生安置。曰："阿甥来不易，宜留三五日，迟迟送汝归。如嫌幽闷，舍后有小园，可供消遣；有书可读。"

次日，至舍后，果有园半亩，细草铺毡，杨花糁径⑰；有草舍三楹，花木四合其所。穿花小步，闻树头苏苏有声，仰视，则婴宁在上。见生来，狂笑欲堕。生曰："勿尔，堕矣！"女且下且笑，不能自止。方将及地，失手而堕，笑乃止。生扶之，阴捘⑱其腕。女笑又作，倚树不能行，良久乃罢。生俟其笑歇，乃出袖中花示之。女接之，曰："枯矣。何留之？"曰："此上元妹子所遗，故存之。"问："存之何意？"曰："以示相爱不忘。自上元相遇，凝思成病，自分化为异物⑲；不图得见颜色，幸垂怜悯。"女曰："此大细事⑳。至戚何所靳惜？待郎行时，园中花，当唤老奴来，折一巨捆负送之。"生曰："妹子痴耶？"

---

①日昃（zè）：太阳偏西，午后。②辰刻：辰时，约今上午7点到9点。③肃客：迎客。④裀藉：坐垫，垫席。⑤甫坐：刚刚坐下。⑥作黍：做黍米饭。语本《论语·微子》："杀鸡为黍而食之。"后用为聊备家常便饭待客的谦称。⑦嘄（jiào）声：高声。《礼记·曲礼上》："毋侧听，毋嘄应。"孔颖达疏："嘄，谓声响高急，如叫之号呼也。"⑧具展宗阀：详细陈述家世门第。⑨窭（jù）贫：十分贫困。⑩弱息：幼弱的子女。此专指女儿。庶产：庶出，妾所生的子女。⑪渠：她。改醮：改嫁。醮：女子出嫁。⑫不钝：不笨，不蠢。⑬雏尾盈握：形容长得肥嫩的鸡鸭，尾部抓着已经满握。盈握：满握。此指用肥鸡做菜肴。⑭咤（zhà）咤叱（chì）叱：形容大声笑嚷的声音。⑮不遑他瞬：顾不上看其他地方。⑯襆（fú）被：准备被褥。⑰"细草"二句：何垠注："谓细草铺地如毡，而杨花点于毡上，如米和于羹内，颜色鲜好也。"糁（sǎn）：以米和羹。此作散落讲。⑱捘（zùn）：捏。⑲自分化为异物：自以为要死。自分（fèn）：自料，自己估计。⑳大细事：极小的事。

女曰:"何便是痴?"生曰:"我非爱花,爱拈花之人耳。"女曰:"葭莩①之情,爱何待言。"生曰:"我所谓爱,非瓜葛之爱②,乃夫妻之爱。"女曰:"有以异乎?"曰:"夜共枕席耳。"女俯首思良久,曰:"我不惯与生人睡。"语未已,婢潜至,生惶恐遁去。

　　少时,会母所。母问:"何往?"女答以园中共话。媪曰:"饭熟已久,有何长言,周遮③乃尔。"女曰:"大哥欲我共寝。"言未已,生大窘,急目瞪之。女微笑而止。幸媪不闻,犹絮絮究诘。生急以他词掩之,因小语责女。女曰:"适此语不应说耶?"生曰:"此背人语。"女曰:"背他人,岂得背老母。且寝处亦常事,何讳之?"生恨其痴,无术可悟之。食方竟,家人捉双卫④来寻生。先是,母待生久不归,始疑;村中搜觅已遍,竟无踪兆。因往寻吴。吴忆曩言,因教于西南山村行觅。凡历数村,始至于此。生出门,适相值,便入告媪,且请偕女同归。媪喜曰:"我有志,匪伊朝夕⑤。但残躯不能远涉,得甥携妹子去,识认阿姨,大好!"呼婴宁。宁笑至。媪曰:"有何喜,笑辄不辍?若不笑,当为全人。"因怒之以目,乃曰:"大哥欲同汝去,可便装束。"又饷家人酒食,始送之出曰:"姨家田产丰裕,能养冗人。到彼且勿归,小学诗礼,亦好事翁姑。即烦阿姨,择一良匹与汝。"二人遂发。至山坳,回顾,犹依稀见媪倚门北望也。

　　抵家,母睹姝丽,惊问为谁。生以姨女对。母曰:"前吴郎与儿言者,诈也。我未有姊,何以得甥?"问女,女曰:"我非母出。父为秦氏,没时,儿在襁中,不能记忆。"母曰:"我一姊适秦氏,良确;然殂谢已久,那得复存?"因审诘面庞、志赘⑥,一一符合。又疑曰:"是矣。然亡已多年。"疑虑间,吴生至,女避入室。吴询得故,惘然久之。忽曰:"此女名婴宁耶?"生然之。吴极称怪事。问所自知,吴曰:"秦家姑去后,姑丈鳏居,祟于狐,病瘵死⑦。狐生女名婴宁,绷⑧卧床上,家人皆见之。姑丈没,狐犹时来;后求天师符粘壁上,狐遂携女去。将勿此耶?"彼此疑参。但闻室中嗤嗤皆婴宁笑声。母曰:"此女亦太憨。"吴生请面之。母入室,女犹浓笑不顾。母促令出,始极力忍笑,又面壁移时,方出。才一展拜,翻然遽入,放声大笑。满室妇女,为之粲然。

　　吴请往觇⑨其异,就便执柯⑩。寻至村所,庐舍全无,山花零落而已。吴忆葬处,仿佛不远;然坟垄湮没,莫可辨识,诧叹而返。母疑其为鬼。入告吴言,女略无骇意;又吊其无家,亦殊无悲意,孜孜憨笑而已。众莫之测。母令与少女同寝止。昧爽⑪即来省问,操女红⑫精巧绝伦。但善笑,禁之亦不可止;然笑处嫣然,狂而不损其媚,人皆乐之。邻女少妇,争承迎之。母择吉为之合卺⑬,而终恐为鬼物。窃于日中窥之,形影殊无少异。至日,使华装行新妇礼;女笑极不能俯仰,遂罢。生以憨痴,恐泄漏房中隐事;而女殊密秘,不肯道一语。每值母忧怒,女至,一笑即解。奴婢小过,恐遭鞭楚,辄求诣母共话;罪婢投见,恒得免。而爱花成癖,物色遍戚党;窃典金钗,购佳种,数月,阶砌藩溷⑭,无非花者。

　　庭后有木香一架,故邻西家。女每攀登其上,摘供簪玩。母时遇见,辄诃之。女卒不

---

①葭莩(jiāfú):芦苇茎中的薄膜,喻指关系疏远的亲戚。②瓜葛之爱:指亲戚之间的爱。③周遮:话多,唠叨。④捉双卫:牵着两头驴。卫:驴的别称。⑤匪伊朝夕:不止一日。伊:语助词,无义。⑥志赘:痣和疣,指出生时带来的特殊标记。⑦病瘵死:害虚症而死。瘵:瘦弱,中医称作虚症。⑧绷:束负小儿的布带,此用作动词,包裹的意思。⑨觇(chān):偷看,观察。⑩执柯:做媒。⑪昧爽:黎明,清晨。⑫女红(gōng):妇女的针线活。⑬合卺(jǐn):古时婚礼仪式之一,指新郎与新娘在结婚当天的新房内共饮交杯酒。⑭藩溷(hùn):篱笆旁厕所边。溷:厕所。

改。一日，西人子见之，凝注倾倒。女不避而笑。西人子谓女意属己，心益荡。女指墙底笑而下，西人子谓示约处，大悦。及昏而往，女果在焉。就而淫之，则阴如锥刺，痛彻于心，大号而蹶。细视非女，则一枯木卧墙边，所接乃水淋窍也。邻父闻声，急奔研问，呻而不言。妻来，始以实告。爇火烛窍①，见中有巨蝎，如小蟹然。翁碎木捉杀之。负子至家，半夜寻卒。邻人讼生，讦发②婴宁妖异。邑宰③素仰生才，稔知其笃行士④，谓邻翁讼诬，将杖责之。生为乞免，遂释而出。母谓女曰："憨狂尔尔，早知过喜而伏忧也。邑令神明，幸不牵累；设鹘突官宰⑤，必逮妇女质公堂，我儿何颜见戚里？"女正色，矢不复笑。母曰："人罔不笑，但须有时。"而女由是竟不复笑，虽故逗之，亦终不笑；然竟日未尝有戚容。

一夕，对生零涕。异之。女哽咽曰："曩以相从日浅，言之恐致骇怪。今日察姑及郎，皆过爱无有异心，直告或无妨乎？妾本狐产。母临去，以妾托鬼母，相依十余年，始有今日。妾又无兄弟，所恃者惟君。老母岑寂山阿，无人怜而合厝⑥之，九泉辄为悼恨。君倘不惜烦费，使地下人消此怨恫⑦，庶养女者不忍溺弃。"生诺之，然虑坟冢迷于荒草。女言无虑。刻日，夫妻舆榇⑧而往。女于荒烟错楚⑨中，指示墓处，果得媪尸，肤革犹存。女抚哭哀痛。舁归，寻秦氏墓合葬焉。

是夜，生梦媪来称谢，寤而述之。女曰："妾夜见之，嘱勿惊郎君耳。"生恨不邀留。女曰："彼鬼也。生人多，阳气胜，何能久居？"生问小荣，曰："是亦狐，最黠。狐母留以视妾，每摄饵相哺，故德之常不去心⑩。昨问母，云已嫁之。"由是岁值寒食⑪，夫妻登秦墓，拜扫无缺。女逾年，生一子，在怀抱中，不畏生人，见人辄笑，亦大有母风云。

异史氏曰："观其孜孜憨笑，似全无心肝者。而墙下恶作剧，其黠孰甚焉。至凄恋鬼母，反笑为哭，我婴宁何常憨焉。窃闻山中有草，名'笑矣乎'⑫，嗅之，则笑不可止。房中植此一种，则合欢、忘忧⑬，并无颜色矣。若解语花⑭，正嫌其作态耳。"

【作者档案】

蒲松龄（1640—1715），字留仙，一字剑臣，别号柳泉居士，山东淄川（今淄博市）人。出身清贫，自幼勤学，有文才，善属文。19岁应童子试，以县、府、道三试第一，取得生员资格，受到时任山东学政施闰章的赏识。然而此后却屡应乡试不第，年逾古稀才援例取得岁贡生的科名。终其一生，除在江苏宝应县做过不足一年的幕僚外，大多时间在家乡做私塾先生。

蒲松龄创作繁富，诗文词曲兼擅，尤以文言短篇小说集《聊斋志异》成就最高。"聊斋"是蒲松龄的书斋名，因书中大多写花妖狐魅、神鬼怪异故事，故称"志异"。《聊斋志异》近500篇，风格各异，境界不一，出于六朝志怪和唐人传奇而胜之。作者以神仙狐鬼

---

①爇（ruò）火：点燃灯火。烛：照。②讦（jié）发：揭发。③邑宰：知县，县令。④稔（rěn）知：熟知，深知。笃行士：品行敦厚的读书人。⑤设：假如。鹘突：糊涂。⑥合厝（cuò）：合葬。⑦怨恫：怨恨、哀痛。⑧舁榇（chèn）：以车载棺。⑨错楚：杂乱的灌木丛。⑩德之常不去心：感激她并常常挂念她。德：感激。⑪寒食：寒食节，在清明前一日或两日。⑫笑矣乎：宋陶谷《清异录》卷上："菌蕈有一种，食之令人得干疾，士人戏称为'笑矣乎'。"⑬合欢、忘忧：两种花名。合欢：俗称夜合花。忘忧：忘忧草，萱草的别称。嵇康《养生论》："合欢蠲忿，萱草忘忧。"⑭解语花：能通解言语之花。原是唐玄宗对杨贵妃的戏称，后借指聪明伶俐、善解人意的美女。

精魅故事抒写个人情怀，寄托内心忧愤，文辞洗练，含韵悠长。它不仅代表清代文言短篇小说的最高成就，也是中国古代文言短篇小说的不朽丰碑。

【含英咀华】

"婴宁"之名似出于《庄子·大宗师》："其为物，无不将也，无不迎也；无不毁也，无不成也。其名为撄宁。撄宁也者，撄而后宁者也。"所谓"撄宁"，指自然、本真的状态，无心于得失的境界。蒲松龄笔下的婴宁本为狐女，生长于深山旷野，在大自然的怀抱中长大，爱美就是她秉受于大自然的主要性格。自然界的美是花，人世间的美是笑。因此，爱花和爱笑就成为她的两个主要特征。爱笑是她最突出的性格特点，全篇自始至终都充满她爽朗的笑声，"微笑""憨笑""大笑""浓笑""狂笑"，她无时不笑，无处不笑，这同封建礼教要求女子文静矜持、笑不露齿的道德规范形成鲜明对立。大凡女子无不爱花，婴宁尤甚。她门前、篱边处处有花，到人世间后，更多方搜求奇花，其居处"无非花者"。花使本篇小说洋溢着芬芳气息，也将婴宁的形象衬托得更加美丽。婴宁起初憨笑无忌，不通人情世故，但进入人世后，婆婆的教训，因惩罚邻人子而险些吃官司的经历，使这位天真无邪的女子变得谨慎、多虑，她不再无拘无束，"竟不复笑，虽故逗，终不笑"，这无疑具有悲剧意味。

在写作上，本篇紧紧扣住婴宁爱笑、爱花两大性格特点展开，细针密线，结构极为严谨。清人但明伦评云："此篇以笑字立胎，处处写笑，即处处以花映带之。'捻梅花一枝'数语，已伏全文之脉，故文章全在提掇处得力也。以捻花笑起，以摘花不笑收，写笑层见叠出，无一意冗复，无一笔雷同。不笑后复用反衬，后仍结转笑字，篇法严密乃尔。"篇中"笑"字、"花"字随处可见，反复渲染，多侧面地刻画了婴宁的性格特征。此外，小说的环境描写充满诗情画意，作者善于以外在环境来烘托人物性格，人物景致，相得益彰。如婴宁屋舍内外的景物，杂花生树的山村，桃柳夹墙的茅屋，豆棚花架的庭院，明洁如镜的粉壁等，展现出一幅雅洁幽静、清香明丽的境界。其居处如此，其主人之性格可见一斑。

【练习思考】

一、简析婴宁形象的性格特点。

二、如何评价婴宁从"笑辄不辍"到"竟不复笑"？这是天性的泯灭还是对礼教的顺从？

三、你认为婴宁惩罚邻人子致其死亡是否过分？这是否破坏了婴宁的形象？

四、本篇在结构上有什么特点？

五、本篇是如何以外在环境烘托人物性格的？

【拓展阅读】

张友鹤选注《聊斋志异选》，人民文学出版社出版

李厚基、韩海明著《人鬼狐妖的艺术世界——〈聊斋志异〉散论》，天津人民出版社出版

（苏　静　刘洪仁）

宝玉挨打①

曹雪芹

话说宝玉见那麒麟，心中甚是欢喜，便伸手来拿，笑道："亏你拣着了。你是那里拣的？"史湘云笑道："幸而是这个，明儿倘或把印也丢了，难道也就罢了不成？"宝玉笑道："倒是丢了印平常，若丢了这个，我就该死了。"

……………

一句话未了，忽见一个老婆子忙忙走来，说道："这是那里说起！金钏儿姑娘好好的投井死了！"袭人唬了一跳，忙问："那个金钏儿？"那老婆子道："那里还有两个金钏儿呢？就是太太屋里的。前儿不知为什么撵他出去，在家里哭天哭地的，也都不理会他，谁知找他不见了。才刚打水的人在那东南角上井里打水，见一个尸首，赶着叫人打捞起来，谁知是他。他们家里还只管乱着要救活，那里中用了！"宝钗道："这也奇了。"袭人听说，点头赞叹，想素日同气之情，不觉流下泪来。宝钗听见这话，忙向王夫人处来道安慰。这里袭人回去不提。

却说宝钗来至王夫人处，只见鸦雀无闻，独有王夫人在里间房内坐着垂泪。宝钗便不好提这事，只得一旁坐了。王夫人便问："你从那里来？"宝钗道："从园里来。"王夫人道："你从园里来，可见你宝兄弟？"宝钗道："才倒看见了。他穿了衣服出去了，不知那里去。"王夫人点头哭道："你可知道一桩奇事？金钏儿忽然投井死了！"宝钗见说，道："怎么好好的投井？这也奇了。"王夫人道："原是前儿他把我一件东西弄坏了，我一时生气，打了他几下，撵了他下去。我只说气他两天，还叫他上来，谁知他这么气性大，就投井死了。岂不是我的罪过。"宝钗叹道："姨娘是慈善人，固然这么想。据我看来，他并不是赌气投井。多半他下去住着，或是在井跟前憨顽，失了脚掉下去的。他在上头拘束惯了，这一出去，自然要到各处去顽顽逛逛，岂有这样大气的理！纵然有这样大气，也不过是个糊涂人，也不为可惜。"王夫人点头叹道："这话虽然如此说，到底我心不安。"宝钗叹道："姨娘也不必念念于兹，十分过不去，不过多赏他几两银子发送他，也就尽主仆情了。"王夫人道："才刚我赏了他娘五十两银子，原要还把你妹妹们的新衣服拿两套给他妆裹。谁知凤丫头说可巧都没什么新做的衣服，只有你林妹妹作生日的两套。我想你林妹妹那个孩子素日是个有心的，况且他也三灾八难的，既说了给他过生日，这会子又给人妆裹去，岂不忌讳。因为这么样，我现叫裁缝赶两套给他。要是别的丫头，赏他几两银子就完了，只是金钏儿虽然是个丫头，素日在我跟前比我的女儿也差不多。"口里说着，不觉泪下。宝钗忙道："姨娘这会子又何用叫裁缝赶去，我前儿倒做了两套，拿来给他，岂不省事。况且他活着的时候也穿过我的旧衣服，身量又相对。"王夫人道："虽然这样，难道你不忌讳？"宝钗笑道："姨娘放心，我从来不计较这些。"一面说，一面起身就走。王夫人忙叫了两个人来跟宝姑娘去。

一时宝钗取了衣服回来，只见宝玉在王夫人旁边坐着垂泪。王夫人正才说他，因宝钗来了，却掩了口不说了。宝钗见此光景，察言观色，早知觉了八分，于是将衣服交割明

---

① 本篇选自《红楼梦》第三十二至第三十四回，题目为编者所加。

白。王夫人将他母亲叫来拿了去。……

却说王夫人唤他母亲上来，拿几件簪环当面赏与，又吩咐请几众僧人念经超度。他母亲磕头谢了出去。原来宝玉会过雨村回来听见了，便知金钏儿含羞赌气自尽，心中早又五内摧伤，进来被王夫人数落教训，也无可回说。见宝钗进来，方得便出来，茫然不知何往，背着手，低头一面感叹，一面慢慢的走着，信步来至厅上。刚转过屏门，不想对面来了一人正往里走，可巧儿撞了个满怀。只听那人喝了一声："站住！"宝玉唬了一跳，抬头一看，不是别人，却是他父亲，不觉的倒抽了一口气，只得垂手一旁站了。贾政道："好端端的，你垂头丧气嗐些什么？方才雨村来了要见你，叫你那半天你才出来；既出来了，全无一点慷慨挥洒谈吐，仍是葳葳蕤蕤①。我看你脸上一团思欲愁闷气色，这会子又咳声叹气。你那些还不足，还不自在？无故这样，却是为何？"宝玉素日虽是口角伶俐，只是此时一心总为金钏儿感伤，恨不得此时也身亡命殒，跟了金钏儿去。如今见了他父亲说这些话，究竟不曾听见，只是怔呵呵的站着。

贾政见他惶悚，应对不似往日，原本无气的，这一来倒生了三分气。方欲说话，忽有回事人来回："忠顺亲王府里有人来，要见老爷。"贾政听了，心下疑惑，暗暗思忖道："素日并不和忠顺府来往，为什么今日打发人来？"一面想，一面令"快请"，急走出来看时，却是忠顺府长史官②，忙接进厅上坐了献茶。未及叙谈，那长史官先就说道："下官此来，并非擅造潭府③，皆因奉王命而来，有一件事相求。看王爷面上，敢烦老大人作主，不但王爷知情，且连下官辈亦感谢不尽。"贾政听了这话，抓不住头脑，忙陪笑起身问道："大人既奉王命而来，不知有何见谕，望大人宣明，学生好遵谕承办。"那长史官便冷笑道："也不必承办，只用大人一句话就完了。我们府里有一个做小旦的琪官，一向好好在府里，如今竟三五日不见回去，各处去找，又摸不着他的道路，因此各处访察。这一城内，十停人倒有八停人都说，他近日和衔玉的那位令郎相与甚厚。下官辈等听了，尊府不比别家，可以擅入索取，因此启明王爷。王爷亦云：'若是别的戏子呢，一百个也罢了；只是这琪官随机应答，谨慎老诚，甚合我老人家的心，竟断断少不得此人。'故此求老大人转谕令郎，请将琪官放回，一则可慰王爷谆谆奉恳，二则下官辈也可免操劳求觅之苦。"说毕，忙打一躬。

贾政听了这话，又惊又气，即命唤宝玉来。宝玉也不知是何原故，忙赶来时，贾政便问："该死的奴才！你在家不读书也罢了，怎么又做出这些无法无天的事来！那琪官现是忠顺王爷驾前承奉的人，你是何等草芥，无故引逗他出来，如今祸及于我。"宝玉听了，唬了一跳，忙回道："实在不知此事。究竟连'琪官'两个字不知为何物，岂更又加'引逗'二字！"说着便哭了。贾政未及开言，只见那长史官冷笑道："公子也不必掩饰。或隐藏在家，或知其下落，早说了出来，我们也少受些辛苦，岂不念公子之德？"宝玉连说不知，"恐是讹传，也未见得"。那长史官冷笑道："现有据证，何必还赖？必定当着老大人说了出来，公子岂不吃亏？既云不知此人，那红汗巾子怎么到了公子腰里？"宝玉听了这话，不觉轰去魂魄，目瞪口呆，心下自思："这话他如何得知！他既连这样机密事都知道了，大约别的瞒他不过，不如打发他去了，免的再说出别的事来。"因说道："大人既知他

---

①葳葳（wēi）蕤蕤（ruí）：即"葳蕤"，本为草木茂盛枝叶下垂的样子，这里引申为萎靡不振的样子。②长史官：总管王府内事务的官吏。③造：到。潭府：深宅大院，常用作别人住宅的尊称。潭：深。

的底细，如何连他置买房舍这样大事倒不晓得了？听得说他如今在东郊离城二十里有个什么紫檀堡，他在那里置了几亩田地几间房舍。想是在那里也未可知。"那长史官听了，笑道："这样说，一定是在那里。我且去找一回，若有了便罢，若没有，还要来请教。"说着，便忙忙的走了。

贾政此时气的目瞪口歪，一面送那长史官，一面回头命宝玉："不许动！回来有话问你！"一直送那官员去了。才回身，忽见贾环带着几个小厮一阵乱跑。贾政喝令小厮："快打，快打！"贾环见了他父亲，唬的骨软筋酥，忙低头站住。贾政便问："你跑什么？带着你的那些人都不管你，不知往那里逛去，由你野马一般！"喝令叫跟上学的人来。贾环见他父亲盛怒，便乘机说道："方才原不曾跑，只因从那井边一过，那井里淹死了一个丫头，我看见人头这样大，身子这样粗，泡的实在可怕，所以才赶着跑了过来。"贾政听了惊疑，问道："好端端的，谁去跳井？我家从无这样事情，自祖宗以来，皆是宽柔以待下人。——大约我近年于家务疏懒，自然执事人操克夺之权，致使生出这暴殄①轻生的祸患。若外人知道，祖宗颜面何在！"喝令快叫贾琏、赖大、来兴。小厮们答应了一声，方欲叫去，贾环忙上前拉住贾政的袍襟，贴膝跪下道："父亲不用生气。此事除太太房里的人，别人一点也不知道。我听见我母亲说……"说到这里，便回头四顾一看。贾政知意，将眼一看众小厮，小厮们明白，都往两边后面退去。贾环便悄悄说道："我母亲告诉我说，宝玉哥哥前日在太太屋里，拉着太太的丫头金钏儿强奸不遂，打了一顿。那金钏儿便赌气投井死了。"话未说完，把个贾政气的面如金纸，大喝："快拿宝玉来！"一面说，一面便往里边书房里去，喝令："今日再有人劝我，我把这冠带家私一应交与他与宝玉过去！我免不得做个罪人，把这几根烦恼鬓毛剃去，寻个干净去处自了，也免得上辱先人、下生逆子之罪。"众门客仆从见贾政这个形象，便知又是为宝玉了，一个个都是咂指咬舌，连忙退出。那贾政喘吁吁直挺挺坐在椅子上，满面泪痕，一叠声："拿宝玉！拿大棍！拿索子捆上！把各门都关上！有人传信往里头去，立刻打死！"众小厮们只得齐声答应，有几个来找宝玉。

那宝玉听见贾政吩咐他"不许动"，早知多凶少吉，那里承望贾环又添了许多的话。正在厅上干转，怎得个人来往里头去捎信，偏生没个人，连焙茗也不知在那里。正盼望时，只见一个老姆姆出来。宝玉如得了珍宝，便赶上来拉他，说道："快进去告诉：老爷要打我呢！快去，快去！要紧，要紧！"宝玉一则急了，说话不明白；二则老婆子偏生又聋，竟不曾听见是什么话，把"要紧"二字只听作"跳井"二字，便笑道："跳井让他跳去，二爷怕什么？"宝玉见是个聋子，便着急道："你出去叫我的小厮来罢。"那婆子道："有什么不了的事？老早的完了。太太又赏了衣服，又赏了银子，怎么不了事的！"

宝玉急的跺脚，正没抓寻处，只见贾政的小厮走来，逼着他出去了。贾政一见，眼都红紫了，也不暇问他在外流荡优伶，表赠私物，在家荒疏学业，淫辱母婢等语，只喝令："堵起嘴来，着实打死！"小厮们不敢违拗，只得将宝玉按在凳上，举起大板打了十来下。贾政犹嫌打轻了，一脚踢开掌板的，自己夺过来，咬着牙狠命盖了三四十下。众门客见打的不祥了，忙上前夺劝。贾政那里肯听，说道："你们问问他干的勾当可饶不可饶！素日皆是你们这些人把他酿坏了，到这步田地还来解劝。明日酿到他弑君杀父，你们才不劝不成！"

---

① 暴殄（tiǎn）：恣意糟蹋。殄：灭绝。

众人听这话不好听，知道气急了，忙又退出，只得觅人进去给信。王夫人不敢先回贾母，只得忙穿衣出来，也不顾有人没人，忙忙赶往书房中来，慌的众门客小厮等避之不及。王夫人一进房来，贾政更如火上浇油一般，那板子越发下去的又狠又快。按宝玉的两个小厮忙松了手走开，宝玉早已动弹不得了。贾政还欲打时，早被王夫人抱住板子。贾政道："罢了，罢了！今日必定要气死我才罢！"王夫人哭道："宝玉虽然该打，老爷也要自重。况且炎天暑日的，老太太身上也不大好，打死宝玉事小，倘或老太太一时不自在了，岂不事大！"贾政冷笑道："倒休提这话。我养了这不肖的孽障，已不孝；教训他一番，又有众人护持；不如趁今日一发勒死了，以绝将来之患！"说着，便要绳索来勒死。王夫人连忙抱住哭道："老爷虽然应当管教儿子，也要看夫妻分上。我如今已将五十岁的人，只有这个孽障，必定苦苦的以他为法，我也不敢深劝。今日越发要他死，岂不是有意绝我。既要勒死他，快拿绳子来先勒死我，再勒死他。我们娘儿们不敢含怨，到底在阴司里得个依靠。"说毕，爬在宝玉身上大哭起来。贾政听了此话，不觉长叹一声，向椅上坐了，泪如雨下。王夫人抱着宝玉，只见他面白气弱，底下穿着一条绿纱小衣皆是血渍，禁不住解下汗巾看，由臀至胫，或青或紫，或整或破，竟无一点好处，不觉失声大哭起来，"苦命的儿吓！"因哭出"苦命儿"来，忽又想起贾珠来，便叫着贾珠哭道："若有你活着，便死一百个我也不管了。"此时里面的人闻得王夫人出来，那李宫裁①、王熙凤与迎春姊妹早已出来了。王夫人哭着贾珠的名字，别人还可，惟有宫裁禁不住也放声哭了。贾政听了，那泪珠更似滚瓜一般滚了下来。

正没开交处，忽听丫鬟来说："老太太来了。"一句话未了，只听窗外颤巍巍的声气说道："先打死我，再打死他，岂不干净了！"贾政见他母亲来了，又急又痛，连忙迎接出来，只见贾母扶着丫头，喘吁吁的走来。贾政上前躬身陪笑道："大暑热天，母亲有何生气亲自走来？有话只该叫了儿子进去吩咐。"贾母听说，便止住步喘息一回，厉声说道："你原来是和我说话！我倒有话吩咐，只是可怜我一生没养个好儿子，却教我和谁说去！"贾政听这话不象，忙跪下含泪说道："为儿的教训儿子，也为的是光宗耀祖。母亲这话，我做儿的如何禁得起？"贾母听说，便啐了一口，说道："我说一句话，你就禁不起，你那样下死手的板子，难道宝玉就禁得起了？你说教训儿子是光宗耀祖，当初你父亲怎么教训你来！"说着，不觉就滚下泪来。贾政又陪笑道："母亲也不必伤感，皆是作儿的一时性起，从此以后再不打他了。"贾母便冷笑道："你也不必和我使性子赌气的。你的儿子，我也不该管你打不打。我猜着你也厌烦我们娘儿们。不如我们赶早儿离了你，大家干净！"说着便令人去看轿马，"我和你太太宝玉立刻回南京去！"家下人只得干答应着。贾母又叫王夫人道："你也不必哭了。如今宝玉年纪小，你疼他，他将来长大成人，为官作宰的，也未必想着你是他母亲了。你如今倒不要疼他，只怕将来还少生一口气呢。"贾政听说，忙叩头哭道："母亲如此说，贾政无立足之地。"贾母冷笑道："你分明使我无立足之地，你反说起你来！只是我们回去了，你心里干净，看有谁来许你打。"一面说，一面只令快打点行李车轿回去。贾政苦苦叩求认罪。

贾母一面说话，一面又记挂宝玉，忙进来看时，只见今日这顿打不比往日，又是心疼，又是生气，也抱着哭个不了。王夫人与凤姐等解劝了一会，方渐渐的止住。早有丫鬟媳妇等上来，要搀宝玉，凤姐便骂道："糊涂东西，也不睁开眼瞧瞧！打的这么个样儿，

---

①李宫裁：即李纨，字宫裁，贾政的长子贾珠的寡妻，"金陵十二钗"之一。

还要揿着走！还不快进去把那藤屉子春凳①抬出来呢。"众人听说，连忙进去，果然抬出春凳来，将宝玉抬放凳上，随着贾母王夫人等进去，送至贾母房中。

彼时贾政见贾母气未全消，不敢自便，也跟了进去。看看宝玉，果然打重了。再看看王夫人，"儿"一声，"肉"一声，"你替珠儿早死了，留着珠儿，免你父亲生气，我也不白操这半世的心了。这会子你倘或有个好歹，丢下我，叫我靠那一个！"数落一场，又哭"不争气的儿"。贾政听了，也就灰心，自悔不该下毒手打到如此地步。先劝贾母，贾母含泪说道："你不出去，还在这里做什么！难道于心不足，还要眼看着他死了才去不成！"贾政听说，方退了出来。

此时薛姨妈同宝钗、香菱、袭人、史湘云也都在这里。袭人满心委屈，只不好十分使出来，见众人围着，灌水的灌水，打扇的打扇，自己插不下手去，便越性走出来到二门前，令小厮们找了焙茗来细问："方才好端端的，为什么打起来？你也不早来透个信儿！"焙茗急的说："偏生我没在跟前，打到半中间我才听见了。忙打听原故，却是为琪官金钏姐姐的事。"袭人道："老爷怎么得知道的？"焙茗道："那琪官的事，多半是薛大爷素日吃醋，没法儿出气，不知在外头唆挑了谁来，在老爷跟前下的火②。那金钏儿的事是三爷说的，我也是听见老爷的人说的。"袭人听了这两件事都对景③，心中也就信了八九分。然后回来，只见众人都替宝玉疗治。调停完备，贾母令"好生抬到他房内去"。众人答应，七手八脚，忙把宝玉送入怡红院内自己床上卧好。又乱了半日，众人渐渐散去，袭人方进前来经心服侍，问他端的。且听下回分解。

话说袭人见贾母王夫人等去后，便走来宝玉身边坐下，含泪问他："怎么就打到这步田地？"宝玉叹气说道："不过为那些事，问他做什么！只是下半截疼的很，你瞧瞧打坏了那里。"袭人听说，便轻轻的伸手进去，将中衣褪下。宝玉略动一动，便咬着牙叫"嗳哟"，袭人连忙停住手，如此三四次才褪了下来。袭人看时，只见腿上半段青紫，都有四指宽的僵痕高了起来。袭人咬着牙说道："我的娘，怎么下这般的狠手！你但凡听我一句话，也不得到这步地位。幸而没动筋骨，倘或打出个残疾来，可叫人怎么样呢！"

正说着，只听丫鬟们说："宝姑娘来了。"袭人听见，知道穿不及中衣，便拿了一床袷纱被④替宝玉盖了。只见宝钗手里托着一丸药走进来，向袭人说道："晚上把这药用酒研开，替他敷上，把那淤血的热毒散开，可以就好了。"说毕，递与袭人，又问道："这会子可好些？"宝玉一面道谢说："好了。"又让坐。宝钗见他睁开眼说话，不像先时，心中也宽慰了好些，便点头叹道："早听人一句话，也不至今日。别说老太太、太太心疼，就是我们看着，心里也——"刚说了半句又忙咽住，自悔说的话急了，不觉的就红了脸，低下头来。宝玉听得这话如此亲切稠密，大有深意，忽见他又咽住不往下说，红了脸，低下头只管弄衣带，那一种娇羞怯怯，非可形容得出者，不觉心中大畅，将疼痛早丢在九霄云外，心中自思："我不过捱了几下打，他们一个个就有这些怜惜悲感之态露出，令人可玩可观，可怜可敬。假若我一时竟遭殃横死，他们还不知是何等悲感呢！既是他们这样，我便一时死了，得他们如此，一生事业纵然尽付东流，亦无足叹惜，冥冥之中若不怡然自得，亦可谓糊涂鬼祟矣。"想着，只听宝钗问袭人道："怎么好好的动了气，就打起来了？"袭人便把焙茗的话说了出来。宝玉原来还不知道贾环的话，见袭人说出方才知道。因又拉

---

①藤屉子春凳：一种凳面用皮编成的可坐可卧的长凳。②下的火：使坏进谗。③对景：对得上号，情况符合。④袷（jiá）纱被：表里两层的纱被。袷：同"夹"。

上薛蟠，惟恐宝钗沉心①，忙又止住袭人道："薛大哥哥从来不这样的，你们不可混猜度。"宝钗听说，便知道是怕他多心，用话相拦袭人，因心中暗暗想道："打的这个形象，疼还顾不过来，还是这样细心，怕得罪了人，可见在我们身上也算是用心了。你既这样用心，何不在外头大事上做工夫，老爷也欢喜了，也不能吃这样亏。但你固然怕我沉心，所以拦袭人的话，难道我就不知我的哥哥素日恣心纵欲，毫无防范的那种心性。当日为一个秦钟，还闹的天翻地覆，自然如今比先更利害了。"想毕，因笑道："你们也不必怨这个，怨那个。据我想，到底宝兄弟素日不正，肯和那些人来往，老爷才生气。就是我哥哥说话不防头，一时说出宝兄弟来，也不是有心调唆：一则也是本来的实话，二则他原不理论这些防嫌小事。袭姑娘从小儿只见宝兄弟这么样细心的人，你何尝见过天不怕地不怕，心里有什么口里就说什么的人。"袭人因说出薛蟠来，见宝玉拦他的话，早已明白自己说造次了，恐宝钗没意思，听宝钗如此说，更觉羞愧无言。宝玉又听宝钗这番话，一半是堂皇正大，一半是去已疑心，更觉比先畅快了。方欲说话时，只见宝钗起身说道："明儿再来看你，你好生养着罢。方才我拿了药来交给袭人，晚上敷上管就好了。"说着便走出门去。袭人赶着送出院外，说："姑娘倒费心了。改日宝二爷好了，亲自来谢。"宝钗回头笑道："有什么谢处。你只劝他好生静养，别胡思乱想的就好了。不必惊动老太太、太太众人，倘或吹到老爷耳朵里，虽然彼时不怎么样，将来对景，终是要吃亏的。"说着，一面去了。袭人抽身回来，心内着实感激宝钗。进来见宝玉沉思默默似睡非睡的模样，因而退出房外，自去栉沐②。宝玉默默的躺在床上，无奈臀上作痛，如针挑刀挖一般，更又热如火炙，略展转时，禁不住"嗳哟"之声。那时天色将晚，因见袭人去了，却有两三个丫鬟伺候，此时并无呼唤之事，因说道："你们且去梳洗，等我叫时再来。"众人听了，也都退出。

这里宝玉昏昏默默，只见蒋玉菡走了进来，诉说忠顺府拿他之事，又见金钏儿进来哭说为他投井之情。宝玉半梦半醒，都不在意。忽又觉有人推他，恍恍忽忽听得有人悲戚之声。宝玉从梦中惊醒，睁眼一看，不是别人，却是林黛玉。宝玉犹恐是梦，忙又将身子欠起来，向脸上细细一认，只见两个眼睛肿得桃儿一般，满面泪光，不是黛玉，却是那个？宝玉还欲看时，怎奈下半截疼痛难忍，支持不住，便"嗳哟"一声，仍就倒下，叹了一声，说道："你又做什么跑来！虽说太阳落下去，那地上余热未散，走两趟又要受了暑。我虽然挨了打，并不觉疼痛。我这个样儿，只装出来哄他们，好在外头布散与老爷听，其实是假的。你不可认真。"此时林黛玉虽不是嚎啕大哭，然越是这等无声之泣，气噎喉堵，更觉得利害。听了宝玉这番话，心中虽然有万句言语，只是不能说得，半日，方抽抽噎噎的说道："你从此可都改了罢！"宝玉听说，便长叹一声，道："你放心，别说这样话。就便为这些人死了，也是情愿的！"一句话未了，只见院外人说："二奶奶来了。"林黛玉便知是凤姐来了，连忙立起身说道："我从后院子去罢，回来再来。"宝玉一把拉住道："这可奇了，好好的怎么怕起他来。"林黛玉急的跺脚，悄悄地说道："你瞧瞧我的眼睛，又该他取笑开心呢。"宝玉听说赶忙的放手。黛玉三步两步转过床后，出后院而去。

凤姐从前头已进来了，问宝玉："可好些了？想什么吃，叫人往我那里取去。"接着，薛姨妈又来了。一时贾母又打发了人来。

至掌灯时分，宝玉只喝了两口汤，便昏昏沉沉的睡去。接着，周瑞媳妇、吴新登媳妇、郑好时媳妇这几个有年纪常往来的，听见宝玉挨了打，也都进来。袭人忙迎出来，悄

---

①沉心：介意，往心里去。一本作"存心"。 ②栉（zhì）沐：梳洗。

悄的笑道："姊姊们来迟了一步，二爷才睡着了。"说着，一面带他们到那边房里坐了，倒茶与他们吃。那几个媳妇子都悄悄的坐了一回，向袭人说："等二爷醒了，你替我们说罢。"

袭人答应了，送他们出去。……

【作者档案】

曹雪芹（约1715—约1763），名霑，字梦阮，号雪芹、芹圃、芹溪等。自曾祖曹玺起，曹家三代任江宁织造近60年，这是曹家的鼎盛时期，有"百年望族"之称。清雍正皇帝登基之后，曹家开始失势。曹雪芹少年时代在江南过着豪华富贵的贵族生活。迁居北京时他大约十三四岁。他工诗善画，又会弹琴舞剑，具有多方面的艺术修养与才华。40岁左右，他迁居北京西郊香山一带。此时他极为贫困潦倒，靠卖画和朋友接济度日，但仍不免"举家食粥酒常赊"。生活的折磨，再加上独子夭折，使他伤感成疾，"一病无医"，终于在除夕之夜"泪尽而逝"。

《红楼梦》原名《石头记》，它是曹雪芹一生心血的结晶。《红楼梦》以其深刻的思想性和高度的艺术性，不仅成为清代文学的光辉总结，甚至也是整个中国古代文学的光辉总结。鲁迅先生说："自有《红楼梦》出来以后，传统的思想和写法都打破了。"《红楼梦》不仅在思想内容的深度与广度、反映现实生活的真实程度等方面超过了以往任何一部作品，而且在塑造艺术典型的概括力、结构的天衣无缝和语言的炉火纯青等方面，也无不突破了中国古典小说的现实主义传统，取得了前所未有的成就，达到了古代长篇小说创作的最高峰。

【含英咀华】

"宝玉挨打"是《红楼梦》中的第一个情节高潮，也是贾政父子围绕着事关贾府前途的"宝玉的人生道路"问题而爆发的一场惊心动魄的矛盾冲突。全文大致可以分为三个部分：一是宝玉挨打的原因，二是挨打的经过，三是挨打后众人探视的情景。

宝玉挨打的表面原因有三：一是王夫人的贴身丫鬟金钏因和宝玉说了几句玩笑话被逼投井自杀；二是宝玉和伶人琪官的亲密交往惹得琪官的主子忠顺亲王老大不快，派了他的长史官傲慢不满地来贾府登门问罪，索取琪官；三是宝玉的庶出兄弟贾环出于嫉恨在贾政面前秘密告状，挑拨是非。但这三件事都只是宝玉挨打的导火索。宝玉挨打的真正原因是：宝玉是个鄙弃仕途经济、背离封建礼教的叛逆者；而贾政则是个封建制度和封建礼教的忠实信徒，他一心一意要把宝玉培养成一个走读书应举、为官为宦道路的家世继承人。但宝玉的一系列离经叛道行为，已使他预感到宝玉如果继续照此发展下去，不仅"于国于家无望"，甚至还有"弑君杀父"的危险。因此，宝玉挨打实际上是叛逆者与卫道者之间的尖锐矛盾和正面冲突，是封建正统势力对新生的叛逆者的残酷镇压。

本篇在写作艺术上的最大成就，在于围绕"宝玉挨打"这一事件，刻画了贾政、王夫人、贾母、薛宝钗、林黛玉等一大批人物形象。作者用了相当多的笔墨来描写宝玉周围这些人物的言行，这些笔墨的总和远远超过了写宝玉挨打的文字。名为宝玉挨打，实为众人亮相。如贾政的焦躁和暴怒、王夫人的慈爱和偏心、贾母的威严和权势、贾环的卑琐和妒忌、晴雯的稚气与纯真……这一大批人物的思想性格，无不通过"宝玉挨打"这一牵动每个人神经的事件而展示出来。尤其是宝钗和黛玉这两个对宝玉有着特殊感情的人物的出场,更明显地体现出这两个青年女子迥然不同的性格与心态。宝钗既爱宝玉,又不满他鄙弃仕途的行为,因此她来探视时,先是"手里托着一丸药",并交代袭人如何敷用,足见她的精细、周到。宝钗的一番言行,既流露出一个情窦初开的少女的柔情和"娇羞",又可以看出她为人精细、善于待人接物的性格特点。而黛玉的情形就不同了。她的出场与众人大异,是由宝玉的睡梦引出的,而且最先留给人的是她一副痛哭后的悲伤样子。她疼宝玉疼在心上,她既没有宝钗那么多的话,更不会说得那么周到、体贴,抽噎了半天,方才挤出一句言不由衷的话:"你从此可都改了罢!"话虽不多,却透露出她对宝玉的忧虑和深情;看似规劝,骨子里仍有与宝玉相通的叛逆心理。总之,小说在这里对宝钗、黛玉的描写,确实堪称绝妙之笔。

【思考练习】

一、宝玉挨打的表面原因和根本原因分别是什么?

二、作者通过"宝玉挨打"这件事写活了哪些人物形象?他们各表现出什么性格特点?

三、从这个故事可看出宝钗和黛玉的性格有什么不同?

四、讨论:黛玉和宝钗是两个性格迥异的人物,你比较喜欢其中哪一个?为什么?

【拓展阅读】

曹雪芹、高鹗著《红楼梦》,人民文学出版社出版

李希凡、李萌著《传神文笔足千秋——〈红楼梦〉人物论》,东方出版中心出版

(刘洪仁)

伤 逝

——涓生的手记

鲁 迅

　　如果我能够,我要写下我的悔恨和悲哀,为子君,为自己。

　　会馆①里的被遗忘在偏僻里的破屋是这样地寂静和空虚。时光过得真快,我爱子君,仗着她逃出这寂静和空虚,已经满一年了。事情又这么不凑巧,我重来时,偏偏空着的又只有这一间屋。依然是这样的破窗,这样的窗外的半枯的槐树和老紫藤,这样的窗前的方桌,这样的败壁,这样的靠壁的板床。深夜中独自躺在床上,就如我未曾和子君同居以前一般,过去一年中的时光全被消灭,全未有过,我并没有曾经从这破屋子搬出,在吉兆胡同创立了满怀希望的小小的家庭。

　　不但如此。在一年之前,这寂静和空虚是并不这样的,常常含着期待;期待子君的到来。在久待的焦躁中,一听到皮鞋的高底尖触着砖路的清响,是怎样地使我骤然生动起来呵!于是就看见带着笑涡的苍白的圆脸,苍白的瘦的臂膊,布的有条纹的衫子,玄色的裙。她又带了窗外的半枯的槐树的新叶来,使我看见,还有挂在铁似的老干上的一房一房的紫白的藤花。

　　然而现在呢,只有寂静和空虚依旧,子君却决不再来了,而且永远,永远地!……

　　子君不在我这破屋里时,我什么也看不见。在百无聊赖中,随手抓过一本书来,科学也好,文学也好,横竖什么都一样;看下去,看下去,忽而自己觉得,已经翻了十多页了,但是毫不记得书上所说的事。只是耳朵却分外地灵,仿佛听到大门外一切往来的履声,从中便有子君的,而且橐橐地逐渐临近,——但是,往往又逐渐渺茫,终于消失在别的步声的杂沓中了。我憎恶那不像子君鞋声的穿布底鞋的长班②的儿子,我憎恶那太像子君鞋声的常常穿着新皮鞋的邻院的搽雪花膏的小东西!

　　莫非她翻了车么?莫非她被电车撞伤了么?……

　　我便要取了帽子去看她,然而她的胞叔就曾经当面骂过我。

　　蓦然,她的鞋声近来了,一步响于一步,迎出去时,却已经走过紫藤棚下,脸上带着微笑的酒涡。她在她叔子的家里大约并未受气;我的心宁帖了,默默地相视片时之后,破屋里便渐渐充满了我的语声,谈家庭专制,谈打破旧习惯,谈男女平等,谈伊孛生③,谈泰戈尔④,谈雪莱⑤……。她总是微笑点头,两眼里弥漫着稚气的好奇的光泽。壁上就钉着一张铜板的雪莱半身像,是从杂志上裁下来的,是他的最美的一张像。当我指给她看时,她却只草草一看,便低了头,似乎不好意思了。这些地方,子君就大概还未脱尽旧思想的束缚,——我后来也想,倒不如换一张雪莱淹死在海里的纪念像或是伊孛生的罢;但

---

　　①会馆:也叫"公所",中国旧时都市中同乡会或同业会设立的馆舍,供同乡或同业旅居、聚会之用。②长班:亦称"长随",旧时官员的随身仆人,也用来称呼一般的"听差"。③伊孛生(1828—1906):通译易卜生,挪威剧作家。④泰戈尔(1861—1941):印度诗人,其诗作译成中文的有《新月集》《飞鸟集》等。⑤雪莱(1792—1822):英国诗人,曾参加爱尔兰民族独立运动,因传播革命思想和争取婚姻自由屡遭迫害。其代表作有《西风颂》《云雀颂》等。

也终于没有换,现在是连这一张也不知那里去了。

"我是我自己的,他们谁也没有干涉我的权利!"

这是我们交际了半年,又谈起她在这里的胞叔和在家的父亲时,她默想了一会之后,分明地,坚决地,沉静地说了出来的话。其时是我已经说尽了我的意见,我的身世,我的缺点,很少隐瞒;她也完全了解的了。这几句话很震动了我的灵魂,此后许多天还在耳中发响,而且说不出的狂喜,知道中国女性,并不如厌世家所说那样的无法可施,在不远的将来,便要看见辉煌的曙色的。

送她出门,照例是相离十多步远;照例是那鲇鱼须的老东西的脸又紧帖在脏的窗玻璃上了,连鼻尖都挤成一个小平面;到外院,照例又是明晃晃的玻璃窗里的那小东西的脸,加厚的雪花膏。她目不邪视地骄傲地走了,没有看见;我骄傲地回来。

"我是我自己的,他们谁也没有干涉我的权利!"这彻底的思想就在她的脑里,比我还透澈,坚强得多。半瓶雪花膏和鼻尖的小平面,于她能算什么东西呢?

我已经记不清那时怎样地将我的纯真热烈的爱表示给她。岂但现在,那时的事后便已模胡,夜间回想,早只剩了一些断片了;同居以后一两月,便连这些断片也化作无可追踪的梦影。我只记得那时以前的十几天,曾经很仔细地研究过表示的态度,排列过措辞的先后,以及倘或遭了拒绝以后的情形。可是临时似乎都无用,在慌张中,身不由己地竟用了在电影上见过的方法了。后来一想到,就使我很愧恧,但在记忆上却偏只有这一点永远留遗,至今还如暗室的孤灯一般,照见我含泪握着她的手,一条腿跪了下去……

不但我自己的,便是子君的言语举动,我那时就没有看得分明;仅知道她已经允许我了。但也还仿佛记得她脸色变成青白,后来又渐渐转作绯红,——没有见过,也没有再见的绯红;孩子似的眼里射出悲喜,但是夹着惊疑的光,虽然力避我的视线,张皇地似乎要破窗飞去。然而我知道她已经允许我了,没有知道她怎样说或是没有说。

她却是什么都记得:我的言辞,竟至于读熟了的一般,能够滔滔背诵;我的举动,就如有一张我所看不见的影片挂在眼下,叙述得如生,很细微,自然连那使我不愿再想的浅薄的电影的一闪。夜阑人静,是相对温习的时候了,我常是被质问,被考验,并且被命复述当时的言语,然而常须由她补足,由她纠正,像一个丁等的学生。

这温习后来也渐渐稀疏起来。但我只要看见她两眼注视空中,出神似的凝想着,于是神色越加柔和,笑窝也深下去,便知道她又在自修旧课了,只是我很怕她看到我那可笑的电影的一闪。但我又知道,她一定要看见,而且也非看不可的。

然而她并不觉得可笑。即使我自己以为可笑,甚而至于可鄙的,她也毫不以为可笑。这事我知道得很清楚,因为她爱我,是这样地热烈,这样地纯真。

去年的暮春是最为幸福,也是最为忙碌的时光。我的心平静下去了,但又有别一部分和身体一同忙碌起来。我们这时才在路上同行,也到过几回公园,最多的是寻住所。我觉得在路上时时遇到探索,讥笑,猥亵和轻蔑的眼光,一不小心,便使我的全身有些瑟缩,只得即刻提起我的骄傲和反抗来支持。她却是大无畏的,对于这些全不关心,只是镇静地缓缓前行,坦然如入无人之境。

寻住所实在不是容易事,大半是被托辞拒绝,小半是我们以为不相宜。起先我们选择得很苛酷,——也非苛酷,因为看去大抵不像是我们的安身之所;后来,便只要他们能相容了。看了二十多处，这才得到可以暂且敷衍的处所，是吉兆胡同一所小屋里的两间南屋；主人是一个小官，然而倒是明白人，自住着正屋和厢房。他只有夫人和一个不到周岁的女孩子，雇一个乡下的女工，只要孩子不啼哭，是极其安闲幽静的。

我们的家具很简单，但已经用去了我的筹来的款子的大半；子君还卖掉了她唯一的金戒指和耳环。我拦阻她，还是定要卖，我也就不再坚持下去了；我知道不给她加入一点股分去，她是住不舒服的。

和她的叔子，她早经闹开，至于使他气愤到不再认她做侄女；我也陆续和几个自以为忠告，其实是替我胆怯，或者竟是嫉妒的朋友绝了交。然而这倒很清静。每日办公散后，虽然已近黄昏，车夫又一定走得这样慢，但究竟还有二人相对的时候。我们先是沉默的相视，接着是放怀而亲密的交谈，后来又是沉默。大家低头沉思着，却并未想着什么事。我也渐渐清醒地读遍了她的身体，她的灵魂，不过三星期，我似乎于她已经更加了解，揭去许多先前以为了解而现在看来却是隔膜，即所谓真的隔膜了。

子君也逐日活泼起来。但她并不爱花，我在庙会时买来的两盆小草花，四天不浇，枯死在壁角了，我又没有照顾一切的闲暇。然而她爱动物，也许是从官太太那里传染的罢，不一月，我们的眷属便骤然加得很多，四只小油鸡，在小院子里和房主人的十多只在一同走。但她们却认识鸡的相貌，各知道那一只是自家的。还有一只花白的叭儿狗，从庙会买来，记得似乎原有名字，子君却给它另起了一个，叫作阿随。我就叫它阿随，但我不喜欢这名字。

这是真的，爱情必须时时更新，生长，创造。我和子君说起这，她也领会地点点头。

唉唉，那是怎样的宁静而幸福的夜呵！

安宁和幸福是要凝固的，永久是这样的安宁和幸福。我们在会馆里时，还偶有议论的冲突和意思的误会，自从到吉兆胡同以来，连这一点也没有了；我们只在灯下对坐的怀旧谭中，回味那时冲突以后的和解的重生一般的乐趣。

子君竟胖了起来，脸色也红活了；可惜的是忙。管了家务便连谈天的工夫也没有，何况读书和散步。我们常说，我们总还得雇一个女工。

这就使我也一样地不快活，傍晚回来，常见她包藏着不快活的颜色，尤其使我不乐的是她要装作勉强的笑容。幸而探听出来了，也还是和那小官太太的暗斗，导火线便是两家的小油鸡。但又何必硬不告诉我呢？人总该有一个独立的家庭。这样的处所，是不能居住的。

我的路也铸定了，每星期中的六天，是由家到局，又由局到家。在局里便坐在办公桌前钞，钞，钞些公文和信件；在家里是和她相对或帮她生白炉子，煮饭，蒸馒头。我的学会了煮饭，就在这时候。

但我的食品却比在会馆里时好得多了。做菜虽不是子君的特长，然而她于此却倾注着全力；对于她的日夜的操心，使我也不能不一同操心，来算作分甘共苦。况且她又这样地终日汗流满面，短发都粘在脑额上；两只手又只是这样地粗糙起来。

况且还要饲阿随，饲油鸡，……都是非她不可的工作。

我曾经忠告她：我不吃，倒也罢了；却万不可这样地操劳。她只看了我一眼，不开口，神色却似乎有点凄然；我也只好不开口。然而她还是这样地操劳。

我所豫期的打击果然到来。双十节的前一晚，我呆坐着，她在洗碗。听到打门声，我去开门时，是局里的信差，交给我一张油印的纸条。我就有些料到了，到灯下去一看，果然，印着的就是：

> 奉
> 局长谕史涓生着毋庸到局办事
> 　　　　　　秘书处启　十月九号

这在会馆里时，我就早已料到了；那雪花膏便是局长的儿子的赌友，一定要去添些谣言，设法报告的。到现在才发生效验，已经要算是很晚的了。其实这在我不能算是一个打击，因为我早就决定，可以给别人去钞写，或者教读，或者虽然费力，也还可以译点书，况且《自由之友》的总编辑便是见过几次的熟人，两月前还通过信。但我的心却跳跃着。那么一个无畏的子君也变了色，尤其使我痛心；她近来似乎也较为怯弱了。

"那算什么。哼，我们干新的。我们……"她说。

她的话没有说完；不知怎地，那声音在我听去却只是浮浮的；灯光也觉得格外黯淡。人们真是可笑的动物，一点极微末的小事情，便会受着很深的影响。我们先是默默地相视，逐渐商量起来，终于决定将现有的钱竭力节省，一面登"小广告"去寻求钞写和教读，一面写信给《自由之友》的总编辑，说明我目下的遭遇，请他收用我的译本，给我帮一点艰辛时候的忙。

"说做，就做罢！来开一条新的路！"

我立刻转身向了书案，推开盛香油的瓶子和醋碟，子君便送过那黯淡的灯来。我先拟广告；其次是选定可译的书，迁移以来未曾翻阅过，每本的头上都满漫着灰尘了；最后才写信。

我很费踌蹰，不知道怎样措辞好，当停笔凝思的时候，转眼去一瞥她的脸，在昏暗的灯光下，又很见得凄然。我真不料这样微细的小事情，竟会给坚决的，无畏的子君以这么显著的变化。她近来实在变得很怯弱了，但也并不是今夜才开始的。我的心因此更缭乱，忽然有安宁的生活的影像——会馆里的破屋的寂静，在眼前一闪，刚刚想定睛凝视，却又看见了昏暗的灯光。

许久之后，信也写成了，是一封颇长的信；很觉得疲劳，仿佛近来自己也较为怯弱了。于是我们决定，广告和发信，就在明日一同实行。大家不约而同地伸直了腰肢，在无言中，似乎又都感到彼此的坚忍崛强的精神，还看见从新萌芽起来的将来的希望。

外来的打击其实倒是振作了我们的新精神。局里的生活，原如鸟贩子手里的禽鸟一般，仅有一点小米维系残生，决不会肥胖；日子一久，只落得麻痹了翅子，即使放出笼外，早已不能奋飞。现在总算脱出这牢笼了，我从此要在新的开阔的天空中翱翔，趁我还未忘却了我的翅子的扇动。

小广告是一时自然不会发生效力的；但译书也不是容易事，先前看过，以为已经懂得的，一动手，却疑难百出了，进行得很慢。然而我决计努力地做，一本半新的字典，不到半月，边上便有了一大片乌黑的指痕，这就证明着我的工作的切实。《自由之友》的总编辑曾经说过，他的刊物是决不会埋没好稿子的。

可惜的是我没有一间静室，子君又没有先前那么幽静，善于体帖了，屋子里总是散乱着碗碟，弥漫着煤烟，使人不能安心做事，但是这自然还只能怨我自己无力置一间书斋。然而又加以阿随，加以油鸡们。加以油鸡们又大起来了，更容易成为两家争吵的引线。

加以每日的"川流不息"的吃饭；子君的功业，仿佛就完全建立在这吃饭中。吃了筹钱，筹来吃饭，还要喂阿随，饲油鸡；她似乎将先前所知道的全都忘掉了，也不想到我的构思就常常为了这催促吃饭而打断。即使在坐中给看一点怒色，她总是不改变，仍然毫无感触似的大嚼起来。

使她明白了我的作工不能受规定的吃饭的束缚，就费去五星期。她明白之后，大约很不高兴罢，可是没有说。我的工作果然从此较为迅速地进行，不久就共译了五万言，只要润色一回，便可以和做好的两篇小品，一同寄给《自由之友》去。只是吃饭却依然给我苦恼。菜冷，是无妨的，然而竟不够；有时连饭也不够，虽然我因为终日坐在家里用脑，饭量已经比先前要减少得多。这是先去喂了阿随了，有时还并那近来连自己也轻易不吃的羊肉。她说，阿随实在瘦得太可怜，房东太太还因此嗤笑我们了，她受不住这样的奚落。

于是吃我残饭的便只有油鸡们。这是我积久才看出来的，但同时也如赫胥黎①的论定"人类在宇宙间的位置"一般，自觉了我在这里的位置：不过是叭儿狗和油鸡之间。

后来，经多次的抗争和催逼，油鸡们也逐渐成为肴馔，我们和阿随都享用了十多日的鲜肥；可是其实都很瘦，因为它们早已每日只能得到几粒高粱了。从此便清静得多。只有子君很颓唐，似乎常觉得凄苦和无聊，至于不大愿意开口。我想，人是多么容易改变呵！

但是阿随也将留不住了。我们已经不能再希望从什么地方会有来信，子君也早没有一点食物可以引它打拱或直立起来。冬季又逼近得这么快，火炉就要成为很大的问题；它的食量，在我们其实早是一个极易觉得的很重的负担。于是连它也留不住了。

倘使插了草标到庙市去出卖，也许能得几文钱罢，然而我们都不能，也不愿这样做。终于是用包袱蒙着头，由我带到西郊去放掉了，还要追上来，便推在一个并不很深的土坑里。

我一回寓，觉得又清静得多多了；但子君的凄惨的神色，却使我很吃惊。那是没有见过的神色，自然是为阿随。但又何至于此呢？我还没有说起推在土坑里的事。

到夜间，在她的凄惨的神色中，加上冰冷的分子了。

"奇怪。——子君，你怎么今天这样儿了？"我忍不住问。

"什么？"她连看也不看我。

"你的脸色……"

"没有什么，——什么也没有。"

我终于从她言动上看出，她大概已经认定我是一个忍心的人。其实，我一个人，是容易生活的，虽然因为骄傲，向来不与世交来往，迁居以后，也疏远了所有旧识的人，然而只要能远走高飞，生路还宽广得很。现在忍受着这生活压迫的苦痛，大半倒是为她，便是放掉阿随，也何尝不如此。但子君的识见却似乎只是浅薄起来，竟至于连这一点也想不到了。

我拣了一个机会，将这些道理暗示她；她领会似的点头。然而看她后来的情形，她是

---

①赫胥黎（1825—1895）：英国生物学家，代表作《人类在宇宙间的位置》，是宣传达尔文进化论的重要著作。

没有懂,或者是并不相信的。

天气的冷和神情的冷,逼迫我不能在家庭中安身。但是,往那里去呢?大道上,公园里,虽然没有冰冷的神情,冷风究竟也刺得人皮肤欲裂。我终于在通俗图书馆里觅得了我的天堂。

那里无须买票;阅书室里又装着两个铁火炉。纵使不过是烧着不死不活的煤的火炉,但单是看见装着它,精神上也就总觉得有些温暖。书却无可看:旧的陈腐,新的是几乎没有的。

好在我到那里去也并非为看书。另外时常还有几个人,多则十余人,都是单薄衣裳,正如我,各人看各人的书,作为取暖的口实。这于我尤为合式。道路上容易遇见熟人,得到轻蔑的一瞥,但此地却决无那样的横祸,因为他们是永远围在别的铁炉旁,或者靠在自家的白炉边的。

那里虽然没有书给我看,却还有安闲容得我想。待到孤身枯坐,回忆从前,这才觉得大半年来,只为了爱,——盲目的爱,——而将别的人生的要义全盘疏忽了。第一,便是生活。人必生活着,爱才有所附丽。世界上并非没有为了奋斗者而开的活路;我也还未忘却翅子的扇动,虽然比先前已经颓唐得多……

屋子和读者渐渐消失了,我看见怒涛中的渔夫,战壕中的兵士,摩托车中的贵人,洋场上的投机家,深山密林中的豪杰,讲台上的教授,昏夜的运动者和深夜的偷儿……。子君,——不在近旁。她的勇气都失掉了,只为着阿随悲愤,为着做饭出神;然而奇怪的是倒也并不怎样瘦损……

冷了起来,火炉里的不死不活的几片硬煤,也终于烧尽了,已是闭馆的时候。又须回到吉兆胡同,领略冰冷的颜色去了。近来也间或遇到温暖的神情,但这却反而增加我的苦痛。记得有一夜,子君的眼里忽而又发出久已不见的稚气的光来,笑着和我谈到还在会馆时候的情形,时时又很带些恐怖的神色。我知道我近来的超过她的冷漠,已经引起她的忧疑来,只得也勉力谈笑,想给她一点慰藉。然而我的笑貌一上脸,我的话一出口,却即刻变为空虚,这空虚又即刻发生反响,回向我的耳目里,给我一个难堪的恶毒的冷嘲。

子君似乎也觉得的,从此便失掉了她往常的麻木似的镇静,虽然竭力掩饰,总还是时时露出忧疑的神色来,但对我却温和得多了。

我要明告她,但我还没有敢,当决心要说的时候,看见她孩子一般的眼色,就使我只得暂且改作勉强的欢容。但是这又即刻来冷嘲我,并使我失却那冷漠的镇静。

她从此又开始了往事的温习和新的考验,逼我做出许多虚伪的温存的答案来,将温存示给她,虚伪的草稿便写在自己的心上。我的心渐被这些草稿填满了,常觉得难于呼吸。我在苦恼中常常想,说真实自然须有极大的勇气的;假如没有这勇气,而苟安于虚伪,那也便是不能开辟新的生路的人。不独不是这个,连这人也未尝有!

子君有怨色,在早晨,极冷的早晨,这是从未见过的,但也许是从我看来的怨色。我那时冷冷地气愤和暗笑了;她所磨练的思想和豁达无畏的言论,到底也还是一个空虚,而对于这空虚却并未自觉。她早已什么书也不看,已不知道人的生活的第一着是求生,向着这求生的道路,是必须携手同行,或奋身孤往的了,倘使只知道捶着一个人的衣角,那便是虽战士也难于战斗,只得一同灭亡。

我觉得新的希望就只在我们的分离;她应该决然舍去,——我也突然想到她的死,然而立刻自责,忏悔了。幸而是早晨,时间正多,我可以说我的真实。我们的新的道路的开辟,便在这一遭。

我和她闲谈,故意地引起我们的往事,提到文艺,于是涉及外国的文人,文人的作品:《诺拉》[①],《海的女人》[②]。称扬诺拉的果决……也还是去年在会馆的破屋里讲过的那些话,但现在已经变成空虚,从我的嘴传入自己的耳中,时时疑心有一个隐形的坏孩子,在背后恶意地刻毒地学舌。

她还是点头答应着倾听,后来沉默了。我也就断续地说完了我的话,连余音都消失在虚空中了。

"是的。"她又沉默了一会,说,"但是,……涓生,我觉得你近来很两样了。可是的?你,——你老实告诉我。"

我觉得这似乎给了我当头一击,但也立即定了神,说出我的意见和主张来:新的路的开辟,新的生活的再造,为的是免得一同灭亡。

临末,我用了十分的决心,加上这几句话:

"……况且你已经可以无须顾虑,勇往直前了。你要我老实说;是的,人是不该虚伪的。我老实说罢:因为,因为我已经不爱你了!但这于你倒好得多,因为你更可以毫无挂念地做事……"

我同时豫期着大的变故的到来,然而只有沉默。她脸色陡然变成灰黄,死了似的;瞬间便又苏生,眼里也发了稚气的闪闪的光泽。这眼光射向四处,正如孩子在饥渴中寻求着慈爱的母亲,但只在空中寻求,恐怖地回避着我的眼。

我不能看下去了,幸而是早晨,我冒着寒风径奔通俗图书馆。

在那里看见《自由之友》,我的小品文都登出了。这使我一惊,仿佛得了一点生气。我想,生活的路还很多,——但是,现在这样也还是不行的。

我开始去访问久已不相闻问的熟人,但这也不过一两次;他们的屋子自然是暖和的,我在骨髓中却觉得寒冽。夜间,便蜷伏在比冰还冷的冷屋中。

冰的针刺着我的灵魂,使我永远苦于麻木的疼痛。生活的路还很多,我也还没有忘却翅子的扇动,我想。——我突然想到她的死,然而立刻自责,忏悔了。

在通俗图书馆里往往瞥见一闪的光明,新的生路横在前面。她勇猛地觉悟了,毅然走出这冰冷的家,而且,——毫无怨恨的神色。我便轻如行云,漂浮空际,上有蔚蓝的天,下是深山大海,广厦高楼,战场,摩托车,洋场,公馆,晴明的闹市,黑暗的夜……

而且,真的,我豫感得这新生面便要来到了。

我们总算度过了极难忍受的冬天,这北京的冬天;就如蜻蜓落在恶作剧的坏孩子的手里一般,被系着细线,尽情玩弄,虐待,虽然幸而没有送掉性命,结果也还是躺在地上,只争着一个迟早之间。

写给《自由之友》的总编辑已经有三封信,这才得到回信,信封里只有两张书券:两角的和三角的。我却单是催,就用了九分的邮票,一天的饥饿,又都白挨给于己一无所得的空虚了。

[①]《诺拉》:通译《娜拉》,又译为《玩偶之家》,易卜生的著名剧作。[②]《海的女人》:通译《海的夫人》,易卜生的著名剧作。

然而觉得要来的事，却终于来到了。

这是冬春之交的事，风已没有这么冷，我也更久地在外面徘徊；待到回家，大概已经昏黑。就在这样一个昏黑的晚上，我照常没精打采地回来，一看见寓所的门，也照常更加丧气，使脚步放得更缓。但终于走进自己的屋子里了，没有灯火；摸火柴点起来时，是异样的寂寞和空虚！

正在错愕中，官太太便到窗外来叫我出去。

"今天子君的父亲来到这里，将她接回去了。"她很简单地说。

这似乎又不是意料中的事，我便如脑后受了一击，无言地站着。

"她去了么？"过了些时，我只问出这样一句话。

"她去了。"

"她，——她可说什么？"

"没说什么。单是托我见你回来时告诉你，说她去了。"

我不信；但是屋子里是异样的寂寞和空虚。我遍看各处，寻觅子君；只见几件破旧而黯淡的家具，都显得极其清疏，在证明着它们毫无隐匿一人一物的能力。我转念寻信或她留下的字迹，也没有；只是盐和干辣椒，面粉，半株白菜，却聚集在一处了，旁边还有几十枚铜元。这是我们两人生活材料的全副，现在她就郑重地将这留给我一个人，在不言中，教我借此去维持较久的生活。

我似乎被周围所排挤，奔到院子中间，有昏黑在我的周围；正屋的纸窗上映出明亮的灯光，他们正在逗着孩子玩笑。我的心也沉静下来，觉得在沉重的迫压中，渐渐隐约地现出脱走的路径：深山大泽，洋场，电灯下的盛筵，壕沟，最黑最黑的深夜，利刃的一击，毫无声响的脚步……

心地有些轻松，舒展了，想到旅费，并且嘘一口气。

躺着，在合着的眼前经过的豫想的前途，不到半夜已经现尽；暗中忽然仿佛看见一堆食物，这之后，便浮出一个子君的灰黄的脸来，睁了孩子气的眼睛，恳托似的看着我。我一定神，什么也没有了。

但我的心却又觉得沉重。我为什么偏不忍耐几天，要这样急急地告诉她真话的呢？现在她知道，她以后所有的只是她父亲——儿女的债主——的烈日一般的严威和旁人的赛过冰霜的冷眼。此外便是虚空。负着虚空的重担，在严威和冷眼中走着所谓人生的路，这是怎么可怕的事呵！而况这路的尽头，又不过是——连墓碑也没有的坟墓。

我不应该将真实说给子君，我们相爱过，我应该永久奉献她我的说谎。如果真实可以宝贵，这在子君就不该是一个沉重的空虚。谎语当然也是一个空虚，然而临末，至多也不过这样地沉重。

我以为将真实说给子君，她便可以毫无顾虑，坚决地毅然前行，一如我们将要同居时那样。但这恐怕是我错误了。她当时的勇敢和无畏是因为爱。

我没有负着虚伪的重担的勇气，却将真实的重担卸给她了。她爱我之后，就要负了这重担，在严威和冷眼中走着所谓人生的路。

我想到她的死……我看见我是一个卑怯者，应该被摈于强有力的人们，无论是真实者，虚伪者。然而她却自始至终，还希望我维持较久的生活……

我要离开吉兆胡同，在这里是异样的空虚和寂寞。我想，只要离开这里，子君便如还在我的身边；至少，也如还在城中，有一天，将要出乎意表地访我，像住在会馆时候似的。

然而一切请托和书信，都是一无反响；我不得已，只好访问一个久不问候的世交去了。他是我伯父的幼年的同窗，以正经出名的拔贡①，寓京很久，交游也广阔的。

大概因为衣服的破旧罢，一登门便很遭门房的白眼。好容易才相见，也还相识，但是很冷落。我们的往事，他全都知道了。

"自然，你也不能在这里了，"他听了我托他在别处觅事之后，冷冷地说，"但那里去呢？很难。——你那，什么呢，你的朋友罢，子君，你可知道，她死了。"

我惊得没有话。

"真的？"我终于不自觉地问。

"哈哈。自然真的。我家的王升的家，就和她家同村。"

"但是，——不知道是怎么死的？"

"谁知道呢。总之是死了就是了。"

我已经忘却了怎样辞别他，回到自己的寓所。我知道他是不说谎话的；子君总不会再来的了，像去年那样。她虽是想在严威和冷眼中负着虚空的重担来走所谓人生的路，也已经不能。她的命运，已经决定她在我所给与的真实——无爱的人间死灭了！

自然，我不能在这里了；但是，"那里去呢？"

四围是广大的空虚，还有死的寂静。死于无爱的人们的眼前的黑暗，我仿佛一一看见，还听得一切苦闷和绝望的挣扎的声音。

我还期待着新的东西到来，无名的，意外的。但一天一天，无非是死的寂静。

我比先前已经不大出门，只坐卧在广大的空虚里，一任这死的寂静侵蚀着我的灵魂。死的寂静有时也自己战栗，自己退藏，于是在这绝续之交，便闪出无名的，意外的，新的期待。

一天是阴沉的上午，太阳还不能从云里面挣扎出来；连空气都疲乏着。耳中听到细碎的步声和咻咻的鼻息，使我睁开眼。大致一看，屋子里还是空虚；但偶然看到地面，却盘旋着一匹小小的动物，瘦弱的，半死的，满身灰土的……

我一细看，我的心就一停，接着便直跳起来。

那是阿随。它回来了。

我的离开吉兆胡同，也不单是为了房主人们和他家女工的冷眼，大半就为着这阿随。但是，"那里去呢？"新的生路自然还很多，我约略知道，也间或依稀看见，觉得就在我面前，然而我还没有知道跨进那里去的第一步的方法。

经过许多回的思量和比较，也还只有会馆是还能相容的地方。依然是这样的破屋，这样的板床，这样的半枯的槐树和紫藤，但那时使我希望，欣欣，爱，生活的，却全都逝去了，只有一个虚空，我用真实去换来的虚空存在。

新的生路还很多，我必须跨进去，因为我还活着。但我还不知道怎样跨出那第一步。有时，仿佛看见那生路就像一条灰白的长蛇，自己蜿蜒地向我奔来，我等着，等着，看看

---

① 拔贡：科举制度中选拔贡入国子监的生员的一种。由各省学政选拔文行兼优的生员，贡入京师，称为拔贡生，简称拔贡。

临近,但忽然便消失在黑暗里了。

初春的夜,还是那么长。长久的枯坐中记起上午在街头所见的葬式,前面是纸人纸马,后面是唱歌一般的哭声。我现在已经知道他们的聪明了,这是多么轻松简截的事。

然而子君的葬式却又在我的眼前,是独自负着虚空的重担,在灰白的长路上前行,而又即刻消失在周围的严威和冷眼里了。

我愿意真有所谓鬼魂,真有所谓地狱,那么,即使在孽风怒吼之中,我也将寻觅子君,当面说出我的悔恨和悲哀,祈求她的饶恕;否则,地狱的毒焰将围绕我,猛烈地烧尽我的悔恨和悲哀。

我将在孽风和毒焰中拥抱子君,乞她宽容,或者使她快意……

但是,这却更虚空于新的生路;现在所有的只是初春的夜,竟还是那么长。我活着,我总得向着新的生路跨出去,那第一步,——却不过是写下我的悔恨和悲哀,为子君,为自己。

我仍然只有唱歌一般的哭声,给子君送葬,葬在遗忘中。

我要遗忘;我为自己,并且要不再想到这用了遗忘给子君送葬。

我要向着新的生路跨进第一步去,我要将真实深深地藏在心的创伤中,默默地前行,用遗忘和说谎做我的前导……

一九二五年十月二十一日毕

【作者档案】

见"第三单元 散文精华"中的《秋夜》。

【含英咀华】

《伤逝》是鲁迅小说中唯一一篇以爱情婚姻问题为题材的作品。小说作于1925年,当时已是五四运动的退潮时期。五四运动虽然打击了传统的封建势力,但毒害我们国人几千年的封建腐朽思想依然非常顽固。作者将一对青年的爱情故事放置到五四运动退潮后依然浓重的封建黑暗背景中,透过他们的悲剧命运来告诉人们将个性解放与社会解放结合起来,引领青年去寻求"新的生路"。

主人公涓生与子君都是受"五四"新思潮影响、大胆追求爱情婚姻自由的青年。他们有要求个性解放、男女平等、恋爱和婚姻自主的新思想。为了争取恋爱和婚姻自由,他们敢于同旧势力进行较量,勇敢地背叛封建礼教和封建专制家庭。但他们的自由结合并没有带来原本憧憬的幸福,反而造成了子君忧郁而死的悲剧结局。小说通过这个悲剧故事,揭示了导致悲剧的社会原因和主人公自身的主观原因。从客观上讲,他们的悲剧是那个不合理的社会制度和封建礼教势力的破坏与迫害造成的。但更重要的原因,还在于他们本身的弱点,如目光短浅、狭隘自私的个人主义等。《伤逝》深刻而富有时代感的思想意义就在于:它通过子君和涓生婚后生活的细致描写,深刻地揭示了造成悲剧的主人公思想方面的原因,对个性解放思想进行了深入剖析。作品表现了个性解放思想使子君和涓生结合,但也正是个性解放思想,使他们在社会压迫下离异而酿成悲剧。

这是一篇手记体的小说,在艺术上颇具特色:第一,首尾呼应的结构安排。小说按照

"会馆—吉兆胡同—会馆"这样的回顾式结构进行描述,结构严谨。开头"如果我能够,我要写下我的悔恨和悲哀",结尾又重申"写下我的悔恨和悲哀",首尾呼应,荡气回肠。第二,浓郁的抒情色彩。在具体事件回顾中,作者没有按照事件的时间顺序,而是根据主人公的情感变化,有详有略,跳跃式地追述。有追忆中的内心独白与倾诉,也有回想里的细节点缀与刻画,无论叙事、议论还是写景,都具有浓郁的抒情色彩。小说用第一人称叙述,直接坦露主人公的内心世界,解剖涓生的灵魂,从恋爱、结合、失业、分离直到子君的死,在他的心灵深处都引起情感震荡,有震撼人心的力量。第三,人物形象鲜明。作家通过对人物的语言、心理、内心独白以及真实可信的细节描写,细致入微地写出人物的思想、情感变化,塑造了两个个性鲜明的典型形象。

【思考练习】

一、涓生与子君的悲剧有什么时代意义?

二、结合作品分析子君、涓生的性格特征,并说说他们的悲剧产生的原因有哪些。

三、本篇小说在艺术表现上有哪些特点?

【拓展阅读】

鲁迅著《彷徨》,人民文学出版社出版

鲁迅著《呐喊》,人民文学出版社出版

(李　舫)

绳子的故事

〔法〕莫泊桑

　　这是个赶集的日子。戈德维尔附近的每一条路上都有农民带着娘儿们向镇上走来。男人们步履安闲，迈着弯曲的长腿，冉冉向前。繁重的田间劳动——左肩耸起歪着身子扶犁，两膝分开立得稳稳地割麦，以及农村中所有做起来又慢又吃力的活，使他们的双腿变成了畸形。他们的蓝布罩衫浆得笔挺，像上了凡立水一样闪闪发光，袖口和领口用白线绣着花纹，鼓鼓囊囊地裹着瘦骨嶙峋的身子，活像个要腾空而起的气球，气球外面伸出一个脑袋，一双胳膊，两只脚。

　　有的人手里牵着一头奶牛或者一头牛犊。娘儿们跟在牲口后面，一手拿着根还带着叶子的树枝，抽着牲口两胁，催促牲口向前，一手挽着大篮子，篮子口上东冒出个鸡头，西伸出个鸭头。比起她们的丈夫来，娘儿们的步子短小而急促。她们身体干瘦，腰杆挺直，一条窄窄的小披肩用别针别在平坦的胸前，头上贴发裹着块白布，上面再戴一顶便帽。

　　一匹马驹以短促的快步拉着一辆大车驰过，摇得车上的两男一女前俯后仰。两个男的并排坐着，女的坐在车后，双手攥着车挡，以期缓和一下车子激烈的颠簸。

　　戈德维尔的集市广场上，人群和牲畜混在一起，黑压压一片。只见牛的犄角，富裕农民的长毛绒高帽，农妇们的头巾在集市上攒动。尖厉刺耳的嘈杂声嗡嗡一片，持续不断，气息粗犷。不时还可听到一声从乡下人结实的胸脯里发出的开怀大笑，或者系在墙边的母牛的一声长哞。

　　整个集市都带着牛栏、牛奶、牛粪、干草和汗臭的味道，散发着种田人所特有的那种难闻的人和牲畜的酸臭气。

　　布雷奥戴村奥士高纳大爷刚刚到达戈德维尔，正在向集市广场走来。突然他发现地下有一小段绳子。奥士高纳大爷具有真正诺曼第人的勤俭精神，认为一切有用的东西都该捡起来。他弯下身去，因为患风湿病而十分吃力。他从地上捡起了那段细绳子，并准备绕绕好收起来。这时他发现马具商马朗丹大爷在自家门口瞅着他。他们过去为了一根络头曾有过纠葛，双方怀恨在心，至今互不理睬。现在奥士高纳大爷在粪土里捡绳头，被自己的冤家对头看见了，颇感坍台。他立即将绳头藏进罩衫，接着又藏入裤子口袋。然后他又装模作样在地上寻找什么东西，但没有找到，于是便向市场走去，脑袋冲在前面，身子因风湿痛而弓着。

　　他很快便消失在赶集的人群中了。赶集的人吵吵嚷嚷，慢慢吞吞，由于没完没了地讨价还价而有点激动。农民们用手拍拍奶牛，走开去又走回来，拿不定主意，总是怕上当，永远下不了决心，偷偷瞧着卖者眼色，总想识破卖者的诡计，发现牲口的缺点。

　　娘儿们把手里的大篮子放在脚跟边，从里面拉出家禽，搁在地上。家禽的双脚缚着，两眼惊慌，鸡冠通红。

　　她们不动声色，面无表情，听任顾客还价，不肯松口，或者，突然决定接受顾客还的价钱，向慢慢走开去的顾客叫道：

　　"昂迪姆大爷，就这样吧，我卖给您了。"

　　随后，集市上的人群渐渐散去。教堂敲响了午祷的钟声。远道而来的农民纷纷走进镇上的各家客店。

朱尔丹掌柜的店堂里，坐满了顾客。大院里也停满了各式各样的车子：双轮马车，双轮轻便篷车，大马车，敞篷双座轻便马车，以及蹩脚的张篷马车。这些车子沾满黄土，东歪西斜，千补百衲。有的车辕翘到天上，像举着两只胳膊；有的车头冲地，车尾朝天。

在店堂的一边，大壁炉里火光熊熊。坐在右排的顾客，脊背被烤得暖洋洋的。三把铁叉在炉上转动着，烤着小鸡、野鸽和羊肉。烤肉的香味，棕色肉皮上流着的油汁的香味，从炉膛里飘出来，闻得顾客们喜上眉梢，馋涎欲滴。

所有种田的老把式都在朱尔丹掌柜的店里吃饭，他既是客店老板又是马贩子，是个手头宽裕的精明人。

餐肴和黄色的苹果酒端上来，吃光饮尽。各人谈着自己的生意买卖，相互打听收成的前景。天时对青苗生长有利，但对麦子不佳。

突然，客店前面的大院里响起了一阵鼓声。除少数几个漠不关心的人以外，大家唰地站起身来，嘴里含着食物，手里拿着餐巾，向门口、窗口奔过去。

传达通知的乡丁敲了一阵小鼓之后，拉开嗓门背诵起来，声音断断续续，重音读错，句子读破。

"戈德维尔的居民以及所……有赶集的乡亲们：今天早晨，九十点钟……之间，有人在勃兹维尔大路上遗失黑皮夹子一只。内装法郎五百，单据若干。请拾到者立即交到……乡政府，或者曼纳维尔村伏图内·乌勒布雷克大爷家。送还者得酬金法郎二十。特此通告。"

乡丁说完便走。远处隐隐约约又传来一次乡丁的击鼓声和叫喊声。

于是大家就这件事议论开来，数说着乌勒布雷克大爷寻找得到或者寻找不到皮夹子的种种可能。

午饭已经用毕。

大家正在喝着最后一点咖啡。这时，宪兵大队长突然出现在店堂门口。他问道：

"布雷奥戴村奥士高纳大爷在这儿吗？"

坐在餐桌尽头的奥士高纳大爷回答说：

"在。"

于是宪兵大队长又说：

"奥士高纳大爷，请跟我到乡政府走一趟。乡长有话要对您说。"

这位农民既感到诧异又觉得不安。他一口喝完了杯子里的咖啡，起身上路，嘴里连连说："在，在。"他每当休息之后，起步特别困难，所以身子比早晨弓得更加厉害了。

他跟在宪兵大队长后面走了。

乡长坐在扶手椅里等着他。乡长是当地的公证人，身体肥胖，态度威严，说话浮夸。

"奥士高纳大爷，"他说，"有人看见您今天早上在勃兹维尔大路上捡到了曼纳维尔村乌勒布雷克大爷遗失的皮夹子。"

这位乡下人不知如何回答是好，瞅着乡长，自己也不知为什么，已经被这种对他的怀疑吓呆。

"我，我，我捡到了那只皮夹子？"

"是的，是您亲自捡到的。"

"我以名誉担保，我连皮夹子的影子也没见过。"

"有人看见您啦。"

"有人看见我，我啦？谁看见的？"

"马朗丹先生,马具商。"

这时老人想起来了,明白了,气得满脸通红。

"啊!他看见啦,这个乡巴佬!他看见我捡起的是这根绳子,乡长先生,您瞧!"

他在口袋里摸了摸,掏出了那一小段绳子。

但是乡长摇摇脑袋,不肯相信。

"奥士高纳大爷,马朗丹先生是个值得信赖的人,我不会相信他把这根绳子错当成了皮夹子。"

这位老农气呼呼地举起手来,向身边吐了一口唾沫,表示以名誉起誓,再次说:

"老天有眼,这可是千真万确,丝毫不假的啊,乡长先生。我再说一遍,这件事,我可以用我的良心和生命担保。"

乡长又说:

"您捡起皮夹子之后,甚至还在地上找了很久,看看是否有张把票子从皮夹子里漏了出来。"

老人又气又怕,连话都说不上来了。

"竟然说得出!……竟然说得出……这种假话来糟蹋老实人!竟然说得出!……"

他抗议也是白费,别人不相信他。

他和马朗丹先生当面对了质。后者再次一口咬定他是亲眼看见的。他们互相对骂了整整一小时。根据奥士高纳大爷的请求,大家抄了他的身,但什么也没抄着。

最后,乡长不知如何处理是好,便叫他先回去,同时告诉奥士高纳大爷,他将报告检察院,并请求指示。

消息已经传开了。老人一走出乡政府就有人围拢来问长问短。有的人确是出于好奇,有的人则是出于嘲弄癖,但都没有任何愤慨。于是老人讲起绳子的故事来。他讲的,大家听了不信,一味地笑。

他走着走着,凡是碰着的人都拦住他问,他也拦住熟人,不厌其烦地重复他的故事,重复他的抗议,把只只口袋都翻转来给大家看,表明他什么也没有。

有人对他说:

"老滑头,滚开!"

他生气,着急,由于别人不相信他而恼火,痛苦,不知怎么办,总是向别人重复绳子的故事。

天色将晚,该回去了。他和三位村邻一起往回走,把捡到绳头的地方指给他们看,一路不停地讲他的遭遇。

晚上,他在布雷奥戴村里走了一圈,目的是把他的遭遇讲给大家听,但是没有一个人相信他。

他为此心里难过了整整一夜。

第二天,午后一时左右,依莫维尔村的农民布列东大爷的长工马利于斯·博迈勒,把皮夹子和里面的钞票、单据一并送还给了曼纳维尔村的乌勒布雷克大爷。

这位长工声称是在路上捡了皮夹子,但他不识字,所以就带回家去交给了东家。

消息传到了四乡。奥士高纳大爷得到消息后立即四处游说,叙述起他那有了结局的故事来。他胜利了。

"要知道,使我伤心的是,"他说,"根本不是那么回事,而是污蔑。由于污蔑而遭众人非难,这种事是再损人不过的了。"

他整天讲他的遭遇,在路上向过路的人讲,在酒馆里向喝酒的人讲,星期天在教堂门口讲。不相识的人,他也拦住讲给人家听。现在他心里坦然了,不过,他觉得有某种东西使他感到不自在。是什么东西,他说不清楚。人家在听他讲故事时,脸上带着嘲弄的神气。看来人家并不信服。他好像觉得别人在他背后指指戳戳。

下一个星期二,他纯粹出于讲自己遭遇的欲望,又到戈德维尔来赶集。

马朗丹站在家门口,看见他走过,笑了起来。为什么呢?

他朝克里格多村的一位庄稼汉走过去。这位老农民没有让他把话说完,在他胸口推了一把,冲着他大声说:"老滑头,滚开!"然后扭转身就走。

奥士高纳大爷目瞪口呆,越来越感到不安。为什么人家叫他"老滑头"呢?

他在朱尔丹的客店里坐下之后,又解释起来。

蒙迪维利埃村的一位马贩子对他大声说:

"好了,好了,老主顾,你那根绳子,我知道啦!"

奥士高纳大爷嘀咕道:

"皮夹子既然找到了嘛。"

但那个人接着说:

"老爹,别说了。有个人捡着了,又有个人送还了。俗话说,没人见,没人晓,骗你你也不知道。"

奥士高纳气得连话也说不上来。他终于明白了。人家指责他是叫一个同伙,一个同谋,把皮夹子送回去的。

他想抗议。满座的人都笑了起来。

他午饭没能吃完便在一片嘲笑声中走了。

他回到家里,又羞又恼。愤怒和羞耻使他痛苦到了极点。他特别感到狼狈,因为,凭他诺曼第人的刁钻,他是做得出别人指责他的事来的,甚至可以自夸手段高明。他门槛精是出名的,所以他模模糊糊意识到他无法证明自己是清白的了。他遭到无端的怀疑,因而伤透了心。

于是,他重新向人讲述自己的遭遇,故事每天都长出一点来,每天都加进些新的理由,更加有力的抗议,更加庄严的发誓。这些都是他一人独处的时候编出来的,准备好的,因为他的心思专门用在绳子的故事上了。他的辩解越是复杂,理由越是多,人家越不相信他。

有人背后议论说:"这都是骗子的歪理。"

别人的议论,他有所感。他闷闷不乐,用尽了力气洗刷自己,还是白费。

他眼看着消瘦下去。

现在,爱开玩笑的人为了逗乐而请他讲绳子的故事,就像人家请打过仗的士兵讲他亲身经历的战斗故事一样,他那鼓到顶点的士气垮了下来。

将近年底的时候,他卧病不起。

年初,他含冤死去。临终昏迷的时候,他还在证明自己是清白无辜的,一再说:

"一根细绳……一根细绳……乡长先生,您瞧,绳子在这儿。"

【作者档案】

莫泊桑(1850—1893),法国优秀的批判现实主义作家,出身于诺曼底一个没落贵族家庭，小时候在农村生活。青年时参加了普法战争，战争结束后曾在海军部和教育部当了十几年小职员，同时从事文学创作。1880年，莫泊桑以短篇小说《羊脂球》而轰动法国文坛，从此一举成名。之后离职专门从事文学创作，并拜师福楼拜。他创作生涯仅10年，却硕果累累，短篇小说约300篇，长篇小说6部，游记3部，另外还有许多关于文学和时政的评论文章。长篇有《一生》《漂亮朋友》（一译《俊友》）等，中短篇有《羊脂球》《菲菲小姐》《项链》《我的叔叔于勒》《米龙老爹》等。

莫泊桑是当之无愧的"世界短篇小说巨匠"，他与享誉世界文坛的美国小说家欧·亨利、俄国小说家契诃夫并称为"世界三大短篇小说之王"。他的小说描绘了一幅幅法国19世纪后半叶的社会生活的广阔画面，反映了那个时代的矛盾性和多重性。他憎恨卑鄙虚伪的资产阶级，怜悯被侮辱与被损害的小人物，无情地揭露了资产阶级社会的黑暗与不平。他擅长选取富有典型意义的生活断面，以小见大，由点及面，概括出生活的真实。题材丰富多样，风格朴实优美，语言简洁明快、通俗易懂。

【含英咀华】

《绳子的故事》发表于1883年。法国经过普法战争以后，资本主义关系恶性演变，社会急剧腐败，人们对于钩心斗角、尔虞我诈习以为常；对于猜忌防范、暗箭伤人司空见惯，把诚实、善良的美德视为反常。小说讲述一个勤俭诚实的农民奥士高纳大爷在赶集的路上捡了一小段绳子，不幸被冤家诬陷而又不能取信于世人，并遭世人奚落，以致忧郁冤死的遭遇，反映出当时法国社会只相信尔虞我诈的变态心理。小说深刻揭示了19世纪后期法国社会道德观念的荒唐和习惯势力的可怕。纯朴善良的农民奥士高纳大爷就毁灭在这种荒唐的道德观和可怕的习惯势力所形成的包围圈中。

作者不仅善于通过细节描写富有特征的外貌、动作，通过语言描写来刻画人物的性格，而且在艺术构思上独具匠心：一是小说叙事详略得当，巧妙地处理了"赶集"这样一个特定环境中的群众场面和主要人物的关系，使主要人物形象鲜明、个性突出；二是构思新颖别致，让人物在顺逆两境中交替经历，感受生活的喜乐悲哀，不仅使情节波澜起伏引人入胜，而且更突出了人物命运的悲剧性，具有强烈的艺术效果；三是作者的爱憎、褒贬寄托在情节中，体现出对人物的深深同情，充满浓烈的悲剧色彩；四是小说充分发挥了反衬的作用——事实越证明主人公受诬陷，世人越不相信他的清白，充分显示出当时法国道德的荒唐和丑恶。

【思考练习】

一、体会这篇小说出乎意料的情节安排。
二、这篇小说是怎样塑造农民奥士高纳大爷形象的？作者对主人公的情感如何？
三、这篇小说的反衬作用是怎样表现的？
四、这篇小说中置主人公于死地的力量是什么？

【拓展阅读】

李青崖译《莫泊桑中短篇小说选集》，上海译文出版社出版

（吕建军）

舞会以后

〔俄〕列夫·尼古拉耶维奇·托尔斯泰

"你们说,一个人自己不可能理解什么是好,什么是坏,一切全在于环境,环境能腐蚀人。可是我认为,一切全在于机会。我来谈谈我自己的经历吧。"

人人尊敬的伊万·瓦西利耶维奇这样说起来,这时我们正在讨论,为了个人臻于完善,必须首先改变人们周围生活环境。其实谁也没有说,人自己不可能理解什么是好,什么是坏,但是伊万·瓦西利耶维奇有一种回答自己在谈话中间产生的想法,就这些想法讲述自己生活中轶事的习惯。他往往全神贯注于讲述,完全忘记促使他讲述的缘由,而且讲得非常诚恳、真实。

这时他也是这样做的。

"我来谈谈自己的经历。我的一生之所以是这样,而不是另一样,并不是由于环境,完全是由于别的原因。"

"究竟是什么原因呢?"我们问。

"这就说来话长。要让你们明白,就得讲太多。"

"那您就讲吧。"

伊万·瓦西利耶维奇沉思起来。他摇了摇头。

"是的,"他说,"由于一个夜晚,或者确切些说,由于一个早晨,我整个的一生完全改变了。"

"发生了什么事?"

"是这么回事:当时我正在热烈地恋爱。我恋爱过许多次,但这一次是我最强烈的爱情。事情已经过去了;她的几个女儿都已经出嫁了。我爱的是 Б……,是的,瓦莲卡·Б……"伊万·瓦西利耶维奇说出了她的姓氏。"她即使在五十岁也还是个出色的美人。而在青年时代,在十八岁的时候,尤其迷人:修长,苗条,优雅,端庄,正是端庄。她的身体总是挺得笔直,似乎不能不这样,头微微向后仰起。这种姿势再加上她美丽的容貌,修长的身体,使她具有一种威严的神态,虽然她很消瘦,甚至瘦骨嶙峋。要不是她的嘴边、妩媚而明亮的眼睛以及整个年轻迷人的身体经常洋溢着亲切和愉快的微笑,她的这种神态会把人吓跑。"

"伊万·瓦西利耶维奇真能描绘!"

"不管怎么描绘,也无法描绘得让你们了解她有多么美丽。但问题不在这里。我要讲的那件事发生在四十年代。当时我是一所外省大学的学生。我不知道这是好还是不好,当时我们大学里没有任何小组①,没有任何理论,我们只是年青,照青年特有的方式生活:学习和寻欢作乐。我是一个非常快活而活泼的小伙子,还很富有。我有一匹彪悍的溜蹄马,我和小姐们一起滑雪(当时还不时兴溜冰),和同学们一起大吃大喝(当时我们除了香槟酒以外不喝别的酒,没有钱就什么也不喝,但决不像现在这样喝伏特加)。不过我的

---

① 小组:指 19 世纪 30 年代在莫斯科的部分大学生中成立的各种小组,这些小组探讨哲学、文学和社会政治问题,传播先进思想。

主要欢乐是晚会和舞会。我跳舞跳得很好，长得还不算丑。"

"哟，用不着谦虚，"交谈者中一位女士打断他说。"我们可见过您当时的银版相片。岂止不丑，简直是个美男子。"

"美男子就美男子，但问题不在这里。问题在于：在我这次最强烈地爱恋着她的时期内，在谢肉节的最后一天我参加了省贵族长家举行的舞会。这位贵族长是个温厚的老人，富有而好客的宫廷侍从官。接待客人的是和他同样温和的夫人，她穿着深咖啡色天鹅绒衣裙，头上戴着钻石饰物，袒露着老年人丰腴而白皙的肩膀和胸脯，像伊丽莎白·彼得罗夫娜①的画像一样。舞会好极了：大厅富丽堂皇，设有安置乐队的敞廊，乐师是一个爱好音乐的地主的当时颇负盛名的农奴乐师，茶点丰盛，香槟酒取之不尽。我虽然很喜欢香槟酒，但我没有喝，因为不喝酒我就陶醉在爱情之中了，但是我跳舞却跳得筋疲力尽，我跳卡德里尔，跳华尔兹，跳波尔卡，自然，尽可能同瓦莲卡跳。她穿着雪白的衣裙，束着玫瑰色的腰带，戴着雪白的细软羊皮手套，手套差不多齐到她瘦削纤细的肘部，穿一双白色缎子鞋。我被夺走了跳玛祖卡舞的机会：她一进来，那个可恶的工程师阿尼西莫夫便邀请她——我至今不能原谅他——我因为去理发师那里买手套，来迟了一步。因此玛祖卡舞我没有同她跳，而是同一位德国小姐跳的，以前我曾稍稍向她献过殷勤。但是那天晚上恐怕我对她很不礼貌：没有和她说话，没有看她，我只看到穿着雪白的衣裙、束着玫瑰色腰带的修长苗条的身影，她容光焕发的、带两个酒窝的、红润的脸蛋和温柔可爱的眼睛。不只我一人，所有的人都看她，欣赏她，男人欣赏她，女人也欣赏她，尽管她盖过了她们所有的人。不欣赏她是不可能的。"

"照规矩，可以说玛祖卡我没有同她跳，但实际上我差不多一直在同她跳。她毫不怕羞，穿过整个大厅径直向我走来，我不等她邀请，便一跳而起，她嫣然一笑，感谢我的机灵。当我们②被带到她的面前，她没有猜中我的代号③时，她不能把手伸给我，只好耸耸她那瘦削的肩膀，向我微微一笑，表示惋惜和安慰。人们跳花样，由玛祖卡舞改为华尔兹的时候，我带着她旋转了很久，她气喘吁吁地对我微笑着说：'再跳一圈。'④于是我一圈又一圈地带着她旋转，都感觉不到自己的身体了。"

"哼，怎么会感觉不到了呢？我想，当你搂着她的腰的时候，您不仅会强烈地感觉到自己的身体，而且感觉到她的身体。"一个客人说。

伊万·瓦西利耶维奇突然脸红了，气冲冲地几乎喊叫起来：

"是的，你们现代青年才是这样。你们除了身体以外，什么也看不到。我们那个时代可不是这样。我的爱情越强烈，我就越感觉不到她的身体。你们现在只看到大腿、脚踝，还有别的部分，你们恨不得把你们所爱的女人脱光；可是对我来说，正如阿尔封斯·卡尔⑤——他是一个优秀的作家——所说，我的恋爱对象身上永远穿着青铜衣服。我们不把她们脱光，相反，我们像挪亚的好儿子那样⑥，竭力遮盖她们裸露的身体。嗟，你们是不会懂的……"

---

①伊丽莎白·彼得罗夫娜：俄国女皇，1741年12月—1761年1月在位。②我们：指自己和另一个舞伴。③代号：当时俄国年会定的一条规则，男舞伴必须给自己选定一个代号，如"温顺"或"骄傲"、"喜悦"或"悲哀"等。跳舞以前，两个男舞伴由第三者领到女舞伴面前，请她猜测代号，被猜中的就可以同她跳舞。④原文为法文。⑤阿尔封斯·卡尔：法国作家。⑥像挪亚的好儿子那样：据《旧约·创世纪》第九章记载，有一次挪亚喝醉了酒，光着身子睡着了，他的儿子闪和雅弗使用衣服给他盖上。

"您不要听他的。后来怎么样？"我们中间一个人说。

"是啊。就这样，我主要是同她跳舞，没有注意时间是怎么过去的。乐师们已经疲惫不堪，你们知道，舞会快要结束时总是这样的，他们一遍又一遍地反复演奏同一首玛祖卡舞曲，客厅里年长的先生和太太们已经从牌桌旁边站起来，等待开晚饭，仆役们更加频繁地来回奔跑，把东西端来。已经两点多钟了。应该利用最后几分钟。我又一次挑选了她，我们绕着舞厅已跳了一百次了。"

"'晚饭后卡德里尔舞跟我跳？'我送她回到她的座位时，对她说。

"'当然，只要我不被带回家去，'她微笑着说。

"'我不让您回家，'我说。

"'把扇子给我，'她说。

"'真舍不得，'我说，同时把廉价的白色扇子递给她。

"'那就给您这个，免得您舍不得，'她说，从扇子上拔下一根羽毛，递给我。

"我接过羽毛。只有我的眼神能够表达我的兴奋和感激之情。我不仅感到快乐和满意，而且感到幸福，我感到我非常善良，我已不是我自己，变成了一个不知有恶只知行善的超脱尘世的人。我把羽毛塞在手套里，痴呆地站着，不能离开她。

"'瞧，他们在请爸爸跳舞，'她指着她的父亲对我说。他父亲是一个上校，身材魁伟匀称，戴着银色的肩章，跟女主人和其他太太们站在门口。

"'瓦莲卡，到这儿来，'我们听到戴钻石头饰、像伊丽莎白那样袒露着肩膀的女主人响亮的声音。

"瓦莲卡走到门口，我跟在她的后面。

"'亲爱的，请您父亲跟您跳一个吧。喂，彼得·费拉季斯拉维奇，请吧，'女主人转向上校说。

"瓦莲卡的父亲是一个非常漂亮、身材魁伟匀称、容光焕发的老人。他的脸色非常红润，蓄着两撇雪白的、尼古拉一世式的、卷曲的髭须、和髭须连接起来的同样雪白的络腮胡子，鬓发向前梳着。和他的女儿一样，他那明亮的眼睛里和嘴角上流露出亲切和快乐的微笑。他的体态优美，宽阔的胸脯照军人的习惯向前挺起，胸前挂着几枚勋章，双肩强壮有力，两腿挺拔修长。他是一位具有尼古拉一世时代旧式军人仪容的军事长官。

"我们走到门口时，上校推辞说，他已好久没有跳舞了，但他还是微笑着把右手向左一摆，从武装带上取下佩剑，交给一个殷勤的年轻人，把麂皮手套戴在右手上，'一切都要照规矩办，'他微笑着说，然后拉起女儿的手，稍稍偏转身体，等待着拍子。

"等到奏起玛祖卡舞曲的时候，他一只脚敏捷地一踩，伸出另一只脚，于是他那魁梧笨重的身体时而缓慢平稳，时而急剧迅猛，靴底踏地，两脚相碰，环绕大厅转动起来。瓦莲卡优雅的身子在他身旁轻盈地漫舞，不易觉察地及时地缩短或延长穿着白绸软鞋的小脚的步子。大厅中所有的人都注视这对舞伴的每个动作。我则不欣赏他们，我望着他们，心中感到一种欢乐的柔情。尤其使我感到亲切的是他那双紧紧地绑着套带的皮靴———一双很好的小牛皮靴子，但不是时髦的尖头靴子，而是旧式的没有鞋跟的方头靴子。显然，这双靴子是军中的鞋匠缝制的。'为了把爱女带进社交界，给她穿戴打扮，他不买时兴的靴子，宁愿穿自制的，'我想到这里，这双方头皮靴使我感到一股柔情油然而生。可以看出，他从前曾跳得一手好舞，但现在身体变得笨重了，两腿已不那么有弹力，难以跳好他竭力想跳的漂亮而快速的舞步了。但他还是灵巧地跳了两圈。他敏捷地叉开双腿又收拢来，动作有些笨拙地跪下一条腿,她微笑着整一整被他挂住的裙子,轻盈地围绕他转了一圈,这时大家都热烈地鼓起掌来。他有些吃力地站起来,双手温柔动人地抱住女儿的后脑,吻一吻她的前额,把她领到我的面前,以为我要同她跳舞。我说,她的舞伴不是我。

"'噢,没有关系,您就同她跳吧,'他慈祥地微笑着说,把佩剑插在武器带上。

"往往有这样的情况,瓶子里的液体流出一滴以后,接着便大股大股地流出来,我心中对瓦莲卡的爱情也是这样,它使我心中蕴藏的全部爱情的力量迸发出来了。我当时以自己的爱拥抱整个世界。我爱戴着头饰的女主人,爱她那伊丽莎白式的胸脯,爱她的丈夫,爱她的客人,爱她的仆役,甚至爱那个对我绷着脸的阿尼西莫夫工程师。至于对瓦莲卡那穿着自制靴子、和她一样亲切微笑的父亲,我当时更是感到一种兴奋而温柔的感情。

"玛祖卡舞结束了,主人夫妇请客人们去吃晚饭,但Б上校推辞说,明天他要早起,就同主人夫妇道了别。我怕她会被带走,但她和母亲留下了。

"晚饭后我同她跳她事先应允的卡德里尔舞,尽管我似乎已是无限地幸福,但我的幸福还是在不断地增长。我们一点也没有谈到爱情。我甚至没有问过她,也没有问过我自己,她是否爱我。我爱她,这对我已经足够了。我只担心一点:不要有什么事情破坏我的幸福。

"我回到家里,脱去衣服,考虑睡觉时,我发现,根本不可能睡着。我手里拿着她的扇子上拔下来的一根羽毛和她的一只手套,这只手套是我先扶她的母亲,然后扶她上车,她临走时送给我的。我望着这些东西,没有闭上眼睛就看到,她站在我的面前,从两个舞伴中挑选一根,猜测我的代号,我听到她那迷人的声音:'骄傲?是吗?',然后高兴地把手递给我,或者看到她在吃晚饭时呷一点点香槟酒,皱着眉头温情脉脉地望着我。但我更多地是看到她伴随父亲跳舞的情景:她轻盈地围绕他旋转,表现出为自己和他而自豪和高兴的神情,不时瞟一眼啧啧赞赏的观众。我不禁对他和她都产生了一种温柔的深情。

"那时只有我和已故的哥哥住在一起。哥哥向来不喜欢上流社会,从不参加舞会,当时又正在准备学士考试,过着极有规律的生活。他已经睡了。我看了看他那埋在枕头里、一半被法兰绒毯蒙着的头,对他产生了一种爱怜之情。我可怜他不知道也没有享受过我所感受到的幸福。我们的农奴仆人彼特鲁沙端着蜡烛来迎接我,想帮助我脱衣服,但是我让他走了。我觉得,他头发蓬乱、睡眼惺忪的脸容动人爱怜。我竭力不出声音,踮着脚尖走到自己的房间去,坐在床上。不,我太幸福了,我不能入睡。何况在这炉火正旺的房间里我觉得很热,于是我没有脱制服,便悄悄地走进前厅,穿上大衣,打开外门,来到了街上。

"我离开舞会已四点多钟,等我回到家里,在家里坐了一会儿,又过了大约两个钟头,因此当我来到街上时,天已经亮了。正是谢肉节期间的天气:雾气蒙蒙,路上潮湿的积雪正在融化,家家户户的屋檐都在滴水。Б家那时住在城边上,旁边就是一大片田野,田野的一头是人们游乐的地方,另一头是一所女子中学。我走过我们的僻静的小巷,来到大街上,街上已经有行人和运送木柴的雪橇,雪橇的滑木触到了路面①。马儿在光滑的辕木下有节奏地摆动湿漉漉的脑袋,车夫披着粗席,穿着宽大的靴子,跟着雪橇啪哒啪哒地走,大街上的房屋在雾气中显得分外高大——这一切使我觉得特别亲切和意味深长。

"走到他们家所在的田野上,我看到田野的尽头,游乐场那个方向,有一大片黑压压

---

① 雪橇的滑木触到了路面:说明积雪已经很薄。

的东西。听到从那里传来笛声和鼓声。我心里一直在唱歌，耳边不时响起玛祖卡舞曲。但这里听到的却完全是另一种音乐，一种生硬的、难听的音乐。

"'这是怎么回事？'我想。顺着田野中间雪橇辗出的光滑的道路朝鼓声的方向走去，走了百十来步，我透过雾气分辨出许多黑乎乎的人影。显然是士兵。'大概是在操练，'我想。我随着身穿油污的皮袄和围裙、手里拿着个什么东西走在我面前的铁匠走近了些。穿着黑色制服的士兵排成两行，面对面持枪而立，一动也不动。他们后面站着一个鼓手和一个吹笛的，不停地反复奏出同一个令人不快的刺耳的旋律。

"'他们在干什么？'我问站在我身边的铁匠。

"'他们在对一个鞑靼士兵行夹鞭刑，因为他逃跑，'铁匠望着远方列队的尽头悻悻地说。

"我也朝那边望去，看见在两排士兵之间一个可怕的东西向我走过来。向我走近的是一个上身赤裸的人，他被绑在两个士兵的枪上，这两个士兵用枪牵引着他，在他身旁走着一个穿军大衣、戴制帽的身材魁伟的军官，他的身姿我觉得好像是熟悉的。罪犯全身抽搐，两脚啪哒啪哒地踏着融雪，向我走近来，木棍从两边向他纷纷打来，他一会儿向后仰倒，两名用枪牵引他的军士便推他向前，一会儿向前扑倒，两名军士便拉住他，不让他栽倒。那个身体魁梧的军官迈着坚定的、颤颤巍巍的步子，一直走在他的旁边。这就是她的面色红润、蓄着白髭须和络腮胡子的父亲。

"罪犯每挨一棍子，就把痛得皱眉蹙额的脸转向棍子落下的一边，好像觉得惊讶似的，露出一嘴白牙，重复着同一句话。只是他离我很近时，我才听清了这句话。他不是在说话，而是在啜泣：'弟兄们，发发慈悲吧。弟兄们，发发慈悲吧。'但是弟兄们没有发慈悲，当这一行人走到我跟前时，我看到，站在我对面的一个士兵坚决地朝前跨出一步，嗖的一声举起棍子，啪的一声使劲打在鞑靼人的背上。鞑靼人向前扑倒，但两名军士拉住了他，同样的棍子又从另外一边落在他的身上，接着，又是这边一下，那边一下……上校走在旁边，时而看看自己脚下，时而看看罪犯，吸进一口气，鼓起腮帮，然后通过撅起的嘴唇慢慢呼出来。当这一行人走过我站立的地方时，我一眼瞥见夹在两排士兵中间的罪犯的脊背。那种一种斑斑驳驳的、湿淋淋的、紫红色的、很不自然的东西，我简直不相信这是人的身体。

"'天哪，'铁匠在我身旁说道。

"这一行人走远了，棍子还在不停地从两边落在跌跌撞撞、浑身抽搐的人的身上，鼓还在敲，笛还在吹，身体魁伟、体格匀称的上校仍然迈着坚定的步子走在罪犯的身旁。突然，上校止住脚步，很快地走到一名士兵跟前。

"'我叫你不使劲打，'我听到他愤怒的声音。'你还敢不使劲打？还敢？'

"我看到，他挥起戴麂皮手套的有力的手，对那个惊恐失色的、身材矮小、没有多大力气的士兵打了一记耳光，因为他的棍子打在鞑靼人紫红色的脊背上不够有力。

"'拿新的棍子来！'他大喝一声，同时回过头来，看到了我。他装作不认识我的样子，威严地、恶狠狠地皱紧了眉头，连忙转过脸去。我感到非常羞耻，不知道往哪里看，仿佛我干了一件最可耻的事，被人揭发了似的，我垂下头，急忙离开这里，向家里走去。一路上我的耳朵里时而响起细碎的鼓声和尖厉的笛声，时而听到'弟兄们，发发慈悲吧'的哀求声，时而听到上校自信而愤怒的吼叫声：'你还敢不使劲打？还敢？'这时我的心里产生了一种近乎生理痛苦的、令人作呕的苦恼，我好几次停下来，我觉得，这幅景象在我心里引起恐怖使我马上就要呕吐出来。我不记得我是怎样勉强回到家里，躺在床上的。但是我刚刚入睡，就又听到和看到那一切，我就一跳而起。

"'显然，他知道某些我所不知道的事情，'我这样想上校。'假如我知道他所知道的事情，我就能理解我所看到的事情了，我看到的事情也就不会使我苦恼了。'但是，不管我怎样冥思苦想，也无法理解上校所知道的事情。直到傍晚我才睡觉，而且是在我到一位朋友家里去和他一起喝得酩酊大醉后才睡着的。

"怎么，你们以为我那时认定我所看到的事情是坏事吗？绝不是的。'既然这事做得如此信心十足，既然大家都认为这是必要的，那就是说，他们一定是知道某些我不知道的事情的，'我这样想。我努力去了解这件事情。但是不管我怎样努力，也没有能了解，后来也没有能了解。没有了解，我就没有照我从前的愿望到军队里去服役，不仅没有在军队里服役，而且哪里也没有去当差，像你们所看到的，我成了个毫无用处的人。"

"得了，我们可是知道的，您是怎么一个'毫无用处的人'，"我们当中有一个人说。"您还不如说：如果没有您，不知会有多少人成为毫无用处的人呢。"

"哼，你这话就完全是蠢话了，"伊万·瓦西利耶维奇真正懊恼地说。

"那么，爱情呢？"我们问道。

"爱情？从这一天起爱情就消退了。当她像往常一样，面带笑容沉思的时候，我立刻想起了广场上的上校，不知为什么，我就觉得不自在、不愉快。于是我和她见面就越来越少了。爱情就这样消失得无影无踪了。你们看，事情往往就是这样，改变人的一生，使它变换方向的，经常是这种原因。可是你们却说……"他结束道。

雅斯纳雅·波良纳
一九〇三年八月二十日

【作者档案】

列夫·尼古拉耶维奇·托尔斯泰（1828—1910），19世纪中期俄国伟大的批判现实主义作家，也是世界文学史上最杰出的作家之一，被列宁称颂为具有"最清醒的现实主义"的"天才艺术家"。他出身于莫斯科郊外一个古老而有名望的贵族大家庭，但一生却真诚而执着地寻求接近人民的道路。1910年10月28日，他为了摆脱贵族生活而离家出走，同年11月7日病死于途中。托尔斯泰于19世纪50年代开始文学创作，主要作品有长篇小说《战争与和平》，这是一部卷帙浩繁的史诗性巨著，是作家前期的创作总结。代表作家创作上第二个里程碑的长篇小说《安娜·卡列尼娜》，对贵族资产阶级的俄国现实进行了无情的揭露与批判。后期创作的《复活》是作家长期思想探索的艺术总结，是他对俄国地主资产阶级社会批判最全面、最深刻、最有力的一部长篇巨著。托尔斯泰的作品描写了俄国革命时人民的顽强抗争，抨击沙皇专制制度和资本主义的剥削压迫，但他同时也反对无产阶级革命家领导的革命事业，思想上陷入深刻的矛盾。列宁曾称赞他是"俄国革命的镜子"。

【含英咀华】

《舞会以后》是托尔斯泰的中短篇小说代表作之一。该小说作于托尔斯泰晚年，是根据他哥哥谢尔盖亲身经历的事件写成的。作家晚年的世界观发生"激变"，他和贵族地主阶级决裂，转到宗法制农民的立场。他后期的作品，大都以猛烈的批判攻击当时国家的各种制度，揭露更深刻，批判更有力。这篇小说以主人公伊万在舞会上的恋爱故事为线索，通过舞会上和舞会后两个截然不同的场面描写，深刻抨击了沙皇专制制度的虚伪、野蛮和黑暗，愤怒控诉了沙俄军官对士兵的残忍和暴虐。舞会中，上校同他美丽的女儿温文尔雅地跳舞；舞会后，"我"却看到上校在操场上冷酷地指挥士兵对一个逃兵执行夹鞭刑。两个场面，两副面孔，给"我"留下了难忘的印象。

小说借助巧妙的情节结构安排，极成功地运用了对比的手法，通过两个典型场面以及上校前后判若两人的对比，鲜明地突出了作品的主题。小说首先描写舞会的欢快气氛和盛况，上校女儿的美丽迷人，上校本人的温文尔雅、风度翩翩，然后笔锋一转，描写操场上惨不忍睹的行刑场面。行刑情境的悲惨、血腥、恐怖，与舞会形成强烈反差，两个场面构成了"美"与"丑"、"善"与"恶"的鲜明对比，上校的两副嘴脸、伪善面目被揭露得淋漓尽致。另外，小说成功地运用了第一人称的叙述手法，通过"我"对两个场面的两种感受与体验，增强了作品的真实性，使小说具有极强的艺术感染力。

【思考练习】
一、这篇小说表现了怎样的主题思想？
二、分析小说是如何运用对比手法的？有何表达效果？
三、作品在叙述方法上有何特点？
四、课外阅读托尔斯泰的其他作品。

【拓展阅读】
吴育群、单继达译《托尔斯泰中短篇小说选》，花城出版社出版

（吕建军）

单元知识一：小说的特点与鉴赏

一、小说的文体特征

小说是一种叙事性的文学体裁。成熟的小说必须具备三大要素：人物、情节、环境。小说一般用散文化的语言，运用形象思维的方法，以塑造人物形象为中心，通过完整的故事情节的叙述和具体环境的描写，多方面地展示人物思想感情和性格特征，广泛而深刻地反映社会生活，表现主题思想。小说中的故事情节和人物与通讯、报告文学不同，通讯、报告文学所写的必须是真人真事，不允许虚构；而小说恰恰相反，它不仅允许虚构，而且虚构的成分越大，作品的艺术效果可能越好。

"小说"这个词在中国最早见于《庄子·外物》。东汉的班固在《汉书·艺文志》中说，"小说"就是指"出于稗官"的"街谈巷语，道听途说"。直到近代，小说才明确为以叙述故事、塑造人物形象为主的文学样式。当前，小说这种文学样式也还在不断地发展与演化，其形式也更加多元化。但无论如何变化，小说的基本特征却是大体一致的，主要有以下几点。

（一）塑造典型性人物

人物形象是小说的灵魂。无论是传统小说，还是现代小说，人物形象都是其构成的最重要因素。可以说，没有鲜明的人物形象，小说就失去了存在的价值。因此，优秀的小说家，总是以刻画人物形象为第一要务；优秀的小说作品，也总是能刻画出性格鲜明，又具有典型意义的人物，并通过这种典型的形象来反映社会生活，表现主题思想。

小说在人物形象塑造上有自身的优势，它可以突破时空的界限，笔意纵横，天马行空，多维度地展现人物。小说能以更多的表现手法来细致入微地刻画人物，既能正面描绘人物的外貌，以形传神，又能通过人物语言、动作、神态等的描写来表现其性格特点；既能以微妙的心理活动来展现人物性格，又能通过环境描写、细节描写来突显人物个性。而小说叙述方式的自由，也使人物形象的塑造更为从容。全知叙述、自传体叙述、第二人称叙述等叙事方式可以穿梭于不同时空，人物性格及其变化由此得到充分的展现。

（二）叙述典型情节

小说中人物的性格，总是以某个故事为依托，在故事情节的发展过程中逐步展现出来的。因此，有人说：情节是性格的历史。小说之所以受读者欢迎，之所以让人入迷甚至废寝忘食，就因为它有扣人心弦、引人入胜的故事情节吸引人、感动人。没有生动丰富的情节，光靠心理描写、神态描写、肖像描写等是不能吸引读者的。因此，小说作品必须要构建并叙述一个丰富生动又曲折多变的故事情节，以此来吸引读者，并完成对人物形象的塑造。情节犹如绳索一般串联起小说的各个部分，建构起小说的基本框架。即使是侧重于展示人物心灵轨迹的小说，也必须具备基本的情节要素。小说情节往往头绪纷繁，错综复杂，跌宕起伏。中国古代的章回小说在这方面表现突出，它的特点是分回标目，每回故事相对独立，但又前后相接，使全书构成统一的整体。

在有的小说中，情节的发展看似断开，但始终保持内在的逻辑性和完整性。如鲁迅的《伤逝》，通过对涓生似断实续的十多个感情片段的回顾和追忆，将一出动人的爱情悲剧展现出来。而情节的巧妙安排，又将人物的性格特点和盘托出。如《红楼梦》中"宝玉挨打"的片段，全篇叙述了挨打的原因、挨打的经过、挨打之后众人探望的全过程，将笔墨重点放在了宝玉挨打后周围人物的言行上，贾政的"爱子之深，责子之切"、王夫人的偏袒、贾母的威严、贾环的卑琐等，无不从该事件中突显出来。

（三）描绘典型环境

人物和故事，总是会处在一个时间和空间的背景之下。环境就是人物活动的时空背景。一般而言，典型环境包括人物所处的社会环境、时代氛围及人物活动的特定环境。优秀的小说作品，通常以典型环境的描绘来展开情节、塑造人物，反映社会生活的广阔风貌。

人物的活动离不开一定的环境，人物性格的形成与变化也与环境密切相关。鲁迅的《伤逝》作于1925年，当时已是五四运动退潮时期。五四运动虽然打击了传统的封建势力，但这种毒害国人几千年的腐朽思想依然非常顽固。小说中的主人公涓生和子君深受"五四"时代"个性解放""爱情至上""婚姻自主"新思潮的影响，他们勇敢地冲出封建牢笼，最终却不得不在冷酷的现实面前分手。小说由此表明，封建旧势力的压迫是悲剧产生的社会根源，自由恋爱和婚姻自主是不能见容于那个封建势力占统治地位的旧时代的。在有的小说中，以特定的场景描写为故事情节的发展提供了典型环境。如莫泊桑《绳子的故事》的开头部分："这是个赶集的日子。戈德维尔附近的每一条路上都有农民带着娘儿们向镇上走来。男人们步履安闲，迈着弯曲的长腿，冉冉向前。……比起她们的丈夫来，娘儿们的步子短小而急促。……戈德维尔的集市广场上，人群和牲畜混在一起，黑压压一片。……整个集市都带着牛栏、牛奶、牛粪、干草和汗臭的味道，散发着种田人所特有的那种难闻的人和牲畜的酸臭气。"它以翔实的语言将乡村集市杂乱、喧闹而又鲜活的画面展现在读者面前，这一人多嘴杂的集市氛围正是《绳子的故事》展开的典型环境，也为主人公的出场做了铺垫。

小说这个三方面的基本特征，并不是孤立的，而是密切联系的。丰富而细致地刻画人物，必须借助于情节的充分展开；具体而独特的环境描写，则给人物活动、情节展开创造了特定的氛围。这三者相辅相成，共同构成了小说世界。

二、小说的鉴赏

掌握了小说的基本特点，在具体阅读小说作品时，该如何进行审美鉴赏呢？

首先，注意把握小说中的人物形象。一部极具感染力的小说作品通常在于它塑造了一系列性格各异而又复杂真实的人物形象。如白行简的《李娃传》，其中塑造最为成功的当属李娃这一女性形象。李娃是一位身份低贱的妓女，她以美艳的姿容轻易地吸引了荥阳郑生，但她深知自己与郑生身份悬殊，难以匹配，故与鸨母一起设计将郑生逐出妓院。然而，李娃内心对郑生却深藏爱意，所以当她眼见郑生"枯瘠疥疬，殆非人状"时，毅然与鸨母决绝，全力照顾并支持郑生，使其最终功成名就。可就在此时，李娃却主动提出离开郑生，一位清醒、理智、坚强的女性跃然纸上，人物性格表现得丰富而又真实。在唐代传奇小说的诸多女性形象中，李娃无疑是独具魅力的。

此外，在把握人物形象时应关注小说塑造人物形象的表现手法。小说在描摹人物时，常以人物语言、动作、神态及细节描写来突显人物个性，或是透过其微妙的心理活动来展现人物形象。《金玉奴棒打薄情郎》是冯梦龙"三言"中表现爱情、婚姻主题的作品里较优秀的一篇。作者善于从人物内心世界展现其性格的变化发展，人物形象呼之欲出。如对莫稽的描摹，起初邻翁向其提媒时，有一段细腻曲折的心理描写，将其贪恋财色之心暴露无遗。正因如此，才会有其后狠心推妻入江之举。而当许公设计，骗他复娶金玉奴时，他心中是"如登九霄云里，欢喜不可形容"，一个忘恩负义、贪图名利之徒的形象跃然纸上，作者对这一人物的刻画可谓入木三分。在《宝玉挨打》中，宝钗与黛玉二人听到宝玉挨打后的言行举止的描绘更堪称绝妙之笔。宝钗是"手里托着一丸药"并交代袭人如何敷用，见宝玉睁开眼说话，"便点头叹道：'早听人一句话，也不至今日。别说老太太、太太心疼，就是我们看着，心里也——'刚说了半句又忙咽住，自悔说的话急了，不觉的就红了脸，低下头来"。宝钗的心思缜密及对宝玉感情的无意流露见于笔间，少女特有的柔情与娇羞令人不禁莞尔。黛玉则是"两个眼睛肿得桃儿一般，满面泪光"，"虽不是嚎啕大哭，然越是这等无声之泣，气噎喉堵，更觉得利害。……半日，方抽抽噎噎的说道：'你从此可都改了罢！'"寥寥数语，却饱含着对宝玉的担忧与深情，与宝钗相比，黛玉更为真率。类似于这样细腻的描摹，在作品中比比皆是。也正因为此，我们在阅读《红楼梦》的同时，也是在与书中的人物实现心灵相识、相知，体尝人生的种种况味。

其次，注意理清小说中的情节线索。我们在阅读小说时，不能仅仅满足于搜奇猎异，停留在对故事情节的了解，而应该更多地思考并理清小说的情节线索，这样才能更好地把握作者的创作意旨和小说的主题思想。如列夫·托尔斯泰的《舞会以后》，作品不以故事情节的复杂曲折取胜，也无跌宕起伏之势，它通过主人公伊万回忆过往，用自述的方式将整个故事娓娓道来，朴实而自然。小说以伊万在舞会上的恋爱故事为线索，将舞会上的温柔甜美与舞会以后的残忍暴虐巧妙地联系在一起，在鲜明的对比中，有力地抨击了俄国沙皇制度的虚伪与野蛮。全篇结构严密，首尾呼应，中间埋有伏笔，尤显层次分明。而莫泊桑的短篇小说更是长于安排情节，以小见大。其名作《绳子的故事》视角独到，将一段绳子与一位小人物的命运相连，揭示出人物命运悲剧背后深刻的社会根源。小说故事简单，但情节一波三折。一位老实的农民奥士高纳因为勤俭，将地上的一小段绳子捡起来，却没想到惹祸上身，遭到冤家对头马朗丹的诬告（被诬捡了皮夹子）及周围人的不信任。后来，事情发生转折，皮夹子有人捡到归还，到此风波本可平息了，读者也松了口气，可哪里料到波澜又起，奥士高纳陷入了流言蜚语的深渊中，最后含冤死去。故事情节的跌宕起伏与人物情感的波澜不平相对应，构思新颖巧妙，具有强烈的艺术感染力。

最后，注意体会小说中的环境描写。此处的环境即之前所述典型环境，它包括人物所处的社会环境、时代氛围及人物活动的特定环境。环境描写通常是为了更好地塑造人物形象、表现作品的主题内容，所以我们在阅读时绝不能粗粗略过，而应细致地体会其中的文意。蒲松龄《青凤》的开篇有这样一段描写："太原耿氏，故大家，第宅弘阔。后凌夷，楼舍连亘，半旷废之。因生怪异，堂门辄自开掩，家人恒中夜骇哗。耿患之，移居别墅，留老翁门焉。由此荒落益甚，或闻笑语歌吹声。"以省俭的文字描绘了一幅旷废第宅，诡异幽深的场景，看似闲笔，却大有深意。它渲染了一种神秘的氛围，为人物的出场铺开了背景，埋下了伏笔。又如鲁迅《伤逝》里写道："一天是阴沉的上午，太阳还不能从云里面挣扎出来；连空气都疲乏着。"天气的阴沉、空气的疲乏正是男主人公涓生此时内心疲惫的真实写照。作者以自然景物（人物活动的特定环境）的描写，细腻地刻画出人物内心的苦闷、挣扎与虚空，将听闻子君死讯后"只坐卧在广大的空虚里"的涓生展现在读者面前。

总之，阅读和欣赏小说，应当根据小说的审美特点把握故事情节，分析人物形象，品味环境描写的作用。此外，还要把握不同作家的语言风格和特殊表现手法，最大限度地提高审美能力，以求在享受阅读愉悦的同时，在提高审美能力、道德情操等方面也能获得最大的受益。

（苏 静 刘洪仁）

单元知识二：中外小说简史

一、中国小说简史

"小说"一词最早见于《庄子·外物》，指无关道术的琐屑之言。自《汉书·艺文志》说小说"盖出于稗官，街谈巷语，道听途说者之所造也"之后，古代"小说"的含义一直是指叙述杂事、记录异闻、缀辑琐语之类的笔记文体，与我们现在所说的小说含义有很大不同。但尽管如此，我国古代小说仍然可以说源远流长。远古神话传说和先秦寓言故事，就已经出现了小说的元素，是小说的滥觞。先秦两汉及以后的一些优秀史传散文，如《左传》《战国策》《史记》《汉书》等，情节丰富曲折，人物性格鲜明，为小说文体的形成准备了条件。魏晋南北朝时期是中国小说初步形成的时期，这一时期的小说按其内容可以分为志怪小说和志人小说两大类。志怪小说主要记载一些神仙方术、鬼魅妖怪、佛法灵异等类型的故事。东晋干宝的《搜神记》，是志怪小说的代表。志人小说的代表是南北朝刘宋时期刘义庆编撰的《世说新语》，主要记载当时一些所谓名士的趣闻轶事。志人小说除《世说新语》外，还有三国时期邯郸淳的《笑林》、东晋葛洪的《西京杂记》等。

我国严格意义上的小说出现在唐代，唐代的小说被称为"传奇"。唐代传奇的出现是我国小说史上的一件大事，标志着我国小说已经进入成熟的阶段。唐人写传奇，已经开始有意识地从事小说创作；他们取材于现实生活，写出了完整的故事情节和典型的人物形象。因此唐人的传奇已经真正具备了完整的小说世界的三要素——人物、情节、环境。唐代传奇的代表作有王度的《古镜记》、无名氏的《补江总白猿传》、沈既济的《枕中记》、李朝威的《柳毅传》、蒋防的《霍小玉传》、李公佐的《南柯太守传》、白行简的《李娃传》、陈鸿的《长恨歌传》、元稹的《莺莺传》等。

宋代产生的话本，标志着我国古代白话小说的成熟。话本原是说话（讲故事）艺人说书的底本，是从民间发展起来的一种文学样式，是从群众中产生的白话小说。宋代的话本分为四种：小说、说经、讲史（平话）、合生。其中最受欢迎的是小说和讲史。小说话本直接发展成为短篇白话小说；讲史话本在元代又称"平话"，至元末明初发展演变成为长篇章回小说。根据记载，宋代的小说话本共有140多篇，但绝大部分已经散失。现存的小说话本有《快嘴李翠莲记》《碾玉观音》《错斩崔宁》《闹樊楼多情周胜仙》等。讲史话本则主要有《新编五代史平话》《大宋宣和遗事》《全相平话五种》等。

从明代开始，中国古典小说的创作进入全面繁荣的鼎盛时期。繁荣鼎盛的标志，首先表现在各种形式、各类体制的作品，无论长篇还是短篇，无论文言还是白话，都得到了长足的发展。经过宋元以来的长期孕育和元末明初天才文人的整理、创作，我国古代的长篇章回小说终于在这一时期诞生并定型了。《三国演义》《水浒传》的出现，标志着我国古代长篇小说已经走完了它漫长的成长历程，进入了成熟阶段，从而开创了我国古代小说发展的新时期。明代的长篇小说创作，按题材可以划分为三大类：第一类是历史演义和英雄传奇小说，由宋元的讲史话本发展而来，代表作有《三国演义》《水浒传》《列国志传》等；第二类是神魔小说，以《西游记》和《封神榜》为代表；第三类是世情小说，以《金瓶梅》为代表。除长篇小说外，明代还出现了文人模拟宋元话本创作的白话短篇小说，以冯梦龙编撰的"三言"(《喻世明言》《警世通言》《醒世恒言》)和凌濛初的"二拍"(《初刻拍案惊奇》《二刻拍案惊奇》)为代表。

清代小说创作达到了中国古代小说发展的巅峰,产生了代表我国古代小说最高成就的《聊斋志异》《红楼梦》和《儒林外史》。曹雪芹的《红楼梦》所取得的成就,不仅空前,而且绝后,至今仍无人超越。围绕着《红楼梦》这部小说还产生了一门研究《红楼梦》的学问,称之为"红学"。吴敬梓的《儒林外史》,是一部以知识分子为主要描写对象,以揭露科举制度罪恶为中心内容的讽刺小说,代表着中国古代讽刺小说的最高成就。晚清主要有四大谴责小说,即李伯元的《官场现形记》、吴沃尧的《二十年目睹之怪现状》、刘鹗的《老残游记》和金松岑、曾朴的《孽海花》。

1918年,鲁迅发表了第一篇白话小说《狂人日记》,代表着中国小说发展进入现代时期。"五四"时期是中国现代小说的开端,这一时期的主要小说有鲁迅的短篇小说集《呐喊》和《彷徨》,其中的名篇如《孔乙己》《药》《阿Q正传》等,均以猛烈的反封建精神激励着许多读者的心。"五四"时期出现了诸多的文学社团,最有影响的是文学研究会和创造社。文学研究会注重写实主义,主要代表作家有周作人、沈雁冰(茅盾)、叶圣陶等,作品如叶圣陶的《倪焕之》等。创造社崇尚主观性和抒情性,作品如郁达夫的《沉沦》等。

20世纪30年代,是中国现代小说的丰收期,出现了众多杰出的作品,如茅盾的《子夜》《蚀》《虹》,沈从文的《边城》,巴金的"爱情三部曲"(《雾》《雨》《电》)和"激流三部曲"(《家》《春》《秋》)等。20世纪40年代是中国现代小说的成熟期,一大批中长篇小说涌现出来,如老舍的《四世同堂》《骆驼祥子》、巴金的《寒夜》《憩园》、沙汀的《淘金记》、萧红的《呼兰河传》、丁玲的《太阳照在桑干河上》、路翎的《财主底儿女们》、张爱玲的《金锁记》、钱锺书的《围城》等。

中华人民共和国成立后,小说的发展进入到一个新的历史时期。20世纪50年代后期到60年代初期,是当代小说第一个繁荣期和丰收期,出现了一大批优秀的长篇巨著,如梁斌的《红旗谱》,罗广斌、杨益言的《红岩》,吴强的《红日》,曲波的《林海雪原》,杨沫的《青春之歌》,艾芜的《百炼成钢》,柳青的《创业史》,周立波的《山乡巨变》,周而复的《上海的早晨》(第一部),欧阳山的《三家巷》,姚雪垠的《李自成》(第一部)等。短篇小说方面也是佳作如林,数不胜数,举其要者,有马烽的《三年早知道》、王愿坚的《普通劳动者》、茹志鹃的《百合花》、李准的《李双双小传》、王蒙的《组织部来了个年轻人》等。这些作品,共同构成了当代小说创作的第一个高潮。

"文化大革命"期间,文坛一片沉寂,小说创作也几乎一片空白。

1976年粉碎"四人帮"之后,文学创作又开始从荒芜、沉寂的状态中复苏,小说创作又进入一个新的春天。20世纪80年代初,又涌现出一大批优秀的作品,长篇小说如鲁彦周的《天云山传奇》、张一弓的《犯人李铜钟的故事》、周克芹的《许茂和他的女儿们》、古华的《芙蓉镇》、蒋子龙的《乔厂长上任记》、李国文的《花园街五号》、张洁的《沉重的翅膀》、路遥的《人生》等。20世纪80年代末至90年代,小说创作进入探索、求新的阶段,出现了所谓的"意识流小说""寻根小说""新写实小说"等,知名作家和优秀作品如雨后春笋,层出不穷。限于篇幅,这里就不多作叙述了。

二、外国小说简史

西方小说同样也是以神话传说为源头,在古希腊的《荷马史诗》《伊索寓言》中就已经有小说的雏形。

西方中世纪时期,小说的发展近乎停滞。在文艺复兴后,西方小说开始快速发展。15世纪末,西方出现了提倡思想自由和个性解放的人文主义小说,主要有意大利薄伽丘的《十日谈》和西班牙塞万提斯的《堂吉诃德》。

18世纪,启蒙运动在欧洲爆发,启蒙主义文学开始蓬勃兴起。如英国笛福的《鲁滨孙漂流记》、斯威夫特的《格列佛游记》、菲尔丁的《汤姆·琼斯》等,在法国有卢梭的《忏悔录》《爱弥儿》、伏尔泰的《老实人》,这些作品都为当时的资产阶级革命制造了舆论。

18世纪末至19世纪前期,浪漫主义席卷整个欧洲,法国雨果的代表作《巴黎圣母院》便是浪漫主义小说的代表作,他还创作了《悲惨世界》《海上劳工》《笑面人》《九三年》等作品。在德国则有歌德的《少年维特之烦恼》等作品。

19世纪30年代开始,许多作家以冷峻的眼光来审视社会的变迁,着力揭露社会的阴暗面,产生了一大批优秀的批判现实主义作品。如法国司汤达的《红与黑》、巴尔扎克的《人间喜剧》、福楼拜的《包法利夫人》、罗曼·罗兰的《约翰·克利斯朵夫》,英国狄更斯的《大卫·科波菲尔》《艰难时世》《雾都孤儿》、夏洛蒂·勃朗特的《简·爱》等。俄罗斯作家在这个时期迸发出难以想象的创造力,一大批杰出的作品涌现出来,如列夫·托尔斯泰的《安娜·卡列尼娜》《战争与和平》《复活》,果戈理的《死魂灵》,屠格涅夫的《父与子》《前夜》,陀思妥耶夫斯基的《罪与罚》《卡拉马佐夫兄弟》等。

20世纪现代主义小说以一种全新的面貌登上文学的舞台。20世纪初期,奥地利作家卡夫卡创作了《变形记》《城堡》,通过夸张的变形来揭示事物的本质。20世纪20年代开始,欧美等出现了意识流小说,主要代表作有爱尔兰作家乔伊斯的《尤利西斯》、美国福克纳的《喧哗与骚动》、法国普鲁斯特的《追忆似水年华》。第二次世界大战后,在存在主义哲学的影响下,出现了存在主义小说,主要代表作品有法国萨特的《厌恶》《墙》、加缪的《局外人》《鼠疫》,这些作品通过荒诞的人生和世界来反映人对于绝望和荒诞的反抗。20世纪还出现了黑色幽默文学,代表作是美国海勒的《第二十二条军规》。哥伦比亚马尔克斯的魔幻现实主义小说独树一帜,其主要作品有《百年孤独》《霍乱时期的爱情》等。

现实主义小说依然是20世纪小说的一个重要组成部分。法国巴比塞的《火线》《光明》、德国托马斯·曼的《布登勃洛克一家》、美国德莱塞的《嘉莉妹妹》等都是优秀的现实主义小说。而美国作家海明威的《丧钟为谁而鸣》《老人与海》《太阳照样升起》夹杂着现代主义和现实主义,风格独特。

20世纪苏联小说的主流仍是现实主义的。高尔基的《母亲》,法捷耶夫的《毁灭》《青年近卫军》,阿·托尔斯泰的《苦难的历程》,奥斯特洛夫斯基的《钢铁是怎样炼成的》,都是现实主义小说的杰出代表。肖洛霍夫的《静静的顿河》则展现了另一种不同风格的苏联文学。20世纪五六十年代,肖洛霍夫的《一个人的遭遇》、索尔仁尼琴的《伊凡·杰尼索维奇的一天》、帕斯捷尔纳克的《日瓦戈医生》等则饱含着人道主义的气息,关注普通人的命运。

除欧美之外,东方文学中的小说创作也取得了举世瞩目的成就。中古时期日本作家紫式部的《源氏物语》，成书于 11 世纪初，是世界上最早的长篇小说之一。阿拉伯的民间故事集《一千零一夜》，是在吸收、再创造外来故事的基础上创作而成的，代表了阿拉伯文学的最高成就。近现代文学中，日本夏目漱石的《我是猫》，是日本讽刺文学的典范之作，对其后的日本文学影响极大。此外，日本川端康成的《雪国》《千只鹤》《古都》，大江健三郎的《万延元年的足球队》，印度泰戈尔的《戈拉》《沉船》，朝鲜李箕永的《故乡》，印度尼西亚马斯·马戈尔的《自由的激情》等，都是东方文学中不朽的作品。

（杨　昱　刘洪仁）

下编　应用写作

第一章　应用写作概述 / 232

第二章　党政机关公文写作 / 241

第三章　事务文书写作 / 271

第四章　毕业论文写作 / 298

第五章　申论写作 / 304

第一章　应用写作概述

第一节　应用文的含义、发展历史与意义

一、应用文的含义

关于应用文的含义,《现代汉语词典》(第7版)解释为:"指日常生活或工作中经常应用的文体,如公文、书信、广告、收据等。"这个定义指出了应用文的使用范围、文体特点和应用文的主要种类。根据2012年4月中共中央办公厅、国务院办公厅颁发的《党政机关公文处理工作条例》中对公文的界定,应用文的定义应为:应用文是机关团体、企事业单位以及人民群众在日常工作、生产和生活中办理公务以及个人事务时,进行交流和沟通信息,具有直接实用价值和惯用格式的一种书面交际工具。这个定义规定了应用文的本质特征,使它明显区别于其他文体。

从广义角度来讲,所有的文章都是为了应用的,如果不能应用,也就失去了存在的价值。一切文章,如果按用途划分,大致可以分为两大类:即应用类和文学类。应用类文体的基本特点就体现在"应用"二字上。这类文章是我们在日常生活中办理各种公、私事务的工具。大到党政机关的命令、指示、意见、通知,小到个人的借条、领条、请假条、申请书等,都属于应用文的范畴。由于应用文具有很强的实用性,所以又称作实用文。

应用写作是写作学科的一个重要分支,它以应用文为学习和研究对象,以实用为写作目的。

二、应用文的发展历史

在我国,应用文的使用已经有3000多年的历史,它的起源最迟可以追溯到殷商社会晚期,可以说伴随着文字的产生,就有了应用文的使用。殷墟出土的甲骨卜辞,商周时期的钟鼎文,《周易》中的卦、爻辞等都是应用文的原始形态。

应用文在文种上有明显的分类始于西周,周天子与诸侯王使用的命令性文件,分为"诰""誓""命令"。秦汉时期是应用文文种分类制度正式确立的时期,第一次确立了下行文与上行文的区别与各自的文种。下行文有制、诏、策、戒四种,均属于指令性的,只有皇帝才能使用。上行文有章、表、奏、议四种,是大臣给皇帝上书用的。这一时期,首开公务文书文种规范化之先河,具有划时代的意义。公文的"一文一事"制度,始于唐宋时期。

在我国应用文长期的写作实践中,曾经产生了不少优秀作品,如李斯的《谏逐客书》、司马迁的《报任安书》、晁错的《论贵粟书》、贾谊的《论积贮疏》、诸葛亮的《出师表》、魏徵的《谏太宗十思疏》等,都是千古名篇。

辛亥革命后,南京临时政府颁布了公文格式条例,专门规定公文名称和使用范围,废除了几千年封建王朝使用的制、诏、诰、敕、疏、表等名目,是公文制度上的一次重大改

革。1928年中华民国国民政府对公文程式又作了一些新规定，其中比较重要的一点是规定公文写作要用白话文，使用新式标点符号。

中华人民共和国成立后，中国共产党和中央人民政府对公文工作十分重视，进行了一系列改革和健全工作，1951年中央人民政府政务院颁布了《公文处理暂行办法》。其后经过1955年、1957年、1981年、1987年、1993年、2000年、2012年的历次修订，现在执行的是2012年7月1日起施行的《党政机关公文处理工作条例》。这个新条例使文种数目更简约，性质更清楚，格式更规范。

三、学习应用写作的意义

我们先来看一则故事。

孙中山先生青年时代曾去拜访湖广总督张之洞，名帖上写"学者孙文求见之洞兄"。张之洞看了名帖，便知这个"孙文"不过是一个名不见经传的小小儒生，便叫门人送上一张纸条，上写：

持三字帖，见一品官，儒生妄想称兄弟

孙中山看完此条，当即在纸上写下下联：

行千里路，读万卷书，布衣亦可傲王侯

张之洞看到此帖，顿时肃然起敬，赶紧开门相迎。

在人们的印象中，应用文因为强调"应用"，一定是单调枯燥、索然寡味的。上面这则故事中的名帖和对联，都属于应用文范畴。但从中我们却不难看出它所蕴含的学力、智慧和人格的魅力。

叶圣陶先生说："大学毕业生不一定要能写小说诗歌，但是一定要能写工作和学习中实用的文章，而且非写得既通顺又扎实不可。"在我们今天的生活中，应用文不仅使用范围广，而且使用频率高。美国著名未来学家阿尔文·托夫勒指出，信息时代家庭工作的任务是：编制电脑程序、写作、远距离监测生产过程。信息时代社会家庭化，作为家庭三项工作任务之一的写作，自然不是文学创作，而是一般文章的写作，具体地讲就是应用写作。在现代经济活动中，一封能张扬个性的求职信，一例富有创意的广告策划，一篇别具慧眼的市场调查报告，一份颇有启迪的产品说明书，乃至一张别开生面的贺卡或名片，一则匠心独运的启事或告示等，无不体现着一个人的才华和能力。有时，它还可以给你带来很大的晋升机会或发展空间。

应用写作在我们的日常生活、社会科学领域的重要作用已毋庸置疑，它在自然科学领域的作用同样不可小觑。在自然科学领域，因为语文没有学好，尤其是应用写作技能没有掌握好而吃亏的人不在少数。例如，英国科学家法拉第研究电磁现象30年，最后发表了他的研究成果，并把他做过的实验整理成《电学实验研究》一书。可是由于他的文字表达"模糊不堪"，其观点提出几十年后，仍然受到非议，得不到学界的认可。英国物理学家、数学家麦克斯韦在中学时参加数学和诗歌比赛都获得过十分优异的成绩。他有着极强的阅读能力和理解能力，第一次读到法拉第的《电学实验研究》时，就看出了其见解的新颖与合理，只是法拉第的表述存在问题。于是麦克斯韦发表论文，把法拉第的思想准确地表述出来。由于其出色的表达，论文发表后，立即得到科学界的一致认可。一项伟大科研成果，由于表述不清的原因，使人类社会晚受益了几十年；而年轻的麦克斯韦却因其良好的读写能力而一鸣惊人，既为科学做出了贡献，也为他自己打开了良好的发展空间。

看到这些事例，我们能说应用写作不重要吗？我们还有理由不重视应用写作，不掌握好应用写作的基本技能吗？

（孟成华　刘洪仁）

第二节　应用文的特点与种类

一、应用文的特点

与其他文体比较，应用文一般具有如下主要特点。

（一）直接的实用性

应用写作在于解决现实生活与工作中的实际问题，现实需要是应用写作最重要的存在价值。"实用"是应用文区别于其他文体的最本质的属性。实用的重要性体现在：一要一文一事，每写一篇应用文着重解决一个问题；二要讲究时效，提高解决问题的效率。

（二）格式的规范性

与其他文体相比，应用文的格式相对固定，尤其是公务文书。信函类应用文要有称谓，正文（应包含问候语、开篇、主体、祝颂语），落款。部署类应用文要有标题、发文字号、主送、正文、落款、主题词等。诉讼类应用文要有标题，正文（应包含首部、主体、尾部），落款等。

（三）较强的时效性

应用文是据理办事的，一般要求在规定的时间内行文并有效运转（解决问题），具有较强的时效性。否则时过境迁，应用文也就失去了解决问题的作用。应用文的时效性一般表现在快写、快发、快办三个方面，有些应用文正是以发文日期来表示其生效期限或者执行起始日期，有的应用文还要明确规定有效期限。

（四）表述的真实性

真实是应用文的生命，也是它的显著特点。应用文无论处理公务还是私事，都要杜绝弄虚作假、虚构编造，内容必须真实可靠，写事必须有根据，议论必须有分寸，数据必须准确无误。应用写作要如实反映客观事物的本来面目，语言要简洁，表达要真切，做到"有什么说什么，有多少说多少"，不能"少一字"，也不能"多一言"。应用写作中所涉及的人和事必须绝对真实，包括情节、数字、细节，决不允许有半点虚构和夸张。

（五）对象的针对性

应用文是为处理和解决社会生活中的实际问题而写的，具有明确的目的性、特定的接受对象以及强烈的针对性。从文种选择、格式安排到语词的运用，都要针对写作目的与读者对象而有所选择与取舍，特别是某些行政公文，对阅读对象的要求很明确具体。

二、应用文的作用

作为实用性很强的文体之一,应用文的社会作用非常广泛,主要体现在以下几个方面。

(一)指导规范作用

公务文书中有一部分是部署性、规章性、发布性公文,这部分公文具有法定的权威性和现实的指导性。这类文件的制发,对于建立科学、有序、有效的管理体制和运行机制,保证政令、法令畅通,具有很重要的意义。尤其是应用文中的下行文,大都具有行政领导和行政管理的作用,这不仅因为应用文是党政机关实施领导、管理、指导、指挥各部门的有力工具,而且也是党和政府方针、政策具体化的书面形式。

(二)沟通商洽作用

大到一个国家,小到一个单位或部门,为了有效地开展工作和搞好各项活动,需要经常、及时地进行沟通与商洽,应用文便是促进社会组织之间、社会成员之间联系和协调的重要工具。应用文是沟通与协调的桥梁,它把上下左右联系在一起,使之形成一个统一的整体,并推动各项工作有序、顺利地进行,如不同单位之间的告知函、不同公司之间关于贸易变更情况的通知等。

(三)宣传教育作用

与其他文体相比,应用文的宣传教育作用更为直接、突出,也更具权威性。它可以运用各种不同的方式发挥其宣传教育作用——推广新技术、介绍好经验、表彰先进、惩戒落后等。如一些地区通过各种渠道展示的本地区人文风情的宣传稿就起到了这一作用。

(四)依据凭证作用

无论公务联系,还是私人往来,常常需要书面凭证,以备日后核查,应用文具有明显的依据凭证作用。应用文既是指导、监督、保证各项工作顺利开展的工具,也是解决实际问题的依据、凭证。

三、应用文的种类

在使用过程中,人们通常按照应用文的使用功能将其分为通用和专用两大类。

通用类应用文是指人们在办公或办事中普遍使用的文书。它又可分为行政公文、通用事务文书、个人事务文书三类:

(1)行政公文,指的是《党政机关公文处理工作条例》中规定的文种,包括决议、决定、命令、公报、公告、通告、意见、通知、通报、报告、请示、批复、议案、函和纪要等;

(2)通用事务文书,包括调查报告、工作总结、述职报告、简报、计划、规章制度等;

(3)个人事务文书,包括信函、启事、条据、祝词、悼词、楹联等。

专用类应用文是指某种特定行业使用的专业性较强的文书,主要包括:

(1)科技类文书,如学术论文、实验报告等;

(2)财经类文书,如市场预测报告、经济合同、审计报告等;

(3)司法类文书,如诉状、辩护词、公证书、判决书等;

(4)传播类文书,如消息、通讯、广告等。

(孟成华)

第三节　应用文的表达方式及语言特点

一、应用文的表达方式

应用文常用的表达方式只有叙述、说明、议论三种，描写、抒情一般在广告、调查报告、经济新闻等文体中偶尔使用。因此，我们只重点介绍叙述、说明、议论这三种表达方式在应用文中的使用。

（一）叙述

叙述是应用写作中常用的一种表达方式。有的应用文以叙述事实作立论的依据，如通报、总结等；有的应用文以叙述事实为依据进行决策和预测，如经济活动分析报告、调查报告等；有的应用文对事实作如实反映和记载，如会议纪要、合同、诉讼文书等。应用写作中的叙述有如下几个特点。

1. 以记事为主

应用写作要反映现实，解决问题，与记叙文以写人为主不同，而是多以记事为主，如反映经济活动状况、市场情况、经济信息、介绍典型经验、阐述事情原委、总结工作等，通常采用叙述方式来记事。

2. 叙述客观真实

文学作品的叙述可作艺术加工，所述事件不必完全是客观存在的事实，但应用文却决不允许这样做。应用文中所叙述的事实，必须真实可靠，不允许对事实夸大或缩小，更不能歪曲事实或主观臆造，否则就会导致决策失误，使经济活动陷入混乱。

3. 以概括叙述为主

文学作品需通过描写细节来塑造人物形象，展开故事情节。而应用文则是通过简要的叙述为下文提供相应的依据。如通报的叙述，就是为后面判定事实的性质、做出号召学习或给予批评处分决定而奠定基础的。叙述本身不是全文的核心（主题）所在，因而应用文中的叙述大多采用简明扼要的概括性叙述。

4. 多用顺叙

为使应用文条理清晰，让读者掌握理解所述的客观事实，在应用文中常常使用顺叙的写作方式。在叙述时有的按照时间顺序，有的按事件发展的顺序，有的按人们认识事物的客观过程来叙述。这样叙述能使较复杂的事情变得眉目清晰，一目了然。

5. 语言较平实

应用文的语言要求平实质朴，较少使用修饰性词语、描写性语言和比喻、比拟、夸张、象征等修辞手法，笔法较朴实。应用文的实用性决定了其语言的简洁朴实。

（二）说明

说明这一表达方式在应用文中是与叙述相结合的，起到对客观事物真实介绍说明的作用。很多文种都依赖这一表达方式，如说明书、报告、请示、经济活动分析、合同、自荐书等，都离不开说明。说明在应用写作中表现出以下几个特征。

1. 说明客观、科学

通过说明，真实客观地反映事物的本来面貌、本质特征。这就要求说明客观、科学、严肃。

2. 多用数字进行说明

说明不但要客观真实，而且要做到准确无误，用数字进行说明就能起到这样的作用。因此，在应用写作中就少不了用数字进行说明，特别是需要反映量的变化时，数字的作用就显得尤为突出。

3. 综合使用多种说明方式

在使用说明方式的过程中，常常是将多种方式结合起来同时使用。如将数字说明和比较说明、定义说明和分类说明等说明方式结合运用，可以把事物说明得更具体、准确。

（三）议论

应用写作常常用议论的方式进行评论、分析，探寻事物发展的规律，阐述主题。应用文的议论有以下几个特点。

1. 重数据、重材料

与议论文的议论不同，应用文中的议论不是靠言论的雄辩，而是以无可辩驳的事实材料和数据为依据。如在一篇《三季度物价水平》的经济活动报告中，对该季度的物价水平下降的情况分析是这样议论的："三季度，居民消费价格总水平同比上涨 0.8%，涨幅比二季度缩小 0.8%，其中 9 月份已转为下降，同比下降 0.1%；社会商品零售价格总水平同比下降 0.9%，已连续 4 个月处于下降之中，并且降幅在不断增大；工业品出厂价格指标同比下降 1.7%，降幅比二季度增大 1.4%。各种物价总水平再次全面转降，在很大程度上是外生性涨价因素所致，但这也清晰地表明困扰我国经济的紧缩和总需求不足问题并未真正消除，而只是被外生性涨价因素掩盖起来了。一旦政策支持力度减弱，经济就会再次下降。"这段文字在议论时采用了大量的数据材料，材料充分，议论切合实际，得出的结论很有说服力。

2. 常与说明、叙述等方式结合使用

夹叙夹议、说议结合，是应用文中的议论特点。应用写作往往不单独进行完整的议论，议论依赖于所叙述的事实和说明的现象，是在事实和现象的基础上进行议论。如在《靠名牌赢得市场》的调查报告中是这样写的："20 世纪 90 年代初，瑞士、日本各种品牌的钟表开始大规模进入中国市场。面对严峻的市场形势，公司决策层认真研究数量和质量的辩证关系，决定借鉴国外钟表工业发展的成功经验，走'少而精'的道路，即以提高'单位面积'的产出取胜，生产高技术含量、高附加值的产品，在工艺上精益求精，把人、财、物集中用到刀刃上，争取在最短的时间里后来居上。"这段文字采用夹叙夹议的方法，材料具体，剖析深入，语言生动活泼。

二、应用文的语言特点

应用文的语言与文学作品的语言有较大的差别，其特点主要表现在以下几个方面。

（一）程式化

程式化的语言是写作实践的产物，是应用写作实践中常用的习惯用语，这种语言已经约定俗成，得到广泛的认可。根据功用不同，程式化的语言可大致分为：

（1）称谓语，如本人、我、你、贵、该等；

（2）起始用语，如兹因、据核实、关于、鉴于、为了等；

（3）结尾用语，如为荷、为盼等；

（4）表态用语，如照办、可行、同意等；

（5）谦敬用语，如请、承蒙、惠示、惠允等；

（6）时限用语，如当即、立即、从速等；

（7）期望用语，如务希、务请、如蒙、勿误等；

（8）列举概括用语，如各类、多起、数事、上项、如下等；

（9）特殊含义的用语，如签发、核查、归口、缺口、责成、任命、复议等。

（二）书面化

应用写作的性质决定了其语言风格为简明、规范、严肃，而书面语能较好达到这一要求，因而应用文的语言大多采用典雅的书面语，而较少运用口语。

（三）常用数字

在分析问题、说明问题时，运用数字，可以比较明确地表达事物的状态，从而加深对该事物的认识，因而应用写作常用数字来说明问题。如邓小平同志在《关于科学和教育工作的几点意见》中讲到我国科研人员少、队伍小时用了三个数字："美国科研队伍有 120 万人，苏联前年的资料是 90 万人，现在又增加了。我们是 20 多万人。"这三个数字勾勒出三个国家科研队伍的基本状况，十分清晰地说明了我国科研人员少、队伍小的现状。

三、应用文语言运用的要求

（一）叙述语言需简洁、概括

应用写作在进行叙述时要用最简短的语言陈述事实，只概述事实的梗概，而不纠缠于耗时费事的具体情节之中，做到文约事丰，简要明了。

（二）语言表达要严谨而有分寸

应用文的语言表达是否严谨有分寸，关系到对问题的判断、处理是否合理、准确。如一份处理决定这样写道："李××在 2018 年 9 月间收受×××工程公司的 500 万元的巨款。案发后李××还和×××工程公司经理及会计订立攻守同盟，妄图掩盖其过错。"文中"过错"一词有失严谨，表述与事实不符，李××的行为不是过错而是严重犯罪，故可将"过错"改为"所犯罪行"。

（三）数据语言书写要规范、清晰、准确

按照《中华人民共和国国家标准：出版物上数字用法》（GB/T 15835—2011）的规定，应用文中数据语言的运用要做到以下几点。

（1）在同一篇文章中序数数字的体例要统一，不能体例混杂。如"农历初一至初 7 放假"一句，前后数字体例书写不规范，需统一书写。同时，分数与小数的体例也必须统一。如"该县企业所得税收入完成 95.6 万元，比去年增长百分之十三"，出现了混写的错误。

（2）表示公元的世纪、年代、年、月、日、时刻均需使用阿拉伯数字，而星期则用汉字。如"21 世纪""90 年代""星期五"等。

（3）邻近两个数字并列表示概数时，应该用汉字书写，数字与数字之间不能用顿号将其隔开。如"3、4 天"应写成"三四天"，"七、八种"的"七"和"八"之间不用顿号隔开。

（四）朴实、简洁

应用文的语言要求准确明了、朴实无华、简洁有力，提倡朴素美、简洁美，不像文学作品可以用华丽多彩的语言去描摹事物。如有一篇公文是这样写的："2019年某天深夜，乌云密布，雷声隆隆，大雨倾盆而下，刹那间，美丽富饶的鱼米之乡被一片汪洋吞没。接连几天如注的暴雨，淹没了田野，冲毁了村庄和工厂，交通、电力、通信一度中断。这百年不遇的特大洪涝灾害，给我乡造成了不可估量的损失。……"这段话运用了形象化的描写，带有较浓厚的文学色彩，不符合应用文语言朴实、简洁的要求。

【思考练习】

一、以学习小组的形式进行一次校内调查，看看学校内使用的应用文有哪些，并形成小组调查报告。

二、指出下面语段中语言运用的问题，并予以改正。

1.×××收受包工头的贿赂几十万元，造成国家直接或间接经济损失二千多万元。

2.×××自2014年以来用五年的时间，先后完成了省部级的科研成果十多项，多次获得国家省部级的奖励。

三、比较分析下面两则材料，说明其存在的问题或成功的原因。

（一）

某造纸厂有一位厂长，嗜好麻将，常乐此不疲，人称"麻将厂长"。一日，他在全厂职工的年终总结大会上即兴演讲道：

"同志们好！不平凡的2019年业已过去，新的一年还是一张'白板'，但是，'东南西北中'，发财靠职工；只要我们群策群力，我们的产品会'清一色'地占领市场。

新的2020年，各车间要力争比去年多生产纸张三百六十九万'筒'；多提合理化建议二百五十八'条'；多创新一百四十七'万'元；后方单位再也不要弄成'十三不搭'，要积极主动地搞好协同作战，检查部门要做到'卡住下家''盯死对家''注意上家'。

好，到此为止。谢谢大家。"

（二）

北伐战争开始前夕，国民革命军总司令部在广州请瞿秋白先生给全军政工人员作演讲。与会者对瞿秋白先生早有耳闻，都把这当成一次难得的学习机会，做好了详细记录的准备。然而，出人意料的是瞿秋白先生走上讲台只说了一句话："宣传关键是一个'要'字，鲁智深三拳打死镇关西，拳拳打在要害上。"

一句话，26个字，当他走下讲台时，全场愕然。寂静了几秒钟后，全场爆发出雷鸣般的掌声。这26个字的演讲，有着巨大的鼓动性和号召力，有着宏伟的气势和犀利的词锋，算得上是演讲中的经典之作。

四、分析下面两段文字在主旨、表达及文种、标点上存在的问题。

1.

通　知

全体职工：

总公司反腐倡廉小组本次年底大检查中，发现各单位年底宴请频繁，名目繁多的请客送礼，导致了很大的浪费，广大职工对这种腐败现象极为不满。各单位要加强廉政建设，刹住歪风邪气,维护企业利益,所以总公司办公会议研究决定,各单位必须成立纪检小组,加强自检,并在一个月内,将自检报告上报给总公司。

特此通知。

××市工业总公司
2020年×月×日

2.

关于202×年招生计划的申报

市教育委员会:

  我们对教委文件《关于申报202×年招生专业计划的通知》进行了认真学习,大家一致表示要落实教委的意见,积极发展高等职业教育,办好社会所需要的各种新型专业。经我校各院系研究,决定202×年申报25个专业,招收本专科学生共3000名。特申报给你们。

××大学
202×年×月×日

(孟成华 刘洪仁)

第二章 党政机关公文写作

第一节 党政机关公文概述

一、公文与党政机关公文的概念

公文，是所有公务活动中所形成和使用的文字材料，是方针、政策、法规、政令和信息、情况的表现者、运载者，是机关实施管理的基本手段和重要工具，发挥着上令下达、下情上报和信息沟通的重要作用。公文贯穿机关管理工作的始终，与每一个机关工作人员息息相关。因此，具备较强的公文写作能力，是每一个机关工作人员的基本素质要求。

党政机关公文，根据中共中央办公厅、国务院办公厅 2012 年 4 月 16 日联合颁发的《党政机关公文处理工作条例》的界定，是指：党政机关实施领导、履行职能、处理公务的具有法定效力和规范格式的文书，是传达贯彻党和国家的方针政策，公布法规和规章，指导、布置和商洽工作，请示和答复问题，报告、通报和交流情况的重要工具。本书所涉及的党政机关公文，均以此版本的《党政机关公文处理工作条例》为标准。

二、党政机关公文的分类

党政机关公文，我们可以从不同的角度对其进行分类。
（1）按照行文方向，党政机关公文可以分为以下几种。
① 上行文：下级机关向上级机关报送的公文，如报告、请示等。
② 平行文：同级机关或不相隶属的机关之间相互递送的公文，如函等。
③ 下行文：上级机关向下级机关发送的公文，如通知、通报、批复等。
（2）按照公文涉及的秘密程度，党政机关公文可以分为绝密公文、机密公文、秘密公文、内部材料、普通公文 5 种。我们在起草或者管理公文时必须要按照该公文的秘密等级来处理，涉及秘密问题的，不能泄密。
（3）按照紧急程度的不同，党政机关公文可以分为紧急公文和普通公文。紧急公文又可区分为特急件和急件。
（4）按照适用范围，《党政机关公文处理工作条例》规定的党政机关公文主要有 15 种：决议、决定、命令（令）、公报、公告、通告、意见、通知、通报、报告、请示、批复、议案、函、纪要。

三、党政机关公文的一般格式

《党政机关公文处理工作条例》第九条规定："公文一般由份号、密级和保密期限、紧急程度、发文机关标志、发文字号、签发人、标题、主送机关、正文、附件说明、发文机关署名、成文日期、印章、附注、附件、抄送机关、印发机关和印发日期、页码等组成。"公文特定的、惯用的格式，是其权威性和约束力在形式上的具体表现。

依据中共中央办公厅、国务院办公厅《关于印发〈党政机关公文处理工作条例〉的通知》和中华人民共和国《党政机关公文格式》（GB/T 9704—2012）规定，公文的结构包括公文的外部形式和公文的内部组织两个部分：公文的外部形式即格式，指国家标准规定的固定格式；公文的内部组织即内容，指公文的主体部分。公文的书面格式实际上是公文全部书面内容的结构，包括版头、主体、版记三个部分。

（一）版头部分

版头部分又称眉首，包括份号、密级和保密期限、紧急程度、发文机关标志、发文字号、签发人等内容。版头与主体之间由一条红色分隔线分开。

1. 份号

份号是指某一份公文在该公文印刷总份数中的顺序号。特别重要的公文，需要标注份号。份号一般用6位3号阿拉伯数字表示，如"000015"。其位置在版心的左上角第一行顶格。

2. 密级和保密期限

如需标注密级和保密期限，一般用3号黑体字，顶格编排在版心左上角第二行。密级和保密期限之间用★隔开，如"绝密★30年""机密★20年""秘密★10年"等。

3. 紧急程度

紧急程度一般用3号黑体字标注，顶格编排在版心左上角第三行，密级和保密期限下方。紧急公文可标注"特急""加急"，紧急电报分别标明"特提""特急""加急""平急"。

4. 发文机关标志

发文机关标志也就是文件名称，由发文机关全称或者规范化简称加"文件"二字组成，也可以使用发文机关全称或者规范化简称。发文机关标志居中排布，上边缘至版心上边缘为35mm，推荐使用小标宋体字，颜色为红色，以醒目、美观、庄重为原则。联合行文时，如需同时标注联署发文机关名称，一般应当将主办机关名称排列在前；如有"文件"二字，应当置于发文机关名称右侧，以联署发文机关名称为准上下居中排布。

5. 发文字号

发文字号是指发文单位某年度所发公文的顺序号，如国务院2015年所发的第一号文件，即为"国发〔2015〕1号"。发文字号由发文机关代字、发文年份和顺序号组成，编排在发文机关标志下空二行居中位置或左下方（上行文时居左空一字编排）。文字采用3号仿宋体，发文年份、发文顺序号用阿拉伯数字标注，发文年份用六角括号"〔 〕"括起。注意：年份一定要用阿拉伯数字将四位数字写齐，不能略写；顺序号只标实数位，虚数位不标0，发文顺序号前也不用"第"。如"国发〔2015〕1号"不能写成"国发〔15〕01号"或"国发〔2015〕第1号"等。

6. 签发人

上行文应在发文字号右侧标注签发人（居右空一字编排）。"签发人"三字用3号仿宋体字，后面加全角冒号和签发人姓名，姓名用3号楷体字。联合上报的公文，应同时标注各联署机关的签发人。

7. 版头中的分隔线

发文字号之下4mm处居中印一条与版心等宽的红色分隔线。

（二）主体部分

公文的主体，是公文最主要的部分，包括标题、主送机关、正文、附件说明、发文机关署名、成文日期、印章、附注和附件等要素。

1. 标题

公文的标题一般由"发文机关名称+事由+文种"三要素组成，位于红色分隔线下空二行位置。发文机关名称一般用全称，也可以用规范化简称。标题字体一般用 2 号小标宋体字，排列分行合理、美观、醒目。多行标题排列应使用梯形或菱形，不采用上下长度一样的长方形和上下长、中间短的沙漏形。多个发文机关名称之间用空格分开，不加顿号。

2. 主送机关

公文的主送机关是指公文的主要受理机关。主送机关名称应用全称，或规范化简称，或同类型机关统称；向下普发的公文主送机关名称应规范、稳定。主送机关编排于标题下空一行位置，居左顶格，回行时仍顶格。有多个主送机关的，各机关名称之间用顿号隔开，最后一个主送机关名称后标全角冒号。

3. 正文

正文是公文的主体，用来表述公文的内容，一般用 3 号仿宋体字，编排于主送机关名称下一行。

正文中的结构层次序数一般依次用"一""（一）""1""（1）"等标注，不得逆向使用。

4. 附件说明

如有附件，在正文下空一行左空二字编排"附件"二字，后标全角冒号和附件全称。如有两个或两个以上附件，应用阿拉伯数字标注附件顺序号，一个附件单独占一行，每行附件名称和序数对齐。如：

附件：1.《×××××××》（×份）
　　　2.《×××××××》（×份）

5. 发文机关署名

发文机关署名也叫落款，应用全称或规范化简称，位于正文的右下方（与正文或附件说明空一行），一般在成文日期之上，以成文日期为准居中编排。若是两个或两个以上机关联合发文，一般将各发文机关署名按照发文机关顺序整齐排列在相应位置。

6. 成文日期

成文日期一般署会议通过日期或领导同志签发日期。两位以上领导人审签，署最后一位领导的签发日期；联合行文，署最后签发机关领导同志的签发日期。成文日期的数字用阿拉伯数字将年、月、日标全，年份应标全称，月、日不编虚位，如 2 月不写成 02 月。成文日期位于发文机关署名右下方，一般右空四字编排。

7. 印章

除会议纪要和印有版头的向下普发的公文外，公文应加盖发文机关印章。用印页（发文机关署名页）至少应有二行正文，当公文排版后所剩空白处不能容下印章或签发人签名章、成文日期时，可以采取调整行距、字距的措施解决。

印章应端正、居中下压发文机关署名和成文日期，使发文机关署名和成文日期居印章中心偏下位置，印章顶端应当上距正文（或附件说明）一行之内。联合行文时，最后一个印章端正、居中下压发文机关署名和成文日期，印章之间排列整齐、互不相交或相切，每排印章两端不得超出版心，首排印章顶端应当上距正文（或附件说明）一行之内。

8. 附注

附注是指需要说明的其他事项，一般用于向下普发的公文，对印发、传达范围作说明，用 3 号仿宋体居左空二字加圆括号标注于成文日期下一行。

9. 附件

附件应当另面编排,并在版记之前,与公文正文一起装订。"附件"二字及附件顺序号用3号黑体字顶格编排在版心左上角第一行。附件标题居中编排在版心第三行。附件顺序号和附件标题应当与附件说明的表述一致。附件格式要求同正文。如附件与正文不能一起装订,应当在附件左上角第一行顶格编排公文的发文字号并在其后标注"附件"二字及附件顺序号。

(三) 版记部分

版记部分包括版记中的分隔线、抄送机关、印发机关和印发日期、页码等内容。下面介绍一下抄送机关、印发机关和印发日期。

1. 抄送机关

抄送机关是指除主送机关外需要执行或者知晓公文内容的其他机关。抄送机关一般用4号仿宋体字,在印发机关和印发日期之上一行、左右各空一字编排。"抄送"二字后加全角冒号和抄送机关名称,回行时与冒号后的首字对齐,最后一个抄送机关名称后标句号。

2. 印发机关和印发日期

印发机关和印发日期一般用4号仿宋体字,编排在末条分隔线之上,印发机关左空一字,印发日期右空一字,用阿拉伯数字将年、月、日标全,年份应标全称,月、日不编虚位(即1不编为01),后加"印发"二字。

版记中如有其他要素,应当将其与印发机关和印发日期用一条细分隔线隔开。

下面为党政机关公文的参考书面格式：

```
000001
机密★1年
特急


            ××××××文件

       ×××〔2019〕××号    (签发人：×××)
_____

          ××××××关于×××××的通知

     ×××××(主送机关)：
       (正文)××××××××××××××××××××
     ×××××××××××××××××××××。

                                          — 1 —
```

党政机关公文首页格式（样本）

```
××××××××××××××××
×××××××××××××××
×××。
    ×××××××××××××××
××××××××××。
    ×××××××××××××××
××××××。

    附件：1. ××××××××××
         2. ××××××××××


                ××××××（印章）
                2020 年×月×日
(附注：×××××××××)
```

抄送：××××××，××××××，××××××，×× ，××××××××××。
×××××××（印发机关）　　　　2020 年×月×日印发

党政机关公文末页格式（样本）

【思考练习】

一、单项选择题。

1. 上行文以（　　）行文为主，除在特殊情况下才可越级行文。

　A. 多级　　　　B. 逐级　　　　C. 同级　　　　D. 直达

2. 下列发文字号，格式正确的是（　　）。

　A. 晋工商［2018］第 24 号　　　　B. 川教委（2018）5 号

　C. 鄂计生〔2018〕9 号　　　　　　D. 广培［18 年］17 号

3. 签发人标注在发文字号右侧，只在（　　）公文中使用。

A. 上行文 B. 法规性公文
C. 紧急公文 D. 知照性公文

4. 公文中联合行文的成文日期为（   ）。
   A. 讨论出台日期 B. 最后签发机关领导人的签发日期
   C. 通过日期 D. 批准日期

5. 公文一般都要加盖印章，除（   ）例外。
   A. 报告 B. 函 C. 纪要 D. 意见

6. 以下关于抄送机关的描述，正确的是（   ）。
   A. 任何机关认为自己需要了解该公文的内容，都可成为抄送机关
   B. 可用不规范简称
   C. 除主送机关外需要执行或知晓公文内容的其他机关
   D. 应标注在主题词之下左侧空两格处

二、判断题（正确的在题后括号内画"√"，错误的画"×"，并简述理由）。
1. 公文代表国家的行政职权，集中体现国家和人民的根本利益。（   ）
2. 公文文面格式可分为文头部分和行文部分。（   ）
3. 公文都应有发文机关、紧急程度、发文字号、签发人。（   ）
4. 公文都必须有签发人签署才能生效。（   ）
5. 公文份号即指该年度发文的顺序号。（   ）
6. 公文的主送机关一般都是一个，但有的公文可以没有主送机关。（   ）
7. 公文的成文日期以领导签发时间或印制完成时间为准，其位置一律在正文后面。（   ）
8. 公文都应有附件，否则文面格式不完整。（   ）

三、根据以下材料，拟写公文标题。
1. ××市农业局拟行文告知公众依法退耕还林诸项事宜。
2. ××县粮食局发布周知性公文，内容为秋季粮食收购价上浮。
3. ××市工商银行××支行从原址拆迁，与邻近××支行合并，需告知公众去新支行办理一切业务。

四、指出下面这篇公文格式上的问题。

××市人民政府文件
××（19）07 号

关于××××××的请示报告

×××：
××××××××××××××××××××××××××××××××××。
附件一份

中共××市委员会（印章）
2019 年××月××日

（孟成华　刘洪仁）

第二节　几种常用党政机关公文的写作

《党政机关公文处理工作条例》中列出了15种常用的行政公文，其中几组公文在公文性质、适用范围等方面近似之处颇多，对近似文种需要先做辨析，明确其异同。

决议与决定：主要区别是是否经过会议集体讨论并表决通过。
决定与命令（令）：使用权限和表达上有区别。
公告与公报：公告多用于宣布重大消息，内容简要；公报则较具体。
公告与通告：使用者、发布内容、公布范围上有区别。
通知与通告：主要是适用对象有区别。
通知与通报：内容的侧重点不同。
意见与报告：行文方向和内容有区别。
意见与请示：行文方向和内容有区别。
请示与报告：对上级要求、行文时间、文种性质和行文目的不同。
请示与函：行文时间、方向、功能、结果有区别。
纪要与决定：适用对象、表达等方面有区别。
决定、命令（令）与通报：适用范围和程度不同。

依据15种行政公文使用范围和使用频率的不同，本书择要介绍公告、通告、通知、通报、报告、请示、批复、函、纪要9种常用公文的写作要领。

一、公告与通告

（一）公告的定义及特点

公告是用于向国内外宣布重要事项或者法定事项的公文。公告具有庄严性和权威性，其主要特点有：

1. 周知性

一般的公文只是在国内一定范围内发布，公告可向国外宣布，也常授权新华社和其他新闻媒体发布，范围广泛，周知性强。

2. 庄严性

公告发文机关的级别较高，一般由国家权力机关或国家管理机关发布，体现出庄严性。

3. 缜密性

周知性和庄严性的特点要求公告的用语谨慎、周密，态度郑重严肃，体现了缜密性。

（二）公告的分类

根据发布机关及涉及事项的性质，公告大致可以分为以下三类。

1. 知照性公告

知照性公告是向国内外告知重要事项或法定事项。例如，宣布国家领导人出访及外交活动、发布国家重大科研成果、告知大规模的军事演习等，也可以是颁布法律、法规、规章，公布选举结果等。

2. 祈使性公告

祈使性公告是在向国内外告知某一事项或宣布某一法规、规章的同时，还要求遵守并执行有关规定的公告。例如，新华社受权公告《我国将向太平洋发射运载火箭》中，不仅告知了我国将在何年何月何日何时向太平洋发射运载火箭，同时还对有关政府的通过船只进行了要求和约束。

3. 法院公告

这是专门针对司法部门具体事务情况而张贴的公告。如开庭公告、强制执行公告、宣告死亡或失踪公告、财产认领公告、通知权利人登记公告等。这类公告应根据《中华人民共和国民事诉讼法》的规定进行发布。

（三）公告的结构和写法

公告通常由标题、正文和落款三个部分组成。下面介绍一下公告的标题和正文。

1. 标题

公告的标题有四种写法：第一种是标准的公文式标题，由发文机关、事由和文种三部分组成，如《财政部关于发行2012年记账式附息（五期）国债的公告》；第二种是省略事由，由发文机关和文种构成，如《中华人民共和国国务院公告》；第三种是只有事由和文种，如《关于在上海银行开展定期定额申购业务的公告》；第四种标题只保留文种，即仅以《公告》为标题。

2. 正文

公告的正文部分一般由公告背景、缘由、公告事项和结尾组成。有的公告也可以省略背景、缘由的说明，开门见山地写出公告事项。公告的结尾一般以"特此公告"或"此告"等惯用语作结。

（四）通告的定义及分类

通告是指在一定范围内公布应当遵守或者周知事项的公文。通告是机关单位广泛使用的公文，各级机关、社会团体和企事业单位都可以使用通告，其使用频率较高。

通告根据内容，可分为规定性通告和知照性通告两类。

1. 规定性通告

规定性通告是指政府部门为确保某一重要事项的执行而公布的、突出规定性的通告，如《××市公安局关于收缴非法枪支的通告》。

2. 知照性通告

知照性通告是指在一定范围内告知相关人员或有关方面需要知晓或遵守或办理的具体事项的通告，如《腾讯公司关于××业务调整的通告》《××市公安局关于换发残疾人专用车牌照的通告》等。

（五）通告的特点

1. 广泛性

各级行政机关和企事业单位均可使用通告，其使用面广；通告可用以宣布行政措施，也可用以告知社会生活中的一些具体事项，内容涉及广；通告可以采取张贴、登报或广播等方式公开告知一定范围内的群众，阅读对象广。

2. 规定性

通告大多用于针对某些事项做出规定或限制，要求告知对象支持、协助或遵照执行，所以具有一定的规定性和约束力。

3. 专业性

通告的内容多涉及公安、交通、邮电、税务、市政建设、工商管理等方面的公务活动，带有专业性质，故行文中常常使用一些行业术语。

（六）通告的结构和写法

1. 标题

通告通常使用发文机关、事由、文种三项要素齐全的标题，根据需要，前两个要素也可以省去其中一项，或者两项都省略，只标明文种。

2. 正文

通告的正文一般由缘由、事项和结尾三部分构成。缘由部分阐明发布原因、目的和依据，要力求简约。事项部分要做到具体明了，含义准确，通俗易懂，便于群众理解和执行。内容较复杂的通告可分条列项写。专业性强的通告使用行业术语时要注意适度，不宜过多过滥。结尾可以提希望要求，也可使用"特此通告"等惯用语，还可以不写结语而自然结束，可根据行文具体情况酌定。

（七）公告与通告的区别

1. 发布单位不同

公告的制发机关级别较高，一般由较高级别的国家行政机关和权力机关制发，一般的单位不能制发公告。而通告的制发机关通常没有限制，机关、团体、企事业单位均可制发。

2. 发布范围不同

公告用于向国内外发布重要事项和法定事项，范围广泛。而通告则是有一个相对确定的较小的范围，只面向有关单位或人员发布。

3. 发布形式不同

公告一般通过新闻媒体发布，如电视、报刊等。通告可以由新闻媒体发布，也可通过张贴等形式发布。

从实际行文情况看，两者的混用主要表现在该用通告而误用公告。如某县因公路改建，要求过往车辆绕道行驶，本应发"通告"，而县交警大队却使用了"公告"。

4. 权威性不同

公告具有法定的权威性，其内容有较强的法律效力或行政约束力。规定性通告具有一定的约束力，知照性通告则注重的是告知性。

（八）公告、通告与启事的区别

（1）公告、通告属于党政机关公文，启事属事务文书。

（2）公告、通告由法定机关单位制发，启事的制发者可以是机关单位，也可以是个人。

（3）公告、通告有严格的制作程序，启事的制作相对较自由。

（4）公告、通告具有权威性和一定的强制性，启事一般只有祈求性或告知性，没有强制约束作用。这是公告、通告与启事的根本区别。

【例文 2-1】

中华人民共和国最高人民法院开庭公告

本院定于 2019 年 1 月 10 日上午 9 时在本院第二法庭公开开庭审理×××等十一人与××电力有限责任公司劳动争议纠纷一案。

特此公告。

中华人民共和国最高人民法院（印章）
2018 年 12 月 24 日

【例文 2-2】

关于 20××年度第九批二级建造师初始注册、增项注册人员名单的通告

根据《注册建造师管理规定》（建设部令第 153 号）、《四川省建设厅关于印发〈四川省二级建造师注册管理暂行规定〉的通知》（川建发〔20××〕55 号）规定，经审核，申请初始注册二级建造师的李×等 124 人符合二级建造师初始注册条件，申请增项注册二级建造师的李×等 269 人符合二级建造师增项注册条件，准予注册。

特此通告。

四川省住房和城乡建设厅（印章）
20××年 7 月 3 日

二、通知

（一）通知的概念

通知是指用于发布、传达要求下级机关执行和有关单位周知或执行的事项的公文，是公文中使用范围最广、使用频率最高的一种。

（二）通知的特点

（1）知照性。通知的主要功能在于告知受文单位相关事项并希望其遵照办理。

（2）广泛性。通知的广泛性表现在用途多样，可用于传达上级机关的指示、向下级机关布置工作、转发或批转公文、任免聘用干部等，使用范围十分广泛。

（3）时效性。通知事项一般都是针对现实工作的具体需要而制发的，一般要求收文机关按时处理、执行或者知晓，收文对象在处理的过程中应及时，不能延误。

（三）通知的分类

根据内容的不同，通知大体可以分为以下五类。

1. 指示性通知

上级机关对下级机关就某项工作有所指示和安排，根据公文内容不宜用命令、决定等文种，就采用指示性通知。这类通知使用起来比较灵活、自由，有较强的权威性和指挥性。

2. 批转、转发、发布性通知

此类通知用于转发上级机关、同级机关、不相隶属机关的公文和批转下级机关的公

文，也适用于制发机关颁布行政法规、规章和决定等。这类通知又可分为"批转""转发""发布"三个类型：批转性通知适用于上级机关批转下级机关的文件；转发性通知既可以是下级机关转发上级文件，也可以是平级或不相隶属的机关之间转发文件；发布性通知用于发布行政规章或印发有关文件、资料，一般此类通知发布的对象是比较重要的规章或条例。

3．事务性通知

事务性通知用于安排和知照机关某些事项，可以布置工作，也可以提出要求，对布置的工作和提出的要求，收文单位应遵照执行。

4．会议通知

会议通知用于告知各种会议召开的时间、地点，参会人员等内容。

5．任免通知

任免通知用于任命和免除干部。

（四）通知的结构和写法

通知的写作形式多样、方法灵活，不同类型的通知使用不同的写作方法。通知的结构包括标题、主送机关、正文、落款等几个部分。

（1）标题。通知的标题由发文机关、事由、文种组成，也可以使用发文机关或事由加文种构成，还可以直接使用"通知"作为标题。特殊情况下可在"通知"前加上说明性词语，如"紧急通知""补充通知"等。批转、转发性通知为了避免出现"××通知的通知"之类冗长的赘语，必须将本文件的文种（"的通知"）省略，事由中的介词"关于"也随之省略，在"批转（转发）"后直接写上被批转（转发）文件的标题即可。如《××省人民政府办公厅转发××市发改委关于地震灾后恢复重建工作的通知》。

（2）主送机关。通知的主送机关即通知的告知对象。根据发文机关的职权和通知的行文目的确定主送机关是一个还是多个。一般来说，普发性通知有多个主送机关，可以采用泛称形式。周知性的或单位内部一般事务性的通知可以省略主送机关。

（3）正文。通知的正文一般由缘由、主体、结尾等构成。不同类型的通知，其正文主体部分的写法也有所区别。

指示性通知的正文主要写对某项工作的指示意见、安排决定或措施、办法，并要求下级机关贯彻执行。

批转、转发、发布性通知正文先写发文缘由、依据，然后评价批转、转发或发布的文件并提出执行文件的要求。

事务性通知正文写法与指示性通知大同小异，只是内容相对更加单一。

会议通知要求将会议的名称、议题、主办单位、起止时间、地址、参加人员、准备材料等事项一一交代清楚。

任免通知正文一般先写任免依据，再写任免的具体职务。

（4）落款。落款应写明发文机关、成文日期，并加盖公章。

（五）通知写作的注意事项

（1）内容要准确，措施要具体。

（2）要讲求实效和时效。

（3）语言简洁明了。

【例文 2-3】（指示性通知）

关于做好支持防汛抗旱救灾工作的紧急通知

各省（自治区、直辖市、计划单列市）财政厅（局）农业处：

目前，全国已进入主汛期，防汛抗洪工作已进入关键时期和紧要关头，全国防汛抗洪形势十分严峻，抗灾救灾工作任务十分艰巨。各地各级财政部门要采取有力措施，进一步做好支持防汛抗旱救灾工作。现就有关事项通知如下：

一、建立顺畅的信息沟通机制。从7月23日起，在国家防总启动防汛应急Ⅱ级响应及以上应急响应级别时，农业司水利处建立应急值班制度。有关省（自治区、直辖市）财政厅（局）农业处要及时了解掌握灾情发展变化，保持与水利处工作的联系，加强最新汛情灾情的沟通，认真做好上传下达工作，随时报告和反映防汛抗洪救灾工作相关信息。

二、加大防汛抗旱救灾资金投入力度。中央财政将根据各地灾情，及时安排拨付特大防汛抗旱资金。……

三、优先调度及时拨付防汛抗旱救灾资金。要采取切实有效措施，加快防汛抗旱救灾资金预算支出执行进度，提高资金使用的有效性和时效性。……

四、及时反馈防汛抗旱救灾资金使用管理情况。2012年中央财政安排拨付的特大防汛抗旱补助费、应急度汛资金、山洪灾害非工程措施补助资金，各省（自治区、直辖市）财政厅（局）农业处要在2012年11月30日将使用管理情况报财政部农业司（水利处）。

财政部农业司（印章）

2013 年 7 月 24 日

【例文 2-4】（批转、转发、发布性通知）

四川省人民政府办公厅转发教育厅等部门关于
进一步加强学校体育工作的意见的通知

各市（州）、县（市、区）人民政府，省政府各部门、各直属机构：

教育厅、省发展改革委、财政厅、省体育局《关于进一步加强学校体育工作的意见》已经省政府同意，现转发给你们，请认真贯彻执行。

附件：《关于进一步加强学校体育工作的意见》（1 份）

四川省人民政府办公厅（印章）

2013 年 1 月 18 日

【例文 2-5】（事务性通知）

××省人民政府关于公布第八批省级文物保护单位名单的通知

各市（州）、县（市、区）人民政府，省政府各部门、各直属机构：

省政府核定××省第八批省级文物保护单位（共计484处），现予公布。

各地、各部门要认真贯彻落实《中华人民共和国文物保护法》等相关法律法规，按照"保护为主、抢救第一、合理利用、加强管理"的工作方针，正确处理文物保护与合理利用的关系，切实做好文物保护单位的保护、管理工作。

××省人民政府（印章）
20××年×月×日

【例文 2-6】（任免通知）

关于××同志的任职通知

四川省××集团有限责任公司：

四川省人民政府第 113 次常务会议决定：

任命××为四川省××集团有限责任公司总经理。

请按有关规定办理。

特此通知。

四川省人民政府（印章）
20××年×月×日

三、通报

（一）通报的概念及分类

通报是适用于表彰先进、批评错误、传达重要精神和告知重要情况的公文。

通报的应用比较广泛，可以用于表扬好人好事、新风尚；也可以用于批评错误，总结教训，告诫人们警惕类似问题的发生；还可以用来互通情况，传达重要精神，沟通交流信息，指导推动工作。

按照通报的不同作用，可以将通报分为以下三类。

1. 表彰性通报

表彰性通报用于在一定范围内表彰先进单位或个人，介绍先进事迹，推广典型，树立榜样，鼓励学习。

2. 批评性通报

批评性通报用于批评在工作中发生、出现的重大事故、重大失误等，目的是引以为戒，防止类似错误再度发生。

3. 情况通报

情况通报用于传达重要精神或沟通重要情况。其正文部分主要是叙述情况和传递信息，通常内容较多，写作时应主次分明，叙述清晰。

（二）通报的特点

1. 典型性

通报的人和事总是具备一定的典型性，能够反映、揭示事物的本质规律，具有广泛的代表性和鲜明的个性。这样的通报发出后，才能使人受到启迪，得到教益。

2. 引导性

无论表扬性通报、批评性通报，还是情况通报，其目的都在于通过典型的人和事引导人们辨别是非，总结经验，吸取教训，弘扬正气，树立新风。

3. 严肃性

通报的内容和形式都是严肃的。由于通报是正式公文，是领导机关为了指导工作，针对真人真事和真实情况制发的，无论是表扬、批评或通报情况，都代表着一级组织的意见，具有表彰、鼓励或惩戒、警示的作用，因而其使用十分慎重、严肃。

4. 时效性

通报是针对当前工作中出现的情况和问题而发。它的典型性、引导性都是就特定的社会背景而言的。随着客观情况的变化，一件在当时看来具有典型意义的事实，时过境迁，未必仍具有典型性。因此，通报作用的发挥，与抓住时机适时通报是分不开的。

（三）通报的结构和写法

1. 标题

通报标题大多采用公文的常规写法，可以是发文机关、事由、文种三要素齐全的三项式标题，也可以省略发文机关，如果是张贴的通报可只写文种。

2. 正文

通报正文一般包括以下三部分内容。

（1）主要事实。表彰性通报要突出主要先进事迹，包括时间、地点、人物，发生了什么事，怎么做，有何结果；批评性通报要抓住主要错误事实，即将事故或错误事实的时间、地点、经过、后果等交代清楚；情况通报叙述基本事实，阐明发布通报的根据、目的、原因等。

（2）简要评析事件。表彰性通报，要指出其典型意义，或概括其主要经验；批评性通报要分析错误的性质、原因，指出危害及应吸取的主要教训等；情况通报要叙述有关情况，并对情况作必要的阐述、评价，有时还可针对具体问题提出一些指导性的看法。

（3）希望与要求。表彰性通报和批评性通报，一般写明组织结论与予以表彰或处理的决定（有的把这一内容写在评析事件部分），同时提出对表彰或批评对象与读者的希望、要求；情况通报，在明确情况的基础上，对受文机关提出一些希望和要求。

（四）通报写作的注意事项

（1）选材要典型，要具有普遍意义。

（2）内容要真实、准确。

（3）语言平实、严谨。

【例文 2-7】（表彰性通报）：

××市教育体育局关于对2019年度安全工作的表彰通报

各乡镇区办中心学校，局直各学校：

2019年，在市委、市政府的正确领导下，我市各级各类学校坚持"安全第一，预防为主，综合治理"的方针，以深入开展"安全生产年"活动为契机，牢固树立"学生安全，重于泰山"的意识，强化责任，健全制度，加强管理，深化对中小学幼儿园安全知识的普及和培训，进一步提高广大师生的安全意识，加大对学校安全隐患的专项排查治理力度，认真开展安全生产"三项行动"，按照"316"安全监管机制的要求，从健全完善学校安全长效机制入手，严格落实学校安全目标责任、安全月报、安全台账、检查通报等一系列规章制度，加强中小学幼儿园安全防范，积极开展创建"和谐平安校园"活动，为平安××建设做出了积极的贡献，确保了全市学校的财产安全和广大师生的生命安全。为树立典型，表彰先进，推动学校安全工作再上新台阶，根据《××市2019年学校安全工作实施意见》（×教〔2019〕9号）及《××市教育体育局关于开展2019年"和谐平安校园"评选和对已获得"和谐平安校园"学校进行复验工作的通知》（×教通〔2019〕3号）的精神和年终考核结果。经研究决定，对××市第一高级中学等29所中小学幼儿园命名为"××市2019年度和谐平安校园"，对×××等60个先进个人（附后）给予表彰奖励。

希望受表彰的单位和个人戒骄戒躁、再接再厉。同时，希望全市各学校继续坚持安全第一的思想不动摇，认真落实"一岗双责"制，抓好学校安全目标责任制，完善学校安全工作长效机制，进一步强化组织领导，加大督查力度，落实整改措施，全力消除一切学校安全隐患，确保学校师生员工的生命与财产安全，维护校园和社会稳定，为创办让人民满意的教育做出新的贡献。

附件：1. ××市2019年度"和谐平安校园"名单
　　　2. ××市2019年度学校安全工作先进个人名单

2020年××月××日（印章）

【例文2-8】（批评性通报）

××市卫生局关于医生张×滥用麻醉药品造成医疗事故的通报

各区县、各乡镇医疗卫生单位：

2017年6月5日晚7时25分，××县××镇××村农民李××因下腹部疼痛，被送到××镇卫生院治疗。该院夜班医生张×以"腹痛待诊"处理，为病人开了阿托品、安定等解痛镇静药，肌肉注射哌替啶10毫克。6月6日下午5时许，该病员因腹痛加剧，再次到该卫生院治疗，医生刘××诊断为"急性阑尾炎穿孔，伴腹膜炎"，急转市第二人民医院治疗，于当晚7时施行阑尾切除手术。手术过程中，发现李××阑尾端部穿孔糜烂，腹腔脓液弥漫。经过积极治疗，输血300毫升，病人才脱离危险，但身心受到了严重的损害。

急性阑尾炎是一种常见的外科急腹症，诊断并不困难。××镇卫生院张×工作马虎，处理草率，在没有明确诊断以前，滥用麻醉剂哌替啶，掩盖了临床症状，延误了病人的治疗时间，造成了较为严重的医疗事故。这种对人民生命财产极不负责任的做法是很错误的。为了教育张×本人，经卫生局研究，决定给张×行政记过处分，扣发全年奖金，并在全市范围内通报批评。

各单位要从这次医疗事故中吸取教训，加强对职工的思想教育，增强职工的责任感，以对人民高度负责的精神，端正服务态度，提高服务质量。同时，要加强对麻醉药品的管理,认真执行××省卫生厅《关于严格控制麻醉药品使用范围的规定》,严禁滥用麻醉药品。今后如发现违反规定者,要首先追究单位领导的责任。

2017 年 7 月 25 日(印章)

【例文 2-9】(情况通报)

国务院办公厅关于部分地区违反国家棉花购销政策的通报

各省、自治区、直辖市人民政府,国务院各部委、各直属机构:

今年新棉上市以来,各地认真贯彻国务院棉花政策,采取坚决措施整顿棉花流通秩序,棉花收购大局是稳定的。但是,仍有一些地方、单位和个人置国家政策和法纪于不顾,私自收购棉花,公然扰乱棉花流通秩序,经核查,国务院决定予以通报。

一、一些乡(镇)政府和村办轧花厂非法从事棉花收购、加工、经营活动。××省××县×市镇政府自办轧花厂,在全国棉花工作会议后,仍然明文规定,严禁将棉花卖给镇政府以外的经济单位,对将棉花卖给供销社的不算交售任务,否则,镇政府要一律没收。……

二、有的棉纺厂非法收购棉花,扰乱棉花收购秩序。……

三、有的国有农场扰乱正常的购销秩序,高价抢购,非法经营棉花。……

四、有的县政府支持非棉花经营部门假借良种棉加工厂名义非法收购棉花。……

五、个体棉贩非法收购、加工棉花,扰乱市场秩序。……

对上述违反国家棉花购销政策的问题,有关省人民政府的态度是明确的,已责成市、县政府采取措施,予以查处纠正。但从了解的情况看,有的市、县政府已经采取措施纠正,有的尚未处理。请有关省人民政府按国务院〔1994〕52 号文件精神继续严肃查处,将结果报国务院。同时,各地都要引以为戒,要毫不放松地加强对棉花市场的管理,密切注视收购动态,严肃查处棉花购销活动中的违法违纪案件。各地凡是过去制定的与国务院文件不符的规定或政策应一律纠正,要坚决地始终如一地贯彻国务院制定的棉花政策,维护正常的棉花流通秩序,确保今年棉花购销工作顺利进行。

国务院办公厅(印章)
××××年×月×日

四、报告

(一)报告的概念

报告是指向上级机关汇报工作、反映情况,回复上级机关询问的公文。报告属上行文,一般产生于事后和事中。报告是机关、团体和企事业单位使用较多的汇报性公文,其目的就是让上级机关了解下情。报告是一种使用范围广、频率高的文种,以说明、叙述为主,其基本内容就是反映情况或答复询问。

(二)报告的种类

报告的种类繁多,但根据《党政机关公文处理工作条例》规定,实验报告、学术报告、调查报告和可行性报告等不在党政机关公文之列。党政机关公文中的报告，我们可以从不同角度对其进行分类。

根据内容和性质划分，可将报告分为工作报告、情况报告、答复报告、建议报告和报送报告。

1. 工作报告

工作报告用于向上级机关汇报工作情况。它包括说明工作做法、进程，反映取得的成绩和存在的问题，总结工作中的经验教训等。

2. 情况报告

情况报告用于向上级机关反映情况。它包括及时汇报本地区、本部门发生的重要情况或临时状况等，目的是让上级机关及时知晓下情。

3. 答复报告

答复报告用于答复上级机关的询问。

4. 建议报告

建议报告用于向上级机关提出工作建议或具体措施。

5. 报送报告

报送报告是下级机关向上级机关报送物件或文件时，随物件或文件一起发送的报告。

根据内容范围划分，可将报告分为综合报告和专题报告。

1. 综合报告

综合报告用于向上级汇报一定阶段、一定范围内的全面或多方面的工作情况。它在内容上具有综合性、广泛性，其写作难度较大，要求较高。

2. 专题报告

专题报告是指针对某项工作、某一问题、某一事件或某一活动写成的报告，在内容上具有专一性。

（三）报告的结构和写法

1. 标题

报告的标题大多采用公文的常规写法，既可以是由"发文机关＋事由＋文种"构成的完整标题，如《××学院关于招生情况的报告》，又可以由"事由＋文种"构成，如《关于粮食政策性财务挂账停息的报告》。

2. 主送机关

报告的主送机关一般是直接上级机关，通常只有一个。

3. 正文

报告的正文因报告种类的不同略有区别，在实际写作中应因文而异。一般来说，报告正文由报告缘由、报告事项和结束语三部分组成。

（1）报告缘由。报告缘由用于交代报告的起因或说明报告的目的、主旨、意义。缘由要能概括说明全文主旨，开门见山，开宗明义。一般用"现将有关情况报告如下"承启下文。

（2）报告事项。报告事项是正文的核心，应将工作的主要情况、措施与结果、成效与存在的问题等分段加以表述，要以数据和材料说话，内容力求既翔实又概括。

不同类型的报告，内容上各有不同的侧重点。

工作报告一般以成绩、做法、经验、体会、打算、安排为主，在叙述基本情况的同时，有所分析、归纳，找出规律性认识。这类报告相对篇幅较长，一般可标出序数，分条分项陈述。

情况报告一般以"情况＋原因＋教训＋措施"的结构来写。即先将情况叙述清楚，然后分析情况产生的原因，接着总结经验教训，最后提出下一步的行动措施。

答复报告一般写答复的意见或处理结果，要依据上级要求回答的问题进行写作，要写得周全而有针对性。这种报告内容针对性最强，上级询问什么，就答复什么，只答其所问，不要节外生枝。

（3）结束语。报告的结束语应另起一行，空两字书写。根据报告种类的不同，报告的结束语一般都有不同的程式化用语，工作报告和情况报告的结束语常用"特此报告""请审阅""以上报告，请审查"；答复报告多用"专此报告"。因报告是呈报性公文，所以类似"以上报告当否，请批示"的结束语是不妥当的。

（四）报告写作的注意事项

1. 要正确使用文种

对于报告，受文机关不用答复，因此，报告与请示不能混用。报告中不得夹带请示事项，否则会因报告不需批复而影响请示事项的处理和解决。

2. 要突出重点

报告的内容要根据主题的要求来安排，分清主次轻重，不要面面俱到。要注意处理好点和面的关系，既要有典型的事例，又要有面上的综合性的情况，条理清楚，逻辑严密。

3. 材料要真实

向上级机关汇报工作应该本着实事求是的原则，如实汇报，不能夸大和虚构成绩或情况，欺骗上级。所以，起草报告的人员，应该在调查研究、全面掌握本单位情况的基础上撰写。

【例文 2-10】

关于全市党校工作创新座谈会会议精神贯彻落实情况的报告

××市委：

在××市委党校召开的全市党校工作创新座谈会后，我们按照会议的要求，即刻向校委成员传达了会议精神，并认真学习了××市委党校的先进经验，特别着重学习了××部长的讲话精神，结合我们××市委党校的实际，对照××市委党校进行了认真的反思，查找了总体工作存在的差距，对目前的状况进行了重新定位，提出了承认差距，迎头赶上，更新观念，发挥作用，强化措施，全面创新的总体工作思路。现将具体情况报告如下：

一、提高认识，正视差距

在向校委成员传达会议精神之后，我们又将会议精神向全体教职员工进行了层层传达，并在全体教职员工中开展了一次"对照××市委党校的先进经验，结合××市委党校的实际，再创工作新局面"的大讨论。通过讨论，大家一致认识到，面对同样的大环境，与××市委党校相比，我们各个方面都存在着差距，无论师资队伍建设，还是教学与科研工作，无论后勤保障能力，还是机关建设等，我们还有很多不尽如人意的地方，部门的职能作用还没有充分发挥出来，自身的优势没有完全显现出来，这些问题的存在，归结起来，还是人的问题，还是思想观念的问题。对此，我们必须有个清醒的认识，要对我们的总体工作进行重新定位，正视存在的问题与差距，决不能仍像过去那样抱残守缺、故步自封，不如人家还自我满足，甚至沾沾自喜。我们要按照公主岭会议精神的要求，从努力适应新形势与任务的需要出发，从切实发挥职能作用，为经济建设服务出发，理清整体工作思路，立足于创新发展，实现党校各项工作的整体推进。

二、强化措施，努力创新

按照××市会议精神特别是××部长的讲话精神要求，结合我们××市委党校的实际，我们将以这次会议为契机，利用和争取各种有利条件，加大改革力度，树立创新理念，不断开创党校工作的新局面。

1. 建立教学及科研工作考核评价体系，全面促进教学和科研工作。……
2. 建立社会实践基地，促进教学及科研工作与实践的紧密结合。……
3. 深入贯彻"八字"方针，全面提高教师队伍的整体素质。……
4. 强化行政改革与管理，切实提高后勤保障能力。……
5. 建立激励约束机制，以人为本，共同开创党校工作的新局面。……

三、明确责任，强化领导

对于党校创新工作，要从领导班子做起，在高度重视的前提下，必须全面加强领导，这是因为各项工作都是在现有基础上的突破，都是一种新的尝试，为此，从领导干部做起，从校委成员做起，真正担负起对各项工作的有效领导，要做到人人有任务，人人有目标，人人有责任，齐抓共管，形成合力，共同开创党校工作的新局面。

中共××市委党校
××××年5月6日

五、请示与批复

（一）请示的概念与特点

请示是指下级机关向上级机关请求决断、指示、批示或批准事项所使用的呈批性公文。根据内容、性质的不同，请示大致可分为请求指示性请示、请求批准性请示和请求批转性请示三种。各种请示都具有如下特点。

1. 针对性

只有本机关单位权限范围内无法决定的重大事项，如机构设置、人事安排、重要决定、重大决策、项目安排等问题，以及在工作中遇到新问题、新情况或克服不了的困难，才可以用"请示"行文，请示上级机关给予指示、决断或答复、批准。所以，请示的行文具有很强的针对性。

2. 呈批性

请示是有针对性的上行文，上级机关对呈报的请示事项，无论同意与否，都必须给予明确的答复，并用"批复"行文。

3. 单一性

请示应一文一事，一般只写一个主送机关，即使需要同时送其他机关，也只能用抄送形式。

4. 时效性

请示是针对本单位当前工作中出现的情况和问题，求得上级机关指示、批准的公文，需要及时发出，以使问题得到及时解决。

(二）报告与请示的区别

1. 行文目的不同

报告的行文目的是让上级机关知晓、掌握某部门、某时期的情况，一般不需要批复。请示则旨在向上级机关请求批准和指示，需要上级机关明确的答复。

2. 涉及内容不同

报告的内容多是反映情况、提出建议或答复询问，报告中不能写入请示事项。请示的内容具体单一，多是在下级机关无权或无力解决时向上级机关请求帮助、请求批准而作。

3. 行文时间不同

报告一般是事后行文。请示则必须是事前行文，等待上级批复后才能遵照指示执行或开展工作。

（三）请示的结构与写法

1. 标题

请示的标题大多采用公文的常规写法，既可以是由"发文机关＋事由＋文种"构成的完整标题，如《××学院关于拨款建立计算机中心的请示》，又可以省略发文机关，由"事由＋文种"构成，如《关于调整远程教育学员培训费标准的请示》。

2. 主送机关

请示的主送机关一般只能有一个，一般为本机关的直接上级机关，一般不得越级请示。除上级机关负责人直接交办的事情外，不得以本机关名义直接送上级机关领导个人。受双重领导的机关在行文时，应根据办理情况主送一个领导机关，抄送另一个领导机关。

3. 正文

请示的正文一般由请示缘由、请示事项和请示要求三部分组成。

请示缘由一般是写请示问题或事项的原因、背景、理由。这部分要求事实清楚，理由充足，因为它是上级机关批准的依据，只有把缘由讲清楚，再写请示的事项，这样才有说服力。

请示事项是请示的核心，要将请示上级机关给予指示、批准或批转的具体问题及事情说清楚，请求上级机关做出答复。提出请示事项要详细，阐述说明道理要充分。如需要上级机关审核、批准的事项，要进行具体细致的分析，还可提出处理意见和倾向性意见，供领导参考。提出的请示，要符合有关方针、政策，切实可行。

请示要求是请示的结语部分，为了使请示的事项得到答复，发文机关应明确提出要求解决问题的方法或途径。请示结语语气要谦恭，常用的结语有："是否妥当，请批示""以上请求，请批复""特此请求""以上请求，请审批"或"以上意见如无不妥，请批转××执行"等。结语一般另起一行空两字书写。

（四）请示写作的注意事项

1. 坚持一事一文

写请示必须一事一文，不能一文数事，以免上级机关不好批文而贻误工作。

2. 避免多头请示

请示应只主送一个机关，切忌多头主送，以免出现单位之间互相推诿的情况，延误工作。

3. 不可越级请示

在一般情况下不得越级请示，应根据隶属关系和职权范围逐级进行请示。如果因情况特殊或事项紧急必须越级请示时，要同时抄送被越过的上级机关。

4. 不可将请示和报告混用

把"……的请示"写成"……请示报告"或"……报告"都是错误的。

5. 请示不得抄送下级机关

请示是上行文，不得同时抄送下级机关，更不能要求下级机关执行上级机关未批准的事项。

6. 语言要谦恭

请示的语气必须谦恭，要尊重上级，不要有要挟、命令、催促的口吻。在写请示事项时，应用"我们拟"怎么办，不应用"我们决定"怎么办。

（五）批复的概念及特点

批复是指上级机关对下级机关来文所提出的请示而表明态度或做出明确回答的公文，是一种下行文。

批复是用于答复下级机关请示事项的回复性公文，其制作和应用一般以下级的"请示"为前提。当下级机关的工作涉及方针、政策等方面的重大问题，报请上级机关审核批准时；当下级机关在工作中遇到新情况、新问题，无章可循，报请上级机关给予明确指示时；当下级机关遇到无法解决的具体困难，报请上级机关给予指导帮助时；当下级机关对现行方针政策、法规等有疑问，报请上级机关予以解答说明时；以及当下级机关因重大问题有意见分歧，报请上级机关裁决时等等，上级机关都应该用"批复"予以答复。除此之外，有时"批复"还被用来授权政府职能部门发布或修改行政法规和规章。

（六）批复的结构和写法

1. 标题

批复的标题一般由"发文机关＋事由＋文种"三部分组成，如《国务院关于"十二五"国家政务信息化工程建设规划的批复》。有的批复在标题中直接表明对下级请示事项的态度，如《济南市人民政府关于同意明珠园地名命名的批复》。批复标题有时也可省略发文机关，但不能省略事由。

2. 主送机关

批复的主送机关即是请示机关。批复随请示产生，主送机关应专指，若是具有普遍指导意义的批复，可用抄送形式或另外行文。

3. 正文

批复的正文一般由批复引语、批复事项和批复结语三部分组成。

批复引语要说明来文名称，表明批复依据，点出批复对象。一般的写法是引述来文的标题及文号，如"你市《关于划定××市××自来水厂天池湖水源地保护区范围的请示》（××府〔2018〕36号）收悉"，以"现批复如下"作为过渡，引出下文。

批复事项是批复的核心内容，它针对请示中提出的问题给予答复或指示。如果同意请示事项，就直接给出肯定性答复；如不同意，在写明不同意或不批准时还要写明原因和依据；如果是"基本上同意"或"原则上同意"，就一定要写明修正意见或补充处理办法。值得注意的是，批复态度一定要明确、鲜明，不能含糊不清、模棱两可。

批复结语一般用"此复""特此批复"或"专此批复"等惯用语。

【例文 2-11】

关于中国公民自费出国旅游管理暂行办法的请示

国务院：

随着对外改革开放的不断扩大，人民生活水平不断提高，近年来，中国公民自费出国旅游不断增加，为适应改革开放形势，加强中国公民自费出国旅游的管理，特制定了《中国公民自费出国旅游管理暂行办法》。

以上暂行办法如无不妥，请批转发布执行。

附件：《中国公民自费出国旅游管理暂行办法》

国家旅游局（印章）
公安部（印章）
××××年××月××日

【例文 2-12】

关于 2011 年地方债券转贷资金建设项目的请示

××省财政厅：

根据财政部《关于做好发行 2012 年地方政府债券有关工作的通知》（财预〔2012〕29 号）和省财政厅《关于做好 2012 年地方政府债券转贷资金管理工作的通知》（×财预〔2012〕39 号），核定我市 2012 年地方政府债券转贷规模为 4100 万元，其中 3 年期债券 2050 万元，5 年期债券 2050 万元。

我市拟将 2012 年地方政府债券转贷资金安排为：××市 2012 年公共租赁房建设项目，配套资金 4100 万元。

妥否，请批示。

附件：××市 2012 年地方政府债券资金项目安排情况表

××市人民政府（印章）
2012 年 7 月 2 日

【例文 2-13】

××市××区人民政府关于组建××集团的请示的批复

××实业总公司：

你公司××〔××××〕1 号文收悉，经区政府研究，同意你公司组建××集团。特此批复。

××市××区人民政府（印章）
××××年×月×日

六、函

(一) 函的概念及特点

函作为公文中唯一的一种平行文种，其适用的范围相当广泛。在行文方向上，不仅可以在平行机关之间行文，而且可以在不相隶属的机关之间行文，也可以向上级机关或下级机关行文。它除了主要用于不相隶属机关相互商洽工作、询问和答复问题外，也可以向有关主管部门请求批准事项，向上级机关询问具体事项，还可以用于上级机关答复下级机关的询问或请求批准事项，以及上级机关催办下级机关有关事宜。此外，函有时还可用于上级机关对某件原发文件作较小的补充或更正等。

函具有如下几个特点。

1. 沟通性

函对于不相隶属机关之间相互商洽工作、询问和答复问题，起着沟通作用，充分显示平行文种的功能，这是其他公文所不具备的特点。

2. 灵活性

函的灵活性表现在两个方面：一是行文关系灵活。函是平行公文，但是它除了平行行文外，还可以向上行文或向下行文，没有其他文种那样严格的特殊行文关系的限制。二是格式灵活，除了国家高级机关的公函必须按照公文的格式、行文要求行文外，其他一般便函比较灵活自由，可以不按照公文的格式及行文要求办；可以有版头，也可以没有版头；可以不编发文字号，甚至可以不拟标题。

3. 单一性

函的主体内容应该具备单一性的特点，一份函只宜写一件事情。

(二) 函的分类

函可以从以下不同角度进行分类。

(1) 按性质划分，函可以分为公函和便函。公函用于机关单位正式的公务活动往来，便函则用于日常事务性工作的处理。便函不属于正式公文，没有公文格式要求，甚至可以不要标题，不用发文字号，只需要在尾部署上机关单位名称、成文时间并加盖公章即可。

(2) 按发文目的划分，函可以分为发函和复函。发函也叫去函，是主动发出的函。复函则是为回复对方来函所发出的函。

(3) 按内容和用途划分，函可以分为商洽函、询问答复函和请求批准函。

① 商洽函。商洽函多用于平行机关和不相隶属机关之间商洽工作或联系相关事项。

② 询问答复函。询问答复函多用于机关或部门之间相互询问、答复问题。

③ 请求批准函。请求批准函用于向平级机关、无隶属关系的业务主管部门请求批准涉及其职权范围内的相关事项。

应当注意请示和请求批准函的区别：请示是向有隶属关系的上级行文，在行文关系上属上行文；请求批准函则是向没有隶属关系的有关主管部门或职能单位行文，从行文关系上看多数为平行文。受文机关收到"请示"要用"批复"回复，收到"请求批准函"则用"复函"回复。

此外，还有通知事宜函、催办事宜函、邀请函、转办函、催办函、报送材料函等。

(三) 函的结构和写法

1. 标题

函的标题可由"发文机关＋事由＋文种"构成，也可由"事由＋文种"构成，如《关于毕业生分配问题的函》。函的文种与其他公文稍微有些差异,如果是去函,文种只写"函",如《××市劳动局关于工伤确认等问题的函》;如果是复函,则文种要写"复函",如《劳动部办公厅关于工伤确认等问题的复函》。复函的标题除了"发文机关+事由+文种"的形式外,还可在文种前写明复函的对象,如《国务院办公厅关于悬挂国徽等问题给××省人民政府办公厅的复函》。公函标题下方应有发文字号。

2. 正文

函的正文一般由缘由、主体、结语三部分组成。

发函的缘由一般概括交代商洽、请求、询问或告知事项的目的、依据、背景、原因等;复函的缘由一般首先引述来函的日期、发文字号、标题等,如"你单位××××年×月×日××〔2019〕×号函收悉"或"××××年×月×日《关于……的函》收悉",接着简要复述对方提出的问题和要求,然后用"现将有关问题说明如下",或"现将有关事项函复如下"等过渡语转入下文。

发函的主体部分一般写清楚商洽、请求、询问或告知事项的主要内容,并向对方提出希望或要求,或希望对方协助解决某一问题,或希望对方给予合作支持,或请求对方给予批准等;复函的主体部分要有针对性地写明答复事项,针对发函所提出的请求、询问等问题做出具体明确的答复。

函的结束语的用词和语气要谦和诚恳、平实得体,但不要用客套话和寒暄语。发函,按是否要回复的要求用不同的惯用语,如要对方回复,一般用"特此函询,请函复""即请函复""敬请大力支持为盼";如无须对方回复,一般用"特此函达""特此函告"等。复函的结束语一般用"此复""特此函复"等。

【例文 2-14】

四川省人民政府办公厅关于仁寿经沐川至新市金沙江岸高速公路建设有关问题的复函

川办函〔2012〕167 号

乐山市、眉山市、宜宾市人民政府:

《乐山市人民政府、眉山市人民政府、宜宾市人民政府关于授权建设仁寿经沐川至新市金沙江岸高速公路有关事宜的请示》(乐府〔2012〕9 号)收悉。经省政府领导同志同意,现将有关事宜函复如下。

一、原则同意乐山市、眉山市、宜宾市人民政府作为仁寿经沐川至新市金沙江岸高速公路项目的实施主体,由乐山市人民政府牵头,具体负责该项目前期组织工作。

二、同意乐山市、眉山市、宜宾市人民政府与四川高速公路建设开发总公司按"市企共建"方式建设该高速公路,并按政府还贷收费公路进行建设和管理。

三、请省发展改革委、交通运输厅加强协调指导,并对建设质量、安全等实施监督管理。

四川省人民政府办公厅(印章)

2012 年 7 月 23 日

（四）例文评析

下面以【例文 2-15】的公函为例，分析其不当之处，请对照检查。

【例文 2-15】

公 函

××大学校长：

　　首先，我们以××省财经学院的名义，向贵校致以亲切的问候。我们以崇敬和迫切的心情，冒昧地请求贵校帮助解决我校当前面临的一个难题。

　　事情是这样的：最近，我们经与××学院磋商，决定派 10 位老师到该院进修学习。只因该院正在大兴土木改造扩建，以致本院职工的住房和学生的宿舍及教室破旧拥挤。我校 10 位进修教师的住宿问题，虽几经协商，仍得不到解决。然而举国上下，与时俱进，培养人才，时不我待，我校 10 位教师出省进修学习机会难得，时间紧迫，任务繁重，要使他们有效地学习，则住宿问题是亟待解决的。

　　为此，我们在进退维谷的情况下，情急生智，深晓贵校府高庭阔、物实人齐，且具有宽大为怀、救人之危的美德。于是，我们抱着一线希望，与贵校商洽，能否为我校进修教师的住宿问题提供方便条件。但不知贵校是否有其他困难，如有另外的要求和条件，我校则尽力相助。若贵校对于住宿一事能够解决，我校进修教师在住宿期间可为贵校教学事务做些义务工作，如辅导学生和批改作业等，这样可以从中相得益彰。我们以校方的名义向贵校表示深深的感谢。

　　以上区区小事，本不值得惊搅贵校，实为无奈，望谅解。并希望尽快得到贵校的答复。

××省财经学院（印章）
2018 年 04 月 08 日

评析：

（1）标题不对，应为"关于×××××××的函"，并在标题下标上发文字号。

（2）主送机关不当。公文不能写给领导个人，应是"××大学"。

（3）正文写作表述啰唆，用语不得体，请求不合理。① 未能开门见山地直陈此函目的，却在客套寒暄；② 请求帮助要在合情合理的情况下才能提出，此函以帮助辅导和批改作业作为交换条件，而该财经学院的教师其实并没有辅导对方学生和批改作业的资格；③ 语言分寸失当，有献媚之嫌，如"为此……救人之危的美德""我们以校方的名义向贵校表示深深的感谢"等；④ 语言不够严谨、简洁，如"事情是这样的……则住宿问题是亟待解决的""以上区区小事……希望尽快得到贵校的答复"等。

（4）成文日期不规范，应写成"2018 年 4 月 8 日"。

七、纪要

（一）纪要的概念与特点

纪要适用于记载会议主要情况和议定事项。纪要是指根据会议情况、会议记录和会议有关资料，经过整理形成的概括性文件，可以上报、下达，也可以作存档之用。任何类型的会议都可印发纪要，尚待决议的或者有不同意见的问题，也可以写入纪要中。

纪要有以下几个特点。

1. 内容的纪实性

纪要必须是会议宗旨、基本精神和所议定事项的概要纪实，不能随意增减和更改内容，任何不真实的材料都不得写进会议纪要。

2. 表述的纪要性

纪要必须精其髓、概其要，以极为简洁精练的文字高度概括会议的内容和结论，既要反映与会者的一致意见，又可兼顾个别同志有价值的看法。有的纪要还要有一定的分析说理。

3. 作用的限定性

纪要下发给有关单位，要求有关单位及人员认真领会会议精神，贯彻执行会议议定事项，这种作用是有限定性的。

4. 称谓的特殊性

纪要一般采用第三人称写法。由于纪要反映的是与会人员的集体意志和意向，所以常以"会议"作为表述主体，常用"会议认为""会议指出""会议决定""会议要求""会议号召"等来引出主要内容。

（二）会议记录与纪要的区别

1. 性质不同

会议记录是讨论发言的实录，属事务文书。纪要则是对会议情况和会议精神准确、精练的综合性概括，是党政机关公文。

2. 功能不同

会议记录主要用于"记载"，一般不公开，无须传达或传阅，只作资料存档。纪要则通常要在一定范围内上传和下达，且有一定的约束力，要求贯彻执行。

（三）纪要的结构和写法

纪要在结构上与其他公文有所不同，有的纪要可以省略版头、主送机关、落款及印章。

1. 标题

纪要的标题常见的有几种：一是由"会议名称＋文种"组成，如《开发区经济工作研讨会纪要》；二是由"召开会议的机关＋内容＋文种"，如《省工商局关于扩大增值税范围会议纪要》，也可省略召开会议的单位，如《关于企业改制问题的会议纪要》；三是双标题，正标题表明会议主旨，副标题交代会议名称、范围、文种，如《抓住机遇，扩大开放——沿江五市对外开放研讨会纪要》。

2. 正文

纪要的正文一般由开头、主体和结尾三部分组成。

（1）开头。纪要的开头一般介绍会议概况，包括会议的名称、目的、时间、地点、届次、参加人数、参会单位、主持人、议程、进展情况、主要成果以及对会议的总体评价等。这部分表述完毕后，可用"会议纪要如下"或"会议确定了如下事项"等惯用语为过渡，转入主体部分。

（2）主体。主体是纪要的核心部分，要根据会议的中心议题，按主次、有重点地写出会议的内容和成果。主体一般包括会议的主要精神、会议议定的事项、会议上达成的共识、对今后工作的安排、会议的各种主要观点及争鸣情况等。主体常用的写法一般有以下三种。

一是条文式，就是把会议的主要内容分成几个大的问题，然后加上标号或小标题，分项来写。这种写法适用于大中型会议或议题较多的会议。

二是综述式，就是把讨论研究的主要问题、与会人员的共识、议定的有关事项，进行整体的阐述和说明。多用"会议认为""会议指出""会议提出"等惯用语作为各层意思的开头语，以体现内容的层次感。这种写法适用于小型会议，讨论的问题比较集中单一。

三是记录式，就是按照会上发言顺序或不同内容的有关发言顺序，把与会人员的发言要点记录下来。一些重要的座谈会纪要常用这种写法。

（3）结尾。结尾通常用来强调会议的意义，提出希望和要求，发出号召等，也可省略结尾。

（四）纪要写作的注意事项

（1）要准确反映会议的真实情况和基本精神。没有取得一致意见的，一般不写入纪要。对少数人意见中的合理部分，也要注意吸收。

（2）要对会议材料做出高度概括。例会和办公会议、常务会议的纪要，重点将会议所研究的问题和决定事项逐条归纳，做到条理清楚、简明扼要。

【例文2-16】

××新区管委会第一次全体会议纪要
（2018年10月31日）

10月20日，省政府召开××新区管委会第一次全体会议，贯彻落实中央和省委省政府决策部署，研究部署××新区规划建设发展工作。有关部门负责同志参加会议。会议听取了××新区获批两年来规划建设及××新区"十三五"发展规划基本思路和总体规划评估完善等情况汇报，审议了××新区管委会及办公室工作规则，对下一步工作作了安排。

会议指出，国务院批复设立××新区两年来，各相关地方和省直部门认真贯彻落实中央和省委省政府决策部署，履职尽责、主动作为，大力推进××新区各项建设，新区基础设施逐步完善、产业集聚效应初显、区域开发有序推进、双创活力不断激发，具备了全面加速、提升发展的基础条件。……

会议要求，全省各条战线、各个方面要加强协调配合，为××新区建设发展提供有力保障。××新区管委会要强化组织领导，发挥牵头抓总作用。……

会议议定以下事项：

一、原则同意××新区管委会及办公室工作规则。××新区办要根据会议意见对规则进行修改完善，强调工作效率，突出责任担当，明晰管委会及办公室职责，征求各方意见后按程序报审实施。

二、做好××新区总体规划新一轮修编。……

三、开展××新区发展规划研究编制。……

【思考练习】

一、在下列公文标题的横线上填上合适的文种。

1. ××市公安局关于查禁赌博的_____

2. 国务院关于批转节能减排统计监测及考核实施方案的_____

3. 成都市××区教育局2019年工作_____

4. 省医药公司关于急需防疫救灾药品收购资金的_____

5. 国务院办公厅关于成都皮影博物馆冠名问题的_____

二、单项选择题。

1. 因道路整修，需改变两条公交汽车行驶路线，拟行文将此事告知市民，应使用的文种是（　　）。

　　A. 报告　　　　B. 通告　　　　C. 公告　　　　D. 通知

2. ××厂拟向市工业局汇报地震中本厂损失的情况，形成公文用的文种是（　　）。

　　A. 报告　　　　B. 请示　　　　C. 通报　　　　D. 简报

3. 下列标题中，使用文种错误的是（　　）。

　　A. 《中华人民共和国全国人民代表大会公告》

　　B. 《××省公安厅关于好民警×××先进事迹的通报》

　　C. 《湖南省人民政府关于大力开展农田水利建设的公告》

　　D. 《××市人民政府关于承办202×年世界鲜花博览会的有关决定》

4. ××县农业局拟行文请求市农业局邀请一些农业专家到县里进行农业知识培训讲座，应使用的文种是（　　）。

　　A. 请示　　　　B. 报告　　　　C. 通告　　　　D. 申请

5. 下列通知的标题中，正确的是（　　）。

　　A. 《××市人民政府批转省卫生厅关于做好防治血吸虫病的通知》

　　B. 《××市国土局转发〈省国土局转发［国家财政部关于报送来信来访工作统计的通知］的通知〉的通知》

　　C. 《××县人民政府转发×财政〔2015〕4号文的通知》

　　D. 《××大学关于应届毕业生户籍迁移问题的通知》

三、判断题（正确的在题后的括号内画"√"，错误的画"×"，并简述理由）。

1. 公告体现了庄重性、严肃性，用语应谨慎、周密。（　　）

2. 公告的事项具有较强的法律效力或行政效力。（　　）

3. 任何党政机关、团体、企事业单位都可以发布公告。（　　）

4. 通知适用于批转下级机关的公文，转发上级机关和不相隶属机关的公文，传达要求下级机关办理和需要有关单位周知或者执行的事项。（　　）

5. 转发性通知的主要任务在于"转发"，只要附上被转发的文件全文即可。（　　）

6. 通报适用于表彰先进、批评错误、传达上级重要精神或情况。（　　）

7. 报告是用于向上级机关汇报工作、反映情况、答复询问的一种上行公文。（　　）

8. 凡是下级机关无权或无力解决，以及按规定应由上级机关决断的问题，都应该向上级机关行文请示。（　　）

9. 批复总是针对下级机关的请示被动行文，其内容也是针对下级机关来文的请示事项做出答复，不能答非所问，节外生枝。（　　）

10. 请求批准函是向上级机关请求批准的一种公文。（　　）

11. 纪要既可以上报，也可以下达，还可以用于和其他有关单位互通情报，相互交流。（　　）

12. 纪要主要作为资料存档，一般不公开。（　　）

四、简答题。

1. 简述请示与报告的区别。

2. 某乡的广播电视站在一次泥石流灾害中遭到巨大破坏，灾后无法进行正常的工作。为尽快修复广播设施，正常开展工作，该站拟撰文请求上级拨款重建广播电视站。李某认为，为了争取各级领导的支持，应该写成请示，主送县广播电视局、县财政局、县政府、地区广播电视局和省广播电视厅等部门。而刘某则认为，主要是反映受灾情况，因此应该写成情况报告，而且县广播电视局也拨不出经费，所以只需要主送到县政府就行了。这些说法对不对？你认为应该怎么办？请说明理由。

3. ××县希望小学请求县政府拨款100万元新建学生宿舍，该县副县长对校领导说："打个报告给我，我批给你们。"这种说法、做法对不对？为什么？

五、阅读分析题。

1. 阅读下文，指出文中的错误。

通　告

我厂因铺设煤气管道，需挖断厂门外308国道公路，过往车辆需绕道而行，否则一切后果自负。

××车辆厂（印章）

2018年10月13日

2. 阅读下文，指出文中内容、格式和语言上存在的问题。

×县财政局文件

×财政（201×）31号　　　　　签发人：孙××

关于同意拨款修复县文化活动中心的通知

在201×年×月×日，我县文化活动中心因意外火灾被烧毁。现已收到县文化局《关于请求拨款修复文化活动中心的请示》，完全同意《请示》意见，并已将所要求款项拨至文化局，请尽快开展修复重建工作。

特此同意。

县财政局（印章）

201×年×月×日

六、写作题。

1. 根据以下材料，拟写一份转发性通知。

××××年×月×日，教育部向各S省教育厅发布了教专字〔××××〕×号《关于执行〈中等职业学校学生学籍的暂行规定〉的通知》。请你以S省教育厅的名义，向隶属的各地市教育局转发该文件。

2. 自己拟定发文机关、被通知对象及内容，拟写一份会议通知。

3. 结合学校近期开展的某项活动拟写一篇通报，可以通报批评，也可以通报表彰，或者通报某一具体情况。

4. 根据班内最近一次主题班会的内容，形成一份纪要。

（孟成华　刘洪仁）

第三章 事务文书写作

第一节 概 述

一、事务文书的性质及作用

事务文书是党政机关、社会团体、企事业单位以及个人处理日常事务的一种具有特定格式的应用文体。事务文书通常具有沟通信息、宣传教育、安排工作、总结经验、研究问题和推销自我等作用。事务文书是应用写作的重要组成部分,在日常工作和生活中使用极为普遍和广泛。

二、事务文书的特点及种类

(一) 事务文书的特点

1. 指导性

事务文书用于推动实际工作,解决实际问题,针对现实生活中的情况或工作中存在的问题进行报道、总结、研究,因此具有一定的指导性。

2. 实用性

事务文书在日常生活和工作中可以传达信息、交换意见、沟通情况、商洽事务,具有很强的实用性。

3. 真实性

事务文书要反映实际工作中的新情况、新经验、新问题,具有真实性的特点。

4. 灵活性

较之公务文书,事务文书的体例格式更加灵活自由。在表达方法上,它也更加多样化,常常是叙述、议论、说明综合运用,有些文体的语言也可生动活泼,而不像公务文书那样严谨刻板。

(二) 事务文书的种类

事务文书的种类很多,依据其性质与作用的不同,可分为如下几类:

(1) 计划总结类,如计划、总结、述职报告等。
(2) 宣传报道类,如简报、调查报告等。
(3) 规章制度类,如章程、制度、规则等。
(4) 会议文稿类,如开(闭)幕词、讲话稿、提案等。
(5) 专用书信类,如感谢信、祝贺信、申请书等。

此外,事务文书根据适用对象还可以分为个人类事务文书和公务类事务文书。

本章主要介绍计划、总结、述职报告、简报、调查报告、专用书信和自荐书的写作。

三、事务文书的写作要求

个人类事务文书(如个人简历、自荐书等),必须以真实客观为基础,如实地进行表述,才能达到写作者的目的。

公务类事务文书,处理的日常事务是公务,也属于广义的公文范畴。它与狭义的公文(15种常用的党政机关公文)的区别在于:一是没有统一规定的文本格式;二是不能单独作为文件发文,需要时只能作为公文的附件行文;三是必要时它可公开面向社会,或提供新闻线索(如简报),或通过媒体宣传(如经验性总结、调查报告等)。

事务文书的撰写必须以法律规定为依据,不能与现行政策和法规相抵触;要了解实际情况,进行深入细致的调查研究,尽可能多地收集、积累材料;要具有科学的可行性,能解决工作或生活中的实际问题。

事务文书的格式虽然不像行政公文那样程式化,但许多文种的格式也有约定俗成的特点。在结构方面,事务文书要求开门见山,突出重点,层次分明;在语言方面,要求用语准确恰当,尤其是公务类事务文书,要讲究遣词造句,不能出现歧义,表述不能模糊。

(高 睿)

第二节 计划 总结 述职报告

一、计划

(一)计划的性质和特点

1. 计划的性质

计划是指机关、单位、团体和个人对未来一定时期内要完成的任务,提出明确目标,规定具体要求,制定相应措施,做出切实安排的一种书面文书。日常生活中的"方案""要点""安排""打算""规划""设想"等都属于计划的范畴。

2. 计划的特点

(1)预见性。计划是事先对活动所作的安排与打算,而任何事物在其发展过程中都可能会发生一定的变化,为实现预定目标,必然要对活动过程中可能出现的情况进行分析与估计,并要对可能出现的困难、问题等提出切实有效的措施和方案。这样才能确保计划顺利进行,并达到预定目标。

(2)可行性。一份完善的计划,必须有为实现具体的目标而制定的可行措施、办法和要求,而且各项措施、办法和要求必须具体明确,切实可行,符合实际。

(二)计划的种类

计划的种类很多,按照不同的标准,可以分为以下不同的种类。

(1)按性质分,有综合性计划和专题性计划。综合性计划又称总体计划,是对某一单位或部门在一定时期内的所有工作做出的全面安排和计划。专题性计划又称单项计划,是对某一方面的工作做出的安排和计划。

(2)按范围分,有国家计划、地区计划、系统计划、单位计划、个人计划等。

(3)按时间分,有长期计划、中期计划、短期计划。

(4)按形式分,有条文式计划、表格式计划、条文加表格式计划等。

（三）计划的结构与写法

计划没有固定不变的格式，可以写成一篇叙述的文字，也可以分条分项列出，还可以采用表格的形式，或者把几种方法"综合运用"。总之，应根据实际情况而定。一般来说，计划应包括如下三个部分。

1. 标题

计划的标题一般包括制订计划的单位、适用期限、事由和文种。如《成都师范学院60周年校庆实施方案》，这个标题各要素俱全，专题性计划的标题常采用这种写法。也有些计划的标题有所省略，如《××市税务局2020年第四季度工作要点》，标题没有涉及计划的内容，这是综合性计划标题的一般写法。如果制订的计划还不够成熟，需试行一段时间，待征求意见后再进行修改定稿，或者还未经过法定的会议讨论通过，可在标题后或下加上"初稿""草案"等字样，并加上括号。

2. 正文

正文是计划的主体部分。这部分通常包括前言、目标和任务、步骤和措施、结语等几个部分。

（1）前言。前言应根据需要撰写，做到简明扼要。一般写制订计划的指导思想，当前形势要求，本单位、部门的基本情况，计划的总任务、目的、要求等。

（2）目标和任务。计划要明确地写明在一定期限内必须完成哪些任务，实现什么目标，做哪些事，数量上和质量上有什么要求等，使计划执行者一看便知道准备做什么、做多少、什么时间完成、由什么部门负责执行等。

（3）步骤和措施。明确任务后，计划要根据主、客观条件，设计必要的步骤和措施，以保证任务的完成。步骤是指工作的程序和时间安排。措施主要是指达到既定目标需要采取什么方法，动员哪些力量，创造哪些条件，排除哪些困难等。

总之，计划的正文要按照"做什么—怎么做—做到怎样"的顺序来安排结构内容，只有这样才能简明、全面、清楚地制订好计划。

（4）结语。正文的末尾提出希望和号召。有的也可不写结语，事项写完后自然结束。

3. 署名和日期

正文之后要写上制订计划的单位名称与制订计划的日期。如果标题中已标明单位名称，则可省略制订计划的单位，写明制订计划的日期即可。与计划相关的一些材料，可以用附件形式在计划后附表。

（四）计划写作的注意事项

1. 调查研究，实事求是

制订计划前，必须深入实际，认真调查研究，分析主、客观条件，尽可能预测计划执行过程中的困难和问题。制订计划时要从实际出发，任务和指标应是经过各方面的努力可以达到的理想指标，既不要过高，也不能过低。过高，难于实现和完成；过低，起不到指导和激励的作用。遇到特殊情况可及时做出调整，采取对应措施，以保证计划顺利完成。

2. 内容具体明确，语言简明扼要

计划是为未来的工作做出的安排和规划，为收到良好的效果，计划的整体设想要明晰，并将实现目标的途径和办法分条罗列出来。计划切忌语言含糊、职责不清，使之无法落实和检查。计划的内容，一般要分条列项来写，叙述要平直，说明要简洁。如内容较多，可增设小标题加以区分。

3. 要有针对性和灵活性

计划的内容既要全面，又要有针对性，重点要突出。在制订计划时，要针对本单位、本部门的工作重点，保证计划能够反映出当前要解决的主要问题。计划是根据客观情况制订的，但客观情况常常发生变化，所以制订计划还要有灵活性，应留有一定的余地，当某种未预见的因素发生时，计划能及时调整、完善和补充。

【例文 3-1】

××公司××××年流动资金定额的工作计划

根据上级关于核定流动资金定额通知的精神，结合本公司的实际情况，提出本公司核定××××年度流动资金定额工作的计划如下：

一、目的和要求

在去年核资的基础上，结合增产节约活动中暴露的问题，发动群众挖掘资金潜力，按照正常生产最低需要的原则和加速资金周转的要求，从紧核定资金金额。通过核资，认真建立健全制度，进一步提高公司管理水平。

二、时间、方法、步骤

（一）时间为一个月，自即日起至×月底止。

（二）本次核资采取分级归口、自查自核、专业部分协助的方法进行。具体做法是：……

（三）核资工作分三步进行。……

三、具体安排

……

××××年×月×日

二、总结

（一）总结的性质和特点

总结是指对某一阶段的学习、生产、工作或思想情况进行回顾、检查、分析和研究，从理论认识的高度概括经验教训的书面材料。总结的目的是肯定成绩，找出问题和不足，揭示事物的本质和规律，以指导今后的工作。

总结具有如下几个特点。

1. 自我性

总结是对自身社会实践进行回顾的产物，它以自身工作实践为材料，采用的是第一人称写法，其中的成绩、做法、经验、教训等都有自指性特征。

2. 客观性

总结是对前段工作和学习进行全面回顾、检查，因而要尊重客观事实，以事实为依据，所列举的事例和数据都必须完全可靠，确凿无误。不得移花接木，张冠李戴，也不允许随意虚构，主观臆造。

3. 理论性

总结不能停留在事实的表层作一般的陈述，必须按照"实践是检验真理的唯一标准"的原则，正确地反映客观事物的本来面目，认真地评论得失，对事实材料进行科学分析，就事论理，从理论的高度概括经验教训，得出客观事物带规律性的结论。

4. 目的性

成绩、经验、教训等都已成为过去，总结的根本目的在于发扬成绩，增强信心，吸取教训，做好下一段的工作。总结是指导未来，回答"怎么做"的问题，体现了目的性。

（二）总结的种类

按性质分，有综合性总结、专题性总结等。

按范围分，有个人总结、单位总结、地区总结等。

按时间分，有月总结、季度总结、年度总结等。

按内容分，有工作总结、学习总结、思想总结等。

在实践中这些分类只是相对的，实际写作中它们之间往往相互交叉、彼此兼容。

（三）总结的结构和写法

由于总结的种类不同，因此具体写法也多种多样，但是基本内容不外乎情况回顾、经验教训、存在的问题和今后的打算等几个部分。其具体结构一般如下。

1. 标题

总结的标题，大多由单位名称、时间界限、内容和文种四个要素构成，如《××市××学院2020年上学期工作总结》；也可以不写单位名称，如《2019年工作总结》，如果采用这种标题，则要在落款处署单位名称。

2. 正文

这部分是总结的重点，其内容一般包括以下几个方面。

（1）基本情况。简要交代总结的缘由、依据，所涉及的时间、地点、事情的概况及有关的条件等。

（2）主要经验教训。主要说明在什么思想指导下，采取了哪些措施，取得了哪些成绩和经验，有哪些教训，并要求把这些经验和教训从感性认识上升到理性认识，找出规律，以指导今后的工作。

在叙述中，既要谈看法、认识，还要注意列举典型事例和具体的数据来证明，使之更具有说服力。在写教训时，应当分析其原因，引以为戒。工作中，取得成绩的原因是多方面的，经验也不止一条，因此在总结归纳时可分条列项来写。

（3）指明今后的努力方向。这部分内容通常在总结经验教训的基础上提出今后的打算，制定新的措施，明确努力方向，表明今后的决心。

3. 署名和日期

跟计划一样，总结的正文之后要写上总结单位的名称与总结日期。如果标题中已标明单位名称，则可省略单位署名，写明总结日期即可。总结的日期常常被人们所忽视。实际上，不管标题中有没有表明时间，为了日后查阅方便，都要写明日期。

（四）总结写作的注意事项

（1）明确目的，突出重点。总结切忌写成"流水账"，胡子眉毛一把抓。应突出重点及核心，详细、具体地写那些既能显示本地区、本单位特点，又有一定普遍性的材料，并找出工作中带有规律性的东西,具有指导性的经验,以指导今后的工作。

(2) 深入调查研究,实事求是。总结不可凭空虚构,要一切从实际出发,这是总结写作的基本原则。总结中的材料真实,在此基础上的成绩、经验、教训才真实,得出的结论才可靠,归纳的规律性东西才可信。在总结写作实践中,夸大成绩、文过饰非、弄虚作假、浮夸邀功的坏作风,对个人、单位、国家都没有任何益处,必须坚决杜绝。

(3) 要注意记叙和议论的关系。记叙和议论是写总结最常用的方法,记叙的事实是说理议论的根据,说理议论又是所叙事实的升华。总结常常采用夹叙夹议的写法,语言要简明扼要、准确肯定,不能模棱两可、含糊其辞。

【例文 3-2】

××学院2018—2019学年度工会工作总结

2019 年 7 月,我院召开了第二十二届工会会员代表大会。一年来,由学校党委和上级工会加强领导,学院行政重视,全院教职工热情支持,我院工会工作有了新的进展。在开展多种教学竞赛,提高职工素质,加强民主管理,积极参政议政,动员组织职工开展体育竞赛和关心职工生活等方面取得了较好的成绩。

一、开展多种教学竞赛,提高职工素质。……

二、加强民主管理,积极参政议政。……

三、开展体育竞赛,增强教师体质。……

四、关心职工生活,维护职工权益。……

以上是我院 2018—2019 学年度工会工作的简要回顾。一年来,我们虽然取得了一定的成绩,但是还有不足之处。主要表现在对职工面临新情况在思想上产生的新问题,还了解得不够深入细致,在群众生活方面关心不够。今后我们一定发扬成绩,克服缺点,努力把工作做好,为把我国建设成为富强、民主、文明的社会主义国家而努力奋斗。

××学院工会

2019 年 9 月 15 日

三、述职报告

(一) 述职报告的性质及作用

述职报告是指党政机关、社会团体、企事业单位的领导干部或个人向上级、主管部门和下属群众陈述任职情况,就履行的岗位职责、任职期间工作成绩、工作中出现的问题以及对今后工作的设想进行自我回顾、评估、鉴定的书面报告。

述职报告常用于业务部门陈述其主要业绩业务,有利于人事部门或上级主管领导或本单位的领导、群众比较全面地对任职干部或个人在某一阶段内的思想认识、工作概况、业务能力以及工作成效等方面进行考察;有利于客观评价领导干部和完善干部管理制度;有利于被考核者明确职责,吸取教训,提高素质,改进工作,在工作中形成良好的民主监督风气。

(二) 述职报告的种类及特点

1. 述职报告的种类

述职报告可以从不同角度进行分类:

（1）按时间划分，述职报告可分为年度述职报告、任期述职报告、临时性述职报告、不定期述职报告等。

（2）按内容划分，述职报告可分为综合述职报告、专题述职报告等。

（3）按报告主体划分，述职报告可分为干部述职报告、个人述职报告等。

（4）按表达形式划分，述职报告可分为书面述职报告、口头述职报告等。

2. 述职报告的特点

（1）自评性。述职报告用第一人称写法，以自述的方式，从德、勤、能、绩、廉几个方面陈述并评价自己履行职责的情况。

（2）客观性。述职报告中所涉及的有关思想、工作、能力、成效等几个方面的情况，要实事求是地进行汇报，客观地评价自己的成绩，恰当地分析工作中的教训和失误。

（3）唯一性。述职报告是担任一定职务的人向特定对象陈述自己履行岗位职责的情况，叙述主体具有唯一性。

（4）时效性。述职报告是被考核对象对某阶段工作的总结，因此，述职内容应强调时效性，这样才能保证考核的科学性、准确性。

（三）述职报告的结构与写法

述职报告由标题、称谓、正文、落款四个部分组成。

1. 标题

述职报告的标题通常有以下两种形式。

（1）公文式标题，即由单位名称、所任职务、任职期限和文种组成，如《××市××局局长2018年度述职报告》；也可只标示文种名称，直接用"述职报告"四个字做标题，这是最常用的一种形式。

（2）文章式标题，通常由正、副标题构成，正标题用简练、精要的语言概括出述职报告的主旨或核心内容，副标题标明单位名称、职务、时限和文种，如《务实高效开拓创新——××学院院长2019年度述职报告》。

2. 称谓

称谓是对报告对象的称呼，在标题下方顶格写。述职者应根据报告对象的不同而采用不同的称呼，如"各位代表""各位委员""各位同志""同志们"等。

3. 正文

述职报告的正文一般由开头、主体、结语三个部分组成。

（1）开头。开头又称前言，应概述述职者的任职时间、分管工作、主要职责、履职概况等基本情况，并对自己任职期间进行总体评价，然后一般用"现将我任职期间履行职责的情况报告如下"提领下文。

（2）主体。主体是述职报告的核心，它是考核及评议的主要依据，应着重写清任职期间的指导思想、主要工作实绩，包括自己的思想认识水平、政治学习表现、工作效益、经验体会、存在的问题及教训、今后工作的努力方向等。这部分要写得具体、充实、条理清楚，可采用由主到次、由表及里、层层推进的逻辑顺序来安排结构。

（3）结语。结语应提出今后的工作打算并表明决心，请求领导和述职对象审查评议，对领导和述职对象的批评和帮助表示感谢。一般用"以上报告请批评指正"或"以上报告，请予审查"之类的固定性语句作结，也可省略不写，做到言尽即止。

4. 落款

在正文的右下方，分两行写明述职者姓名和述职日期。有的述职报告将述职日期置于标题下方，如此则落款只署述职者姓名。

（四）述职报告写作的注意事项

1. 实事求是

述职报告所反映的是述职者在任职期间工作的真实面貌，因此，一定要恪守实事求是的原则，不能把集体政绩与个人实绩等同起来，既不夸大自己的工作业绩，也不缩小工作中的失误，有喜报喜，有忧报忧。坚持实事求是的原则，是述职报告写作之魂。

2. 突出重点

要抓住任职期间自己职责范围内的重点工作进行陈述，突出主要的成绩和教训，绝不能事无巨细、面面俱到。在材料的安排上，要做到主次分明、详略得当。

【例文3-3】

<h2 style="text-align:center">××市常务副市长述职报告</h2>

同志们：

根据××市纪委、××市委组织部要求，现将本人20××年履行职责、廉政建设方面的情况汇报如下：

20××年3月，根据工作需要，我由××经济开发区党工委书记调任市政府副市长，负责市政府常务工作。虽然岗位发生了变化，但我始终坚持找准坐标，摆正位置，服务大局；扎实调研、努力学习，迅速适应新的岗位；廉洁奉公、克己自律，严格执行党风廉政建设的各项规定。

一、适应形势要求，不断提高自身综合素质。……

二、围绕中心要求，做好分管各项工作。……

三、自觉防微杜渐，严守廉洁从政底线。……

综观一年来个人工作和廉洁自律等方面的情况，本人虽然在廉洁自律和日常工作中做了一点有益的工作，取得了一些成效，但对照"四大纪律、八项要求"以及上级和基层干群的期望还有距离，还存在着一些不足之处，主要表现在：一是在学习上注重个人学习的多，对班子其他成员督促得少；二是忙于事务性的工作多，在部门跑得多，下基层到乡镇调研工作少，在压缩财政非一般性开支方面，还需进一步加大力度并坚持原则；三是工作方法上抓主要问题多，次要工作过问较少。所有这些问题，均有待于在今后工作中予以克服。为此，我将以这次述职述廉为契机，在今后的工作中，不断增强廉洁奉公、执政为民的意识，从严要求自己，自觉做到中央提出的"五个不准"、省委提出的"六个不能"，使自己的一言一行符合与时俱进的精神，符合党纪政纪的规范。

以上汇报，敬请批评指正。

述职人：×××
20××年1月25日

【思考练习】

一、计划具有哪些特点？

二、总结按性质可分为哪些类别？总结的正文必须写清哪些内容？

三、针对学习应用写作课程制订一份学习计划，然后认真执行，到期末对照检查；再写一份学习总结，看看哪些目标落实了，哪些目标没有实现，原因何在？

四、简述述职报告与总结的同与异。

五、指出下面这篇工作计划存在的问题，并予以修改。

四季度工作计划

今年的工作十分繁忙，尤其是四季度的工作，如何把工作做好，作下列计划。

1. 抽出时间认真计划、安排学习有关基建改革的文件。
2. 深入了解工作量完成情况和资金支用情况，为年终决算审查打基础。
3. 了解建设单位明年的安排和完成情况，以便做好明年信贷工作计划。
4. 认真与建设单位对清基建计划，避免超计划支出。

和平支行

（高　睿　付晓丽）

第三节　简　报

一、简报的性质和作用

简报，即简明的信息报道，是指某一机关、团体、企事业单位编发的用以传达信息、反映情况、交流经验的文书。通过简报，可使本行业人员了解信息、掌握动态、取长补短、改进工作。因此，简报在许多机关、单位使用频率很高，其作用具体体现在以下三个方面。

1. 汇报作用

简报不是公文，下级可灵活地向上级汇报本单位工作和重要动态，以便上级了解并及时做出决策指导工作。

2. 指导作用

上级机关可用简报向下级部门宣传有关方针政策，表彰先进，批评错误等，用以指导下级更好工作。

3. 交流作用

平级部门间可通过简报互通情况，交流经验，合作共赢。

二、简报的特点和种类

（一）简报的特点

1. 新颖性

简报的内容要选择有价值的新情况、新问题。

2. 简明性

简报字数少、篇幅短，编写时要注意选材，要求文字简洁，能概括反映事物。

3. 及时性

编写、印发简报都应该尽可能及时、快捷，重要情况要在第一时间上报，要充分利用新媒体信息技术加快上报。

4. 真实性

简报反应的材料必须真实可靠，夸大或缩小事实的行为都是错误的。

(二) 简报的种类

简报作为应用文书的一种，适用范围广，编写形式活，常见的"简讯""信息""动态""快报""参考"等，均属于简报的范畴。

按照简报的性质和用途，简报一般可分为工作简报和会议简报两大类。

1. 工作简报

工作简报，是日常工作中编发的简报，这种简报涉及面广，名目繁多，常是各主管单位为沟通情况、交流经验、传达信息而定期编发的内部刊物，如"出版简讯""销售动态""教育通讯""工会交流""科技信息"等。

2. 会议简报

会议简报，是会议期间编发的简报。这种简报涉及面小，一般是比较重要、规模较大的会议才用。会议简报主要反映会议的进展、领导讲话、代表发言以及会议期间一些有意义的插曲花絮等，要求快速编印。会议结束，会议简报也就宣告结束。

三、简报的结构和写法

简报的结构一般包括报头、报文、报尾三部分。

1. 报头

一般的简报，均需在封页的上部显要位置套红印刷报头。简报的报头一般包括以下项目。

(1) 简报名称。简报名称应根据简报的行业性质或内容作用等确定。如"市场信息""高教通讯""文化动态""××会议简报"等。

(2) 期数。简报应标明期数，印在简报名称的正下方。期数一般以年为时限，年初至岁末依次排序，如有增刊，可另编期号。会议简报的期数则以一次会议始终为时限依次编号。有些规模较大、耗时较长的工程、会战、活动等也可编简报，期数也是以其起讫为序。如"第十二期""增刊第三期"等。

(3) 编印单位。编印单位即编发简报的部门或机构，一般印在简报名称的左下位置，如"××局办公室编""××会议秘书处编"等。

(4) 编写时间。编写时间一般印在简报名称右下方，与编印单位相对应。样式为"20××年×月×日"。

(5) 密级。密级一般分为绝密、机密、秘密三级，应视简报内容而定，印在简报名称右上方空白处。一般性简报可不注密级。

(6) 编号。编号是印制本期简报的份数，以数码形式另行打印在密级上面，如"编号

010"等,以便查核回收。非密级简报一般不用编号。

报头与下边简报正文之间常用一道红色粗线隔开。

2. 报文

报文,即简报内容,也就是该期简报编载的全部信息。有些简报一期只集中登载一篇,而更多的做法则是把几篇内容相关的信息,合编在一期简报之中,这样就要在报头下印出本期信息的分条目录,包括题目、页码及作者。应从第二页开始编写页码,登载简报信息内容。每则信息文章,均应有标题和正文两部分。

(1) 标题。标题是文章的眼睛,应让人一看便知道该文的内容。要求做到简短、明晰、新颖、引人注目。标题常用陈述句或主谓短语概括内容,这与新闻的题目相似。

(2) 正文。正文是简报的主要部分。一般应遵循"总—分—总"的结构模式,要把时间、地点、做法、效果、意义或教训等写清楚。多采用叙述性语言,忌用描写抒情的表达方式。如果是转发其他单位的文件和简报内容时,可以在开头加"编者按",对被转发文件作些说明和评论。

正文写完后,可在后面用括号注出本篇内容的来源或作者等,如"××中学××供稿""转引自《市场动态》"等。

3. 报尾

简报内容登载结束,还需在最后印上报尾。报尾通常是画两道分开的粗平行线,中间分两至三行依次注出"报""送""发",并写出有关单位或个人名称。参考格式如下:

报:×××　×××　　（上级单位名称或领导人姓名）
送:×××　×××　　（平级或相隶属的单位）
发:×××　×××　　（下级单位名称）

【例文 3-4】

××简报

第二期（总第××期）

××××厂主办

《××简报》编辑部编印　　　　　　　　　　20××年8月20日

提高素质,优化结构——我厂调整一批中层领导干部

为适应企业转换经营机制和工厂承包经营形势,推动工厂民品发展再上新台阶,春节前后,我厂对中层领导干部进行了调整。共免去7名中层干部的领导职务,8名党政中层领导由副职提为正职;2名中层干部被任命为厂长助理;还选拔了7名年轻干部担任中层领导职务,他们平均年龄37.7岁,文化程度平均在大学本科以上。这次中层以上干部调整的特点是:

1. 一批老干部退居二线,但不"一刀切"。目前,工厂正处于艰苦创业时期,虽然新的形势给工厂经济好转带来了机遇,但工厂面临着更多的困难:资金严重不足;企业严重亏损;企业走向市场,产品开发任务艰巨;领导工作的难度更大。为使中层干部队伍更好地适应形势,肩负起开发民品的重任,工厂安排了一部分年龄较大的干部退出领导岗位,

同时选拔了一批年富力强的中青年干部充实干部队伍。个别老同志干劲大，积极性高，工作岗位又确实需要，因此仍留在领导岗位上。

2. 重实绩，一批年轻干部被大胆起用，有的走上了重要领导岗位。工厂要想在市场竞争中取得显著效益，就需要那些精力充沛、头脑清醒、思想解放、敢闯敢干有能力的同志做带头人。这次新提拔和副职提正职的干部，就具有这些特点，他们在过去一年的工作中做出了突出的成绩，受到厂领导和职工群众的公认，工厂注意发现并给这些同志提供发挥才干的机会，给他们表演的舞台，放手让他们在创业中为工厂做出贡献。

3. 大胆尝试，逐步增加党政担子一肩挑的干部。加快经济发展的新形势，要求企业政工干部必须熟悉生产经营，生产经营中的思想政治工作也需要由党政干部共同去做好，党政干部都应成为生产经营和思想政治工作的内行。党政担子一肩挑，有利于企业领导干部真正成为"内行"，有利于企业生产经营和思想政治工作的开展，促进工厂经济发展。

经过这次干部调整，我厂中层领导干部的结构渐趋合理，整体素质得到进一步提高，从而为我厂的经济发展提供有力的组织保证。

报：（略）
送：（略）
发：（略）

【思考练习】
一、简报写作有哪些注意事项？
二、简报的报头部分包括哪些内容？
三、试以所在班级的集体活动或班会内容为材料，编写一份简报。

（高　睿）

第四节　调查报告

一、调查报告的性质及作用

调查报告是指对某一客观的情况、经验、问题或事件进行调查研究后，系统真实地整理出的具有结论性的书面报告。它通过揭露某方面的问题、批评丑恶现象、澄清事实真相或介绍某事物的发展过程，为相关单位制定或修改战略方针、政策提供依据，为上级领导机关的科学决策提供参考，为新生事物生存发展制造舆论环境，为改进工作方法提供典型经验等。它是国家机关工作中的常用文体，应用十分广泛。

二、调查报告的特点及分类

（一）调查报告的特点

1. 真实性

尊重事实是调查报告的关键，以确凿的事实、数据做支撑才能得出科学、真实的结论，为相关工作决策提供有价值的参考。

2. 针对性

调查报告是应实际需要产生的，其目的是解决人们关注的相关问题。只有在事实基础上，针对问题有目的地调查研究，才能深入问题根本，从而科学地得出解决问题的方案。

3. 典型性

调查报告应能通过对局部的调查研究，反映出具有典型性的内容，以小见大地指导全局工作。调查报告的针对性、典型性越强，指导作用就越大。

4. 规律性

调查报告分析研究的过程就是理论、规律的论证过程。因此，调查报告需立足于大量的事实材料，总结出能揭示事物本质、反映客观事实、概括事物发展的具有普遍性意义的规律，才能最大限度地发挥其指导价值。

5. 时效性

调查报告反映的是当前情况、新出现的事物和现实社会中亟待解决的问题，要发挥其指导意义，必须强调时间的紧迫性。

（二）调查报告的种类

根据调查报告的不同内容和指导意义，调查报告可分为以下几种。

1. 基本情况调查报告

基本情况调查报告是指针对某一地区、某一行业、某一单位或某一方面的历史、现状和发展变化等情况，进行比较系统周密的调查研究之后写出的调查报告。这类调查报告涉及政治、经济、军事、文化、生活等诸多方面的内容，篇幅较长，内容详尽，全面反应某方面的全貌，分析研究出普遍性规律，为正确制定某一时期的方针政策提供依据。

2. 典型经验调查报告

典型经验调查报告是指针对某一地区、某一行业、某一单位或某一部门具有典型性的成功做法进行调查，并从理论的高度予以分析，所写出的具有代表性、科学性、规律性、政策性的经验报告。这类调查报告有利于推广经验，对工作有极大的启发和指导意义。

3. 新生事物调查报告

新生事物调查报告是指针对现实社会中涌现出来的新生事物进行深入细致的调查研究，完整全面地揭示其产生、发展、成长规律的报告。这类调查报告能够反映出新生事物的背景、情况和特点，有利于促进其同类事物的迅速成长与发展。

4. 揭露问题调查报告

揭露问题调查报告是指弄清事实真相后写成的调查报告，重在收集大量的事实材料揭露事物实质，探究问题的原因及危害，以达到教育群众的目的。这类调查报告不仅揭露问题，还为解决问题提供思路和方法。

三、调查报告的结构与写法

调查报告的内容结构一般由标题、正文、结尾三个部分组成。

1. 标题

调查报告的标题有单标题和双标题两种，具体有以下四种形式。

（1）文章式标题：写法灵活，一般由调查报告内容或中心思想组成标题，如《大学生课外阅读情况》；或者直接表明作者的观点，如《坚持改革是提高企业经济效益的必由之路》。

（2）公文式标题：由调查对象、内容、文种三个要素组成，如《关于建设领域解决拖欠工程款和农民工工资问题的调查报告》。

（3）提问式标题：用问题作标题，如《孩子在网吧里干什么》《小诊所为何青睐假药》。

（4）复合式标题：由正、副标题组成，正标题揭示调查报告的主旨，副标题点明调查的地点、对象、内容或范围，如《适应市场求发展　与时俱进写新篇——××管理学校办学情况的调查》。

2. 正文

（1）开头。调查报告的开头又称前言，一般是对调查对象的简单介绍或者对调查时间、地点、范围、方式等的简要说明，起到"导读"的作用，以提高阅读效率。常见的写法有以下两种：

① 介绍式。开篇概括介绍调查对象的基本情况，或概述调查研究和调查报告写作过程的基本情况，让读者对调查对象或调查的时间、地点、范围、目的以及经过与方法等有一个初步了解，如《农业农村部春季农资打假调查报告》的开头即是如此。

② 问题式。即在开头开门见山地提出问题，以引起读者的思考和兴趣。如《孩子在网吧里干什么》一文的开头："网民里有相当数量的孩子，他们的成长注定会深深打上网络的烙印——这已是不争的事实。那么，孩子在网吧里做什么？网络是如何主宰着他们生活的？"

（2）主体。主体是调查报告的核心部分，该部分的内容直接决定调查报告的价值。这部分内容主要有两个方面：一是叙述调查得到的实际情况；二是对客观事实进行理性的分析和判断，提炼出具有普遍性和规律性的认识。

主体部分的结构形式主要有纵式、横式和综合式三种。

① 纵式结构：按照事物发生、发展和变化的过程或时间的先后顺序来组织材料，将事物发生、发展和变化的过程依时间划分为几个阶段，一个阶段即为一个层次。这种结构方式，有助于读者全面了解事实的来龙去脉和结论的前因后果。

② 横式结构：按照事物的性质或内在规律将主体分成几个部分，每一部分采用小标题的形式，依事物内在联系的逻辑顺序进行阐述，使各小标题之间呈现并列关系。这种结构方式，可以将复杂的事物条分缕析地表达出来，是常用的结构形式。

③ 综合式结构：把纵式结构和横式结构穿插结合在一起，或先按问题的性质进行分类，再依事物的发展顺序来表述，或在整体安排上依事物发展的先后顺序，具体叙述、议论时按性质、类别安排材料。

3. 结尾

调查报告结尾的写法多种多样，可以总结全文，得出结论；也可以针对问题，提出建议；还可以提出问题，启发思考。无论采用哪一种方法，都应该做到自然简明，意尽言止。

四、调查报告的写作要求与技巧

1. 深入调查，占有材料

撰写调查报告，在选好题目后，首先要深入实际，实地调查。调查是先决条件，深入调查、分析、研究选取对象，掌握大量第一手材料，再对材料进行去粗取精、去伪存真的整理和筛选，充分运用典型、真实的材料说明观点，反映事物本质和规律。只有这样，才能提出有建设性的结论，确保调查报告的指导性。

2. 分析研究，找出规律

调查报告忌讳堆砌材料，要灵活运用材料，深入地对材料进行分析研究，抓住事物的本质特征及其主要矛盾和矛盾的主要方面，侧重于对事物内部联系的研究，将事实材料上升到理论层面。在此基础上得出的结论及提炼出来的主旨，必然是新鲜的，具有时代特色和实际的指导意义。

3. 精心布局，观念与材料统一

调查报告是在事实的基础上反映事物发生、发展和变化的过程，并深入分析，找出规律，用以指导工作的开展。因此，在报告的结构上势必要精心布局，在对事实进行叙述的基础上，层层递进地阐明事理，揭示规律，表明作者的观点。观点要紧扣材料，材料要能够说明和支撑观点；观点从事实材料中来，材料为观点服务，观点和材料要达到高度统一。

【例文 3-5】

××大学学生消费情况调查报告

一、调查背景

在当前的消费市场中，大学生作为一个特殊的消费群体正受到社会越来越多的关注。随着经济的发展和科技的进步，大学生群体的消费支出逐年增加，并且增幅越来越大，大学生早已成为当今社会不容忽视的特殊消费群体。由于大学生年龄尚小，他们有着特殊消费心理和消费行为。一方面，他们有着旺盛的消费需求；另一方面，他们尚未获得经济上的独立，消费受到父母的约束。他们的消费观念与其消费能力不成正比，这对他们的消费有很大影响。大学生群体有自己的特点，同时难免存在一些消费上的问题。

二、调查目的

本次调查主要是了解目前我校在校大学生消费状况及消费心理等相关情况，分析其消费心理构成和消费观念。

三、调查对象

××大学在校大学生。

四、调查时间

2018 年 5 月。

五、调查内容

学生收支情况、消费情况、每月消费的主要项目、恋爱中的花费占生活费的比重、月生活费是否有剩余、剩余生活费作何处理、消费超出计划支出将从哪些方面进行削减、是否有过冲动消费、冲动消费后如何填补窟窿、消费观念等。

六、调查方法

采用问卷调查形式，针对我校在校大学生可能出现的消费问题进行网络问卷调查。

七、调查结果

1. 月消费总额有一定的差距。目前我校在校大学生大多来自农村，城市学生占比重稍小，大学生总体的月消费金额主要集中在1000～1500元这一区域，多于2000元的现象比较少。

2. 饮食方面开销大。饮食开支在消费总额中占了绝大部分，这是符合健康的消费构成的。调查发现，我校大学生中还兴起一股外出聚餐和请同学吃饭的热潮，这方面的开支虽然不算大，但也是造成我校大学生消费高的一个原因，这说明大学生已经逐渐有了社会交际方面的消费。

3. 处于恋爱期的男生月消费金额普遍高于女生。

4. 只有少数大学生的月生活费会有所剩余。其中，有44%的人将当月剩余的生活费转入下个月继续使用，有38%的人将钱存入银行或购买理财产品，有12%的人会马上花光，有4%的人会用于投资，有2%的人会用于购买书籍或提高学习技能。

5. 若消费超出计划支出，有42%的大学生选择省吃俭用填补窟窿；12%的大学生想要维持现状，得过且过；有34%的大学生想打工赚钱；有12%的大学生选择向父母伸手。

6. 绝大部分的大学生都有过冲动消费。

八、结果分析

调查发现，目前我校大学生消费情况呈现出以下特征：第一，大学生的消费观念由家庭收入的多少来决定，大学生的消费构成与社会消费逐渐接轨。从调查中可知，大学生外出聚餐、请朋友吃饭、外出旅游、通信网络方面的费用较多，显然大学生圈子也成了一个小型社会，大学生也意识到了要提早接触社会上的一些新的生活方式和消费方式，希望能尽快融入社会。微信、支付宝等支付方式已充分得到认可和接受。可见，大学生作为社会上一个活跃的群体，虽然在经济实力上未能跟上社会，但消费意识上却早已和社会发展同步，或者说消费观念已经与社会人相同了。第二，大学生消费呈现向多元化发展的趋势，他们在实现温饱的同时，也在服饰装扮方面消费较多，在穿着方面更注重时尚。而作为学生，他们也会不忘逛逛学习用品店和书店，为取得各类证书的学习班也成了大学生的一个消费热点。他们的理财和储蓄观念仍十分淡薄，毕竟大学生的主要经济是来源其父母。调查发现，极少数大学生有规划自己的消费组成意识。他们大多数人会在不知不觉中追随流行于校园中的消费大潮，而缺乏一定的规划。调查中还发现，大多数大学生都感觉钱不够花，说明他们在购物这方面很有潜力，只有少数大学生能够有一定的积蓄，多数都是"月光族"。

九、对策和建议

针对我校大学生中存在的不合理消费现象，我们提出如下建议：合理对自己的生活做出规划，对自己每个月的零花钱做出适当的安排，不要没过几天就口袋空空如也。同时注意不要与人攀比，正视自身消费现状，把握消费时机。理性消费意识是大学生需要增强的，学会合理利用银行卡、支付宝、微信、现金等支付方式，相对限制住自己的盲目消费。不要不切实际追求所谓的"高品位"，这会引起高消费，不适合学生的实际消费条件，要根据自己的消费水平对自己的消费做出相应的计划。

【思考练习】

一、下面是一篇调查报告的前言部分,试辨析其存在的问题,并予修改。

南边水泥厂是如何起飞的

我们学校暑期布置每个学生要进行社会调查研究,交一篇调查报告。我认为这一活动非常有意义,它可以使大学生走出校门,接触社会,了解社会,增长知识,增长才干,获得课本上学不到的东西,可以锻炼写作能力,真是一举多得。

于是,我利用假期休息时间,到颇有名气的××县南边水泥厂进行社会调查。这是一间建厂只有三年多的乡镇企业。那天,烈日当空,骄阳似火,远远就听到隆隆的机器声,到了水泥厂,首先进入眼帘的是烟囱高耸,浓烟如黑龙直上云霄,地面岩石一堆堆,煤炭像山冈,车来人往,尘土漫天飞扬,河岸上工人们抗着一袋袋水泥,快步急走,往船上搬运,他们汗流浃背,干得热火朝天。目睹此情此景,我不禁要大声赞美那忘我劳动的工人们!

二、写作训练。

1. 大学校园里,一部分同学家境困难,为了完成学业,他们精打细算,把消费控制在最低水平;另一部分同学则出手大方,追求享受,频繁购买各种"奢侈品",尽显"土豪"本色。请你对本校或你所熟悉的大学的学生消费情况进行详细调查,并写出调查报告。

2. 请你以调查者的身份,以座谈会方式,并结合QQ、微信等软件,与你周围的同学进行交流,了解他们对学校教学管理、学生管理、食堂管理等方面的意见,做好调查记录,形成调查报告。

(付晓丽)

第五节 专用书信

一、专用书信概述

书信是人们在日常生活、工作和学习中交流感情、传递信息的一种重要工具,其主要特点是内容的广泛性和使用的普遍性。一般书信是指日常生活中个人间互相联系问候所使用的信件(如家书等),而专用书信则是指用于某种专门用途的,与一般书信相对而言的一种信件(如本节介绍的感谢信、祝贺信、申请书、倡议书等),在日常生活中使用的范围非常广泛,多用于个人与单位、单位与单位之间的事务往来。专用书信要求文字贴切简洁,内容完整;格式规范美观、用语礼貌。

二、感谢信

(一)感谢信概述

感谢信是指在得到对方的帮助、支持或关心后进行答谢的书信,是表示感谢的一种基本礼仪。根据收信对象不同,感谢信通常可分为写给集体的感谢信和写给个人的感谢信;

根据存在形式的不同，感谢信可分为公开张贴的（包含在媒体公开发布的）感谢信和寄送给集体、单位或个人的感谢信。

（二）感谢信的结构和写法

感谢信一般由标题、称谓、正文、结语、署名与日期五个部分构成。

1. 标题

标题通常只写"感谢信"三字；也可以加上感谢对象，如"致××老师的感谢信""致××公司的感谢信"；还可以再加上感谢者，如"张三全家致××单位的感谢信"。

2. 称谓

称谓写感谢对象的单位名称或个人姓名，如"××总经理""×××同志"。称谓在标题之下，顶格书写，切不可空两格写。称谓之后用冒号。

3. 正文

正文主要写两层意思：一是写感谢对方的理由，即"为什么感谢"；二是直接表达感谢之意。

（1）感谢理由。首先准确、具体、生动地叙述对方的帮助，交代清楚人物、时间、地点、事迹、过程、结果等基本情况；然后在叙事基础上对对方的帮助作恰当、诚恳的评价，以揭示其精神实质，肯定对方的行为。在叙述和评价的字里行间，要自然渗透感激之情。

（2）表达谢意。在叙事和评论的基础上直接对对方表达感谢之意，根据情况也可在表达谢意之后表示以实际行动向对方学习的态度。

4. 结语

结语一般用"此致敬礼"或"再次表示诚挚的感谢"之类的话，也可自然结束正文，不写结语。

5. 署名与日期

此处写感谢者的单位名称或个人姓名和写信的时间。

（三）感谢信写作的注意事项

1. 内容要真实

感谢信的内容必须真实，确有其事，不可夸大溢美。感谢信以感谢为主，兼有表扬，所以表达谢意要真诚，评誉对方要恰当，不能过于拔高，以免给人一种失真的印象。

2. 用语要适度

感谢信的内容以主要事迹为主，详略得当，篇幅不能太长，话不在多，点到为止。感谢信的用语要求精练、简洁，遣词造句要把握好一个度，不可过分雕饰，否则会给人一种虚情假意的感觉。

【例文 3-6】

感谢信

尊敬的全所职工：

1月15日，我院党委常务副书记×××带领院创新文化建设工作专家评估组一行7人，顺利完成了对我所20××年度创新文化建设工作的评估检查。

在这次评估活动中，我所职工积极向上的精神面貌、高度严明的组织纪律、团结协作的良好氛围以及干净整洁的科研环境和创新文化建设的各项工作给院评估专家留下了深刻的印象。

取得这些成绩，首先应该归功于全所同志一年来对创新文化建设工作的真诚理解、鼎力支持和共同参与。不少同志为创新文化建设工作进言献策、与我们共同奋斗，这种主动为研究所的建设与发展贡献自己一分力量、奉献自己聪明才智的责任心深深地感染着我们，也为我们做好工作提供了动力、增强了信心。正是全所职工中孕育着的这种"我以所为荣、所为我而骄傲"的主人翁精神和崇高的思想境界，使全所同志心往一处想、劲往一处使，以扎实的工作、创新的实践为研究所赢得了荣誉，也初步树立了我所全新的外在形象。在此，我们对全所职工表示最诚挚的谢意！

我们热切希望并愿意与全所职工一起，以顺利完成创新文化评估为契机，在新的一年里，继续团结协作，更加振奋精神，用全新的理念、务实的态度、扎实的工作为争取创新文化建设取得更大的成绩，为实践我所新时期的使命而不懈努力！

工程热物理研究所创新文化建设
领导小组和工作小组全体成员
20××年1月16日

三、祝贺信

（一）祝贺信概述

祝贺信简称贺信，是表示庆祝的书信的总称。它是从古代祝词中演变而来的。祝贺信是指党政机关、企事业单位、社会团体或个人向其他集体单位或个人表示祝贺的一种专用书信。它是日常应用写作的重要文体之一。如今，祝贺信已成为表彰、赞扬、庆贺对方在某个方面所做贡献的一种常用文体，还兼有表示慰问和表扬的功能。表示祝贺的文章如果是致贺者亲临现场宣读，则称贺词或祝词。

（二）祝贺信的结构和写法

祝贺信一般由标题、称谓、正文、结尾和落款五部分构成。

1. 标题

祝贺信的标题通常由文种名构成，在第一行正中书写"祝贺信"或"贺信"。有的还在"贺信"或"贺电"的前面加上谁写给谁等内容，或者写明祝贺事由等。个人之间的贺信、贺电也可以不写标题。

2. 称谓

顶格写明被祝贺单位或个人的名称或姓名。写给个人的，要在姓名后加上相应的礼仪称谓如"先生/女士"。称谓之后用冒号。

3. 正文

祝贺信的正文要交代清楚以下几项内容：

（1）结合当前的形势状况说明对方取得成绩的大背景，或者某个重要会议召开的历史条件。

（2）概括说明对方都在哪些方面取得了成绩，分析其成功的主、客观原因。这一部分是祝贺信的中心部分，一定要交代清楚祝贺的原因。

（3）表示热烈的祝贺。要写出自己祝贺的心情，由衷地表达自己真诚的慰问和祝福。

此外，如果是上级对下级的祝贺，还要表达出鼓励的意思，提出希望和共同理想。

4. 结尾

结尾要写上祝愿的话，如"祝争取更好的成绩""祝您健康长寿"等。

5. 落款

落款写明发文的单位名称或个人的姓名，并署上成文日期。

（三）祝贺信写作的注意事项

（1）祝贺信也是书信的一种，可按一般书信的格式写。

（2）写祝贺信时，要写清向谁祝贺、祝贺什么、为什么要祝贺等。有时还要向被祝贺者提出新的要求和希望，并写上表示祝贺的话。

（3）祝贺信的用语要有鲜明的感情色彩，要使人感到温暖和愉快，受到激励和鼓舞。

【例文 3-7】

校庆祝贺信

尊敬的四中母校各位领导、全体教师：

你们好！值此母校建校四十周年之际，我们怀着与你们同样激动兴奋的心情，向你们表示衷心的祝贺与问候！

时光荏苒，岁月如梭，转眼间我们已离校十五载。如今，我们都已为人父母，并在各自的工作岗位上取得了一定的成绩。十多年来，每每回想起自己的人生轨迹，母校的学生生活情景就会清晰地浮现在眼前，一股深深的感念之情油然而生。我们今天所取得的一切，虽然与自己的勤奋努力分不开，但更离不开母校的辛勤培养：是你们的精心教学给我们打下了扎实的知识基础，并跻身于北大这所全国最高学府，享受到了最好的教育。母校良好的学习气氛使我们养成了受益终身的学习习惯，这种对科学的热爱和对知识的渴求成了我们一生中永远奋进的原动力，丰富多彩的学生工作也锻炼了我们的社会活动能力，培养了我们认真负责的工作习惯……这些都为我们走向社会、适应工作打下了基础。

衷心地感谢母校！特别感谢在校时期的张××副校长、陈××主任，认真负责的班主任房××老师和其他的任课老师，祝各位教师身体健康，生活幸福！作为一名普普通通的国家公务员和一名大学教师，我们无以回报，唯有更加努力地工作，做出更加出色的成绩为母校争光，才是对母校的最大回报。

最后，衷心祝愿母校在未来更加激烈的教育竞争中拥有更强大的师资力量和管理队伍，赢得更大的发展空间，为社会培养更多、更好的人才！

此致

敬礼

1987 届学生×××　×××
20××年 8 月 11 日

四、申请书

(一) 申请书概述

申请书是指个人或集体向组织、机关、企事业单位或社会团体表述愿望、提出请求时使用的一种文书。申请书要求一事一文,内容要单纯。不同的对象有不同的申请书,常见的有入团申请书、入党申请书等。

(二) 申请书的格式和写法

1. 标题

申请书的标题有两种写法:一种是直接写"申请书"三字;另一种是在"申请书"前面加上申请内容,如"入党申请书""转学申请书"等。

2. 称谓

申请书的称谓部分应顶格写明接受申请书的单位、组织或有关领导。

3. 正文

正文部分是申请书的主体,应首先提出要求,其次说明理由。理由要写得客观、充分,事项要写得清楚、简洁。

4. 结尾

申请书的结尾常用一些惯用语,如"特此申请""恳请领导帮助解决""希望领导研究批准"等,也可用"此致""敬礼"之类祝颂语。

5. 落款

个人申请要署申请者姓名,单位申请署单位名称并加盖公章,最后写明成文日期。

(三) 申请书写作的注意事项

(1) 申请的事项要写清楚、具体,涉及的数据要准确无误。

(2) 理由要充分、合理,实事求是,不能虚夸和杜撰,否则难以得到上级领导的批准。

(3) 语言要准确、简洁,态度要诚恳、朴实。

【例文 3-8】

贫困生学费减免申请书

尊敬的学校领导:

  本人是心理学院 2019 级×班的×××,我家所在的四川省××县地处四川与西藏交界的川藏高原东麓,是国家级贫困县之一。我家有六口人:爷爷、奶奶、爸爸、妈妈以及我和弟弟。爷爷奶奶都已年迈,且体弱多病。家中的劳动力只有父亲和母亲,而母亲又小病不断,不能干重活。小时候,我和弟弟一起读书,父母为了让我们都能上学,日夜劳碌奔波赚钱,但是他们那些辛苦赚来的血汗钱根本不够我们的学费,只能向亲友借债以维持。如今我在上大学,9 月份弟弟也将跨进大学的校门。由于我家地处偏僻山村,交通极为不便,家中地少,光靠种地无法同时供养两个在读大学生。村里的青壮劳力都外出打工赚钱,我的父亲也不例外。父亲去了广东一家工厂,母亲因为照顾老人且多病不能远行,就在县城里的一家超市做清洁工。我家的经济来源主要就是父母亲的那一点点微薄的打工收入,生活着实困难。特向学校提出减免学费申请,希望能够减轻父母的压力和家庭的负担,希望得到学校的帮助。

请批准。

此致

敬礼

附:村委会证明书

申请人:×××
××××年××月××日

五、倡议书

(一)倡议书概述

倡议书是指为倡议、发起某项活动而写的具有号召性和公开提议性的专用书信。它通常由某一组织或社团拟定、就某事向社会提出建议或提议社会成员共同去做某事的书面文章。倡议书作为日常应用写作中的一种常用文体,在现实生活中应用极为广泛。

(二)倡议书的格式和写法

倡议书一般由标题、称呼、正文、结尾、落款五部分组成。

1. 标题

倡议书的标题一般由文种名单独组成,即在第一行正中用大号字体写"倡议书"三个字;另外,标题还可以由倡议内容和文种名共同组成,如"捐献遗体倡议书"等。

2. 称谓

倡议书的称谓在标题下方顶格书写并加冒号。称谓可依据倡议对象而选用适当的称谓,如"广大的青少年朋友们""广大的妇女同胞们"等。有的倡议书也可不用称谓而在正文中指出。

3. 正文

倡议书的正文需包括以下内容。

(1)写明倡议书的背景和目的。倡议书的发出贵在引起广泛的响应,只有交代清楚倡议活动的原因以及当时的各种背景事实,并申明发布倡议的目的,人们才会理解和信服,才会自觉行动。如果对这些因素交代不清,就会使人觉得莫名其妙,难以做出响应。

(2)写明倡议的具体内容和要求。这是正文的重点部分。倡议的内容一定要具体化,如开展怎样的活动,都做哪些事情,具体要求是什么,它的价值和意义都有哪些等等,均需一一写明。倡议的具体内容一般是分条列项的,这样写显得清晰明确、一目了然。

4. 结尾

结尾要表示倡议者的决心和希望,或者写出某种建议。倡议书一般不在结尾写表示敬意或祝愿的话。

5. 落款

在正文右下方写明倡议者单位、集体的名称或个人姓名,并署上成文日期。

（三）倡议书写作的注意事项

（1）倡议的内容应具体真实，要切实可行。
（2）倡议的目的要明确，理由要充分。
（3）语言要富有鼓动性，要融入真挚的感情。

【例文3-9】

学校戒烟倡议书

尊敬的老师、亲爱的同学们：

"吸烟有害健康"是全人类的共识。科学家们经过深入研究发现，长期吸烟者的肺癌发病率比不吸烟者高20倍，喉癌发病率高10倍，气管炎发病率高8倍。被动吸烟的危害更大，每天平均1小时的被动吸烟就足以破坏我们的动脉血管。

老师们、同学们，社会在发展，观念在更新，革除吸烟的陋习，开展控烟、戒烟工作已成为大多数人的共识。从1989年起，"世界无烟日"定在每年国际儿童节的前一天，即5月31日，以便提醒人们注意烟草对儿童的危害。

老师们、同学们，为了提高校园文明程度，保障我们的身体健康，提倡社会公德意识，养成良好的生活卫生习惯，最大限度地减少吸烟造成的危害，校团委特向全校教职工及同学们发出戒烟倡议：

1. 积极响应国家戒烟控烟的号召，积极宣传公共场所禁烟的规定，宣传吸烟有害健康的卫生常识，教育子女及亲朋好友不吸烟，为学生及周围的人做戒烟表率。
2. 不在教室、会场抽烟，在工作及各类公务活动和社会活动中不吸烟、不敬烟。
3. 加强体育锻炼，培养健康的身体和健全的人格，提高自身素质。
4. 不在校园吸烟，树立良好的形象，保持文明、洁净、优美的校园环境。

让我们一起携手抵制烟草，远离吸烟，形成良好的生活、学习风气，共同建设我们整洁、文明的绿色和谐校园。

附：戒烟的好处（略）

××学校团委
20××年××月××日

【思考练习】

一、专用书信和一般书信有哪些相同和不同之处？你在学习和生活中用到过哪些专用书信？是否能熟练写作这些专用书信？

二、写作训练。

1. 你的母校要举行建校60周年庆祝活动，你因工作繁忙不能回母校参加，请以个人名义写一封"庆祝母校建校60周年"的祝贺信。
2. 教师节快到了，请你以××学院学生会的名义给全校教师写一封感谢信。要求内容充实，感情真挚，格式正确，语句简练，以1000字左右为宜。

3. 按照申请书的要求，结合自身情况写一份入党申请书。
4. 根据你所处的社会环境状况，拟写一份爱护环境的倡议书。

（高　睿）

第六节　自荐书

一、自荐书的性质和作用

自荐书又称自荐信、求职信，是求职者推销自己，希望得到某个职位或工作的专用书信。因为这种专用书信对面临就业难题的在校大学生尤为重要，所以单列一节详细讲述并重点训练。常言道："酒香不怕巷子深。"但现代社会竞争激烈，青年学子们不仅要善于把握机会，还要主动出击赢得机会，学会毛遂自荐，适时、适度、艺术地推销自我。一份优秀的自荐书能让自己在众多的求职者中脱颖而出，获得宝贵的面试机会。

就大学生而言，自荐书主要分为两类。一类是校内参与学生活动竞争的自荐书，如担任系学生会主席的自荐书，担任校文学社团干事的自荐书等。另一类是校外参与职场竞争的自荐书。后者是学生踏入社会之初递出的第一张名片，是与用人单位的第一次接触，因此，这类自荐书是最为重要的，下面也将重点介绍此类自荐书的结构与写法。

二、自荐书的结构与写法

自荐书一般由标题、称谓、问候语、正文、结语、署名与日期、附件七个部分构成。

（一）标题

自荐书的标题用"自荐书"或"求职信"即可。

（二）称谓

自荐书的称谓一般写用人单位有关负责人职务，如"尊敬的人事部负责同志""尊敬的××经理"等。注意称谓要另起一行顶格书写。

（三）问候语

自荐书的问候语一般用"你好""您好"即可。问候语不需太多，但必不可少，不能忽略。

（四）正文

自荐书的正文一般由开头、自我介绍、求职愿望等几部分组成。

1. 开头

自荐书的开头应简要介绍自己的姓名、性别、毕业学校、所学专业等基本情况，给对方一个初步印象。然后简要说明求职原因，如"想为贵公司的事业添砖加瓦""想在贵公司寻找实现自己人生价值的机会""想为自己的家乡做出贡献"等，或是说明获得职业信息的来源，如"从××求职网上了解到贵公司想招聘计算机专业的工作人员，非常欣喜"。

2. 自我介绍

这是自荐书的核心部分，主要介绍自己的学习情况、工作能力及思想素质等，包括自己学习的主要课程及成绩、社会实践情况、工作能力、专业操作技能、兴趣爱好、思想品质、性格特点、所获奖项、自我评价等。如果是已经在职转岗的求职者，则应重点介绍自己的工作经历和工作成绩等。对于不同的用人单位，特长简介要有针对性。如应聘幼儿园教师，就应突出绘画、音乐等特长。介绍自己时要不卑不亢，谦虚谨慎的态度更能获得用人单位的好感。通过自我介绍要让用人单位感到你个人的学习能力强或进步空间大。

3. 求职愿望

用人单位更倾心那种热爱该工作、有强烈求职愿望的应聘者。在此可简要介绍对该单位的认识（如建设的历史、取得的成绩等），这样容易拉近与用人单位的距离，显示自己的能力适合并能胜任此项工作。如"我深知贵公司一贯秉持'锐意进取，追求卓越'的理念，如有幸获得公司的接纳，我定将为公司的发展竭尽所能"。

（五）结语

自荐书的结语可用"祝贵公司兴旺发达"或"此致，敬礼"之类的祝颂语作为结语。

（六）署名与日期

自荐书的末尾写明求职人姓名和求职时间。

（七）附件

准备翔实的个人材料，包括个人简历、在校学习成绩表、学校毕业生推荐信、在校期间获得的相关学习等级证书和荣誉证书、联系方式等。

三、自荐书写作的注意事项

1. 目的明确，有的放矢

自荐书是推销自己的工具，因此个人的专长、能力、兴趣、爱好一定要写得明确、具体，特别是与应聘职位相关的专长、学历、能力要突出表现，做到量体裁衣，切忌下笔千言，离题万里。

2. 内容真实，以情动人

每个人都期待能在众多应聘者中脱颖而出。因此，在自荐书中要充分展示个人能力和学习成果，但切忌夸夸其谈，弄虚作假。要充分认识到自荐书只能获得面试机会，并不能直接获得一个职位，一旦用人单位发现求职者对个人描述言过其实或证书、荣誉造假，这个人将必定失去想谋求的职位。

3. 态度谦和，不卑不亢

公司的领导或人力资源部门主管大多是选才用人的专家，求职信能多方面地反映出求职者的各项素质，假如给人的印象是狂妄自傲，必然会影响求职愿望的实现；但是过分谦恭谨慎，又会给人以信心不足的感觉。因此，求职者应根据自身的情况，实事求是，以充满自信、谦逊礼貌、不卑不亢的态度展示自己的才能。

4. 扬长避短，突出特色

书写漂亮者可以手写自荐书，字迹潦草者则可以打印自荐信，但落款要有个人的手写签名。语言优美、善于表达的可适量增加自荐书篇幅，不善文辞的，则尽量缩短篇幅。但无论如何，篇幅都是以七八百字为宜，不宜超过1000字。

5. 层次分明，注意细节

层次分明既便于阅读，又易给人头脑清醒、做事干练的感觉。同时要注意检查自荐书中有没有错别字和标点错误,排版美不美观,有没有留下联系方式等。相关的资料应多做备份,以防万一。

【例文 3-10】

自荐书

尊敬的领导:

  您好!

  我是即将于××××年毕业的××大学计算机学院的学生,所学专业是计算机科学与技术。大学四年来,我学习刻苦,成绩优异,曾多次获得奖学金。在师友的严格教育和个人努力下,我具备了扎实的基础知识。在软件方面,系统掌握了C语言、数据结构、Power Builder、数据库原理、汇编语言、软件工程等,并对面向对象的Delphi和VC等Windows编程有一定了解。课外我还自学了VB、VF编程、ASP动态网页及SQL Server等网络数据库编程语言,现已能独立编写专业的数据库管理系统。在硬件方面,通过参与单片机设计、组装收音机、网络工程的规划与管理及组建等实践活动,我掌握了计算机的工作原理及计算机网络原理技术。

  为了全面提升个人素质,自入校以来,我充分利用业余时间广泛地参加社会实践活动。在我校信息学院计算机实验室工作的两年里,不但我的专业技能得到了升华,我的管理和组织才能也得以发挥和进一步的锻炼,得到了领导和老师的肯定和表扬。同时,我还积极参加各种课余活动和科技学术创新比赛,获得了很多的奖励,而且这些经历使我更认识到团结合作、知识创新的重要性,也学到了很多社交方面的知识,增加了阅历,相信这对我今后投身社会将起到重要作用。

  若有幸加盟,我可以致力于贵公司的软件开发或根据公司的需要随时致力于某方面的工作和学习。

  "顺兮,逆兮,无阻我飞扬"是我的座右铭,"如临深渊,如履薄冰"是我的工作态度,"真诚,守信"是我的最大特点,开阔的胸襟使我获得了许多朋友。聪明的头脑,创造性的思维,开拓进取的坚韧,加上纯熟的专业技能,相信我是您的最佳选择。

  请您给我一次机会,我必将还您以夺目的光彩!感谢您耐心地阅读了我的求职信,如需要详细资料,请与我联系。敬候佳音!

  此致

敬礼!

  附件:(略)

自荐人:×××
20××年10月25日

【思考练习】

一、求职信中不切实际的"过度包装"真能为自己赢得一席职位吗?请谈谈你的看法。

二、问题诊断：阅读下面这篇求职信，回答后面的问题。

××服装厂：

　　前天接到我的旧同学×××的来信，说贵厂公开招聘生产管理员。我是××学院企业管理专业的毕业生，在校读书时，学习成绩优秀，爱好体育运动，是学校篮球队的成员。贵厂就设在我的家乡，我想，调回家乡工作正合我的心意，而且生产管理员的职务也和我所学的专业课对口。不知贵厂是否同意，请立即给我回信。

此致

　　　　　　　　　敬礼

　　　　　　　　×××谨上

　　　　　　　　　　　　　　　　　　　　　　　　20××年8月10日

1. 这篇求职信的格式是否符合要求？应该怎么修改？
2. 这篇求职信的用语是否妥当得体？如不合适，请予修改。
3. 这篇求职信在结构上欠缺了什么？应该怎么补上？哪些内容是多余的？

三、写作训练：请你结合自身的情况，写一篇求职自荐信。

四、活动策划：求职面试时的提问五花八门，问题包罗万象。请设计并搜集一些面试问题，列成表格，然后以寝室或小组为单位模拟招聘方和应聘方进行面试练习。

　　　　　　　　　　　　　　　　　　　　　　　　　　　　　（陈　远）

第四章 毕业论文写作

第一节 毕业论文的含义和特点

毕业论文是指大学生综合运用专业知识研究相关课题,对课题研究过程、研究成果进行理论性总结的文章。

毕业论文是一项理论联系实际的创造性工作,是对大学生综合运用专业知识解决问题能力的重要检验。对于本科学生来说,完成毕业论文并通过答辩,也是获得学士学位的基本条件。

毕业论文是学术论文的一种,但又不同于学术论文,它有以下三个基本特点。

一、专业性

专业性是指毕业论文的选题、内容、知识及语言的运用等,都要围绕自己所学的专业范围来写,具有本专业的特点。毕业论文应反映出作者能够准确地掌握大学阶段所学的专业基础知识,基本学会综合运用所学知识进行科学研究的方法,对所研究的题目有一定的心得体会。

二、规定性

规定性是指凡是高等院校的本科毕业生必须完成毕业论文,否则无法毕业。在教学计划中,毕业论文是必修科目之一,因而具有学业的规定性。

三、理论性和创见性

毕业论文不是简单地描述某种现象、某种属性或某种发现,而是要具有理论的、学术的价值。毕业论文是高等学校应届毕业生总结性的独立作业,是学生在校学习期间学习成果的综合性总结。毕业论文和学术论文一样,要具有创见性。它要求作者对选定的论题要有自己的独特发现或独到的见解,不能人云亦云。尽管不能提出新的见解或新的理论,但起码要求学生能够运用有关的专业知识、原理,科学地剖析客观事物的现状、历史、前因后果等,从而揭示事物的本质及其发展的客观规律。

第二节 毕业论文的写法

毕业论文的写作是一个较为长期的过程,包括前期思考、确定选题、收集材料、撰写提纲、撰写开题报告、撰写初稿、修改定稿等环节。

一、前期思考

前期思考是论文选题前的一个重要环节,主要是指在阅读学术论文和开展实践的过程中产生的一些不成系统的想法和感悟，这些想法和感悟是后面开展选题的基础。

二、确定选题

选题在毕业论文写作过程当中具有非常重要的意义，选题质量的高低与毕业论文的质量息息相关，好的选题就是论文成功的一半。确定论文选题要坚持如下原则。

（1）题目宜小不宜大。论文题目太大容易导致论文没有深度，面面俱到，难以创新。

（2）论文选题要尽量选择自己熟悉的领域，最好有一定的前期思考作为研究的支撑，这样的论文选题才不是空想得来。

（3）要选择有价值的题目。要优先选择那些对当前建设有重要意义、密切联系实际、易于发挥效用的课题。除了考虑直接的实用价值，还要考虑学术价值，不要忽视那些表面上看来没有多少现实意义和实用价值，但对理论研究和专业建设的发展有较高的学术价值的选题。

三、收集材料

材料是文章论点的支撑，是文章的血和肉。论文是否饱满充实，观点能否站住脚，需要依靠材料来保证。材料选取的途径有：第一，来自实际的考察调研，考察调研当中的数据、事件、图片等都是第一手的材料。第二，来自论文、报刊等文献资料，例如理论专著、学术论文、各类年鉴、统计报告等文献资料。现在的文献数据大都以电子数据的形式存在，各类数据库是材料的重要来源，比较常用的有中国知网、万方数据库、超星数字图书馆等。熟练使用电子数据是论文写作的必备技能之一。

四、撰写提纲

提纲是论文的骨架，也就是所谓的论文的"干货"。提纲要明确论文有几个部分，以及这几个部分之间的逻辑关系。毕业论文提纲主要包括以下几个部分。

（1）标题：这是提纲的第一个部分，明确了论文的研究领域和研究范围。

（2）论文的主要论点：所研究的领域和对象，通过研究所得出的结论。

（3）论文的主要内容：要表现出论文的主要框架，论文的章、节和更小的分论点都要呈现出来。

五、撰写开题报告

毕业论文写作之前要经过开题这个环节，并撰写开题报告。开题报告一般包括：论文题目，选题的缘由、目的和意义，选题的研究背景（包括课题研究的历史、现状及相关课题的研究情况），课题研究的方法、措施与步骤（研究角度与理论方法、资料搜集的范围和方式等），论文提纲，进度安排等。

六、撰写初稿

毕业论文撰写过程中要遵循逻辑严密、材料严谨、文字简洁、结构清晰的原则。毕业论文作为一个逻辑推理过程的文字表述，在逻辑上一定要严密，防止出现前后观点不一的现象。在材料的选取上，尽量选取第一手材料，尽量避免层层转引的材料，防止因为材料的疏漏而出现的"硬伤"。在文字表述上，要做到客观，避免带有感情色彩的描述性语句。结构上，要做到层次清晰，一目了然。毕业论文的结构一般采用三段式的结构方式。学术型的毕业论文，一般结构分为绪论、本论、结论三个部分；调研型论文一般是按照情况叙述、原因分析、对策建议的结构方式撰写。

七、修改定稿

在撰写的初稿中难免会有一些疏漏，因此修改定稿的过程显得格外重要。一般来说，修改定稿阶段要做好以下工作：第一，检查论文初稿中的中心论点、分论点是否恰当、准确；第二，检查材料的选取是否合理、准确，是否还需要进一步充实材料或删除一些过多的材料；第三，仔细推敲论文的字词用语，做到全文风格一致，语言准确，避免出现错别字和常识性错误；第四，核对引文、数据的准确性，尤其要特别注意支撑论点的关键性引文，防止出现引文错误；第五，检查是否严格按照毕业论文规定的格式写作，如引文的注释、参考文献的格式等。

第三节 毕业论文的构成形式

目前我国高等院校对毕业论文的构成形式要求大同小异，基本上遵守国家标准化管理委员会出台的《科学技术报告、学位论文和学术论文的编写格式》（GB/T 7713—1987）。论文的构成形式一般包括标题、署名、内容摘要、关键词、正文、注释、参考文献、致谢这几个部分。

一、标题

标题的提炼既要充分反映研究内容，又要简单明了。应以最准确、最简明的词语来反映论文中最重要的特定内容和逻辑组合，反对用笼统、空泛、冗长的标题。如果标题语意难尽，可用副标题补充说明论文中的特定内容，以使标题更明确、具体，如《媚雅还是媚俗？——论中国当代小说审美的倾斜》。标题一般不宜超过20字。

二、署名

在标题的正下方署上作者的名字，后面一般要列出指导老师及姓名。目前大部分学校统一印制了毕业论文的封面，包括论文的标题、作者、系别、论文的导师、日期，只需依次填写即可。

三、内容摘要

内容摘要是对论文的主要内容的概括和提炼，为了国际交流，还应有外文（多用英文）摘要。摘要应具有独立性和自含性，即不阅读论文的全文，就能获得必要的信息。摘要的内容应包含与论文同等量的主要信息，以便于指导老师、答辩评委或其他读者很快地了解论文的主要观点和内容。摘要要写得简明、概括，中文摘要以200～300字为宜，外文摘要不宜超过250个实词。

四、关键词

关键词是为了文献标引工作，从论文中选取出来用以表示全文主题内容信息款目的单词或术语。一般选取3~8个关键词，以显著的字符另起一行，排在"内容摘要"的下方。

五、正文

正文是毕业论文的主体部分，它包括绪论、本论、结论三部分。

（一）绪论

绪论是毕业论文的开头部分，有的用序言、前言、引言、引论等不同名称。这部分简要说明研究工作的目的和范围、相关领域的前人工作和研究空白、理论基础和分析、研究设想、研究方法和实验设计、预期结果和意义等，或者提出问题、摆出论点，以引出下文。绪论应言简意赅，不要与摘要雷同，不要成为摘要的注释。

（二）本论

本论是论文的核心部分，它包括研究或调查的对象，研究或实验的观测方法、仪器设备、材料原料，实验的观测结果、计算方法和编程原理、数据资料，研究形成的论点和导出的结论等。在论述中，要做到论据真实、充分，论证严密，结构安排要有逻辑性。篇幅较长的论文，可分成几个部分并命以小标题，分别加以阐述。

由于论文涉及的学科、选题、研究方法、工作进程、结果表达方式等有很大的差异，对正文内容不能作统一的规定。根据不同的内容和论证方法，本论部分常常采用不同的结构方式。但是，必须实事求是，客观真切，准确完备，合乎逻辑，层次分明，简练可读。

（三）结论

结论是毕业论文的结尾部分，是最终的、总体的结论，而不是正文中各段小结的简单重复。结论既要收束全文，又要考虑和本论的承接，和绪论的照应。论文的结论应该明确、精练。如果不可能导出应有的结论，也可以没有结论而进行必要的讨论，在讨论中提出建议、研究设想、尚待解决的问题等，供大家一起探讨、研究。

六、注释

毕业论文的注释一般有脚注、尾注、夹注等形式。尾注和脚注一般要注明作者、文章或专著名称、出版社或期刊名、出版时间或期号、页码等。

七、参考文献

参考文献是作者在论文写作当中供以参考的书籍、期刊、报纸、电子资料等文献资料。参考文献一般处于正文结束之后的部分，标注方式按《文后参考文献著录规则》（GB/T 7714—2005）进行。

八、致谢

毕业论文最后一般都会有致谢部分，是作者对在论文形成过程中给予其帮助、指导的老师、同学、家人等人的感谢之语。致谢字数不需太多，表达出自己的感谢之情即可。写作当中，要注意把握用语的分寸。

（杨　昱）

【附录】

毕业论文答辩

毕业论文答辩是高等院校通过举办论文答辩会议对毕业论文进行审查的形式。毕业论文答辩主要由论文答辩委员会成员与毕业论文撰写人之间开展面对面的问、答和辩。答辩评委提出问题，答辩人回答或提出辩解。

通过毕业论文答辩，对答辩人的理论思维、组织学术语言的能力等学术素养进行进一步的考察，需要答辩人慎重应对。

（一）答辩前的准备工作

1. 全面熟悉自己所撰写的毕业论文

毕业论文是答辩人通过自己的研究、论证撰写而成的论文，要对自己论文的主要观点、分论点、主要材料以及论证结构有清晰的把握，做到胸有成竹。答辩人对自己论文的创新之处要有较为深入的认识，这是论文的价值所在，也是答辩评委较为关注的地方。同时对于自己论文中论述较为薄弱的环节也应该有思考，这也是答辩评委在答辩中经常提问的地方。

2. 认真撰写答辩提要

在答辩之前，需要撰写好答辩提要。答辩提要的主要内容包括论文的题目、选题的意义、论文的主要论点、主要论证过程以及论文的创新之处及价值。

3. 认真掌握与本论文相关的研究材料

答辩前有很多方面的问题需要答辩人进行充分的准备，以免答辩时因为准备不充分而导致答辩时发挥不佳甚至无言以对，影响答辩评分。例如，所研究的论题的研究现状，相关的代表性论文和著作，引文的版本选择，论证材料的选取范围是否符合论文论证的要求，论文相对薄弱的环节等等。

（二）毕业论文答辩的主要程序

1. 会前准备

答辩人一般需要在论文答辩会举行之前半个月，提交经指导老师签名的毕业论文给答辩委员会，具体份数视答辩委员人数而定。答辩委员提前阅读论文，并草拟要提问的问题。

2. 答辩会议

（1）答辩人自我陈述。时间大概在 10~15 分钟，概述论文的主要内容、意义及主要创新点等。

（2）答辩评委提问。自我陈述结束后，答辩评委每人均会提 1~3 个问题，请答辩人回答。根据会议的安排，一种形式是自我陈述结束后，答辩评委提问，然后马上要求答辩人回答；另一种形式是，答辩评委提问后，让答辩人准备 10~15 分钟后再来回答。在答辩过程中，答辩评委可能会随时打断答辩人的回答，进一步追问。

（3）答辩评委集体评分。所有答辩人完成答辩后退场，答辩评委集体根据论文质量和答辩情况，商定答辩结果，决定其通过还是不通过，并拟定答辩成绩和评语。

（4）宣布答辩结果。召回答辩人，由答辩主席对答辩情况进行小结，并当面向答辩人宣布答辩结果。

（5）答辩会议结束，提交相关材料。在答辩结束后，需要答辩人提交一系列答辩材料。

（三）毕业论文答辩的注意事项

（1）准备相关资料。参加毕业论文答辩应准备毕业论文及论文写作相关材料，并带好纸笔。

（2）以良好的心态认真应对答辩。答辩过程中要充满自信，对自己的论文要有充分的信心，沉着冷静面对答辩评委的提问。

（3）认真记录答辩评委所提的问题，仔细思考后作答。对于答辩评委提出的问题，根据自己掌握的知识，认真思考。在笔记本上列出回答的要点，在回答时要做到思路清晰，层次分明，声音洪亮。

（4）对于暂时回答不出的问题，如实坦陈自己还没思考成熟，不要不懂装懂。答辩评委作为相关领域研究专家，对于某些问题的认识较答辩人更为深入，因此，如果答辩人对答辩评委所提出的问题不甚了解而无法作答，就需要答辩人客观承认对于这个问题的认识还不够深入，需要进一步学习研究，不能强行作答。

（5）态度谦虚恭敬，保持文明礼貌。毕业论文答辩是思想的交流和碰撞，在学术观点上存在一些争议和分歧，这种情况非常正常。答辩评委都是相关领域的专家学者，因此答辩人应当在答辩中保持谦虚恭敬的态度，充分尊重答辩评委，在答辩中做到态度大方，举止得体，不卑不亢。

【思考练习】

一、毕业论文的选题应遵循哪些原则？

二、下列标题是否符合毕业论文的要求，为什么？

1.《现代化不是西方化》

2.《我国核能的发展道路》

3.《现代科学技术与精神文明》

4.《一个新的思路》

5.《对农村合理的人畜机动力组合的探讨》

6.《全民经商造成通货膨胀生产萎缩》

7.《突破"常规思维"》

8.《奔向生产时代——浅谈生物技术》

9.《光、声、像——充满活力的新世界》

10.《一个发人深思的秘密》

三、尝试使用中国知网，选择一个专业术语进行文件检索，掌握数据库检索的使用。

四、结合你感兴趣的毕业论文选题，撰写一篇研究综述。

（杨　昱）

第五章 申论写作

第一节 申论的概念、考试特点和试题结构

一、申论的概念

申论是指针对给定话题而引申开来、展开议论的一种文体,是随着公务员录用考试制度而出现、推行的。在公务员录用考试中,通过对设定资料的阅读,回答有关问题,考察应试者阅读理解能力、分析判断能力、提出和解决问题的能力、语言表达能力、文体写作能力、时事政治运用能力、行政管理能力。

作为一种应试文体,申论最早出现于 2000 年的国家公务员录用考试中。作为一种选拔人才的测试方式,申论的命题非常准确、科学,它是在充分吸收策论、基础写作和公文写作优点的基础上发展起来的一种以考查学生的实际能力为目标的科学的测评方式。

二、申论考试的特点

申论考试要求应试者准确把握一定的客观事实,做出必要的说明、申述,然后在此基础上发表中肯的见解,提出方略,进行论证。申论考试既不同于古代选拔贤良的策论,也不同于当今的大学入学的作文考试,它具有自身的特点。

(一) 材料的普遍性、基础性

申论考试,要求应试者具有比较丰富的常识,但不会对某种专业知识特别倾斜。由于应试者来自各个领域,所学专业不同,所以申论考试中让应试者处理加工的材料大都具有普遍性、非专业性。申论写作所给材料一般是涉及现实社会政治、经济、法律、文化以及民生等方面具有普遍性的现象问题,或者是在国际国内产生重大影响的事件或问题,或者与自己所报考公务员行业相关的事情与问题。

(二) 针对性

申论考试所给的材料可能涉及面很广,但试题具有较强的针对性、合理性,也就是说,问题的解决方案一般是具有可行性的,要求应试者从一大堆反映日常问题的现实材料中去发现问题并解决问题,从而全面考查应试者搜集和处理各类日常信息的能力,充分体现了信息时代的特征,也适应当今国家公务员实际工作的需要。

(三) 多层性和综合性

申论写作的多层性表现为整篇申论由内容相同、表达要求不同的两项或三项写作组成。其综合性体现为在两项或三项写作中,或主题贯穿、逻辑贯穿,构成写作链和结构整体,或几项写作巧妙地融于一项之中。

(四) 行文角色的假定性

申论考试的目的是为国家机关选择人才,实际上可以看作是公务员处理公务的一次预演。因此,申论试卷一般明确要求以某种公务员身份提出对策、方案,阐述问题。某些试

卷即使未加明确，应试者也应明白要以某种公务员的身份写作。因此，应试者的身份总是虚拟的，他应站在一个国家公务员的角度思考问题、分析问题、处理问题，紧扣社会现实、工作和生活实际。

（五）答案的不确定性

申论测试没有也不可能有一个确切、固定、唯一的标准答案。从资料背景来看，都是有关当前政治、经济、法律、教育等社会问题，有的已有定论，有的尚未定论，完全要应试者自己来解决。从这个角度来看，无论是提出对策或是对对策进行论证，都不会有一个标准答案。

三、申论试题的结构

申论考试为应试者提供了一系列反映特定实际问题的文字材料，要求考生仔细阅读这些材料，概括出它们反映的主要问题，并提出解决此问题的实际方案，最后再对自己的观点进行较详细的阐述和论证。

申论试题的内容主要由以下三个部分组成。

（一）提出"注意事项"

此部分每年变化不大，一般为下面三句话。

(1) 申论考试与传统作文考试不同，它是对分析驾驭材料能力与表达能力并重的考试。

(2) 作答时限：总时间为180分钟，建议阅读材料50分钟，作答130分钟。

(3) 仔细阅读给定的材料，按照后面提出的申论要求依次作答。

在"注意事项"中，还提醒应试者答题位置、使用工具和考试时间结束停止答题等要求。

（二）给定文字资料

地市级申论考试的给定资料约三四千字，国家机关公务员考试的给定资料基本稳定在6500字左右。资料内容不局限于某一方面，对政治、经济、法律、文化、教育等均有涉及，一般都是社会热点或者大众媒体关注的焦点。

（三）提出"申论要求"

此部分是要求应试者在弄清楚给定的文字资料的基础上完成若干题目。"申论要求"通常涉及以下三个方面的内容。

(1) 对给定材料进行理解、分析、整理、归纳、概括、综合，并用限定的篇幅概括出所给背景材料的主题。具体要求是：用一定的篇幅（大约150字），概括出给定材料所反映的主要问题。

(2) 用限定的篇幅对主要问题提出具有可操作性的解决方案。具体要求是：用一定的篇幅（大约350字），提出给定资料所反映问题的解决方案。要有条理地说明，要体现出针对性和可操作性。

(3) 用限定的篇幅对见解、方案进行论证。具体要求是：就所给定资料反映的问题，用一定的篇幅（大约1200字），自拟标题进行论述。要求中心明确，论述深刻，有说服力。

"申论要求"部分每年大致相同，在考查题型和内容上略有创新，应该根据实际情况作答。

（吕建军）

第二节 申论考试测评要素及应试环节

一、申论考试的测评要素

申论所要考查的能力是多角度、多层次、全方位的,包括阅读理解、概括归纳、解决问题和文字表达能力。

(一)阅读理解能力

申论考试考查应试者运用本身已有知识、经验和方法顺利进行阅读理解的能力。考试要求应试者全面把握给定资料的内容,准确理解给定资料的含义,准确提炼材料所包含的观点,并揭示其所反映的本质问题。在阅读理解的过程中,应试者需要根据题目的意思和要求,对给定的资料进行阅读、审视、分析、理解,把一堆丰富、无序的材料划分为几类,把分散的事物综合为具有一定内在联系的事物。要善于从材料中把握事物之间的联系,确定材料反映的主要内容、主要观点、主要问题,从而为下一步回答问题做好准备。

(二)概括归纳能力

概括归纳是要求应试者对给定资料的全部或部分的内容、观点或问题进行归纳和总结,多角度地思考资料内容,做出合理的推断或评价。申论考试给出的资料并不是完整的文章,一般仅仅是"半成品",资料的安排基本没有什么规律可言;有些内容反映了问题本质,而有些内容甚至只是凑数的材料罗列,增加对应试者的迷惑性。在这种情况下,就要求应试者能够在众多资料中抓住事物的主要矛盾和矛盾的主要方面,把握具体事物运行的客观规律。

(三)解决问题的能力

解决问题就是提出对策,这方面的能力是申论的主要考查目标。前面所说的阅读理解和概括归纳最终也表现在提出问题、解决问题的能力上。要求应试者借助自身的实践经验或生活体验,在对给定资料理解分析的基础上,发现和界定问题,做出评估或权衡,提出解决问题的方案或措施。

(四)文字表达能力

申论考试考查应试者熟练使用现代汉语,运用说明、陈述、议论等方式,准确规范、简明畅达地表述思想观点的能力。公务员要把资料所反映的主要内容进行书面汇报,就需要有一定的文字表达能力。文字表达能力的要求有:语法规范,用词准确,简明扼要,说理透彻等。

二、申论考试的应试环节

申论考试的全部过程,可归纳为阅读资料、概括要点、提出对策、进行论证四个主要环节。

(一)阅读资料

第一环节是阅读给定资料,这是申论考试的基础性环节,是完成其他三个环节的前提条件。申论考试所给定的背景资料通常会很长,应试者一定要静下心来仔细阅读,透彻掌握资料内容，这样才能保证以下各个环节的质量。一般来讲，申论中给定资料的阅读时间应不少于40分钟。

（二）概括要点

概括要点是一个承上启下的重要环节。一方面它是阅读资料环节的小结；另一方面，这个环节完成得好不好，会直接影响提出的对策是否更具针对性，影响到将进行的论证是否有扎实的立论基础。概括要点的目的，在于准确把握住给定资料，以便进一步着手解决问题。

需要注意的是，申论题目中并不是一成不变地一概要求概括要点，有时也要求总结所给材料的主旨，或者给资料拟定标题。应试者要注意审题，正确理解题目的要求，不要形成思维定式，认为所有的申论考试都是要求概括要点。

（三）提出对策

提出对策是申论的关键环节，重点考查应试者思维的开阔程度、探索创新意识、应变能力和解决问题的能力。应试者可以有较大的自由空间，根据各自的知识阅历，对问题发表自己的见解。需要注意的是，只有结合给定资料所涉及的范围和条件，才可能提出切实可行的对策方案。

（四）进行论证

进行论证是申论的最后一个环节，是申论的核心部分，它是应试者论述能力的充分体现。它要求应试者充分利用给定资料，切中主要问题，全面阐明、论证自己的见解。从一定意义上说，论证这一部分才是真正名副其实的"申论"，前面三个环节都是为论证部分做铺垫的。因此，论证环节需要浓墨重彩，充分展开。这不仅因为它所占字数多，分值相对较高，而且一个人的知识基础、能力水准、思维品质、文字表达都将在这个环节得到更全面、更充分的展示。

（吕建军）

第三节　申论写作的方法和注意事项

一、申论写作的方法

（一）阅读资料的方法

阅读给定资料时既要弄清基本事实，也要全面概括资料所反映的主要问题，还要简单评析这些主要问题。阅读给定资料时应先以快读的方式了解大意，初步掌握各部分的大体内容和它们之间的联系，筛选和过滤某些与主题关联性不大或一些铺垫性资料。再以精读的方式深入理解资料，把握资料的主要内容。精读时，应先把每个资料中出现在段首或段末的主旨句以及出现频率较高的关键词句标注出来。阅读时，抓主旨和关键词句，具体事例或数据以及阐述内容都可快速浏览。把握好阅读资料的时间，一般为40分钟左右。

（二）概括要点的方法

概括要点一方面是对阅读给定资料环节的小结，另一方面又会直接影响所提出的对策是否具有针对性，论证是否具有扎实的立论基础。概括要点的基本方法，是对阅读时所划出来的主旨句或关键词句进行归纳整理,去除限定性成分,留下主干成分。因为字数有限制,在概括时要注意语言的准确、精炼,紧扣题意,简明扼要地表达出题目的要求。

(三) 提出对策的方法

提出对策是申论的关键环节。前面概括出了几个方面或层次的问题,本部分就要提出几个方面或层次的对策方案。对策方案的字数有明确要求,一般在350字左右,所以只需要抓住要点写简案,做到脉络清晰,语言流畅。

需要注意的是,所提对策应是针对给定资料中所反映的主要问题,有很强的限制性,不能超出资料给定的范围和条件。针对主要问题提出的对策方案必须合情合理、切实可行,要符合我国的国情、民情、政策、法律等,措施要切合实际,应抓住要害,切忌面面俱到,舍本逐末。

(四) 进行论证的方法

论证环节是申论测试的最后一个环节,也是最主要的一个环节,不仅有较高的分值,而且最能展示应试者的知识基础、理论水准、思维水平及文字表达能力,因而需要应试者花大笔墨认真对待。写作时可先拟一个简要的提纲,做到论题鲜明、重点突出、线索清晰、详略得当,这样有利于文思畅通、逻辑严密。展开论证时要集中笔墨分析论证某一个方面,而不要平均分配,均衡对待。因为考试既有时间的限制,写作也有字数的限制,在有限的时间和有限的篇幅内,只谈一个方面,就可以论述得比较深入。如果涉及面大、范围广,则无法使论证鞭辟入里,难免空泛肤浅,不易操作。因此,应尽量从小处着眼,这样有利于在所选的一"点"上做比较深入的开掘,把意思表达透彻。论证时应做好以下步骤。

1. 全面分析题目,准确立意

申论作为给材料作文,应认真阅读材料,辨析其多层意义,对材料所反映的问题进行综合分析,对问题进行分类:① 分清主要问题和次要问题;② 分清有关联的问题和无关联的问题;③ 分清哪些是最需要解决的问题,在把握主要矛盾的基础上准确立意。

2. 选择适当的写作角度

不管选择事物的哪一个侧面作为写作角度,这个侧面必须能揭示事物的本质意义。这样,议事说理才能达到相应的深度,文章的立意才深刻。

3. 拟定恰当的标题

拟定标题分为完全自拟和半自拟两种。凡是成功的标题,都应达到贴切、具体、鲜明、精炼、生动的标准。

4. 构思文章布局

构思要围绕主题展开。若要使文章写得条理清晰、脉络分明,必须使全文有一条贯穿线,这就是论文的主题。严格按申论要求的特点进行构思,根据行文者身份及行文对象进行布局,注意结构的完整统一。在正式撰写之前,先拟定写作提纲,可以极大地提高应试者的构思能力。文章一般采用总分式结构,突出重点部分,开头结尾做好设计。注意文字的连贯性,恰当地运用关联词和连接词。

5. 选择适当的论据

议论文的举例,为的是证明观点,增加说服力。写作时要选择真实、典型、新颖、有说服力的材料来论证。同时,论证要围绕中心论点进行,一线贯通,论证方法可以灵活多样。论证一定要全面、充分。

二、申论写作的注意事项

（一）注意身份的"虚拟性"

应试者在答题时，不是以一个大学生的身份作答，也不是以一个应试者的身份作答，而是以政府公务员的身份甚至是政府公务员领导的身份去答题。因此，在申论考试中，应试者要注意身份的"虚拟性"，符合背景资料中为应试者设定的虚拟身份。如 2014 年中央、国家机关录用公务员考试要求以 S 省教育厅的一名工作人员的身份拟一个发言稿，此时，应试者的身份就是"S 省教育厅的工作人员"。

（二）紧扣资料

无论是要求概括主要问题、陈述看法，还是提出对策、方案以及进行阐述和论证，都限于试卷的给定资料。所以应试者一定要认真仔细地阅读给定资料，充分利用给定资料，切忌脱离给定资料而随意联想和发挥。

（三）合理分配时间

申论考试的时间分为阅读资料时间和答题时间，在试卷的注意事项中给出了参考时间。一般来说，阅读资料时间不应少于 40 分钟。40 分钟的阅读资料时间其实并不多，因为应试者需要通过阅读一大堆繁杂、无序的材料，找出资料反映的主要问题、中心议题，以及分析各方面资料都说明了什么问题。这一环节是其他三个环节的基础，因此，在阅读资料上的时间不要吝啬。

（四）注意表达方式

申论的表达方式应以说明、记叙、议论为主，以求充分表达自己概括、分析、提出和解决问题的能力。语言应平实质朴，符合公文风格。切不可抛弃材料和题目要求将论证性的议论文写成抒情散文或者记叙文。因此，申论写作的遣词造句应当准确、简明、规范，戒除一切套话、空话。语句、段落和篇章结构都要体现合理的逻辑关系。

（五）日常生活中对能力的培养

申论是一种能力测试，要求应试者注重阅读理解、综合分析、提出问题、解决问题以及语言表达等方面能力的培养，尤其是对策能力的培养。对缺乏阅历和社会知识的大学生来说，申论具有一定难度。如果有志于参加国家公务员考试，应从以下几方面做一些努力：① 多关注社会时事，开阔视野，形成对诸多社会问题的真知灼见；② 通过报刊、电视、广播、网络等方式收集党和政府的方针政策，筛选有关信息；③ 多练习议论文的写作，提高论证问题的能力。

【思考练习】

一、申论考试的测评要素有哪些？
二、申论考试包括哪些环节？
三、写作训练。根据给定材料按照要求完成申论写作。

1. 2009 年，一群来自深圳的普通工人成为美国《时代》周刊的年度人物。周刊一出版，中国工人的灿烂笑容，瞬间给处于经济低迷的世界带来希望。他们坚毅的目光，质朴的外表，倔强的神态，真实地反映了中国工人的性格。这种性格，为"中国制造"贴上光亮的标签。中国工人一直以勤劳、坚韧的姿态出现在历史各个时期。中华人民共和国成立之初,"咱们工人有力量"这昂扬的旋律曾伴随共和国的成长,点亮了一个时代。无论是石油开采,还是钢铁制造,各个行业都闪耀着工人的光彩,"工人老大哥"成为令人艳羡的称呼。工人成了国家和工厂的主人,这极大地激发了工人的工作热情和生产积极性。大庆的"铁人"王进喜"宁可少活20年,拼命也要拿下大油田"的忘我拼搏精神,老英雄孟泰"为鞍钢谱写的一曲自力更生的凯歌"的创业精神,激励着工人们创造出一个又一个生产奇迹,为共和国的建设做出了不可磨灭的贡献。工人的内心骄傲是那么强烈,归属感油然而生。

随着时代的更替,社会条件发生转变,生产方式进行了变更。在一段历史时期,农民工成为中国独有的劳动用工方式,一定程度上消化了农村剩余劳动力,以低成本支持着工业化的发展。改革开放早期,农民工是一批将外出务工作为副业的农村人口,出外务工而带来的财富转移在一定程度上起到了平衡城乡差距的作用。但这种情况随着农民工群体的代际更替发生了变化,"80后""90后"的新一代农民工客观上已经无法回到农村,他们成了新时代的"新工人"。

2."她们太没有责任心了,上班的时候还玩手机、聊天,哪像我们呀。"陈青头一扭,提高声调对着李婉芸说,李婉芸笑了笑,不作声。

这是条小小的商业街,有可供歇脚的长凳,时近黄昏,"70后"陈青和"90后"李婉芸在此聊着天。街外,由于植被稀少,工业园区被巨大而又沉闷的灰色笼罩,灰色的天,灰色的厂房,身着蓝色和浅灰色工装的女工们来来往往,货车和摩托车四处穿梭。这个工业区的高峰时期,曾工作和居住着8万人,但随着企业部分产能的向外转移,现在只有3万人左右了。人群的聚散,青春的过往,10年前就来到这里的湖南人陈青是目睹者,就连她自己,也是几进几出,换厂、结婚、生孩子,在生活中,她以家乡为据点,在工作中,她以这里为据点,两边穿梭,沉默又坚韧。

去年刚刚高中毕业的李婉芸是新一批的落脚者,她说她也认同陈青对她们年轻人的看法,但时代不同了,现在的选择多多啊,年轻人可没有那么好的耐性,绝大部分人的志向并不在那些单调枯燥的生产线上,不愿干了就走呗。像她这样的年轻人,如今已经成为她所在城区外来务工人员的主流。这个庞大而年轻的外来工群体的归依,正在给中国社会的发展提出越来越现实的挑战。

来自湖北荆州,现在在这个工业区一家外资企业打工的一名李姓男员工说:"我们四周是高高的围墙,还有铁丝网,戒备森严,好像监狱一样,连上厕所都限定时间,平均一天要工作12个小时以上。"已经在广州打工7年的小王,今年25岁,也在这家厂里上班,他的话语里藏着许多无奈:"你看我们的厂房,条件好着呢。可是,一进车间,所有人就失去了名字。工人密密麻麻地坐着,工作的时候根本没空说上一句话,得死命盯着手里的活,稍微一放松,零件从你眼前滑过,钱就从你眼前溜走了,因为我们都是计件工资。最近我总是想起卓别林的经典电影《摩登时代》,有时我会想,我们是不是和电影中的夏尔洛很像?没有多少人真正关心我们!"但是,这家厂的厂长助理王先生却说:"现在的年轻工人,已与他们的父辈不同,并不满足于做工挣钱。他们大多受过初中以上教育,对自由、个人尊重越来越重视,如果无法满足他们的要求,他们马上就会跳槽。企业如果不能有一批长期忠诚的骨干,企业壮大和职工发展都很难谈得上。"

一项调查显示,当下国内仅有1‰的人愿意做工人。有人评价道:"中国的工人获得了美国《时代》周刊的认同,却没有在中国获得普遍的认同。"在一些人的眼中,中国的工人,现在基本成了流水线操作者的代名词,是不需要多高技术的作业者。劳动力,不仅仅是生产要素,更是一个有着喜怒哀乐,有着梦想和追求,有着家庭生活的活生生的人。他们不仅要安身立命,他们也要有尊严,甚至还要——抬头仰望星空。诺贝尔奖获得者、印度著名经济学家阿马蒂亚·森曾说过这样的一句话:"在一个走向现代化的国家中,经济发展是必然的事情。相比较于经济的发展,更为重要的事情是让更多的人——尤其是普通人,能够分享到经济发展的成果。"显然,这句话同样契合中国的实际,中国工人,需要时代的认同,需要社会的尊重,还需要有发自内心的骄傲。

3. 盛昌是一家制鞋企业,在很长一段时间内曾是耐克在深圳的主要代工厂,规模最大时达 10 万人之多。如今它偏居一隅,隐藏在一段年久失修的小路最深处,周围只有几处零散的小作坊。"盛昌曾是横岗地区知名的企业,除了耐克,盛昌也为其他跨国公司代工。"该厂安全生产负责人沈先生介绍,"现在只能接到一些小品牌的零散订单,这在以前根本不会接。现在用工成本很高,熟练工的工资涨得更快。对我们来说,加薪是找死,不加薪是等死。现在耐克将代工企业逐步外迁,我们现在真是有心无力了"。就连盛昌对面卖奶茶的大娘都深切地感受到了这种变化,她说:"这两年生意太难做了,一杯奶茶只卖到 1 块钱,在深圳这样的高消费城市,已经无法再便宜了,可是现在就连这 1 块钱的奶茶都不好卖了。"这样一家效益曾经很好的代工企业,现在雇员仅剩三四千人,正可谓"盛极而衰"。全国何止成千上万个盛昌?"中国制造"曾经疯狂席卷全球,阿富汗人骑的自行车,越南人骑的摩托车,巴基斯坦小店里摆放的文具用品,美国人看的电视机和穿的衣服,欧洲人用的家电和玩具,都贴着"中国制造"的标签,中国一度成为"世界工厂"。然而,中国的"世界工厂"名号只是"代工厂"的另一种说法。这些企业靠的仅是低技术含量和劳动密集型产业链。随着劳动力优势的逐渐丧失,一度曾把为世界品牌代工视为骄傲的工厂,现在不得不面临疲于维持的状态,甚至走上破产的命运。中国的工业化发展似乎陷入了某种困境,靠廉价劳动力优势支撑起来的国家经济发展,如同竭泽而渔。

A 市是长三角经济圈中一个重要的新兴工商城市,以制造业为主体,经济发达。近年,A 市的制造业一样面临劳动力成本上升的制约因素,过去以代工制造为主导的发展模式越来越受到挑战。如何实现产业结构转型升级,A 市探索在产品发展设计、研发和营销向两头延伸的同时,实施中间分离,在现代制造业中拓展现代服务业,既助推现代制造业进一步发展,也实现了产业整体转型升级。在 A 市,很多企业剥离主副业,实施二三产拓展分离。比如,从玩具制造企业中,拓展分离出了玩具商贸有限公司,由其专门从事市场推广、品牌塑造和商品销售。剥离后,产品研发、品牌塑造、销售可以走上专业化、社会化和市场化发展的道路,实现做强做大的目标。通过转型升级,企业在发展过程中提升了自主创新的能力,逐渐塑造起自己的品牌,不再依附于代工模式,最终实现外资和民资、现代制造业和现代服务业两翼齐飞的局面。

发展经济就像开汽车一样,在直道上可以快一点,但如果要转 90 度或更大角度的弯,就必须把速度降下来。不论是因为中国的人口红利正在逐渐消失之中,还是因为本身的发展需要,中国的制造业都亟待转型升级。在转型期,会出现像盛昌一样"盛极而衰"的企业,也会涌现出像 A 市这样的成功经验。

4. 某大学的陈博士认为,劳动力短缺对于未来中国发展来说是个积极的信号。短缺的劳动力市场会使我们开始关注劳动力资源对于中国崛起梦想的重要性。只有当为这种稀缺的劳动力资源支付更高的报酬时,我们才会认识到人力资本投资的重要性,而技术创新也会随之绽放。他说,如今有的人在谈论中国崛起之际,总爱用那些以廉价劳动力堆积出来的 GDP 和羽翼渐丰的国际影响力作为他们的例证,这是一种认识的误区。他介绍道,世界银行资深经济学家杰里夫·萨克斯教授发现了一个非常有趣的"资源诅咒"现象:自然资源丰富的国家并没有获得想象中的高速经济增长,比如,拥有丰富资源的尼日利亚和委内瑞拉正经历着较低增长或者还在痛苦的经济增长中挣扎;而相反的是,韩国、新加坡和瑞士等自然资源相对匮乏的国家,经济却表现出异常的稳定性和持续性。现在来看,拥有丰富石油资源的俄罗斯也已陷入"石油诅咒"的陷阱之中。究其原因,就在于这些顺取逆守的资本家在获得原始资本积累之后,非但没有像新自由主义者所期望的那样,向社会支付再生产所需要的市场价格,反而利用与地方政府以及其他政治力量的强大勾结,向工人支付低于再生产所需的低工资,以更低的价格继续获得大片优良的自然资源。陈博士说:"我并不担心处于发展轨道的中国会像俄罗斯那样陷入'石油诅咒'的陷阱,但是非常担忧会陷入'人口诅咒'的陷阱。"目前中国制造业如若不应对得当,极有可能沦为建立在沙子上的王国,难以经受真正的风雨洗礼。

5. 当虚拟经济在发达国家尤其是美国占据主导地位的时候,越来越多的人沉迷于金融市场的海洋里,实体经济不可避免地受到冲击。在"次贷危机"引发的国际金融风暴里,发达国家的经济从高速增长一下子跌入茫茫沼泽地。经此一劫,发达国家认识到:脱离制造业的虚拟经济"虚火",是酿成危机进而造成全球经济长期低迷的主因。卢·兰奇是美国通用电气家电业务的设计主管,他说:"过去我们曾认为我们负责设计然后控制销售就万事大吉,现在我们发现这是个错误,一旦你把生产转移出去,就很可能再也回不来了。而这种变化是一点点显现的:当你第一次把烤面包机和热水器转移到海外生产时,你还知道如何制作这些产品,因为昨天、上个月或者上个季度你还在生产它们;但是当产品更新换代、技术不断进步后,为降低成本而不断更换代工厂的时候,设计产品的人与生产产品的人之间的差距就像太平洋一样宽广。"越来越多的美国公司开始认识到,过去十几年美国经济生活的外包浪潮是个严重的错误。

现在,回归实业几乎成为欧美等发达经济体共同的战略选择。美国从 2009 年到 2012 年,先后推出了《美国制造业振兴法案》"购买美国货""五年出口倍增计划""降低制造业的税收负担"等多项政策措施,推动美国制造业复兴和回归实体经济。到 2012 年 1 月,美国制造业的经济活动连续 30 个月保持增长,总体经济活动连续 32 个月保持增长。制造业出口一直稳步上升,2011 年约占出口总额的 52%。失业率从 2009 年 10 月的 10.2%降至 7.9%,制造业贡献了超过 40 万个就业岗位。这些数据表明,美国制造业正走在"回归"的路上。另一方面,美国制造业"回归"走的是高端路线,旨在打造先进制造业,基建和科研、教育、可再生能源及节能项目、智能电网、医疗信息化、环境保护等是其投资的重点。

早在 1999 年,学者冯艾盟就指出制造业是未来经济繁荣的关键。他认为,与先进的服务业相比,制造业所能创造的就业岗位组合要好得多——每个人都能从制造业中获得工作,从蓝领工人到工程师、科学家,乃至顶级高管。先进的制造商可以积累大量秘密的生产诀窍,这些诀窍要通过一代又一代人"从做中学",拥有这些诀窍能避免其受到来自于拥有廉价劳动力的海外竞争对手的威胁。按单位产能,制造业公司的出口能力比服务业公司强大近 10 倍。制造业的出口能力之所以表现优异,是因为制造业产品在整个世界范围内的出售几乎不会遇到适应性的问题,而服务业产品如电脑软件,需要付出高昂的代价,才能满足海外市场上不同的文化需求。

在战后经济复兴的过程中,日本政府制订了"产业合理化计划",把综合机械加工、冶金和化工等制造业作为发展出口的主力产业。早在1958年,日本就制定了职业训练法,重视劳动力素质和职业教育的做法一直延续至今。正是日本的制造业中有一大批以技术为自豪的劳动者,使许多日本产品精致异常,日本产品深入人心,制造业不断得以发展。进入20世纪80年代,日本企业开始进军欧美市场,在当地成立公司,当地采购、当地生产。1985年以后,日元急剧升值,日本产品的价格竞争力相对下降。为降低生产成本,出口企业纷纷将工厂迁往人工费低廉的亚洲各国。随着制造业基地对外转移,引起国内制造业的萎缩,出现了所谓"产业空洞化"现象。日本国内看似继续引领研发,却离工厂越来越远,创造力越来越弱。日本的有识之士惊呼"我们正处于空前的空心化危机中"。

"德国制造"125年的历史就像一个童话,它是德国在第二次世界大战后崛起的密码,世界金融危机中挺立不倒的依靠,欧债危机中仍"一枝独秀"的答案。一百多年中,任何一件"德国制造"的产品都像一块热气腾腾的蛋糕,受到各国的欢迎。当美英等西方国家纷纷把制造业向发展中国家外包,自己转向来钱更容易的金融业时,德国仍将主要精力放在制造业产品质量与技术水平的提高上。正是这种制造业立国的发展战略,不仅让德国保持了较高的就业率,促进了德国科技创新能力的不断提高,也使得德国具备了抵御金融危机冲击的坚实产业基础。美国《新闻周刊》曾在题为"众厂之厂"的文章中感叹:德国制造之所以称霸世界,是因为德国人能把普通的金属敲打成震惊世界的科技奇迹。有专家认为,德国制造业与美英制造业最大的不同,在于德国重视以人为主导的生产,而美英重视资本为主导的生产。在金融危机期间,美英国家的制造业部门大量裁员,而德国政府通过政府扶持和补贴等手段,尽量维持制造业就业稳定。因为资本没有思想,人才有,工程师一旦被解雇就再难重返岗位了,这是危机过后德国的研发密集型制造业能迅速恢复的重要原因。

6. 克里斯蒂安是德国勃兰登堡州一个小企业的木工。他初中毕业后,面临的选择是继续深造学习,还是进入职业学校学一门手艺。"我和父母分析了自己的情况和家庭条件后,决定上职业学校的木工专业。"克里斯蒂安介绍说,"在德国,经职业技术培训后的技术工人待遇很高,也很受尊重。我16岁上职业学校时,每月就能挣400欧元,足够自己生活了。再过两年我就有资格参加高级技师考试,26岁我完全有可能成为高级技工。"德国大学学制较长,一般6年,克里斯蒂安的初中同学大学毕业后起码26岁,6年大学的开销最少4万欧元,毕业后还一贫如洗的时候,他的存折上已经有5位数字的存款了。

德国制造很大程度上归功于这个国家高水平的职业技术教育。德国目前有各种职业学校9000多所,除了30%左右的青年上大学外,绝大多数人都选择了不同形式的职业教育。职业培训的费用主要由政府和企业承担,培养一名职业学校学生每年平均花费1.5万欧元,而普通学校的学生只是这一费用的三分之一。另外,企业还提供实习场所,并发给学生每月500~800欧元不等的生活费。德国《职业教育法》中,对参与职业教育企业的资格、设备、场所等方面都有所规定,能够进行职业技术教育,表明了企业的水平,对于企业来说是一种荣誉,当然企业也会享受到国家的经费补贴。但也不是所有企业都有能力或愿意亲自培养人才,对一些企业来说,购买培训设备、找人实施培训的费用十分昂贵。于是,一些专门帮助企业承担学徒"校外培养"任务的职业培训中心应运而生。企业需要什么,培训中心就培训什么。

在德国职业教育体系中，政府和工业界都扮演着非常重要的角色。无论是联邦政府、地方政府还是企业、工商协会，各司其职，目的只有一个：培养技术型人才，保持德国竞争力。德国联邦政府主要负责搭建合理的法律框架，认可培训岗位并对培训、创新以及相关研究提供必要的资金支持。为职业教育学校设定课程，为教职人员提供资金支持等事务则落到各联邦州的头上。同时，联邦州还需监管商会活动，因为商会在职业教育中承担了监管企业、证书发放等重要任务。作为职业教育体系的中坚力量，企业有必要不断创新，更新职业培训岗位，提名专家参与规则制定，并提供一定的培训补贴。工商联合会和手工业协会两大协会负责监管企业，包括核实企业培训资质、监管企业培训、登记培训合同、管理考试等重要环节。此外，商会还会为企业培训提供咨询，在企业与学徒产生纠纷时充当调解人角色。法国总统曾感慨地说，德国每年要向西欧出口很多产品，但看来还应该出口另一种产品，这就是职业教育和职业培训制度。

7. 浙江Z公司新品线组长老梁，利用3个月的工余时间，经过100多次反复的试验，攻破了"丝攻短牙（拔牙）项目"，让该公司每年仅这个工序就节约10多万元的生产成本。"作为生产工人，最关心的就是产品的合格率。我这样做，只是坚持我的工作准则，尽量降低产品的废品率，节约生产成本。"老梁这样理解自己的自主创新，"我是通过这种创造性劳动体会到了更多的价值。我们工人不该只是流水线上的生产工具，我们应该成为一个个充满创造性的个体。其实只要给我们工人一个杠杆，我们同样能撬动地球！"

宝钢集团以全国钢铁业6%的产量，实现了全行业约30%的利润。有何秘诀呢？"职工是企业力量之基、活力之源！"宝钢集团董事长说，"宝钢式创新的最大特色是'蓝领创新'，每天产生专利4件，五成由一线工人创造"。工人发明家孔利明20多年来，为宝钢解决各类设备的疑难杂症，主导生产工艺改进，直接创造的经济效益达上千万元。"我的大学在宝钢。"这是孔利明的肺腑之言。出身钳工的卢江海在孔利明的带动下，立足本职岗位搞专利研发，成为宝钢的"金点子大王"，一年内他提出13条合理化建议，发明26项实用专利、4项发明专利。宝钢的职工创新以开放式的岗位责任制为基础，逐步形成深入的创新体系和跨岗位、跨区域、跨专业的协同创新机制，同时，还建立了全覆盖的创新激励体系，职工创新奖励从10元到100万元。"机器不能代替人，中国工人在任何时代都是有力量的，关键在于怎样激发他们的创造力。"上海市总工会主席认为，宝钢"蓝领创新"，就是现代企业制度下如何依靠职工的最好诠释。

作答要求：

1. 根据材料6，德国制造归功于德国良好的职业教育，请归纳"德国职业教育成功的原因"。（200字，20分）

2. 假设你是A企业工会领导，学习了"材料7"后，给你的员工写一个倡议书，鼓励他们爱岗敬业，积极创新。（500字，30分）

3. 根据给定材料，结合材料中所述"只要给我们工人一个杠杆，我们同样能撬动地球"，请以"新时代的工人力量"为题，自拟角度，写一篇文章（800～1000字，50分）。要求：中心明确，思想深刻，内容充实，有说服力，语言流畅。

（吕建军）

附录　党政机关公文处理工作条例

第一章　总　则

第一条　为了适应中国共产党机关和国家行政机关（以下简称党政机关）工作需要，推进党政机关公文处理工作科学化、制度化、规范化，制定本条例。

第二条　本条例适用于各级党政机关公文处理工作。

第三条　党政机关公文是党政机关实施领导、履行职能、处理公务的具有特定效力和规范体式的文书，是传达贯彻党和国家的方针政策，公布法规和规章，指导、布置和商洽工作，请示和答复问题，报告、通报和交流情况等的重要工具。

第四条　公文处理工作是指公文拟制、办理、管理等一系列相互关联、衔接有序的工作。

第五条　公文处理工作应当坚持实事求是、准确规范、精简高效、安全保密的原则。

第六条　各级党政机关应当高度重视公文处理工作，加强组织领导，强化队伍建设，设立文秘部门或者由专人负责公文处理工作。

第七条　各级党政机关办公厅（室）主管本机关的公文处理工作，并对下级机关的公文处理工作进行业务指导和督促检查。

第二章　公文种类

第八条　公文种类主要有：

（一）决议。适用于会议讨论通过的重大决策事项。

（二）决定。适用于对重要事项作出决策和部署、奖惩有关单位和人员、变更或者撤销下级机关不适当的决定事项。

（三）命令（令）。适用于公布行政法规和规章、宣布施行重大强制性措施、批准授予和晋升衔级、嘉奖有关单位和人员。

（四）公报。适用于公布重要决定或者重大事项。

（五）公告。适用于向国内外宣布重要事项或者法定事项。

（六）通告。适用于在一定范围内公布应当遵守或者周知的事项。

（七）意见。适用于对重要问题提出见解和处理办法。

（八）通知。适用于发布、传达要求下级机关执行和有关单位周知或者执行的事项，批转、转发公文。

（九）通报。适用于表彰先进、批评错误、传达重要精神和告知重要情况。

（十）报告。适用于向上级机关汇报工作、反映情况，回复上级机关的询问。

（十一）请示。适用于向上级机关请求指示、批准。

（十二）批复。适用于答复下级机关请示事项。

（十三）议案。适用于各级人民政府按照法律程序向同级人民代表大会或者人民代表大会常务委员会提请审议事项。

（十四）函。适用于不相隶属机关之间商洽工作、询问和答复问题、请求批准和答复审批事项。

（十五）纪要。适用于记载会议主要情况和议定事项。

第三章　公文格式

第九条　公文一般由份号、密级和保密期限、紧急程度、发文机关标志、发文字号、签发人、标题、主送机关、正文、附件说明、发文机关署名、成文日期、印章、附注、附件、抄送机关、印发机关和印发日期、页码等组成。

（一）份号。公文印制份数的顺序号。涉密公文应当标注份号。

（二）密级和保密期限。公文的秘密等级和保密的期限。涉密公文应当根据涉密程度分别标注"绝密""机密""秘密"和保密期限。

（三）紧急程度。公文送达和办理的时限要求。根据紧急程度，紧急公文应当分别标注"特急""加急"，电报应当分别标注"特提""特急""加急""平急"。

（四）发文机关标志。由发文机关全称或者规范化简称加"文件"二字组成，也可以使用发文机关全称或者规范化简称。联合行文时，发文机关标志可以并用联合发文机关名称，也可以单独用主办机关名称。

（五）发文字号。由发文机关代字、年份、发文顺序号组成。联合行文时，使用主办机关的发文字号。

（六）签发人。上行文应当标注签发人姓名。

（七）标题。由发文机关名称、事由和文种组成。

（八）主送机关。公文的主要受理机关，应当使用机关全称、规范化简称或者同类型机关统称。

（九）正文。公文的主体，用来表述公文的内容。

（十）附件说明。公文附件的顺序号和名称。

（十一）发文机关署名。署发文机关全称或者规范化简称。

（十二）成文日期。署会议通过或者发文机关负责人签发的日期。联合行文时，署最后签发机关负责人签发的日期。

（十三）印章。公文中有发文机关署名的，应当加盖发文机关印章，并与署名机关相符。有特定发文机关标志的普发性公文和电报可以不加盖印章。

（十四）附注。公文印发传达范围等需要说明的事项。

（十五）附件。公文正文的说明、补充或者参考资料。

（十六）抄送机关。除主送机关外需要执行或者知晓公文内容的其他机关，应当使用机关全称、规范化简称或者同类型机关统称。

（十七）印发机关和印发日期。公文的送印机关和送印日期。

（十八）页码。公文页数顺序号。

第十条　公文的版式按照《党政机关公文格式》国家标准执行。

第十一条　公文使用的汉字、数字、外文字符、计量单位和标点符号等，按照有关国家标准和规定执行。民族自治地方的公文，可以并用汉字和当地通用的少数民族文字。

第十二条　公文用纸幅面采用国际标准A4型。特殊形式的公文用纸幅面，根据实际需要确定。

第四章　行文规则

第十三条　行文应当确有必要，讲求实效，注重针对性和可操作性。

第十四条　行文关系根据隶属关系和职权范围确定。一般不得越级行文，特殊情况需要越级行文的，应当同时抄送被越过的机关。

第十五条　向上级机关行文，应当遵循以下规则：

（一）原则上主送一个上级机关，根据需要同时抄送相关上级机关和同级机关，不抄送下级机关。

（二）党委、政府的部门向上级主管部门请示、报告重大事项，应当经本级党委、政府同意或者授权；属于部门职权范围内的事项应当直接报送上级主管部门。

（三）下级机关的请示事项，如需以本机关名义向上级机关请示，应当提出倾向性意见后上报，不得原文转报上级机关。

（四）请示应当一文一事。不得在报告等非请示性公文中夹带请示事项。

（五）除上级机关负责人直接交办事项外，不得以本机关名义向上级机关负责人报送公文，不得以本机关负责人名义向上级机关报送公文。

（六）受双重领导的机关向一个上级机关行文，必要时抄送另一个上级机关。

第十六条　向下级机关行文，应当遵循以下规则：

（一）主送受理机关，根据需要抄送相关机关。重要行文应当同时抄送发文机关的直接上级机关。

（二）党委、政府的办公厅（室）根据本级党委、政府授权，可以向下级党委、政府行文，其他部门和单位不得向下级党委、政府发布指令性公文或者在公文中向下级党委、政府提出指令性要求。需经政府审批的具体事项，经政府同意后可以由政府职能部门行文，文中须注明已经政府同意。

（三）党委、政府的部门在各自职权范围内可以向下级党委、政府的相关部门行文。

（四）涉及多个部门职权范围内的事务，部门之间未协商一致的，不得向下行文；擅自行文的，上级机关应当责令其纠正或者撤销。

（五）上级机关向受双重领导的下级机关行文，必要时抄送该下级机关的另一个上级机关。

第十七条　同级党政机关、党政机关与其他同级机关必要时可以联合行文。属于党委、政府各自职权范围内的工作，不得联合行文。

党委、政府的部门依据职权可以相互行文。

部门内设机构除办公厅（室）外不得对外正式行文。

第五章　公文拟制

第十八条　公文拟制包括公文的起草、审核、签发等程序。

第十九条　公文起草应当做到：

（一）符合党的理论路线方针政策和国家法律法规，完整准确体现发文机关意图，并同现行有关公文相衔接。

（二）一切从实际出发，分析问题实事求是，所提政策措施和办法切实可行。

（三）内容简洁，主题突出，观点鲜明，结构严谨，表述准确，文字精练。

（四）文种正确，格式规范。

（五）深入调查研究，充分进行论证，广泛听取意见。

（六）公文涉及其他地区或者部门职权范围内的事项，起草单位必须征求相关地区或者部门意见，力求达成一致。

（七）机关负责人应当主持、指导重要公文起草工作。

第二十条 公文文稿签发前，应当由发文机关办公厅（室）进行审核。审核的重点是：

（一）行文理由是否充分，行文依据是否准确。

（二）内容是否符合党的理论路线方针政策和国家法律法规；是否完整准确体现发文机关意图；是否同现行有关公文相衔接；所提政策措施和办法是否切实可行。

（三）涉及有关地区或者部门职权范围内的事项是否经过充分协商并达成一致意见。

（四）文种是否正确，格式是否规范；人名、地名、时间、数字、段落顺序、引文等是否准确；文字、数字、计量单位和标点符号等用法是否规范。

（五）其他内容是否符合公文起草的有关要求。

需要发文机关审议的重要公文文稿，审议前由发文机关办公厅（室）进行初核。

第二十一条 经审核不宜发文的公文文稿，应当退回起草单位并说明理由；符合发文条件但内容需作进一步研究和修改的，由起草单位修改后重新报送。

第二十二条 公文应当经本机关负责人审批签发。重要公文和上行文由机关主要负责人签发。党委、政府的办公厅（室）根据党委、政府授权制发的公文，由受权机关主要负责人签发或者按照有关规定签发。签发人签发公文，应当签署意见、姓名和完整日期；圈阅或者签名的，视为同意。联合发文由所有联署机关的负责人会签。

第六章　公文办理

第二十三条 公文办理包括收文办理、发文办理和整理归档。

第二十四条 收文办理的主要程序是：

（一）签收。对收到的公文应当逐件清点，核对无误后签字或者盖章，并注明签收时间。

（二）登记。对公文的主要信息和办理情况应当详细记载。

（三）初审。对收到的公文应当进行初审。初审的重点是：是否应当由本机关办理，是否符合行文规则，文种、格式是否符合要求，涉及其他地区或者部门职权范围内的事项是否已经协商、会签，是否符合公文起草的其他要求。经初审不符合规定的公文，应当及时退回来文单位并说明理由。

（四）承办。阅知性公文应当根据公文内容、要求和工作需要确定范围后分送。批办性公文应当提出拟办意见报本机关负责人批示或者转有关部门办理；需要两个以上部门办理的，应当明确主办部门。紧急公文应当明确办理时限。承办部门对交办的公文应当及时办理，有明确办理时限要求的应当在规定时限内办理完毕。

（五）传阅。根据领导批示和工作需要将公文及时送传阅对象阅知或者批示。办理公文传阅应当随时掌握公文去向，不得漏传、误传、延误。

（六）催办。及时了解掌握公文的办理进展情况，督促承办部门按期办结。紧急公文或者重要公文应当由专人负责催办。

（七）答复。公文的办理结果应当及时答复来文单位，并根据需要告知相关单位。

第二十五条 发文办理的主要程序是：

（一）复核。已经发文机关负责人签批的公文，印发前应当对公文的审批手续、内容、文种、格式等进行复核；需作实质性修改的，应当报原签批人复审。

（二）登记。对复核后的公文，应当确定发文字号、分送范围和印制份数并详细记载。

（三）印制。公文印制必须确保质量和时效。涉密公文应当在符合保密要求的场所印制。

（四）核发。公文印制完毕，应当对公文的文字、格式和印刷质量进行检查后分发。

第二十六条 涉密公文应当通过机要交通、邮政机要通信、城市机要文件交换站或者收发件机关机要收发人员进行传递，通过密码电报或者符合国家保密规定的计算机信息系统进行传输。

第二十七条 需要归档的公文及有关材料，应当根据有关档案法律法规以及机关档案管理规定，及时收集齐全、整理归档。两个以上机关联合办理的公文，原件由主办机关归档，相关机关保存复制件。机关负责人兼任其他机关职务的，在履行所兼职务过程中形成的公文，由其兼职机关归档。

第七章 公文管理

第二十八条 各级党政机关应当建立健全本机关公文管理制度，确保管理严格规范，充分发挥公文效用。

第二十九条 党政机关公文由文秘部门或者专人统一管理。设立党委（党组）的县级以上单位应当建立机要保密室和机要阅文室，并按照有关保密规定配备工作人员和必要的安全保密设施设备。

第三十条 公文确定密级前，应当按照拟定的密级先行采取保密措施。确定密级后，应当按照所定密级严格管理。绝密级公文应当由专人管理。

公文的密级需要变更或者解除的，由原确定密级的机关或者其上级机关决定。

第三十一条 公文的印发传达范围应当按照发文机关的要求执行；需要变更的，应当经发文机关批准。

涉密公文公开发布前应当履行解密程序。公开发布的时间、形式和渠道，由发文机关确定。

经批准公开发布的公文，同发文机关正式印发的公文具有同等效力。

第三十二条 复制、汇编机密级、秘密级公文，应当符合有关规定并经本机关负责人批准。绝密级公文一般不得复制、汇编，确有工作需要的，应当经发文机关或者其上级机关批准。复制、汇编的公文视同原件管理。

复制件应当加盖复制机关戳记。翻印件应当注明翻印的机关名称、日期。汇编本的密级按照编入公文的最高密级标注。

第三十三条 公文的撤销和废止，由发文机关、上级机关或者权力机关根据职权范围和有关法律法规决定。公文被撤销的，视为自始无效；公文被废止的，视为自废止之日起失效。

第三十四条 涉密公文应当按照发文机关的要求和有关规定进行清退或者销毁。

第三十五条 不具备归档和保存价值的公文，经批准后可以销毁。销毁涉密公文必须严格按照有关规定履行审批登记手续，确保不丢失、不漏销。个人不得私自销毁、留存涉密公文。

第三十六条 机关合并时,全部公文应当随之合并管理;机关撤销时,需要归档的公文经整理后按照有关规定移交档案管理部门。

工作人员离岗离职时,所在机关应当督促其将暂存、借用的公文按照有关规定移交、清退。

第三十七条 新设立的机关应当向本级党委、政府的办公厅(室)提出发文立户申请。经审查符合条件的,列为发文单位,机关合并或者撤销时,相应进行调整。

第八章 附 则

第三十八条 党政机关公文含电子公文。电子公文处理工作的具体办法另行制定。

第三十九条 法规、规章方面的公文,依照有关规定处理。外事方面的公文,依照外事主管部门的有关规定处理。

第四十条 其他机关和单位的公文处理工作,可以参照本条例执行。

第四十一条 本条例由中共中央办公厅、国务院办公厅负责解释。

第四十二条 本条例自2012年7月1日起施行。1996年5月3日中共中央办公厅发布的《中国共产党机关公文处理条例》和2000年8月24日国务院发布的《国家行政机关公文处理办法》停止执行。

参考文献

[1] 杨琳,焦垣生. 大学语文[M]. 西安:西安交通大学出版社,2004.
[2] 肖绪才,余国政. 大学语文[M]. 北京:高等教育出版社,2004.
[3] 徐中玉,齐森华. 大学语文[M]. 上海:华东师范大学出版社,2005.
[4] 徐中玉,陶型传. 大学语文[M]. 北京:北京大学出版社,2018.
[5] 徐行言. 大学语文[M]. 北京:北京大学出版社,2009.
[6] 周金声,左怀建. 大学人文语文[M]. 北京:人民出版社,2011.
[7] 邢福义. 大学语文[M]. 2版. 北京:中国人民大学出版社,2012.
[8] 李菀,刘洪仁. 实用大学语文[M]. 北京:北京师范大学出版社,2013.
[9] 张子泉,黄维. 文学欣赏[M]. 北京:清华大学出版社,2006.
[10] 姜亮夫,夏传才. 先秦诗鉴赏辞典[M]. 上海:上海辞书出版社,1998.
[11] 吴小如,王运熙. 汉魏六朝诗鉴赏辞典[M]. 上海:上海辞书出版社,1992.
[12] 萧涤非,程千帆. 唐诗鉴赏辞典[M]. 上海:上海辞书出版社,1983.
[13] 唐圭璋,缪钺. 唐宋词鉴赏辞典[M]. 上海:上海辞书出版社,1988.
[14] 蒋兴煜. 元曲鉴赏辞典[M]. 上海:上海辞书出版社,1990.
[15] 公木. 新诗鉴赏辞典[M]. 上海:上海辞书出版社,1991.
[16] 陈振鹏,章培恒. 古文鉴赏辞典[M]. 上海:上海辞书出版社,1997.
[17] 贾植芳. 现代散文鉴赏辞典[M]. 上海:上海辞书出版社,2003.
[18] 岳海翔. 公文写作教程[M]. 2版. 北京:高等教育出版社,2013.
[19] 张建. 应用写作[M]. 3版. 北京:高等教育出版社,2015.
[20] 阮航. 应用写作[M]. 5版. 成都:西南交通大学出版社,2017.
[21] 夏征农,陈至立. 辞海[M]. 上海:上海辞书出版社,2012.
[22] 钱仲联,傅璇琮,王运熙. 中国文学大辞典[M]. 上海:上海辞书出版社,1997.
[23] 贾植芳,蒋孔阳. 中国现代文学词典[M]. 上海:上海辞书出版社,1990.
[24] 刁绍华. 外国文学大词典[M]. 长春:吉林教育出版社,1990.